英語研究の次世代に向けて

ひつじ研究叢書〈言語編〉

【第70巻】言葉と認知のメカニズム−山梨正明教授還暦記念論文集
　　　　　　　　　　　　　　　　　　　　　　　　児玉一宏・小山哲春 編
【第71巻】「ハル」敬語考−京都語の社会言語史　　　　　辻加代子 著
【第72巻】判定質問に対する返答−その形式と意味を結ぶ談話規則と推論
　　　　　　　　　　　　　　　　　　　　　　　　　　　内田安伊子 著
【第73巻】現代日本語における蓋然性を表すモダリティ副詞の研究　杉村泰 著
【第74巻】コロケーションの通時的研究−英語・日本語研究の新たな試み
　　　　　　堀正広・浮網茂信・西村秀夫・小迫勝・前川喜久雄 著
【第76巻】格助詞「ガ」の通時的研究　　　　　　　　　　山田昌裕 著
【第77巻】日本語指示詞の歴史的研究　　　　　　　　　　岡﨑友子 著
【第78巻】日本語連体修飾節構造の研究　　　　　　　　　大島資生 著
【第79巻】メンタルスペース理論による日仏英時制研究　　井元秀剛 著
【第80巻】結果構文のタイポロジー　　　　　　　　　　　小野尚之 編
【第81巻】疑問文と「ダ」−統語・音・意味と談話の関係を見据えて　森川正博 著
【第83巻】英語研究の次世代に向けて−秋元実治教授定年退職記念論文集
　　　吉波弘・中澤和夫・武内信一・外池滋生・川端朋広・野村忠央・山本史歩子 編
【第84巻】接尾辞「げ」と助動詞「そうだ」の通時的研究　漆谷広樹 著
【第85巻】複合辞からみた日本語文法の研究　　　　　　　田中寛 著
【第86巻】現代日本語における外来語の量的推移に関する研究　橋本和佳 著

ひつじ研究叢書〈言語編〉第83巻

英語研究の次世代に向けて

秋元実治教授定年退職記念論文集

Current Studies for the Next Generation of English Linguistics and Philology: A Festschrift for Minoji Akimoto on the Occasion of His Retirement from Aoyama Gakuin University

吉波弘・中澤和夫・武内信一・外池滋生・
川端朋広・野村忠央・山本史歩子 編

ひつじ書房

秋元実治教授　近影

まえがき

　本書は、秋元実治先生が2010年3月末日をもって定年退職されるにあたり、40年間勤められた青山学院大学文学部英米文学科の同僚、研究分野を共にする友人、直接指導を受けた弟子など、多数の英語学研究者が先生の業績を讃えるため、それぞれの研究成果を寄稿して編纂した記念論文集です。
　秋元先生は同学科に学部学生として入学以来、半世紀の間、一貫して英語学の研究に専念され、国の内外を問わず同分野の発展と後継者の育成に尽して来られました。学部卒業後は東京大学大学院に進み、博士課程修了後、母校に戻り、専任教員に就任されました。その後、英米文学科主任や大学の総合研究所所長などの重責を果たす一方、University College London や University of British Columbia など、海外での研究にも勤しまれ、その成果の一部を博士論文として母校に提出し、後続の若い研究者のために先鞭を着けられました。また、諸学会において発表された論文は枚挙にいとまがありませんが、特に近代英語学会会長や市河賞委員長をはじめ、多くの学会で評議委員や審査委員などを歴任し、多大な社会貢献をされています。
　研究者としての秋元先生は、扱う領域が非常に幅広く、形態論、統語論、意味論の各分野において古英語から現代英語までを研究対象とし、その広がりは今も拡大しつつあるようです。1983年には著書 *Idiomaticity* で市河賞を、また2003年には『文法化とイディオム化』で英語語法文法学会賞を受賞されました。その後も積極的に言語コーパスや英文学文献などを活用したり、フランス語文法の研究にも取り組むなど、その意欲的な学究姿勢は定年を迎えても衰えるどころか、むしろ若返りを見せておられます。
　もうひとつ、秋元先生の20年来のご趣味にも触れておかなければなりません。先生は音楽、特にピアノにご趣味をお持ちで、英語学研究とピアノの練習はお互いに良い相乗効果を与えているご様子です。秋元先生にはこれからもますます旺盛な学問的エネルギーを発揮して下さることと思いますが、

私たちは、先生の新しい著作を待つとともに、音楽家としての秋元先生が末永くピアノに親しまれることをねがっております。
　私たち編集者一同、秋元先生のさらなるご健勝とご活躍をお祈りすると同時に、この論文集が英語学研究に携わる学兄ならびにそれを志す研究生の皆様にとって少しでもお役に立てば幸せです。尚、文末になりましたが、ここにご寄稿いただいた皆様方に、心より感謝申し上げます。

2010 年 5 月

秋元実治教授定年記念論文集編集委員
　　吉波　弘、中澤和夫、武内信一、外池滋生
　　川端朋広、野村忠央、山本史歩子

目　次

まえがき　vii

第 1 部　音韻論・形態論　　1

現代英語の子音体系
最後に登場した子音音素
　羽田陽子 ……………………………………………………3

公園通りと本町通りの交差点
英語街路名の形態論
　中澤和夫 …………………………………………………11

英語の母音間「/s/ ＋無声閉鎖音」連鎖における /s/ の coda 性について
主強勢付与の観点から
　横谷輝男 …………………………………………………25

日英対照音節考
モーラ対シラブル
　吉波　弘 …………………………………………………37

第 2 部　統語論　　53

仮定法節と疑問文
　千葉修司 …………………………………………………55

NPN 構文の統語的地位
　林龍次郎 …………………………………………………67

二重目的語構文における削除・空所化と先行詞の再利用について
　根本貴行 …………………………………………………79

補部をとる副詞について
　大室剛志 …………………………………………………93

Cause 使役文の意味
Make 使役文との比較を通して
高見健一 ·· 105

日英語における「話題化」について
外池滋生 ·· 117

That- 痕跡効果に関する諸問題
塚田雅也 ·· 131

第3部　意味論・語用論　　　　　　　　　　　　　　　143

聖書のメタファと翻訳
橋本　功 ·· 145

絵本における「くり返し」とスキーマ
笠貫葉子 ·· 157

'To be, or not to be' の謎を解く
機能主義的立場から
菊池繁夫 ·· 171

モダリティと否定
吉良文孝 ·· 187

Pronominal Features and Conventional Implicature
Eric McCready ·· 199

事態把握の類型
属性叙述文の認知図式化に関する提案
町田　章 ·· 213

「MP into NP」構文の拡張について
松山哲也 ·· 227

認識的モダリティをめぐって
澤田治美 ·· 239

第4部　談話分析・語法研究　251

コロケーションに関する諸問題
　堀　正広 253

情報の重要度から見た倒置構文の前置要素と後置要素の一考察
　川口　悦 265

形容詞を前置修飾する副詞の役割
　中本恭平 275

他動性についての一考察
　阪口美津子 287

'My bad' meets the modern lexicographer on-line:
　Comments on changes in the state of the art
　Donald L. Smith 297

第5部　言語習得・英語教育・異文化間教育　305

沈黙は何を語るか
　英国に学ぶ日本人留学生の事例を中心に
　平賀正子 307

Temporal cognition, grammaticization and language development
　in the individual and the species
　Peter Robinson 319

英和辞典と英語教科書の語法と用例
　日本の英語教育再考
　八木克正 331

通訳者に対する英語発音指導
　米山明日香 345

第6部 文法化・歴史語用論　　　　　　　　　　　　359

Shakespeareにおける命令文主語と文法化
福元広二 ……………………………………………………………361

理由節の接続構造の歴史的考察
because 節を一例に
東泉裕子 ……………………………………………………………373

Granted の談話標識用法
川端朋広 ……………………………………………………………383

The Development of Interrogative Exclamatives
A Case Study of Constructionalization
Mitsuru Maeda ……………………………………………………397

「呼びかけ語」の機能
歴史語用論的アプローチ
椎名美智 ……………………………………………………………409

that 節をとる動詞の変容
その偏流と伏流
住吉 誠 ……………………………………………………………425

英語法助動詞の意味変化とポライトネス
寺澤 盾 ……………………………………………………………437

Hinder などの動詞補部に見る競合について
遠峯伸一郎・児馬 修 ………………………………………………447

The *Spectator* における Comment Clause
Interpersonal Comment Clause を中心に
山本史歩子 …………………………………………………………459

NP of NP 句の文法化
No End of の場合
山﨑 聡 ……………………………………………………………469

第 7 部　英語史・文献学　　　　　　　　　　　　　　483

ME 神秘主義散文における Word Pairs
A Revelation of Love を中心に
　片見彰夫 ··· 485

Beowulf における複合語の文体的効果について
　三木泰弘 ··· 497

Ælfric とジャンル
Passio Petri et Pauli(*ÆCHom* I, 26)の主題と文体
　小川　浩 ··· 507

イギリス初期近代期と Middle English
　武内信一 ··· 519

チョーサーの接頭辞についての課題
for- および *to-* を中心に
　米倉　綽 ··· 543

私の英語学遍歴
　秋元実治 ··· 559

秋元実治教授略歴　　565
秋元実治教授著作一覧　　567
執筆者一覧　　577

第 1 部

音韻論・形態論

現代英語の子音体系
最後に登場した子音音素

羽田陽子

1. はじめに

　英語の子音体系の歴史的変化を眺めてみるとき、母音体系と比較するとその変化はずっと少ないと言える。母音は大母音推移に代表される大きな長母音および二重母音の再編成をはじめ、長音化、短音化といった質量さまざまな変化を遂げているのに対し、子音は母音よりも調音点も確定的で、それだけ変化も少ない。

　子音体系において、古英語、中英語、近代英語と変化をたどってみるとき、そこに出てくるのは、たいていの場合、それまで英語で知られていなかった音価の出現ではなく、古い異音の音素化などであって、古英語、中英語の子音体系ですでに存在していた音が機能的に異なった形で利用されたのである。例外的な音素と言えるのが、近代英語になってフランス語からの借用の形で英語の子音体系に入ってきた音素 /ʒ/ である。

　古英語、中英語、近代英語の子音体系をたどってみるとき、音素の数はしだいに増加してきていることがわかる。しかし、それは異音が音素として独立したり(/v/, /ð/, /z/, /ŋ/)、また消滅したり([x], [ç])する場合もある。また、古英語、中英語のころには、発音していた子音が発音しなくなり、その子音字がつづりからも消えてしまったり、あるいは黙字として残ったりする場合もある。そこでそれぞれの時代の子音体系を見ながら、近代英語になって初めて登場した子音音素がどのような分布をみせているか、今後の動向を含めて、見ていきたい。

2. 古英語期（19音素）[1]

		調音点					
		唇	歯	歯茎	口蓋歯茎	硬口蓋	軟口蓋	声門
調音法	閉鎖音・破擦音	p b	t d		tʃ dʒ		k g	
	摩擦音	f	θ	s	ʃ		x	
	鼻音	m		n				
	流音	w		r l		j		

（1）/g/ は異音として閉鎖音の［g］のほかに摩擦音［ɣ］をもつ。後者は中英語期に母音化してゆく。lagu［laɣu］> lawe > law［lau］, agan（= own）,. fugol（= fowl）.

（2）/x/ は異音として①語頭又は接頭辞の直後(hund［hund］(= dog), behealdan［behæaldan］)、②母音間又は流音と母音の間(hwæt(= why), hlud(= loud), hnutu(= nut))に［h］、語中・語末の前舌母音の後(cniht(= boy), miht(= might))に［ç］、後舌母音の後(brohte(= brought), seah(= saw))に［x］として現れる。

（3）/f/, /θ/, /s/ は古英語期には基本的に無声音であり、語中で有声音に囲まれた場合(giefan(= give), hæfde(= had); feþer(= feather), fæþm(= fathom); nosu(= nose), bosm(= bosom))のみにそれぞれ［v］,［ð］,［z］のように有声音として現れる。このように、古英語では語頭、語中、語末で摩擦音は無声が原則であり、有声、無声の対立はなかった。

（4）/n/ の異音［ŋ］は現代英語の場合のように語中の /g, k/ の前に現れる。古英語・中英語ではまだ［ŋ］は現代英語のように独立した音素としては存在していない。bringan(= bring), hring(= ring)［hriŋg］

（5）語中で子音字が重複しているとき、古英語では、日本語の語中の撥音のように二重に子音を発音した。lippa［lippa］(= lip), sittan［sittan］(= sit).

3. 中英語期（22 音素）[2]

		調音点						
		唇	歯	歯茎	口蓋歯茎	硬口蓋	軟口蓋	声門
調音法	閉鎖音・破擦音	p	t		tʃ		k	
		b	d		dʒ		g	
	摩擦音	f	θ	s	ʃ		x	
		v	ð	z				
	鼻音	m		n				
	流音	w		r l		j		

（1） /v/, /ð/, /z/ は中英語になると有声摩擦音素として独立した。
（2） [h] はあいかわらず /x/ の強勢を持つ形態素のはじめに現れる異音であって、[x, ç] と相補分布をなしていた。
（3） [ŋ] もまだ音素として独立しておらず、/n/ が軟口蓋音 /k, g/ に先行するときの異音に過ぎなかった。

4. 近代英語期（24 音素）[3]

		調音点						
		唇	歯	歯茎	口蓋歯茎	硬口蓋	軟口蓋	声門
調音法	閉鎖音・破擦音	p	t		tʃ		k	
		b	d		dʒ		g	
	摩擦音	f	θ	s	ʃ			h
		v	ð	z	ʒ			
	鼻音	m		n			ŋ	
	流音	w		r l		j		

　1500 年から 1650 年の間に、現代英語につながる子音体系が完成した。すなわち、

（1） 語中・語末の /x/ は失われ、語頭の [h] のみを残して音素 /h/ が生まれた。
（2） [ŋ] のあとの語末の /g/ が落ちて、ほかの鼻音と対立をなすようになり、/ŋ/ が生まれた（⟨sin⟩[4]/sin/vs. ⟨sing⟩ /siŋ/）。
（3） /ʒ/ が、語中の /zj/ の口蓋化から生まれて、口蓋歯茎音に無声・有声の対立を生んだ（vision, explosion）[5]。

これら 3 つの近代英語初期に生まれた新しい音素は、当然のことながらごく限られた音声環境にのみ見られる。しかしながら、/h/, /ŋ/ と /ʒ/ の異なるところは、/ʒ/ は古英語・中英語の時代には異音としてもまったく見られず、フランス語からの借用語の語中に現れた /zj/ の口蓋化から生まれたことである。したがって、この /ʒ/ のみは、英語には元来なかった音が、フランス語の流入によって音素として出現したのである。

5. 現代英語（24 音素）

5.1. /ʒ/ と /dʒ/ の語中の対立

現代英語の語彙の中で、/ʒ/ が /dʒ/ と最小対立をなしているのは語中のみで、たとえば以下のような対立に見られる。いずれも 2 音節語である。

lesion /li:ʒən /vs. legion /li: dʒən/
leisure /leʒə /(Br.E.)vs. ledger /ledʒə/
pleasure /pleʒə /vs. pledger /pledʒə/

5.2. /ʒ/ の語頭・語末での出現

語頭・語末での出現は、ほとんど無いといってもよい。比較的最近フランス語から借用した語に限られる。Kurath(1971) は、'In words more or less widely used, the phoneme/ž/occurs only medially and finally, and only in a small number of words.(64)' と言っている。

また、竹林は「解説と使用の手引き」(J.C. Wells『ロングマン英米語発音辞典』丸善)で次のように述べている。

/z/ の場合と同様に「ジ」や「ジュ」の子音と思っている人が多いのですが、日本語の「ジ」や「ジュ」の子音は 2.3 の(2)で説明する [dʒ] で、これは [ʃ] に対する有声音ではなくて [tʃ] に対する有声音です。そこで日本人は無声音同士の [ʃ] と [tʃ] の区別は楽にできるのですが、それぞれの有声音の [ʒ] と [dʒ] の区別が困難です。<u>英語では [ʒ] は語頭にはきません</u>。また語末にも滅多にきません。主として語中に現われます。

（下線筆者）

5.3. /ʒ/ と /dʒ/ の語頭での揺れ

実際に英語で /ʒ/ が語頭に現れるのは、Kurath，竹林に見られるように、ゼロではないにしても、非常に限られている。Roach (1988) は 'Very few English words begin with ʒ (most of them have come into the language comparatively recently from French) and not many end with this consonant.' (40) と述べている。

英語で語頭に普通現れるのは竹林も述べているように（歴史的に定着している）破擦音の /dʒ/ であって、/ʒ/ ではない。/ʒ/ は普通まだフランス語からの借用語としての意識があって用いられている場合である。その意識の差で /ʒ/ から /dʒ/ への移行が見られる、といってよい[6]。

gendarme (1796)，genre (1770)，gendarmerie (1551)，gigue (1685)

（カッコ内は初出年、以下同様）

＊ このうち、genre は主要な発音としては、/ʒɒnrə/ だが、/dʒɒn-/ も出てくる。

gigolo (1922) はすでに /dʒɪgələʊ/ が主要な発音となっている。(Wells, LPD 2000)

jabot (1823)，j'adoube (1808)，jalousie (1766)，jeu d'esprit (1712)，

jeunesse doree (1830)，joie de vivre (1889).

＊ ⟨j⟩ で始まる以上 6 語のうち、⟨jalousie⟩ のみ英語化して、/ʒ/ ～ /dʒ/ の揺れが見られ、イギリスでは /ʒæluzi:/ が主要発音、アメリカでは /dʒæləsi/ が主要発音として、現れている（強勢は共に第一音節）。

つづりの上では、語頭は〈g〉か〈j〉が対応している。それに対して語末では〈-ge〉で現われる。語中の /ʒ/ は歴史的発生から当然ながら、〈-si-〉,〈-su-〉だが、〈azure〉などもある。

5.4. /ʒ/ と /dʒ/ の語末での揺れ

語末の /ʒ/ は語頭よりは多いが、やはり /dʒ/ との交替が見られる。prestige (1656), barrage (1916), rouge (1437), beige (1858), massage (1876), mirage (1837), garage (1902), loge (1749), camouflage (1917), arbitrage (1480), decoupage (1946), sabotage (1910) espionage (1793).

これらの語のうち、一音節の〈rouge〉,〈loge〉、および二音節の〈mirage〉は /-ʒ/ で終わり、破擦音で現れることはないといってよいが、英語として日常的に用いられる〈garage〉はさまざまな変異形が用いられる。Wells (2008：322, 323) の図表などによると、アメリカ英語では /-ʒ/ が 52%、/-dʒ/ は 48% に対し、イギリス英語では /-ʒ/ が 56%、/-dʒ/ は 44% であり、アメリカ英語は第2音節に第一強勢をおき、イギリス英語では第一音節に第一強勢を置いているものが 94% になっている。また、年齢層によっても発音の違いが見られる。

6. まとめ

以上、新しい音素ほど出現率は限定され、英語にとって本来語に出てくることのない /ʒ/ の場合、特にフランス語色が濃いが、その借用語が英語的になればなるほど、すなわち日常語として使用されればされるほど、語頭や語末では /ʒ/ から /dʒ/ に移行していく。しかし /ʃ/ とのシンメトリーから少なくとも語中では独立した音素として確立しており、日本語の場合のように破擦音 /dʒ/ に融合する迄にはなっていない。

英語の子音体系の変化として眺めると、摩擦音がもともと無声音素として現れていたものが (/f/, /θ/, /s/)、有声音が音素として独立し、ついでフランス語から /ʃ/ に対応する有声音素 /ʒ/ を借用するに到ったが、他の同時期に

音素として独立した /h/, /ŋ/ と同様、その出現環境は、限定的なものである。

注

1 Roger Lass, 'Phonology and Morphology' *The Cambridge History of the English Language* Vol. III 1476–1776 を参考に作成(70)。
2 同(71)。
3 同(71)。
4 〈 〉は / / の音素記号に対する文字素記号。
5 /-zj-/ はフランス語からの借用語に現われるもの。また、/ʒ/ は、古フランス語では /dʒ/ だったが、無声破擦音 /tʃ/ の場合と同じく、閉鎖音要素を失い、13 世紀のうちには摩擦音 /ʒ/ に変わった。Cf. 白水社『仏和大辞典』(18–19)。
6 以下のフランス借用語の現在の英語における発音は、J. C. Wells, *Longman Pronunciation Dictionary* 3rd edition (2008) の記述による。

参考文献

Gimson, A. C. (1970) *An Introduction to the Pronunciation of English*. London: E. Arnold.
Jones, Daniel, Peter Roach, James Hartman and Jane Setter (eds.) (2004) *English Pronouncing Dictionary*. Cambridge: Cambridge University Press.
Kurath, Hans (1971) *A Phonology and Prosody of Modern English*. Ann Arbor: The University of Michigan Press.
Lass, Roger (1999) *The Cambridge History of the English Language*. Vol. III 1476–1776. Cambridge: Cambridge University Press.
Roach, Peter (1988) *English Phonetics and Phonology: A Practical Course*. Cambridge: Cambridge University Press.
竹林滋 (1990)「解説と使用の手引き」『ロングマン英米語発音辞典』丸善.
竹林滋 (2002)『新英和大辞典』第六版. 研究社.
Wells, John C. (1982) *Accents of English*. 3 vols. Cambridge: Cambridge University Press.
Wells, John C. (1990) *Longman Pronunciation Dictionary*. Harlow: Longman.
Wells, John C. (2000) *Longman Pronunciation Dictionary*. 2nd Edition. Harlow: Longman.
Wells, John C. (2008) *Longman Pronunciation Dictionary*. 3rd Edition. Harlow: Longman.

公園通りと本町通りの交差点
英語街路名の形態論*

中澤和夫

1. 問題の所在

　英語の語形成において、複合語はかねてより様々な未解決の問題を内包しており、従って、我々に対しては、常にあるべき解案を求めてきたといってよい。そうした問題の一つに、ここで取りあげるような英語街路名の強勢型に関する不思議がある。すなわち、具体的に言うなら、英語街路名には右側要素として Avenue または Road を持つものと Street を持つものがあるが、前者は必ず右側要素に主強勢が落ち、後者は必ず左側要素に主強勢が落ちるのであって、その逆の事例は一つもない。例えば、下記(1)はすべて右強勢で(2)はすべて左強勢である。なお、以下、右強勢とは、複合語 [X Y] において Y の方に主強勢がある場合、ないし X と Y に同等の強勢がある場合、つまりいずれにせよ右側に強勢がある場合、の強勢型を言う。また、左強勢とは、複合語 [X Y] において X の方に主強勢がある場合の強勢型を言う。なお、同種の観察および用語法については Giegerich (2004: 1–2, f.n.2) 参照。

(1) 　Park Avenue　Bonita Avenue　Solano Avenue　Madison Road
　　　London Road　Wildcat Canyon Road
(2) 　Main Street　High Street　Madison Street

上例(1)の例も、[X Avenue] 型または [X Road] 型の他の夥しい類例もすべて右強勢である。また、(2)の例も、[X Street] 型の他の夥しい類例もすべて左強勢である。そこで、英語街路名の不思議とは、次のような問いとして言い換えることができる。何故 [X Avenue/Road] 型が左強勢になり [X

Street]型が右強勢にならなかったのか、あるいは何故［X Avenue/Road］型も［X Street］型も等しく右強勢にならなかったのか、あるいは何故［X Avenue/Road］型も［X Street］型も等しく左強勢にならなかったのか。また、ある特定の構文は、人によってあるいは地域によって、その容認可能性について程度差なり濃淡なり段階性があるのは珍しいことではないが、(1)と(2)についてはそういった程度差等が全く見られないのは、一体何故なのか。つまり、例えば(1)の場合なら、Park Avenue は右強勢だが Bonita Avenue と Madison Avenue は左強勢、などといった事情はまったくなく、これらはすべて右強勢であるのは一体何故なのか。同様に(2)の場合なら、［X Street］型の諸例に強勢型の揺れやばらつきは一切なく、すべて左強勢であるのは一体何故なのか。

　小論は Park Avenue や Main Street にみられる強勢型について考察し、上述の問いに対して、両者を統合して説明を与える分析を試みる。

2.　先行研究

　名詞複合語およびその強勢型に関する研究には、ここ近年は Bauer(1998), Giegerich(2004), Plag(2003), Plag(2006), Plag et al.(2008) などがあるが、事、英語街路名の強勢型について実質的な分析をしているものは見当たらない。すなわち、名詞複合語について右強勢もあれば左強勢あるとか、その異同の由来について解説をしたり説明を試みたり、は確かにある。また英語街路名の強勢型に関する事実を記述しているものも多数ある。しかし、前節で問うた問いに正面から答えているものは見当たらない。つまり、突き詰めて言うなら、［X Avenue/Road］型が右強勢であるのも、［X Street］型が左強勢であるのも、たまたま偶然であった、と暗黙裡に言っていることになる。ただし、唯一例外として Giegerich(2004: 20)に、ほんの僅かだが、要旨、次のような言及がある。

（3）　［X Road］という街路名が左強勢とはなり難いのには多分頷ける点がある。つまり、London Road などという名の大通りはロンドンへ通

ずる街道であるのが普通だから、その街路名は勢い、句の性質を幾つか持つことになる。[それらの性質のうちの一つが右強勢である—K.N.]例えば He lives on the London Road. と定冠詞が付く。これと対照的なのが、[X Street] という街路名であって、こちらの街路名は物や人あるいは場所にちなんで名付けられるので、句の性質は持たず、例えば *He lives on the London Street. というふうに定冠詞付きでは用いられない。また、どういう訳か [X Avenue] という街路名も、右強勢ではあるものの、定冠詞付きでは用いられない。(Giegerich (2004: 20)第6段落要旨)[1]

Giegerich は英語街路名の不思議に説明を与えようとしているのであるが、それはとても十分なものとは言えない。つまり、ロンドンへ通ずる道の名なら、何故、それが句の性質を持つのか。物や人あるいは場所にちなんだ名なら、何故、それは句の性質を持たないのか。また、何故、[X Avenue] という街路名は右強勢で定冠詞を持たないのか。これらの疑問は残ったままである。

3.「複合語」の解体と再構

　英語街路名の強勢型に関する問いに答える前に、小論で扱う「複合語」とはどのようなものであるかを、略述しておきたい。なお、枠組みとしては、中澤(2006)の考え方を採用する。
　まず、基本的な仮定として、語と句の違いを認めねばならない。複合語には様々な品詞のものがあるが、小論は、街路名のような名詞の複合語を論じるので、ここでは名詞複合語について考える。まず、統語的には、複合語は(4)の構造の名詞で、強勢は名詞複合語に特徴的な左強勢である。名詞複合語の具体例としては blackboard(黒板)や greenhouse(温室)や box office(切符売り場)など無数にあり、いずれも左強勢である。意味論的に注意すべきこととしては、全体の意味が部分の単純な合成になっていないことがある。

（4）　[~N~ X N]

それに対して、名詞より1段階大きいレベルの句を、ここでは N' とし、この句は統語的には、(5)の構造を持つとする。この構造は句であるから、強勢型は右強勢である。N' レベルの句の具体例としては、[~N'~ black board]（黒い板）や [~N'~ green house]（緑色の家）、また [~N'~ red flower]（赤い花）や [~N'~ new home]（新しい家）など、無数にあり、いずれも右強勢である。意味論的に注意すべきこととしては、全体の意味は部分を合成して得られるということがある。

（5）　[~N'~ X N]

以上の仮定は、左強勢の ice-cream を複合語であるとし、右強勢の ice cream を句であるとした Bloomfield(1933: 180, 228)以来の分析に倣うものである。
　ところで、小論では品詞転換(Conversion)という操作も仮定する。単に、単独の語だけではなく、複数の語が集まったものも、語の働きをすることがある。特に、名詞でない統語範疇の構造が名詞の機能を担うようになる時、その機能変化ないし構造変化を名詞化という。名詞化は Lees(1960)以来、多種多様な分析や提案がある。ここでは、一種の名詞化ではあるが、(6)のような品詞転換を仮定する。

（6）　Conversion
　　　[~X~ ABC] → [~Y~ ABC], where ABC is an arbitrary string of words, X is a category of any type(lexical or phrasal), and Y is a lexical category.

すなわち、(6)の品詞転換は、ある構成素を成す任意の記号列が任意の統語範疇であった場合、その構成素の内部構造には全く変更を加えずに、全体の統語範疇だけを語彙範疇に書き換える、という操作である。ここでは英語街路名を扱っているので、品詞転換の結果の語彙範疇は名詞ということになる。また、確認をしておきたいことは、内部構造に一切変更を加えないの

で、強勢型にも変更を加えないということである。なお、(6)は品詞転換における形式面の規則性を捉えたものである。品詞転換における意味的側面については、例えば定・不定や総称・特称などの問題、あるいは制御の問題など、確かに様々な制約がある。しかし、英語街路名においてはそのような問題は関わってこないと思われるので、小論ではそれは論じない。句を語彙化する際の意味論的制約などについては、島村(2005)およびそこで言及されている島村自身の他の論文等を参照されたい。

さて、(6)の品詞転換の例を簡単に見ておこう。地名の New York は固有名詞だから、もちろん全体の統語範疇は名詞である。しかし、New York は、元々は「新しいヨーク」の意であったから、これは構造的には句範疇であって、(5)に基づいた [N' New York] の構造を持ち、強勢型も右強勢である。この構造が(6)の品詞転換の操作を受けると、強勢型は右強勢のまま、構造だけが名詞の [N New York] になるのである。

ここで一般的な言い方をすると、(5)の構造は(6)の品詞転換を経て、外見上は(4)の構造と変わらないものになる。つまり、地名 New York の派生を図式的に表わすと、(7)のようになり、[N New York] の構造は、一見、(4)の構造と同じに見える。

(7)　[N' New York] → (6) Conversion → [N New York]

しかし、注意すべきは、(7)の、品詞転換後の [N New York] の強勢型は右強勢であるのに、一見、相似た(4)の構造は強勢型が左強勢なのである。ここが両者の重要な相違点である。(7)の類例として、句の構造から品詞転換を経て、[N New York] と同じく右強勢の名詞となったと考えられるものには、New Delhi, New Zealand, Long Island, stone bridge, apple pie などがある。なお、私は後二者の出自も句であると考えているが、後二者の句である性質については Giegerich(2004: 7–8)参照。さて、興味深いのは Newcastle という地名で、これは Newark という地名と同じく左強勢もあれば、New York と同じく右強勢もある。前者は(4)の複合語で、後者は(7)の派生で得られた「複合語」である。

つまり、小論で言う「複合語」とは、実は多義であって、広義の複合語と狭義の複合語がある。狭義の複合語とは(4)の名詞のことである。広義の複合語とは、(4)の名詞と(7)の名詞を両方指して言う場合に用いられる「複合語」である。一口に「複合語」と言っても、広義の複合語の意であるときは、由来の異なるものを包括して指しているので、注意が必要である。

4. 英語街路名の形態論

　本節では、Park Avenue と Main Street の派生方法を考えることによって、第1節で提出した問いに答えることにしよう。

　まず、語と句の違いを確認しておきたい。言うまでもないが、統語的には、語は語彙範疇、すなわち名詞ならNであって、句はそれよりも大きいレベルの構成素、例えば名詞より大きい句ならばN'やN''やN'''といった範疇になる。一方、意味論的に見てみると、語は、常識的には、つまり例えば辞書的には、(8)のように定義されている。

(8) word: a single distinct meaningful element of speech or writing, used to form sentences with others (COD[11], s.v. *word*)

しかし、言語学的には、語形成から見ると、語は有意味な一単位と言うだけでは不十分である。句もやはり有意味な一単位ゆえ、(8)の定義では語と句の区別がつけられない。そこで、語は、例えば(9)のように定義せねばならない。

(9) word: a single distinct meaningful element, used to express the institutionalized notions that are put into frequent or habitual use

それに対して、句は、意味論的には例えば(10)のように定義されるであろう。

(10)　phrase: a single meaningful element, used to express the new and uninstitutionalized notions that cannot be put into frequent or habitual use

　簡単な例を見ておこう。例えば、「椅子」は普通4本足だから、「4本足の椅子」という頻繁に習慣的に使われる制度化された意味は、chair という語によって表わされる。それに対して、「3本足の椅子」はあまり普通ではない。換言すると、「3本足の椅子」という概念は、珍しくて日常生活の中で制度化されていない概念であり頻繁に習慣的に使われる概念でもない。従って、「3本足の椅子」という概念は、語ではなく、a chair with three legs という句によって表わされるのである。本節は、このような語と句に関する(9)と(10)の定義をもとに、英語街路名の考察を進める。
　まず、［X Avenue/Road］型街路名と［X Street］型街路名のそもそもの違いはそれらの主要部名詞にある。最初に［X Street］型の街路名の方から考えよう。OED[2]や『英語語源辞典』によると、street という名詞は古英語期から存在しており、元々はラテン語の via strata（「広げられた、ないし覆われた道、すなわち舗道」の意）の via を省略した残りの形 strata に由来する。すなわち、英語の street は、語源的には「道」の意ではなく、「広げられた、ないし覆われた」という、動詞の過去分詞の意味なのである。なお、このラテン語 strata の不定詞形は sternere（「広げる、覆う」）で、英語の stratum（「層」）も、この動詞の過去分詞形に由来する。こうした由来を考慮すると、名詞 street は、その含意として、2次元的な広がり、つまり面的な含意を持つ語であることが分かる。英語話者の street に対する語感として、1次元の線的な含意と同時に、2次元の面的な含意も存在していると推測することはたやすいが、では、それを確かに示す証拠はあるのだろうか。我々は、その証拠として、次の事実を挙げることができる。すなわち、英語の前置詞として on と in があるが、on は1次元の線に対する接触と2次元の面に対する接触の前置詞として使われる一方で、in は専ら2次元の面ないし3次元の空間の内部を表わす前置詞として使われる。ところで、英語には on the street という言い方と in the street という言い方がある。一般に、前者はアメリカ英

語で後者はイギリス英語と言われているが、いずれにせよ、street という名詞と共起しやすいのはどちらの前置詞であろうか。実際にデータベースで検索してみた結果、BNC や WO という電子コーパスによると、それぞれの単純な検索数は、(11) に見るように、実は前置詞 in の用例の方が前置詞 on の用例を凌駕しているのである。

(11)　Table of the Numbers of Collocations on the Databases

	BNC	WO
on the street	355	423
in the street	964	665

この事実は、名詞 street が、英語話者が意識しているか意識していないかは問わず、確かに面的な広がりという含意を持っていることの証拠と言えるであろう。

　ところで、英語には the man in/on the street という慣用表現がある。これはそこここにいるごく普通の人の意であるが、この意味は、正に、street が自分の身の回りの、手の届く範囲の広がりという含意をもっているからこそ可能となる意味である。もう少しくだけた言い方をするなら、street の含意は、「わが街、普段着の町内」といった自分の身の回りの範囲を指すものである。そうであるからこそ、例えば、street fashion とか street children という言い方は極めて普通であるが、*avenue fashion とか *avenue children とかいう言い方は全く慣用的でないのである。また、同様に、「普通の人」という意味で *the man in/on the avenue とも言わない。この事実も、名詞 street が、自分の身の回りの範囲という含意を持っていることの証拠と言えよう。

　名詞 street に関してこのような含意があることが分かると、我々は次のように考える。つまり、[X Street] という街路名も、自分の周りの身近で手の届く範囲を表わしており、その概念は日常生活の中で習慣的に使われていて、従ってそれは制度化された概念になっているのである。これを(9)の語の定義に照らし合わせてみると、[X Street] という概念は、正に、句ではなく、語によって表わすべき概念であることになる。[X Street] は、元来、語

で表わす概念なのだから、その構造は(4)の複合語の構造であり、強勢型は、複合語に固有の左強勢である。かくして、第1節での問い、何故、[X Street]は必ず左強勢であるのか、に答えたことになる。これは名詞 street の持つ含意から導かれる結論である。つまり［X Street］の概念は語で表わすのが至当で、従ってこの複合語の左強勢は偶然ではあり得ず、これは当然の帰結と言える。

次に、［X Avenue/Road］型の街路名を考えよう。これもやはり、OED^2 や『英語語源辞典』によると、英語の avenue の初出は 1600 年で、特にアメリカ英語における「大通り」の意で用いられた例は 1858 年に確認できると言う。英語の名詞 avenue は、フランス語名詞 avenue から来ており、このフランス語名詞はフランス語動詞 avenir の女性過去分詞形 avenue に由来する。さらに、フランス語動詞 avenir は、ラテン語動詞 advenire に由来するのであるが、この advenire は接頭辞 ad('to') と語幹 venire('come') の合成である。以上のことから判ることは、英語名詞 avenue は「ある目標へ近づく道、ある目標へ向かう道筋」という原義を含んでいる、ということである。これはすなわち、名詞 avenue は、自分のいる地点から、遠い離れた地点までの1次元の線状的な意味を含意していると言ってよい。

英語名詞 road の由来も確認しておこう。OED^2 や『英語語源辞典』によると、名詞 road は古英語期から存在しており、古英語の名詞 rad は古英語の動詞 ridan('ride') の派生形である。古英語動詞 ridan はゲルマン基語にまで遡る。名詞 road の古英語期の原義は「馬に乗ること、ないし馬による旅」の意であったが、現代英語の「道」の意味は 16 世紀に確認できるものの、古英語期の原義との意味のつながりは、あまりはっきりしないという。しかし、いずれにせよ、小論の考察の文脈で言うなら、名詞 road は馬による移動を原義としているのであるから、その含意は、avenue の場合と同じく、自分のいる地点から、ある離れた方向へ向けての移動という、1次元の線状的な意味である、としてよいと思われる。

以上の語源的考察から、英語名詞 avenue と road は、両者共に、自分のいる地点から、ある遠い地点に至る1次元の線状的含意を持つ、ということが首肯されると思う。これは、平面的な含意を持つ street とは際立った対照を

示す意味的特徴である。そして、実際、その対照性を示す証拠がある。(12)の表を見られたい。

(12)　Table of the Numbers of Collocations on the Databases

	BNC	WO
along the street	82	37
along the avenue	6	1
along the road	448	132

前置詞 along は、1次元の線状的な対象物に「沿って」いる意味が基本義である。前置詞 along との共起関係を電子コーパスで検索してみると、road の単純な検索数だけで見ても、そのヒット数は street を圧倒している。英語話者の語感として road の方が線状的含意が強いと言って良いだろう。ただし、avenue のヒット数が異常に低いのは、avenue が高々 17 世紀以降の外来語であるからと思われる。他の2つ、つまり street と road は古英語期から存在していることを想起されたい。

次に、avenue や road の持つ線状的含意のもう一つの証拠として、(13)に示すような、到達点を表わす語句との共起可能性を考えても良いだろう。

(13) a.　an avenue to success/happiness
　　 b.　a road to success/happiness
　　 c.　*a street to success/happiness

既に明らかなように、1次元の線状的方向の延長上には前置詞 to を用いた到達点を置くことができるが、平面にはその延長も、まして到達点も設定できないのである。それが(13)における文法性の差となっている。

次に、名詞 avenue と road の持つ線状的含意の3つ目の証拠として、電子コーパスで調査した、前置詞 in と on との共起関係を(14)に示す。

(14)　Table of the Numbers of Collocations on the Databases

	BNC	WO
on the avenue	9	10
in the avenue	14	8
on the road	1,394	1,116
in the road	341	161

　名詞 avenue は非常にヒット数が少ないが、その理由は、先に指摘したように、avenue が高々 17 世紀以降の外来語だからと思われる。それに対して、road の方はというと、on と in とでは、on と共起した例の方が遥かに多い。このことは、road が面的な含意よりも線的な含意の方をより強く持っていることの傍証と取ることができる。

　さて、名詞 avenue や road にこのような線状的意味の含意があることが分かると、我々は次のように考える。つまり、[X Avenue/Road] で表わされる街路名も、自分から離れた到達地点へ向けた線的な道筋を含意しているのである。英語話者は、意識していると意識していないとに拘らず、このような含意を脳内に内在化させていると考えられる。ところで、自分から遠く離れた到達地点へ向けた道筋という概念は、いつも身の回りで習慣的に生じてくる概念ではなく、頻繁に言及されるような制度化された、ないし定型化された概念でもない。むしろ、必要が生じたときに、その都度言語化して表わすべき概念というべきだろう。これを(10)の句の定義に照らし合わせて考えてみると、[X Avenue/Road] という概念は、正に、句によって表わされるべき概念であることが分かる。[X Avenue/Road] という概念は、本来的に、句で表わすべき概念なのだから、それは(5)の句の構造を持ち、強勢型は右強勢となる。この右強勢の句は(6)の品詞転換の操作を経て、右強勢のまま語彙範疇は名詞の語になる。これは、(7)で図式的に表わした通りである。
　かくして、第 1 節で提出した問い、すなわち、何故、[X Avenue/Road] は必ず右強勢であるのか、に答えたことになる。これは名詞 avenue や road の持つ含意から導かれる結論である。つまり [X Avenue/Road] の概念は句で表わすのが至当で、従ってこの句の右強勢は偶然ではあり得ず、これが品詞

転換によって名詞となったので、［X Avenue/Road］の右強勢は当然の帰結と言える。

　ところで、第2節の末尾で、私は、何故、［X Avenue］には定冠詞が付かないのかという問題を提起した。これは、先にも触れたが、avenue という名詞が英語に入って来たのが高々400年前で、「大通り」の意味で用いられるようになったのは、ほんの19世紀以来のことゆえ、いわゆる「外国語臭」が全く抜け切れていないのが理由だと思われる。実際、street と avenue と road の電子コーパスでの検索数（token の数）を較べてみると(15)のようになった。

(15)　Table of the Numbers of Tokens on the Databases

	BNC	WO
street	18,861	14,360
avenue	1,568	977
road	26,584	15,564

つまり、文字通り、桁違いの頻度であって、street や road に較べると、avenue という名詞はまだ、十分に英語話者の人口に膾炙していないものと思われる。英語の中で、avenue がまだ十分に名詞としての地歩を固めていないとすれば、勢い、普通の名詞と同じように冠詞を伴って名詞句として出現することも稀になるだろうと思われる。

　なお、最後に、英語街路名には［X Boulevard］や［X Way］と言った名称もあるが、これらは［X Avenue/Road］に準じる派生方法で得られると思われる。また、［X Place］と言った街路名もあるが、これらは［X Street］に準じる派生方法で得られると思われる。

5.　結語

　小論は、形態論者を永らく悩ませてきた Park Avenue と Main Street の間の強勢型の不思議を、それぞれの構造についての分析が巧く整合するような

形で解明しようとしたものである。両者を複合語であると捉えるのは良いが、それは広義の複合語というべきであって、実際の出自は、それぞれの街路名で異なっている、と考えられる。特筆すべきと思われる点は、小論の分析では、どの道必要な道具立てしか用いていないという点である。語、特に複合語、の構造と句の構造は、それぞれ固有の音韻的特徴と対応しているし、品詞転換という過程は、いずれの立場であれ、必要な道具立てであると思われる。名詞 avenue と road と street に関する線状的ないし平面的な意味特徴は、英語街路名を論じるのとは独立に、存在していると言ってよいと思う。

　英語名詞 avenue が「外国語臭」をなくす日が来るかもしれないが、しかしその時でも、街路名 [X Avenue] が定冠詞を取れるとは限らない。そういった文法記述と言語現象の間の関係については中澤(2007)を参照されたい。

注
　* 本稿の一部は、青山英語学研究会(ALL)の月例会(於青山学院大学 2009 年 6 月 17 日)にて発表したものである。
1　原文は次の通り。
　The reluctance of *Road* NNs to adopt fore-stress is perhaps understandable: thoroughfares named e.g. *London Road* tend to be roads leading to London, and the names tend to retain some phrasal characteristics: *He lives on* the *London Road*. The same can not be said for *Streets* (which are arbitrarily named after things, persons, places, etc.: compare **he lives on the London Street*), but also not for (end-stressed) *Avenues*, which are as just as resistant to fore-stress as *Roads* are. (Giegerich 2004: 20)

参考文献

Bauer, Laurie (1998) "When is a Sequence of Two Nouns a Compound in English?" *English Language and Linguistics* 2. 1: 65–86.

Bloomfield, Leonard (1933) *Language*. New York: Holt, Rinehart and Winston.

Giegerich, Heinz J. (2004) "Compound or Phrase? English Noun-Plus-Noun Constructions and the Stress Criterion." *English Language and Linguistics* 8. 1, 1–24.

Lees, Robert B. (1960) *The Grammar of English Nominalizations*. The Hague: Mouton.

中澤和夫 (2006)「3 語複合語のリズムと修飾部という概念」『第 78 回大会 Proceedings』29-31. 日本英文学会.
中澤和夫 (2007)「構文拡張の要件」『英語青年』152.12, 747-749. 研究社.
Plag, Ingo (2003) *Word-Formation in English*. Cambridge: Cambridge University Press.
Plag, Ingo (2006) "The Variability of Compound Stress in English: Structural, Semantic, and Analogical Factors." *English Language and Linguistics* 10. 1: 143-172.
Plag, Ingo and Gero Kunter, Sabine Lappe, and Maria Braun (2008) "The Role of Semantics, Argument Structure, and Lexicalization in Compound Stress Assignment in English." *Language* 84. 4: 760-794.
島村礼子 (2005)「句の語彙化について―英語の名詞前位修飾表現を中心に―」大石強, 西原哲雄, 豊島庸二 (編)『現代形態論の潮流』55-73. くろしお出版.

辞書

Soanes, Catherine and Angus Stevenson (eds.) (2008) *Concise Oxford English Dictionary Eleventh Edition, Revised*. Oxford: Oxford University Press. [COD^{11}]
Simpson, J. A. and E. S. Weiner (eds.) (1989) *The Oxford English Dictionary Second Edition*. Oxford: Oxford University Press. [OED^2]
寺澤芳雄 (編) (1997)『英語語源辞典』研究社.

電子コーパス (「小学館コーパスネットワーク」を介して検索)

The British National Corpus [BNC]: イギリス英語 1 億語のデータベース.
WordbanksOnline [WO]: イギリス英語, アメリカ英語, オーストラリア英語 5,600 万語のデータベース.

英語の母音間「/s/＋無声閉鎖音」連鎖における /s/ の coda 性について

主強勢付与の観点から

横谷輝男

1. はじめに

　一般に、音節は onset が最大になるように分けられるのが基本であり、英語も大体においてこれに従うと想定されることが少なくない(例えば近年では Davis (2005), Hall (2006))。この場合、spa, star, scarf などの語頭に見られる /sp, st, sk/ が共に onset に含まれるとすると、Vespa, Nespa, Alaska などの子音連鎖は、語末音節の一部ということになる。しかし、異なる見解も散見される。(少なくとも語中母音間の)「/s/＋無声閉鎖音」という連鎖においては /s/ と無声閉鎖音の間に音節境界があるのが普通だというものである。(例えば Hayes (1985: 148), Harris (1994: 55))。後者の議論の根拠の一つとして、母音—無声閉鎖音間では /s/ と他の子音が主強勢付与において同等の振る舞いを示すということが挙げられているのだが、この根拠に十分な裏付けを与えている論考は見当たらない。本稿の目的はこの議論に対し、体系的な辞書内調査と統計的処理を通じて、妥当と思われる裏付けが得られることを報告することである。

　本稿の意義は次の点にある。上記連鎖の音節分けは分節的な現象の説明方法に影響を与える。無声閉鎖音が帯気化する環境の1つに強母音の直前位置があるが、よく知られているように /s/ の直後では阻まれる。これは多くの文献において、/s/ と後続する無声閉鎖音が同じ音節に属することが一因と説明または想定されている (Kahn (1980), Selkirk (1982), Hall (2006) など)。帯気化は音節頭(またはフット頭 (Jensen (1993), Davis (2005))に起こるが、/s/ が直前にある場合はこれが音節頭(またはフット頭)の分節となるため、環境が満たされないからだというものである。

しかし、もし上記の連鎖において /s/ と無声閉鎖音の間に何らかの境界があるとなると、他の説明を考案する必要が生じる。Hammond(1999)は一定の場合を除き、英語の音節は全て少なくとも2つモーラを含むとしているが、この考えのもとでは cascade などの /s/ は第1音節を閉じる位置にあることになる。sc の /k/ が帯気化しないという事実があるが、これは /kæs.skɪd/ のように /s/ が重子音となっているためと説明されている(p. 239)。横谷(2007)は主強勢音節を直後に持つ語頭音節の母音弱化可能性の調査に基づき、「短母音＋/s/＋無声閉鎖音」という連鎖では、/s/ が少なくとも coda 位置に含まれるという議論を提示している。無声閉鎖音の非帯気化には「同一の音韻語内で /s/ が直前にあるとき」という一般化を提案している。このように、本稿で扱う問題は現代英語における重子音の許容、非帯気音化の再解釈の可能性を生みうるという点で、英語音韻論研究においては見過ごすことのできないトピックと言える。

2. 先行研究における観察

本稿で扱う音連鎖は次のものである。

（1） / ... V s {p/t/k} V ... /

Hayes(1985: 148), Harris(1994: 55) などでは /s/ と {p/t/k} の間に音節境界があると述べられているが、本節ではその根拠を主強勢付与に関わるものに限って解説する。提示法ならびに例は本稿の筆者のものである。

英語の名詞および Class I 接尾辞で終わる形容詞の主強勢は一般に(2)のような法則によって付与されることが知られている。(3)はその例の一部である。

（2） 多音節語強勢配置の法則(名詞・Class I 接尾辞付き形容詞)
3音節以上からなる名詞・Class I 接尾辞付きの形容詞の 主強勢 は、語末から数えて2番目の音節(＝次末音節)が重音節(H(eavy))ならそ

こに、軽音節(L(ight))ならその直前の音節(＝前次末音節)に置かれる。

(3) a. Be.|lín|.da(L|H|L#) vs. |Pá|.me.la(|L|LL#)
　　 b. in.ci.|dén|.tal(HL|H|H#) vs. me.|dí|.ci.nal(L|L|LH#)

このことを踏まえて事実を見ると、語末音節から次末音節にかけて「短母音＋/s/＋{p/t/k}＋弱母音」という連鎖を持つ語では、次の例のように次末音節に主強勢が置かれるものが大多数である。

(4) a. /sp/: Le[gǽs]pi, Gi[lés]pie, Bo[rís]pol
　　 b. /st/: Me[fís]to, ca[nǽs]ta, lin[krʌ́s]ta
　　 c. /sp/: aba[sís]cus, A[lǽs]ka, Ne[brǽs]ka

/st/連鎖が関係する場合は、trávesty, mínister, májesty, pédestal, dýnastyといった(2)に従わない語が比較的多いことは事実だが、(4)の事実は/s/が次末音節を閉じ、重音節を作っていることへの証拠となる。つまり、もし/s/とそれに続く無声子音が共に語末音節の一部となるのであれば、次末音節は短母音で終わり軽音節となるため、前次末音節に主強勢を持つ語の方が多いはずだというものである。ただ、このような観察は包括的な辞書内調査の結果に基づいているわけではない。

3. 調査と結果

　本節では前節で示した議論に対して辞書内の体系的な調査に基づいた裏付けを行う。

3.1. 接近方法について

　上記の問題に取り組む方法としてまず考えられるのは、強勢付与に関して(2)に従う接尾辞の付いた語を検索し、その主強勢の配置を調べるというも

のである。例えば、Fudge(1984: 42–43)で挙げられている -al/-ar, -ous, -ant/-ent, -ive などの接尾辞で終わる語の中から、次末音節から最終音節にかけて「短母音 + s + {p/t/k}」という連鎖を持つ語の強勢配置を記録していくのだ。しかし、詳細は割愛するが、これには次のような問題があるため、本稿では採用しなかった。(電子辞書版『ジーニアス英和大辞典』を後方一致検索で調べた結果による。)

まず、得られる語の無声閉鎖音部分はほとんどの場合 /t/ である (例；agrestal, pedestal)。加えて、-ant/-ent, -ive に関しては、assístant, exístent, suggéstive のように、基体である動詞(下線部)の強勢がそのまま活かされる(ように見える)ものが大半を占めるため、これらの主強勢が接尾辞付加によって新たに与えられたものであることを示すのは必ずしも簡単ではない。また、-an については Etruscan, variscan のように /sk/ に続くものも存在するが、全体で 8 語と数が少ない。なお、Fudge(1984)では、(2)に従う接尾辞として他に -ad, -ary/-ory, -ery, -ate, -ide, -ile, -ine, -oid, -on が挙げられているが、これらは大体においてそれ自体に何らかの強勢が置かれることが多い。語末音節が強勢を持つ場合、主強勢の位置は全体の音節数、次末音節以外の音節の種類が関わってくる。(Halle and Vergnaud(1987: 256–259), Kager(1989: 113–146) などを参照のこと。)

以上のことから、本稿では特定の接尾辞の特性に依存するのではなく、/ə/ のような明らかな弱母音を語末音節に含む語を調べるという方法を採った。América, Cánada, Belínda, catálpa といった語であれば、(2)の法則に従った形になっていることは間違いなさそうだからである。

3.2. データ源について

本稿の調査では、Roach et al. (2003)付属の CD-ROM(以降 EPD)から得られる単語を用いた。EPD の内容は Daniel Jones 著の良く知られている発音辞典の改定版である。収録語数、データの信頼度については問題ないと言えよう。この辞書では、発音表示からの単語検索(Sound Search)が可能である。ワイルドカードに相当する記号を用いると、特定の子音・母音・強勢記号の連続で始まったり終わったりする語だけでなく、それらを含む語の一覧

を得ることができる。(ただし、書記法上の文字列による検索では前方一致および完全一致検索しかできない。)"*"は任意の数の連続した記号列、"?"は任意の記号1個に相当する。両者を組み合わせた検索も可能である。なお、EPD では英国発音と米国発音が併記されているが、本稿では米国発音を調査の対象とした。ちなみに同種の発音辞典としては EPD の改定版である Roach et al. (2006)、さらに Wells (2008) があるが、どちらも検索結果の記録に手間がかかるため、本調査には使用しなかった。

3.3. サンプル抽出手順

3.3.1. 検索用入力

サンプル語の抽出は次の手順で行った。まず、EPD の Sound Search 画面の入力欄に(5)の記号列を一つずつ入力していき、その都度、「該当する語」をその主強勢位置と共に記録していく。(「該当する語」については後述する (3.3.2)。) 同様の作業を(5)の連鎖から星印の後の s を除いた連鎖 (*pə, *tə? など) についても行う。統計処理上、/s/ が含まれない場合、/s/ 以外の子音が関わる語を得る必要があるためである。

(5)　*spə　*stə　*skə　*spə?　*stə?　*skə?　*spᵊ?　*stᵊ?　*skᵊ?

"?" で終わる連鎖も含めたのは、抽出語を適度に多くするため、-an のような子音で終わる接尾辞の付いた語も抽出したかったからである。上付きの曖昧母音 /ᵊ/ は随意的な曖昧母音を表す (EPD p. xv)。(EPD においては -al が /ᵊl/ と表示されていることが多い。) なお、語末音節の母音を /ə, ᵊ/ に限ったのはこれらであれば弱母音であることが明白だからである。EPD の米国発音の弱母音には他に /ɚ, ɪ, ʊ, i, u, oʊ/ があるが、基底においては母音ではない場合があったり (= /ɚ, i/, Chomsky and Halle (1968: 85–86, 130) など)、強勢符号が付いていない場合は強弱の区別が付けにくかったりする (= /ʊ, oʊ/)。

3.3.2. 抽出条件

上述の手順で得られた語の中には同じ語の派生形や屈折系が含まれるなど

の理由で、全てをサンプルに含めるには問題がある。従ってサンプルとして採用する語は以下の4条件群を全て満たすものとした。

——条件1
（6） 発音表示欄において見出し語である。

EPDの検索結果表示欄(Results)に現れる語には太字で示されるものと標準体で示されるものがある。大体において太字がいわゆる「見出し語」を、標準体がその屈折形や派生形を現す。本稿では見出し語のみを扱うことにした。ただし、派生語や屈折語の中にも太字で表示されるものがあるが、発音表示欄において見出し語の地位を与えられていないものは該当しない。逆に、明らかに派生語等であっても、独立の見出し語として発音表示欄に記載されているものは条件を満たすこととした。なお、以下の条件群の中では「語」という言葉を、特に断りのない限りEPDの見出し語という意味で使っていく。

——条件2
（7） 次末音節または前次末音節のどちらか一方のみに主強勢がある。

これは検索で得られた語を主強勢の位置によって明確に分けるためである。両方の形を持つものは排除されることになる。統計処理を容易にする意味がある。（trimestal はこれにより排除された。）

——条件3
（8）a. 米国発音の表示が、次の連鎖で終わる。

　　　　　　... V　... $\boxed{\text{V}}$ {($\boxed{\text{C}}$)/(s)} {p/t/k} $\underline{\text{V}}$ (C)
　　　(i)　　$\boxed{\text{V}}$ = 次のいずれか
　　　　　　（ア）主強勢音節の主音で /æ e ɪ ʊ ʌ/ のいずれか
　　　　　　（イ）/ə/ または /ɪ/
　　　(ii)　　$\boxed{\text{C}}$ = /s/ 以外の子音、C = 子音

(iii)　V̇ = /ə/ または /ɪ̇/
b.　(a)の連鎖が検索結果表示欄の終わりにある連続した文字列(2文字目以降は全て大文字または小文字)の一部と対応する。

(a)全体についてであるが、母音を 3 個含めることによって 3 音節以上であることが保障される。(2)の法則は 3 音節以上の語についてのものである。
　V̇ (=(a-i))は、次末音節が明らかに強勢を持つ場合と明らかに持たない場合のみを扱うためのものである。(ア)には hot が持つような母音も含めるべきかと思われるが、そうしなかった。EPD では書記法上の「短い"o"」に相当する米国発音の強母音には全て /ɑː/ のように長音記号が付けられているからである。また、上述のように /ɪ/ は強勢符号が付いていない場合に強弱が判断しづらい母音記号の一つであるが、この位置の弱母音を /ə/ だけに限ると制限がきつくなりすぎるのではという懸念があったため、この環境で強勢符号の付かない音節の /ɪ/ は弱母音と捉えておくことにした。
　(b)は、AltaVista のように、検討中の音連鎖が複合語の異なる要素間にまたがる場合を除くためのものである。これはまた、音連鎖的に条件を満たしていても、綴り字上複数の語から成る表現の 1 語目にないときは排除されることを意味する。per capita の capita がその例である。

——条件 4
(9) a.　発音表示の最後の 2 音節に対応する綴り字部分が他の語の同部分と重複しない。
　　b.　綴り字上、次のもので終わる形を持たない
　　　　(i)　発音されない e　　(ii) ton　　(iii) al

※(iii)は「動詞+ al」の場合

(5)の入力によって得られる見出し語の中には、sub*system*, eco*system* といった同一語からの派生語や method*ological*, ide*ological*, environ*mental*, docu*mental* など同一の末尾を持つ語が多い。単純にこれらを全て含めた形で集計することには問題があると思われる。(9a)の条件を設けたのはこれを少しでも回避

するためである。同一部分の長さを 2 音節としたのは、1 音節では条件に合わない語が多くなりすぎ、3 音節では少なくなりすぎると思われたからである。なお、次末音節の母音に相当する文字の直前に sp, st といった文字連鎖がある場合、s はこの音節に含まれるものとしておいた。従って、例えば capital, occipital, hospital といった語の始めの 2 語は下線部分が同一のため除外されるが、hospital は他に spital で終わる語がない限り除外されない。

　(b-i) は conventicle のように語末音節の中心が母音とは考えにくい語を排除するためのものである。(b-ii) で ton で終わる形を持つ語を除いたのは、この接尾辞で終わる語には(2)の法則に従わないものが多いことを考慮してのことである。(例えば Wáshington, Lívingston のような固有名詞。下線部が重音節。)(b-iii) は rebúttal, acquíttal などを指す。(下線部が基体で動詞。)この場合の -al は名詞を作る接尾辞で、語末音節に主強勢を持つ語にしか付かないのが基本だからである。

3.4. 集計結果

　上記の手順によって得られた語を次末音節主音母音以降の連鎖によって(10)のように 3 つのグループに分けた。

(10) a. ... V s {p/t/k} ...　　b. ... V C {p/t/k} ...　　c. ... V {p/t/k} ...

※ V = 次末音節母音、C = /s/ 以外の子音

(a-c) に該当するサンプルをそれぞれ Vs, VC, V と呼ぶことにする。VC と V は次末音節がそれぞれ重音節、軽音節のものとなる。各サンプルの全部または一部を(11)として示す。(括弧内は別綴り。残念ながら Vs の中に /p/ が関わる語は見つからなかった。)　(12)は全体の集計表である。

(11) a.　Vs (全 24 語)
　　　　(i)　前次末強勢(2 語): pédestal, sácristan

(ii) 次末強勢(22 語): Antofagásta, Augústa, Avésta, canásta, Genésta, Zapatísta, Adrástus, asbéstos, Augústus, Erástus, Hepháestus, Jocásta, Theophrástus, Aláska, Athabásca, Francésca, Nebráska, Damáscus, Francíscan, hibíscus, Etrúscan, mollúscan

b. VC(全 31 語)
　(i) 前次末強勢(2 語): Yármelke, yármulke(yármulka)
　(ii) 次末強勢(29 語): Aegýptus, Apemántus, catálpa, concéptus, consonántal, conspéctus, Constánta, contrapúntal, elénchus, eucalýptus, exémplum, hippocámpus, Jacínta, Juvéntus, magénta (Magenta), moméntum, Olýmpus, oriéntal(Oriental), overmántal, paréntal, placénta, polénta, porténtous, projéctile, prospéctus, Rowénta, Salamánca, Soyínka, stotínka

c. V(全 98 語)
　(i) 前次末強勢(78 語): epíscopal, óctopus, óedipal, Óedipus, plátypus, pólypus, etc.
　(ii) 次末強勢(20 語): apparátus, Calcútta, Gambétta, Tibétan, etc.

(12)

	主強勢の位置 ※ 単位＝個		
	(i) 前次末音節	(ii) 次末音節	計
a. Vs	2(8.33%)	22(91.66%)	24
b. VC	2(6.45%)	29(93.54%)	31
c. V	78(79.59%)	20(20.40%)	98

Vs と VC では次末音節に、V においては前次末音節に主強勢が置かれることが多いと言えそうだが、これは統計的に支持される。各サンプル(a-c)内における(i)と(ii)の比率の差(例えば Vs における(i) = 8.33 % と(ii) = 84.61%)を検定すると、それぞれ有意だからである。(すべて p = 0.0000(両側検定)。「互いに従属な 2 つの比率の検定」(内田(1997: 128-131))を使用。一般に p < 0.05 なら差が有意。)次に、Vs と VC において次末音節に主強勢が置かれる割合(=(a-ii)と(b-ii))の差を検討してみよう。Vs では 91.66%,

VC では 93.54％と違いが見られることは確かであるが、これは統計学的には有意な差ではない。（p = 0.9999（両側検定）。JavaScript-STAR version 5.5.0j の直接確立計算 2×2 を使用。）このことは 2 つのサンプルが同じ種類のものであるという仮説を棄却できないことを意味する。無声閉鎖音の前に来る子音が /s/ の場合と他のものの場合とに主強勢配置に関する違いがあるとは言えないということである。これにより次の推測が可能になる。問題の環境においては /s/ と他の子音が同じ振る舞いをしている、そしてその振る舞いとは、次末音節を閉じていること、というものである。

なお、詳述は割愛するが、(5) の検索入力において無声閉鎖音の直後に {l/r/j/w} が含まれる場合 (*splə, *trə? など) の調査も同様の形でおこなったが、その結果は次のものであったことを付記しておく：Vs = 4(12.12%) vs. 29(87.87 %); VC = 2(6.06 %) vs. 31(93.93 %); V = 81(80.19 %) vs. 20 (19.80%)。（数値はいずれも "vs." の左側が前次末音節強勢、右側が次末音節強勢のもの。）全体的な検定結果は (12) と同様であった。

4. まとめ

英語の語中に現れる母音間「/s/ + 無声閉鎖音」という連鎖において、/s/ が直前の母音を中心とする音節を閉じているという議論が主強勢付与の観点からなされることがあるが、本稿ではこれに実証的な裏付けを与えることを試みた。信頼できる発音辞典から一定の条件を満たす語を抽出して主強勢位置を調べると、「次末音節主音母音 ＿＿＿＿ 無声閉鎖音＋語末音節主音母音」という環境においては、/s/ と他の子音が同様の振る舞いをしている、すなわち、共に次末音節を閉じていると考えられることを示した。本稿の調査は、/sp/ 連鎖を含む例が標本中にないなどいくらか問題もあるかと思われるが、英語の韻律構造、とりわけ音節分けを考察する際の土台の一部の役割を果たしうるだろう。ただ、本稿は /s/ が coda 位置にあることを主張しているだけであって、/s/ が後続する母音を中心とする音節の一部ともなっている、つまり両音節的 (ambisyllabic) である可能性については何も述べていない。また、Hammond (1999) に見られるような重子音の一部であるという分

析を否定しているわけでもない。これらについては今後の研究に任せたい。

参考文献

Chomsky, Noam and Morris Halle (1968) *The Sound Pattern of English*. New York: Harper and Row.
Davis, Stuart (2005) "Capitalistic v. Militaristic: The Paradigm Uniformity Effect Reconsidered." In Laura J. Downing *et al.* (eds.) *Paradigms in Phonological Theory*, 107–121. Oxford University Press.
Fudge, Eric (1984) *English Word-Stress*. London: George Allen & Unwin.
Hall, T. A. (2006) "English Syllabification as the Interaction of Markedness Constraints." *Studia Linguistica* 60, 1–33.
Halle, Morris and Jean-Roger Vergnaud (1987) *An Essay on Stress*. Cambridge: MIT Press.
Hammond, Michael (1999) *The Phonology of English: A Prosodic Optimality-Theoretic Approach*. Oxford University Press.
Hayes, Bruce (1985) *A Metrical Theory of Stress Rules*. New York: Garland. (1981 年の MIT 博士論文)
Harris, John (1994) *English Sound Structure*. Blackwell.
Jensen, John. T. (1993) *English Phonology*. Amsterdam: Benjamin.
Kahn, Daniel (1980) *Syllable-based Generalizations in English Phonology*. New York: Garland. (1976 年の MIT 博士論文)
Kager, René (1989) *A Metrical Theory of Stress and Destressing in English and Dutch*. Dordrecht: Foris.
Roach, Peter, J. Hartman and J. Setter (eds.) (2003) *English Pronouncing Dictionary* (16th). London: Cambridge University Press.
Roach, Peter, J. Hartman and J. Setter (eds.) (2006) *Cambridge English Pronouncing Dictionary* (17th). London: Cambridge University Press.
Selkirk, Elizabeth (1982) "The Syllable." In Harry van der Hulst and Norval Smith (eds.) *The Structure of Phonological Representations* (Part II), 337–384. Dordrecht: Foris.
Spencer, Andrew (1996) *Phonology*. Blackwell
内田治 (1997)『すぐわかる EXCEL によるアンケートの調査・集計・解析』東京図書.
横谷輝男 (2007)「英語の母音間 [s]-無声閉鎖音連鎖における [s] の coda 性について――ソフトウェア発音辞書を使った検証――」『英文学思潮』第 80 巻, 277–299. 青山学院大学英文学会.
Wells, J. C. (2008) *Longman Pronunciation Dictionary* (3rd). Essex: Pearson Education Limited.

日英対照音節考

モーラ対シラブル

吉波　弘

1. はじめに

　本稿では音韻論的視点から普遍文法におけるモーラ(mora)とシラブル(syllable)の位置づけと相互関係について検討する。まず、第2節において、モーラおよびシラブルが現行の音韻論でどのように記述されているかを、複数の立場を比較しながら概観する。次に、第3節と第4節で、現行のシラブル理論の問題点を一つずつ指摘する。そして、第5節において、これら二つの問題を解決する仮説である「新モーラ理論」を提案する。

2. モーラとシラブルの音韻的位置づけ

　1970年代の自然音韻論(Natural Phonology)以降、シラブルの基本構造は普遍的と考えられており、それは次のような図で代表される。(例：Selkirk 1982など)

（1）　英語 *blind* のシラブル構造

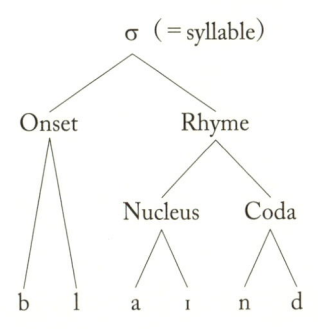

```
            σ ( = syllable)
           / \
       Onset  Rhyme
        /    /    \
       /  Nucleus  Coda
       |    |       |
       b l  aɪ      n d
```

(1)が示すように、シラブルは普遍的構造として起部(onset)と韻(rhyme or rime)で構成され、韻はさらに核(nucleus または peak)と結部(coda)から成る。これらの構成素の存在は、韻と核のみが義務的であり、起部と結部は任意である。また、もう一つの普遍性としてSonority Sequencing Generalization(or Hypothesis)(Blevins 1996: 210 など；以下、SSG と略す)と呼ばれる特徴があり、これはシラブル内での分節(segment)の配列に一貫した決まりがあり、核に支配される分節(通常は母音)のきこえ度(sonority)が最も大きく、両端に向かう程、その値が順に小さくなるというものである。

　一方、シラブルの構造には言語の類型ごとに制約があり、特に結部の有無、あるいは起部と結部における子音連鎖の有無またはその配列についての制約は個別言語の文法によるところが大きい。(1)は英語の例であり、結部が存在すると同時に、起部と結部が共に子音連鎖を含んでいる。また、核が支配する aI は二重母音であり、単一の分節と見なされる。これに対し、日本語では、周知の通り、結部が許されるのは kan(缶)や kippu(切符)などの撥音および促音を含む場合だけである。また、起部においても子音連鎖が起こることは無く、kjaku(客)のように拗音を含むと言われる場合も、kj を単一の口蓋音 k̡ と考えれば、連鎖ではない。さらに、mau(舞う)は、二つの仮名文字で「まう」と表記するように、あるいは、しりとり遊びにおいて mai (舞)を mai ではなく、i で受けるように、日本語話者は a と u あるいは a と i をそれぞれ別々の分節であると認識している。

　日英の二言語だけ比べても、シラブルの内容は大きく異なるのであるが、果たして、基本構造(1)と起部、核、結部のそれぞれが許容する分節の種類の選択とその配列制約を規定するテンプレート(template)のみで、多様な言語を記述することが可能であろうか。この問に対し、McCarthy(1979)以降の研究は否定的な見解を示し、その答として現れたのが skeletal tier(または skeleton)、CV tier、X tier、timing slot、mora tier など韻律構造を表す複数の用語である。これらの韻律段(prosodic tiers)は、主にシラブル重量(syllable weight または quantity)を記述するために必要と考えられる構造であり、共通する特徴は、核の母音と結部の子音がそれらの段と結合(associate)し、起

部の子音を除外することである。Hayes(1989)は、これらの概念を擁する理論を大きく二つに分けている。一つはモーラ段を擁立するモーラ理論(moraic theory)、そしてもう一つはそれ以外の段を擁立する分節韻律理論(segmental prosodic theories)である。前者は Hyman(1985)、McCarthy and Prince(1986)などに、また、後者は McCarthy(1979)、Levin(1985)、Lowenstamm and Kaye(1986)などによって代表される考え方で、主な違いとしては、モーラ理論が配列による分節の重量化(weight by position)などの個別言語特有の韻律特性を直接的に記述することができるのに対し、分節韻律理論(CV theory や X theory など)においては旋律段(melody tier)と骨格段(skeletal tier)を結合させる際に、種々の制約が必要となる。さらに Hayes はそれらの制約も補償的長音化(compensatory lengthening)などの現象を説明することは不可能であり、従って、モーラ理論がさまざまな言語の韻律構造の記述に最も適していると論じている。

本節の終わりに、モーラ理論におけるシラブルとモーラの関係を簡潔に示すための構造図を Hayes より転載して置きたい。

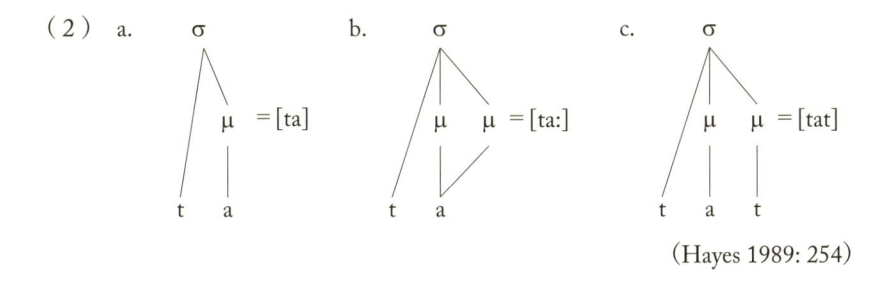

(2) a. σ   b. σ   c. σ
      | /\   /\
      μ = [ta]   μ μ = [ta:]   μ μ = [tat]
      | | / | |
      t a   t a   t a t

(Hayes 1989: 254)

3. シラブル理論の問題点：その1

本稿では、前節で挙げたモーラ理論および分節韻律理論を合わせて「シラブル理論」とし、それによって説明できない二つの異なった問題に言及する。

まず本節では、第一の問題点として、SSG に関する良く知られた現象を取り上げる。既に述べたように、日本語のシラブル構造は開音節(CV)が中

心であって、結部の子音は撥音と促音しか許されず、子音連鎖は全く許されない。その為、日本語のシラブル内のきこえ度曲線はほとんどが右上がりであり、狭めを特徴とする子音から後続の母音への解放運動という一貫した調音動作で成り立っている。これに対し、英語は(C)(C)(C)V(C)(C)(C)の形の音節構造を持ち、最大限の子音連鎖を持つ場合は例(3)の様になる。(ただし、例外的に sixths などでは結部に4個の子音が連続する。)

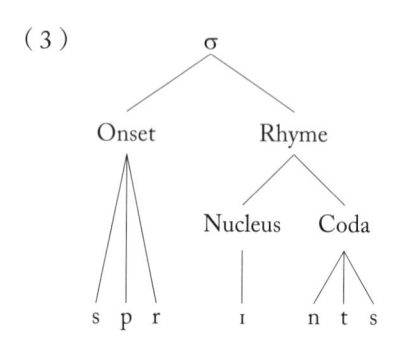

（3）

```
                    σ
                   / \
               Onset  Rhyme
               /|\    /  \
              / | \  Nucleus Coda
             /  |  \    |    /\
             s  p  r    ɪ   n t s
```

(3)の様に閉音節(CVC)を多用する英語においては、きこえ度曲線は左右対称の山形を描き、SSG の正しさを実証するかに見える。しかしながら、起部と結部に s と無声閉鎖音(p, t, k)の組み合わせが生じる場合に、重大な問題が発生する。すなわち、シラブル両端の s の内側に、それよりきこえ度の小さい無声閉鎖音が存在することである。これは明らかに SSG の違反である。ただし、結部においては、右端の s は形態構造上、音韻とは別のレベルの要因が働いていると認められる。(通常、単一形態素においては against のように SSG を守っている。)しかしながら、起部における子音連鎖 spr(および、例外的ではあるが、結部に ks を含む six のような場合)については形態上の説明も不可能であり、シラブル理論の普遍的原理から明らかに逸脱している。

　SSG の原理は Sievers(1881)や Jespersen(1904)以来認められて来た、いわばシラブル理論の中心的概念である。にもかかわらず、英語という研究者達にとって非常に身近な言語において、いとも簡単にその原理が覆されることははなはだ重大な問題である。そして、この問題に対する研究者達のこれま

での対応は、以下に示す二派に別れている。

　第一のグループは、s + obstruent の問題を言語固有の軽度の例外ととらえ、その重大性を無視する形を選んでいる。一例を挙げれば、Blevins(1996)は第3節の Syllable-internal Structure において次のように述べている。

（4）　In English, all word-initial C-clusters, excluding those composed of /s/ + obstruent, conform to the Sonority Sequencing Generalization:

(Blevins 1996: 213)

そして、この例外については、第6節の Problems in Syllable Theory でも、またそれ以外の節においても、一切言及をしていない。そのような中でまれにではあるが、記述的妥当性を求めて、起部におけるこの現象をシラブル本体のテンプレートではなく、その下位に接続する「補助テンプレート」（auxiliary template）として別に設けるという対応を取る者もある。

（5）　What we propose to account for the special status of these s clusters is what we will call an auxiliary template, a sort of corollary to the general template in(6). It would be formulated as(7):

(7)

$$\begin{bmatrix} -\text{son} \\ +\text{cons} \\ -\text{syll} \end{bmatrix}$$

s　　$\begin{bmatrix} +\text{cons} \\ -\text{syll} \\ -\text{son} \end{bmatrix}$

and says, essentially, that s plus obstruent may qualify as a single obstruent in English.

(Selkirk 1982: 347)

(5)は、英語における s + obstruent を単一の阻害音と見なすことが良いとしているが、いずれにしても、この現象はシラブル理論の根幹を成す SSG に関する例外として簡単に処理されていることに違いはない。

これに対し、この問題を他言語の現象にも広く関わる重要な事実であり、シラブル理論の基本的レベルで記述できるように理論自体を修正すべきであると主張するグループもある。先ず、Levin(1985)は問題の s はシラブルの起部ではなく、より上位の σ(シラブル)または Wd(韻律語)に直接支配されるという提案をした。その後、Kaye, Lowenstamm and Vergnaud(1990)は、起部における問題の s は直前にある silent syllable の結部であると論じている。これらの対応策は、Harris(1983)などによるスペイン語の分析に見られる e-epenthesis(起部における s + C の前に e を挿入する規則：escuéla < skola, está < sta, eslovaco < Slovak)や、イタリア語における定冠詞の交替(il sarto 対 lo studente)などを正しく記述するために必要であるという事実に言及し、SSG の有効性を示そうとしたものである。しかしながら、これらの案はいずれも別の重要な問題を生み出している。すなわち、前者はシラブルという韻律単位の連続が語や句をもれなくカバーする包括性または網羅性(exhaustiveness)という基本的性質を欠くことにつながる。また、後者は'silent syllable' の存在そのものが問題であり、直前に s よりきこえ度の大きい分節が無い場合(例えば文の初めで)は、音声的実態の無い核を持つシラブルを認めてしまうことになる。

4. シラブル理論の問題点：その2

第二の問題は、多くの学者に受け入れられているシラブルの内部構造、特に韻(rhyme)に関するものである。図(1)が示す通り、シラブルの構成素である起部、核、結部の三者はそれぞれが直接シラブル(σ)に支配されるのではなく、シラブルの直接構成素は起部と韻であり、その韻がさらに核と結部を支配するという、言わば、三段構造になっている。Selkirk(1982: 337–341)は韻という中間接点を必要とする理由として、Pike and Pike(1947)や Kurylowicz(1948)などによるシラブルの直接構成素分析を基にした「配列に

よる IC 原理」(the IC principle of phonotactics) という概念に言及している。この配列による IC 原理とは、「ある構造内で隣接する二つの構成素間に配列上の制約が多くあればあるほど、両者の関係はより密接である」というものである。例えば、英語において *braıŋk (cf. brıŋk) や *traʊmp (cf. træmp) が許されないのは、核と結部の間で *二重母音 + C [-coronal] という配列制約があるためであると考えられている。そして、このような制約は核と結部間にのみ見られるのであって、起部と核の間にはほとんど存在しないのであり、従って IC 原理に照らし合わせると、後者に比べて前者は互の結び付きが遥かに強く、核と結部を合わせて独立した単位、すなわち韻を構成するという主張である。

上記の韻支持論に対し、吉波(1986)は全く反対の結論を導き出している。すなわち、「ある構造内で隣接する二つの構成素の配列が普遍文法に照らし合わせてより自然であればあるほど、両者間の制約は少ない」という主張である。この原理を、ここでは「自然配列原理」と呼ぶことにする。この自然配列原理(吉波 1986: 97 では「CV の原理」と呼んだ)は、言語一般において、音韻的にも、また韻律的にも CV が最も自然な配列から成る音韻単位であり、その組み合わせの自然さゆえに、ほとんどの子音と母音は顕著な音韻過程を介することなく、この順に配列できる、ということを明示するものである。別の見方をすれば、人間言語においては閉音節(CVC)より開音節(CV)の方が自然であることを保証する原理であり、世界の言語が示す統計上の事実にも合致している。さらには、この原理は最適性理論(Optimality theory)においても Onset や No-coda という制約が Coda や No-onset より遥かに優位であることからも実証されている。以上のような議論の結果、シラブル(CVC)において、起部(C)—核(V)—結部(C) という下位構成素の一部が中位の韻律(および音韻)単位を構成するとすれば、それは VC(韻)ではなく、むしろ CV であるべきだという結論に達する。

5. 新モーラ理論

第 2 節に示した通り、韻律構造に関する理論は分節韻律理論とモーラ理論

に大別できるが、両者の大きな違いは、後者がモーラを独立した韻律段と認めるのに対して、前者はこれを個別文法において現れるシラブルと分節に近い他の段(スケルトンなど)との結合上の特性と捉えている。その一方で、両理論には重要な共通点がある。すなわち、両理論ともモーラやそれに相当する結合特性と、シラブルの起部との間には、一切直接的関係は存在しないという前提に立っていることである。その結果、伝統的なモーラを単にシラブル重量を測定する特性と見る分節韻律理論のみならず、モーラを独立した段と見なすモーラ理論においても、モーラが韻律語や韻律句全体を埋め尽くす包括的(exhaustive)単位ではないという不均整が生じる。

さて、前節で提案した自然配列原理に従えば、音韻(および韻律)構造の基本となる音節はCVであり、吉波(1985)で提案した普遍音節としての「モーラ」という単位を代表する分節配列となる。そして、この原理をさらに他の分節列(または単一分節)に拡大して適用してみると、次のような「モーラ結合原理」と「モーラ階層」から成る仮説が生まれる。

(6) モーラ結合原理(Mora Association Principle):
モーラは自立した段を構成する音韻(韻律を含む広義)単位であり、特定の分節または分節列と次のモーラ階層に示す優先順に従って包括的に結合する。
モーラ階層：CV > V > Continuant(nasal, geminate, fricative)
> Non-continuant(stop, affricate, glide)

(6)の特徴の一つは、CVをモーラの基本構成素と位置づけることで、従来のシラブル偏重のモーラ概念ではなく、シラブル起部を組み入れた、それ自体が韻律語(および句)全体を埋め尽くす包括的単位であるとしている点である。一方、モーラの構成素となる分節列(または分節)は、モーラ構成力の強さの順に、CVから始まり、V(単母音、長母音や二重母音の前半または後半)、Continuant(従来の持続音と、鼻音や双子音など)、そして最後にNon-continuant(従来の非持続音である閉鎖音と破擦音、およびわたり音)となる。ここでは、持続音に鼻子音や双子音を含めるが、前者はたとえ口腔内の

調音が閉鎖音と同一であっても、鼻腔を通過する空気の流れは持続性があり、また後者の特徴は閉鎖(または狭め)から開放までの時間を阻害音一個の場合より延長することで、その延長時間内の閉鎖または狭め(＝摩擦)の持続と考えることができるというのが理由である。また、通常持続音とされるわたり音についてであるが、入りわたり(GV)の場合は、これを持続すると摩擦音となり(もしそうでなければ母音となり)、また出わたり(CG)の場合は、これを音韻的には母音の一部と捉える方が様々な言語の音韻現象を説明するのに都合が良い。ただし、モーラ階層で分類された各音類の内部におけるさらに細かい順序付が、言語によって必要になると考えられる。

　それでは次に、モーラ結合原理(6)を柱とするこの「新モーラ理論」(Neo-mora Theory)を立てることで、第3節と第4節で挙げた従来のシラブル理論が持つ二つの問題に対し、新たな解決策を提示することができる可能性を見てみよう。

　先ずは、第3節で見たSSG違反の問題であるが、英語の*sprints*の韻律構造(3)を新モーラ理論を使って記述すると次のようになる。

(7)　*sprints*の普遍モーラ構造

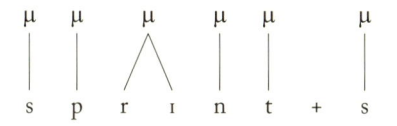

```
 μ   μ    μ    μ   μ    μ
 |   |   / \   |   |    |
 s   p  r  i   n   t  + s
```

(7)に示すように、モーラ結合原理(6)によって*sprints*の普遍的なモーラ構造が得られる。また、この原理の一部であるモーラ階層により、この中ではCVがモーラとの結合力が最も強く、次に持続音のnとs、最後に非持続音のpとtの順にそれらの結合力は徐々に低下する。この仮説に従えば、従来のモーラ理論と異なり、モーラという音韻単位は結部の子音だけでなく、CV中のCとも、またその左側に現れる同一起部内の個々の子音とも結合する。新モーラ理論によるモーラの特性をもう一度述べれば、モーラとは音連続を包括的に支配する普遍的な音韻単位である。

　さて、この新モーラ理論が英語のシラブル構造の問題解決にどのように寄

与するのかを検討する前に、日本語との関係を簡単に見てみたい。第2節で述べたように、日本語のモーラは基本的に(C)Vであり、例外は撥音(moraic nasal)と促音(moraic obstruent＝双子音の前半)であり、これらの例外は(6)のモーラ階層を見れば母音の次にモーラとの結合力が強い子音のグループに属することが分かる。このようなモーラ構造を持つ日本語が上記の英語 *sprints* を借用すると(8)のような結果となる。

（8） 借用語「スプリンツ」のモーラ構造

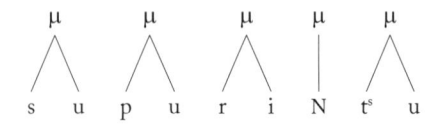

$$\begin{matrix} \mu & \mu & \mu & \mu & \mu \\ \wedge & \wedge & \wedge & \wedge & \wedge \\ s\,u & p\,u & r\,i & N & t^s\,u \end{matrix}$$

英語から日本語への借用では、上記の二つの例外を除いて、原語における子音連鎖は母音挿入によってすべてCVの形と成る。また、鼻子音はNCおよびN#の環境で撥音と成る。二つの言語の音節構造に関する特性の違いによりこのような変換が生じるが、ここで重要なことは、借用に際し原則としてモーラの数は保たれるという事実である。(7)と(8)の間でも、本来はこの「モーラ構造保持の原則」が働いているのであり、この例においてたまたまモーラの数に一つ差が付く(前者6個と後者5個)原因は別にあると考えられる。つまり、語尾の子音連続 ts が、それぞれの音韻構造上、英語では二つの子音の連鎖となるが、日本語では実際の発音が単一の分節 t^s と認知されるからである。このように、一見矛盾して聞こえるかもしれないが、モーラと分節の結合において、実は子音の数および存在が密接に関与しているということが分かる。そして、この事実は日本語に特化した現象を示すものではなく、例えば、セム系言語における子音3個からなる語根とその形態的派生に関わる音韻現象などにも通じるものである。

　上記(8)に示した普遍モーラ構造は、日本語のような言語ではほぼそのままの形で音声レベルまで有効であり、韻律体系(ピッチアクセントなど)、仮名文字体系、詩歌、言葉遊びなどにおいて重要な役割を果たす。一方、シラブルという概念は、特定の方言のアクセント記述においては必要であるとい

う説もあるが、少なくても大部分の日本語においては「きこえ度階層」(sonority hierarchy) などの概念があれば、アクセント記述のためにシラブルというもう一つの韻律単位をわざわざ設定する必要はないであろう。また、音韻記述においても、第二の単位は不要であると考えられる現象がいろいろ報告されている。例えば、擬音語・擬態語、人物呼称、複合語の縮約形、言葉遊びなど、さまざまな事象において見られる制約（長さ制限など）は、ほとんどがモーラに言及することで自然に説明される。（参照：Ito 1990、Poser 1990 など）

　ではここで、英語の例(7)に戻って、その韻律構造を改めて検証してみよう。まず、英語にもモーラというシラブルの重量を表す単位が必要であることは、生成音韻論初期の SPE 派を除けばかなり広く受け入れられている事実である。これに基づき、上記のモーラ理論や分節韻律理論が現れたわけであるが、すでに第4節で指摘したように、いずれの理論も CV という普遍的に最も自然に隣接することができる分節列を一つのまとまった音韻単位として認める手段を持ち合わせない、ということが最大の欠点である。この普遍的で、最も連結力の強い分節列を音韻構造の基本的単位とするのが、本節で提案している新モーラ理論なのである。

　ここで考えなくてはいけないことは、冒頭の(1)に示したシラブルという単位を韻律構造の中でどのように位置づけるべきか、また、その内部構造の正当性を音韻的にどう理解すべきかという問題である。勿論、英語におけるシラブルの存在は発話のリズムや強勢の現象から明らかなことであり、新モーラ理論はこれを否定するものではない。ただし、同時に(7)に示したモーラ構造の存在を普遍的であると考えている。そして、これらの内容から、モーラ構造(7)とシラブル構造(1)の新しい関係が浮上する。

(9) *sprints* の新シラブル構造

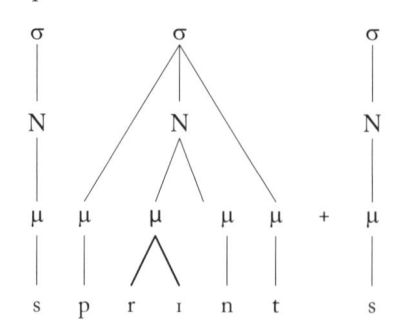

```
        σ           σ              σ
        |          /|\             |
        N         N N              N
        |        /|  \             |
        μ       μ μ   μ     +      μ
        |       | /\  |            |
        s       p r ɪ  n            s
                       t
```

(9)は「新シラブル」(以下、シラブル)の概念を示す構造図であり、英語の *sprints* は3つのシラブルから成ることが分かる。まず、中央のシラブル(prɪnt)を見ると、その中心は分節段のCV(rɪ)と結合しているμ(太字のμ)であり、これをキー・モーラと呼ぶ。このキー・モーラが分節列と最も強い結合力で結ばれていることは(7)のモーラ結合原理が保証している。また、第4節で示した通り、このCV間においては配列制約がほとんど存在しないという普遍的実態が先に挙げた自然配列原理、すなわち、「隣接する二つの分節において、それらの本来の性質により生じる互の連結力が大きい程、二分節間の配列制約は小さい」という原理の正しさを証明している。

中央のシラブル内で次に連結力が強いのはキー・モーラの直後にある歯茎鼻子音のnであり、両者が連結されてできる単位(CVC)をシラブルの核(Nucleus)と名付ける。核は常に(C)V(C)の形をとるため、内部は自動的にSSGを保つ結果となる。これに対し、核の外側に二つ目の子音を連結しようとすると、当然さまざまな制約を受ける。その一つは、今述べたSSGに関する制約である。つまり、核の外側に来る分節のきこえ度は内側にある分節のきこえ度より小さい、というシラブルの普遍原理に従わなければならない。その結果、シラブル内では、共鳴音(rやn)の外側は阻害音(p, t, sなど)のみが許されることになる。また、別の種類の制約により、隣接する分節間で音韻素性に関する同化など種々の調音過程が発生する。上記の例では、有声そり舌流音rの前には無声閉鎖音(p, t, k)のみが許容され、さらには流音はそれらの影響を受けて無声化する。また、nに後続する阻害音は調音点

に関する同化が起こり、同じ歯茎音のみが許される。もっとも、核やキー・モーラ内部にも全く調音過程が起こらないわけではない。例えば、n の前の母音は鼻音化し、CV 間においても母音 i の前で軟口蓋音(k など)が口蓋化する。しかし、シラブルの内側に深く埋め込まれた単位では、その内部に起こりうる調音過程の種類はきわめて限定的である。

　(9)で提案するシラブルの最大の特徴は、英語型の言語においてシラブルをリズムの基本単位とする以上、SSG の原理を厳守することである。第3節で指摘した従来のシラブル理論が持っていた決定的な欠陥、すなわちSSG の違反問題を、新モーラ理論ではシラブルの外側にある s を独立したシラブルと結合させることで解決している。その際、s が単独であればシラブルの核として結合する。また、韻律句において、もし(9)の左の s のさらに左側にきこえ度のより大きな分節があればその分節を含む隣のシラブルに統合され、もし右の s のさらに右側にそのような分節があれば同様の結果となる。

6.　まとめ

　本稿で提案した新モーラ理論によると、普遍文法における最も基本的な音韻・韻律単位はモーラ(＝新モーラ)であり、モーラは分節列を包括的に分析(parse)する。この普遍的単位であるモーラに関する特徴および機能は、日本語のような開音節を中心とする言語群のみならず、英語のような閉音節を多用する言語群にも同様に適用される。その一方で、英語のようにシラブルをリズムの基盤とする言語では、モーラをシラブルに投射することにより言語固有の韻律機能を充足する。つまり、後者の言語群では複数モーラから成るモーラ列が単一のシラブルに結合することで、その言語の発話の特性(リズムやストレスなど)が顕現するのに対し、前者では普遍的単位であるモーラのみで必要な韻律特性が生成される。

　上記の仮説は、時間および紙面の制約もあり、最小限の概念や例に言及して提案したが、これを実証する為には今後さまざまな音韻および韻律現象について検証を進めることが必須であり、理論上の精密化および正当化を図

べきものである。それを承知で、ここに敢えて新モーラ理論の一端を提案するのは、従来のシラブル理論において軽視されがちであった重大な問題を再度喚起すると同時に、日本語話者が持つ音韻単位に関する直感に正面から取り組むことのできる新しい言語理論を発見する糸口を見いだしたいという願いからである。

参考文献

Blevins, Juliette(1996) "The Syllable in Phonological Theory." In John A. Goldsmith(ed.), *The Handbook of Phonological Theory*, 206–244. Blackwell.

Harris, James(1983) *Syllable Structure and Stress in Spanish*. Cambridge, MA: MIT Press.

Hayes, Bruce(1989) "Compensatory Lengthening in Moraic Phonology." *Linguistic Inquiry* 20, 253–306.

Hyman, Larry(1985) *A Theory of Phonological Weight*. Dordrecht: Foris.

Ito, Junko(1990) "Prosodic Minimality in Japanese." *CLS* 26: 213–239.

Jespersen, Otto(1904) *Lehrbuch der Phonetik*. Leipzig and Berlin: B.G. Teubner.

Kaye, Jonathan, Jean Lowenstamm and Jean-Roger Vergnaud(1990) "Constituent Structure and Government in Phonology." *Phonology* 7: 193–231.

Kurylowicz, Jerzy(1948) "Contribution a la théorie de la syllabe." *BPTJ* 8: 80–114.

Levin, Juliette(1985) *A Metrical Theory of Syllabicity*. Doctoral dissertation, MIT.

Lowenstamm, Jean and Jonathan Kaye(1986) "Compensatory Lengthening in Tiberian Hebrew." In L. Wetzels and E. Sezer(eds.), *Studies in Compensatory Lengthening*, 97–146.

McCarthy, John(1979) *Formal Problems in Semitic Phonology and Morphology*. Doctoral dissertation, MIT.

McCarty, John and Alan Prince(1986) "Prosodic Morphology." MS, University of Massachusetts and Brandeis.

Pike, Kenneth and Eunice Pike(1947) "Immediate Constituents in Mazatec Syllables." *IJAL* 13: 78–91.

Poser, William(1990) "Evidence for Foot Structure in Japanese." *Language* 66: 78–105.

Selkirk, Elisabeth(1982) "Syllables." In Harry van del Hulst and Norval Smith(eds.), *The Structure of Phonological Representations*, vol. 2: 337–383. Dordrecht: Foris.

Sievers, Eduard(1881) *Grundzüge der Phonetik*. Leipzig: Breitkopf and Hartel.

吉波弘(1985)「日本語のアクセントと音節」『紀要』第 27 号, 57–75. 青山学院大学文

学部.
吉波弘(1986)「音節の構成素構造再考」『紀要』第 28 号, 89–98. 青山学院大学文学部.

第 2 部

統語論

仮定法節と疑問文

千葉修司

1. はじめに

　平叙文、疑問文および命令文は、統語構造の上で異なる特徴を示すとともに、発話行為(speech act)の点でも、それぞれ、異なった役割を担っている。統語的構造の違いが発話行為の違いと相まって、それぞれ、異なる種類のグループを形成すると考えることができる。このようにして形成された異なるタイプの文(sentence type; cf. Sadock and Zwicky(1985: 156))は、互いに排他的な関係にあるので、これら異なる種類のものを、たとえば、「疑問命令文」のように、組み合わせて用いることはできない(cf. Sadock and Zwicky(1985: 159), Reis and Rosengren(1992: 87), Wurff(2007: 19))。たとえば、下記の例文(Wurff(2007: 19))は、疑問文と命令文との働きを併せ持ったような文として考えられたものであるが、実際は非文となる。[1]

(1) *Give it to me?!

　発話行為の点から一種の命令文として位置づけることのできる構文のひとつに、仮定法現在(動詞)を用いた構文がある。すなわち、命令文と仮定法現在の持つ意味的類似性から、仮定法現在からなるthat節(これを以下、「仮定法節」と呼ぶこととする)を一種の嵌め込み命令文(embedded imperatives)とみなすことができる。[2] 下記例文(Long(1966: 204))参照。

(2) a.　*Be* diplomatic.
　　b.　*Do*n't always *be* taken in by smooth talk.

(3)a. I suggest that you *be* diplomatic.
　　b. It is important that you not *be* always *taken* in by smooth talk.

　上記例文(3a, b)のように、仮定法節を補文とする文の場合は、(2a, b)のような普通の命令文の場合と異なり、「命令」の発話行為が直接的に表されている訳ではないが、働きの上では、間接的ながら命令文と同じように、命令や勧奨や願望の意図を込めて用いられる文であるということが言える。
　以上のことから推測されるのは、命令文の一種であるこの仮定法節を用いて、同時に(間接)疑問文としての働きをさせることはできないのではないか、ということである。果たして、どうであろうか。以下この小論において、この問題について考察してみたい。

2. 仮定法節と疑問文

　Chiba(1987: 123)は、仮定法節を下位範疇化する動詞のうち、(間接)疑問文をも下位範疇化できるものを取り上げ、これらの動詞がこの二つの異なる種類の補文を同時に組み合わせたようなものを補文としてとることができるかどうかを議論している。その議論の概要は以下の通りである。
　動詞 ask および demand は、下記例文(4)–(5)(Chiba(1987: 118))に見るように、仮定法節を下位範疇化することができると同時に、間接疑問文を補文に従えることもできる。

(4)　John asked/demanded that Tom *leave* the room immediately.
(5)a. Susan asked me who had done it.
　　b. Susan demanded who had done it.

ただし、下記例文(6)(Chiba(1987: 123))に見るように、間接疑問文の中の主動詞を仮定法現在動詞の形で表すことはできない。[3]

(6)a. *I demand who John *visit* tomorrow.

b. *John asked who Bill *see*.[4]

　すなわち、以上の事実観察は、命令文(の一種として解釈できる仮定法節)と(間接)疑問文との働きを併せ持ったような文の構築は、やはり許されないということを示している。[5]
　これと同じような趣旨の事実指摘を行っている言語研究として、ほかにBresnan(1972)を挙げることができる。すなわち、Bresnan(1972: 67)は、以下のような例文を取り上げて、疑問文と命令文の組み合わせが意味的に矛盾した内容の構造体を構成することになるということを指摘している。[6]

（7）a. #He commanded whether we should go.
　　 b. #It is imperative who sees you.
　　 c. #Whether you win is most desirable.

　すなわち、Bresnan の説明によると、(疑問文を表す形態素)WH の持つ意味機能を考えると、それが要求や命令を表す文の持つ意味特徴とは相容れないことになるので、上記(7)のような文は不自然な文だということになる。ただし、Bresnan が具体例として挙げている上記例文(7a, c)は、例文として適当ではないと思われる。なぜなら、command, (be)imperative, (be)desirable などの語彙項目は、仮定法節を下位範疇化する語彙項目にはなり得ても、間接疑問文を補文にとるような語彙項目にはなり得ないからである。すなわち、(7a, c)のような文の問題点は、むしろ、疑問詞 whether および who を認可する要素(たとえば、ask, know, (be)doubtful などのような認可要素)が欠けているという点にあるとみなすことができるからである。
　意味機能の異なる二種類の文を合成・混交することが許されないことを示すためには、上記例文(4)–(5)のように、まず、合成・混交される前のそれぞれ単独の文が、その他の点では何ら問題のない文であることを示す必要があるであろう。
　同じことが、以下に示す Ginzburg and Sag(2000)の場合にも当てはまる。すなわち、Ginzburg and Sag(2000)も同じように、「英語において、仮定法

が疑問文の中に現れることがない」(p. 8, p. 78)ということを、以下のような例文を挙げて示そうとしているが、

（8）a. *I wonder what he be careful of?
　　b. *I wonder whether he be careful.
　　c. *Billie wonders who be invited to the party.

この場合もまた、そこに提示されている例文の不備を同じように指摘できる。すなわち、例文(8a, c)に含まれている動詞 wonder は、間接疑問文を補文にとることはできても、仮定法節を補文にとることはできないという理由により、これらの文が非文となるのであり、したがって、(8a, c)のような例文は、問題になっている制約そのものを裏付けるデータとしては不適当であるということになる。

　仮定法節と疑問文との合成が許されないという事実を、スペイン語の例を挙げて説明したものに Kempchinsky(1986)がある。Kempchinsky(1986: 100–101)は、wh 補文および仮定法節をそれぞれ独立的に下位範疇化できる動詞であっても、この二つを同時に組み合わせた「仮定法による wh 疑問文」の文は許されないということを次のような例を挙げて説明している。

（9）a.　Decidí qué tema iba a investigar el año pasado.
　　　　'I decided what topic I was going to research last year'
　　b.　Decidí qué investigar después de consultar con él.
　　　　'I decided what to research after consulting with him'
　　c.　Decidí que fueras a la universidad.
　　　　'I decided that you go(SUBJ)to the university'
　　d.　*Decidí qué estudiaras en la universidad.
　　　　'I decided what you study(SUBJ)in the university'

すなわち、まず、仮定法節は実質的に嵌め込み命令文と等しく、したがって、仮定法節の COMP の位置には命令文演算子(imperative operator)が位置

を占めると考えられる。また、同じひとつの COMP の位置に異なる二つの演算子が現れることは一般的に許されないと考えられる。したがって、wh 疑問文の演算子と命令文の演算子がひとつの COMP の位置に共起することを必要とする上記(9d)のような文の生成は許されないということになる。

　ところで、以下のような文は問題ない文である。

(10) a. I wonder $what_i$ he demanded [that I be careful of t_i].
　　 b. I wonder $when_i$ he really wished [that it be disclosed t_i]. Just now?
　　 c. Billie wonders who_i he should ask [t_i be invited to the party].

上記例文(10a-c)は、それぞれ、動詞 demand, wish, ask の補文をなす仮定法節の中に疑問詞 what, when, who の痕跡 t が含まれているが、それらの動詞および仮定法節の使用によって、t の値を特定すること(すなわち、t と結びつけられるべき wh 句の what/when/who が、それぞれ、何／いつ／誰を指すのかを答えること)自体が要求されているわけではない。すなわち、これらの文は、仮定法節の使用により、「命令する」と「質問する」の二つの異なる発話行為を同時に成立させることを意図して用いられた文ではない。もし、そのような目的を持たせたような文を考えるとすると、上記例文(6a, b)のようなものが考えられるが、そのような文は、上で説明したように、異なる種類の文の合成に関する制約により許されないことになる。

　ところが、興味あることに、Bresnan(1977: 191)は次のような文の存在を指摘している。

(11) a. Who recommends that who be fired?
　　 b. Which man ordered that which woman be fired?

すなわち、Bresnan によると、これらの文は問い返し疑問文(echo question)やクイズ疑問文(quiz question)のような特殊な疑問文としてでなく、普通の wh 疑問文として解釈できる完全に文法的な文であることになるが、彼女の挙げているこの例文は、命令文と疑問文の混交・合成が許されないという制

約に対する例外になるであろうか。Bresnan(1972: 67)においてなされている上記例文(7a-c)についての彼女自身の説明は、上で解説したように、疑問文の意味機能と、要求や命令を表す文の持つ意味機能とは相容れないので、これらの文は不自然な文になるというものであった。もし、上記例文(11a, b)が(命令文の一種である)仮定法節と wh 疑問文の合成により出来上がっているとするならば、これらの文が、どうして、何ら問題のない普通の wh 疑問文であり得るのか、という問題が生じてくるであろう。

　上で仮に立てた前提条件、すなわち、「もし、上記例文(11a, b)が仮定法節と wh 疑問文の合成により出来上がっているとするならば」が、果たして、成り立つかどうかを吟味するために、問題になっている上記例文(11a, b)をもう一度よく観察してみよう。すぐ気がつくように、これらの文に含まれる仮定法節は、たしかに、(間接的)命令文としての機能を担っていると言えるが、一方、その同じ従属節の中に現れる疑問詞は、意味解釈上は、従属節のCOMP ではなく、主節の COMP の位置に結びつけて考えられるべき性質のものである(従属節の COMP の位置には、従属節中の疑問詞を認可する wh 疑問演算子(wh operator)が欠けていることに注意)ので、表面上は仮定法節の中に疑問詞が現れているとはいえ、これらの文は、「命令する」ことと「質問する」ことの二つの異なる発話行為がひとつの同じ従属節の中に込められて出来上がっているような文ではないことになる。すなわち、例文(11a, b)は、問題になっている制約の例外とはならないことが分かる。ここで重要なことは、文全体の意味解釈ないし意味表示を考えたとき、その一部に命令の発話行為に対応する意味表示がなされていて、また別の部分に質問の発話行為に対応する意味表示がなされていることが一般的に許されないということではなく、制約を受けるのは、同じひとつの(局所的に捉えられた)節の内部において命令と質問の発話行為を同時に成り立たせようとする試みであるということである。

　このように考えてくると、たとえ、仮定法節の形はとっていても、かならずしも、「命令・要求・依頼」などの意味機能を担っていないような場合には、仮定法節と疑問文との混交が許されるのではないかということが推測されるが、以下に示すように、事実はその通りであることが分かる。たとえ

ば、Chiba(1987: 176, note 53)には、仮定法節と疑問文との混交が許される例として、下記例文のような、ME時代の英語の例(Roberts(1985: 41, fn. 13))が引用されている。

(12)　Ask his father where he be.

上記例文(12)に用いられている動詞askは「質問する」という意味なので、現代英語では、仮定法節を下位範疇化することができず、したがって、このような仮定法節と疑問文との混交もまた起こり得ないことになるが、この例文は、古い時代の英語においてそれが可能であったことを示している。[7]
このような例文の場合、そこに用いられている仮定法節は、「命令・要求・依頼」などの意味機能を持たない、いわば「形態上の仮定法節」ということになるので、たとえ、(間接)疑問文と組み合わせたとしても、上で問題としたような意味での異なる二つの意味機能間の衝突の現象は起こらないと考えられる。なお、Vincent(1988: 67), Bybee, Perkins and Pagliuca(1994: 222), Palmer(2001: 120–121), Roberts(2007: 162)などによって指摘されているラテン語に見られる仮定法と疑問文の混交の場合も、そのような場合のひとつであると考えることができる。以下に示すのは、Palmer(2001: 121)からの例である。[8]

(13) a.　Rogo　quid　agas
　　　　　I.ask　what　do+2SG+PRES+SUBJ
　　　　　'I ask what you are doing'
　　　b.　Rogavi pervenisset-ne　　　　　　　Agrigentum
　　　　　I.asked arrived+3SG+PLUP+SUBJ-INT　Agrigentum
　　　　　'I asked if he had arrived at Agrigentum'

Palmer(2001: 121)はまた、同じことがスペイン語やイタリア語の場合にも見られることを指摘している。(ラテン語においては、このような場合の仮定法動詞の使用が義務的であるのに対し、スペイン語やイタリア語において

は、とくに口語体では直説法動詞が用いられるということも指摘している。)

　同じような現象がまたアイスランド語の場合にも見られるという事実を、以下のような例で示すこともできるであろう。[9]

(14)　Jón　upplýsti　hver　hefði/*hafði　　　barið　sig$_i$.
　　　John　revealed　who　had(subj.)/*(ind.)　hit　　himself
　　　'John revealed who had hit him.'

3.　まとめ

　以上の言語観察を通して、命令文としての仮定法節と疑問文の組み合わせが一般的に許されないという制約について考察した。さらに、この制約は文の持つ意味機能の点からの制約であるということを指摘した。すなわち、たとえ統語的に仮定法動詞を用いていたとしても、意味機能の点で、それが命令文としての発話行為に結びつかないのであれば、問題となるような疑問文と命令文の混交の現象は許されることになると考えられる。

　したがって、たとえ、Kempchinsky(1986)の提案に従って、仮定法動詞を認可するメカニズムの一環として、仮定法演算子がCOMPの位置を占めるような構造表示を仮定するとしても、「ひとつのCOMPの中に二つの異なる演算子が共起することは許されない」とする制約は、そのままの形では強過ぎるということになる。そのような制約が働くのは、「異なる二つの発話行為」と結びつく形での「二つの異なる演算子の共起」に対してであり、上で取り上げた「形式上の仮定法」と疑問文の組み合わせの場合のように、形式上は仮定法動詞を用いていても、命令文としての発話行為に結びつかないような文の場合には、そのような制約の対象にはならないからである。このような観点をも取り入れた形で、この制約をいかに定式化するかの問題について、今後さらに考察を深めていかなければならない。

注

1. ただし、一見、このような制約を破っているかのように見える下記例文(i)のようなドイツ語の文(Reis and Rosengren(1992: 80))の場合は、非文とはならない。

    (i)　Wohin sag mir　　bitte doch mal gleich,　daß Peter gegangen ist.
    　　　Where tell me(*D*) please *MP* *MP* right away that Peter gone　is
    　　　'Tell me please right away where Peter went.'
    　　　(D = dative; MP = modal particle)

    なぜなら、この文は、もともと従属節の構成素としての wh 句(wohin)を主節の文頭の位置まで移動させてできた文であり、意味解釈上は、下記例文(ii)(Reis and Rosengren(1992: 81))のように、wh 句が埋め込み文の補文標識 COMP の位置にとどまったままの命令文と同じ内容を表すからである。

    (ii)　Sag mir　　bitte doch mal gleich,　　wohin Peter gegangen ist.
    　　　tell me(*D*) please *MP* *MP* right away where Peter gone　is
    　　　'Please tell me right away where Peter went.'

    すなわち、上記(i)のような文は、全体として wh 疑問文のように見えるが、実際は命令文である。意味的に疑問文となっているのは、主節の部分ではなく、埋め込み文の部分だけなので、同じひとつの節の中に疑問文と命令文の機能が混在しているわけではない。したがって、この文は問題になっている制約に違反していないと言える。

2. Long(1966), Stockwell, Schachter and Partee(1973), Huntley(1980, 1982, 1984), Kempchinsky(1986), Ukaji(1978)参照。

3. (6b)は、もともと、Chomsky(1973: 278)にある例文である。

4. ただし、下記例文(i)が示すように、仮定法節の中の wh 句を(最終的に)主節の COMP の位置に移動させることは問題ない。注 1 を参照。

    (i)　a.　Who do you demand that John visit tomorrow?
    　　　b.　Who did John ask that Bill see?(Chomsky(1973: 278))

    なお、このことと関連することであるが、(6a, b)のような文が非文になるのは、補文標識 that が欠けているからであるという見方が成り立つかもしれない。Chiba(1987: 149ff.)も指摘するように、仮定法節に補文標識が不可欠であるという制約が、実際は、どの方言にも当てはまるわけではないが、少なくとも、そのような制約が成り立つような方言においては、そのような制約とのかかわりで、(6a, b)の持つ非文法性を捉えることも可能であろう。(補文標識 that を伴う仮定法節の中に wh 句が現れるような文の例については、例文(11a, b)を参照。)

5. ただし、たとえば、仮定法節の中の仮定法現在動詞を法助動詞 should で置き換えたような従属節の場合を考えてみると、下記例文(ia, b)(Chiba(1987: 123))が示すように、そのような従属節と疑問文との組み合わせには何ら問題がないことが分かる(cf.(6a, b))。

(i) a. I demand who John should visit tomorrow.
　　b. John asked who Bill should see.

たとえば、例文(ia)の場合、動詞 demand により要求されているのは、「ジョンが明日訪れるべき人物は誰であるのか」という質問に対する答えを与えること、すなわち、ある人物 X を特定することだけであり、「ジョンがある特定の人物 X(たとえそれが誰であろうと)を明日訪れること」を実現させることについてではない。すなわち、"I demand that John(should)visit X tomorrow." のような文の場合に意味される、従属節を形成する命題内容(John(should)visit X tomorrow)の実現化についての要求そのものは問題になっていないのである。むしろ、その部分は当然のこととして受け入れられている、すなわち、前提条件となっていると考えられる。同じようなことが、例文(ib)についても当てはまる(cf. "John asked that Bill see Susan.")。すなわち、これらの例文の場合、問題となるような意味機能の衝突は起こらないので、文法的文となる。

6 　記号 # は「意味的に不適格な文である」ということを表す。なお、例文(7a)には直説法動詞の sees が用いられているが、これを仮定法現在形の see に置き換えても事情は同じである。

7 　同じ箇所において、Roberts は、ME 期においては、動詞 ask だけではなく、"verbs of saying" に属する一連の動詞が仮定法節を補文として許していたという事実が見られることを指摘している。さらに、Onions(1965: 114–15)によると、「OE 期や ME 期、さらにはエリザベス朝時代に至るまでの時期をも含め、仮定法の使用はかなり自由に行われていたので、事実であることを意味的に含意しない動詞が用いられている従属節ならば、どんな従属節にも仮定法が用いられているのを見いだすことができる」ということになる。

　なお、Fischer and Wurff (2006: 142–43)によると、OE において、仮定法動詞が最も頻繁に起こるのは、主節に法性(modality)を表す語彙項目が現れた場合のその主節に続く従属節においてであった。この場合、従属節中の仮定法は、もはや独立して法性の意味情報を担う働きを失っている、すなわち、文法化されている(grammaticalised)と見なすことができる。文法化の現象が進むと、仮定法が何ら本来の意味情報を表さなくなる(semantically meaningless)ような、極端な場合も見られるようになる。(同じ現象を、Traugott (1992: 240)は、「OE 期に至るまでに、すでに仮定法の使用が因習化されていた(conventionalized)」という表現で説明している。)

8 　SG = singular; PRES = present; SUBJ = subjunctive; PLUP = pluperfect; SUBJ-INT = subjunctive-interrogative

9 　例文(14)は、Thráinsson(1976: 230)より。なお、この例文は、もともと、アイスランド語では、仮定法節の中の再帰代名詞(sig)が主節内の名詞句(Jón)を先行詞とすることができるということを示す例として提示されたものであるが、ここで

は、仮定法節内に疑問詞が用いられている例として考えることができる。

参考文献

Bresnan, Joan (1972) *Theory of Complementation in English Syntax*, Doctoral dissertation, MIT. [Published, Garland, New York, 1979.]
Bresnan, Joan (1977) "Variables in the Theory of Transformations Part I: Bounded versus Unbounded Transformations." In Peter Culicover, Thomas Wasow and Adrian Akmajian (eds.), *Formal Syntax*, 157–96. New York: Academic Press.
Bybee, Joan, Revere Perkins and William Pagliuca (1994) *The Evolution of Grammar: Tense, Aspect, and Modality in the Languages of the World*. Chicago and London: The University of Chicago Press.
Chiba, Shuji (1987) *Present Subjunctives in Present-Day English*. Tokyo: Shinozaki Shorin.
Chomsky, Noam (1973) "Conditions on Transformations." In Stephen R. Anderson and Paul Kiparsky (eds.), *A Festschrift For Morris Halle*, 232–286. New York: Holt, Rinehart and Winston.
Fischer, Olga and Wim van der Wurff (2006) "Syntax." In Richard Hogg and David Denison (eds.), *A History of the English Language*, 109–198. Cambridge: Cambridge University Press.
Ginzburg, Jonathan and Ivan A. Sag (2000) *Interrogative Investigations: The Form, Meaning, and Use of English Interrogatives*. Stanford, CA: CSLI Publications.
Huntley, Martin (1980) "Propositions and the Imperative." *Synthese* 45, 281–310.
Huntley, Martin (1982) "Imperatives and Infinitival Embedded Questions." In R. Schneider, K. Tuite and R. Chametzky (eds.), *Papers from the Parasession on Nondeclaratives*, 93–106. Chicago: Chicago Linguistic Society.
Huntley, Martin (1984) "The Semantics of English Imperatives." *Linguistics and Philosophy* 7, 103–133.
Kempchinsky, Paula Marie (1986) *Romance Subjunctive Clauses and Logical Form*, Doctoral dissertation, UCLA.
Long, Ralph B. (1966) "Imperative and Subjunctive in Contemporary English." *American Speech* 41, 199–210.
Onions, Charles (1965) *An Advanced English Syntax*, 6th ed., London: Routledge and Kegan Paul.
Palmer, Frank (2001) *Mood and Modality*, 2nd ed., Cambridge: Cambridge University Press.
Reis, Marga and Inger Rosengren (1992) "What Do *Wh*-Imperatives Tell Us about *Wh*-Movement?" *Natural Language and Linguistic Theory* 10, 79–118.
Roberts, Ian (1985) "Agreement Parameters and the Development of English Modal Auxiliaries." *Natural Language and Linguistic Theory* 3, 21–58.

Roberts, Ian (2007) *Diachronic Syntax*. Oxford: Oxford University Press.
Sadock, Jerrold M. and Arnold M. Zwicky (1985) "Speech Act Distinctions in Syntax." In Timothy Shopen (ed.), *Language Typology and Syntactic Description, Vol. 1: Clause Structure*, 155–196. Cambridge: Cambridge University Press.
Stockwell, Robert P., Paul Schachter and Barbara Hall Partee (1973) *The Major Syntactic Structures of English*. New York: Holt, Rinehart and Winston.
Thráinsson, Höskuldur (1976) "Reflexives and Subjunctives in Icelandic." In Alan Ford, J. Feighard and R. Singh (eds.), *Papers from the Sixth Meeting of the North Eastern Linguistic Society*, 225–239.
Traugott, Elizabeth C. (1992) "Syntax." In R. M. Hogg (ed.), *The Cambridge History of the English Language, Vol. 1: The Beginnings to 1066*, 168–289. Cambridge: Cambridge University Press.
Ukaji, Masatomo (1978) *Imperative Sentences in Early Modern English*. Tokyo: Kaitakusha.
Vincent, Nigel (1988) "Latin." In Martin Harris and Nigel Vincent (eds.), *The Romance Languages*, 26–78. London: Croom Helm.
Wurff, Wim van der (2007) "Imperative Clauses in Generative Grammar: An Introduction." In Wim van der Wurff (ed.), *Imperative Clauses in Generative Grammar: Studies in Honour of Frits Beukema*, 1–94. Amsterdam and Philadelphia: John Benjamins.

NPN 構文の統語的地位 *

林　龍次郎

1. はじめに

　本論の目的は Jackendoff(2008) などが議論している NPN 構文に対し、独自の統語分析を示すことである。NPN 構文とは次にあげるような構文をいう。

(1) a. We tried *week after week* to book the hotel.
　　b. *Year after year, decade after decade*, it never changes.
　　c. *Page for page*, this is the best-looking book I've ever bought.
　　d. We went through the garden *inch by inch*.

(c-d, Jackendoff 2008: 9)

　この構文には by, for, to, after, upon などの前置詞が現れる。その他 arm in arm など in を伴う固定表現もある。(1)で示したように NPN 構文は文・動詞句の付加部(副詞的要素)として生じることが多い。しかし、Jackendoff が述べるように、P が after, upon の場合には、文の主語など NP の位置に生じることもある。[1,2]

(2) a. *Man after man* passed by. (Matsuyama 2004: 59)
　　b. *Student after/upon student* flunked. (Jackendoff 2008: 19)
　　c. Kerry has missed *opportunity after opportunity* to be candid with the American people.

d. *Opportunity after opportunity* goes wasted by teams fighting for the final three playoff spots.
e. During the Q&A session, *professor after professor* came to the microphone to refute him.
f. Why should *book after book* and *dictionary after dictionary* fail to account for the cause and origin of this change?
g. For *century upon century* men have spent their strength and their substance in pursuit of a golden dream.

　この構文は形式的にも特異性があり、意味的にも特有の性質を持っている。NPN 構文の形式上の主要な特徴としては①二つの N は同一の名詞に限る②それぞれの N は可算名詞の単数形にほぼ限られる③冠詞等の限定詞がつかない、などの事柄があげられる。意味的な特徴は、含まれる前置詞によっても異なるが、連続(succession)、対応(matching)、並列(juxtaposition)、比較(comparison)などを表すということである(Matsuyama(2005)、Jackendoff(2008)参照)。

　独特の性質をもったこの形式は、Goldberg(1995)がいうところの「構文(construction)」あるいは Matsuyama(2004)らのいう「構文的イディオム(constructional idiom)」と考えられその性質の中には一般原理による説明が困難なものが多い。NPN 構文は Culicover(1999)が syntactic nuts と呼ぶものに該当すると Jackendoff(2008)も述べている。

　しかし、そのような特殊表現が生じた理由を問うことにも意味がある。Culicover や Jackendoff の考えるとおり、たとえ特異性の高い syntactic nuts であってもそれは子どもが習得できるものであってその中に言語の規則性は現れており、説明の可能な性質もあると考えられるのである。

　本論では、NPN 構文が多くの場合は文や動詞句の付加部の働きをする一方で、あるときは NP の働きをするのはなぜかについて論じる。そして、これは NPN 構文の P が二重の性質をもつことに由来することを述べる。議論に当たっては、Sadler and Arnold(1994)の提唱する「小構文(small construction)」の概念を援用する。

2. 分析

2.1. 付加部として働く場合

　まず、NPN 構文が文や動詞句の付加部として働く場合の問題から考えていきたい。Huddleston and Pullum (2002: 632) は、spoonful by spoonful, one by one などが NP としては働かないことを示し、この構文を副詞的要素としてのみ扱っている。彼らは NPN 構文を (3) のような PP とし、二つの NP をいずれも P の補部とする。

（3）　[PP [COMP NP] [PP P [COMP NP]]]

しかし、上の構造では NP となっているものの、前置詞の前後の名詞に限定詞がつくことはない。また名詞は複数形にもならない。これらの点においては、英語に多く存在する次のような慣用句における前置詞の後の名詞と同じである。

（4）　by bus/train, on foot, in pencil, on purpose, for instance/example

本論では、これらの句は一般的な構造と異なり、単数名詞が句をなさずに N として P の目的語になるものと仮定する。そして、NPN 構文もこれと同様であるとして、(5) の構造を考える。最初の N は指定部、後の N は補部である。

（5）　[PP [SPEC N] [P' P [COMP N]]]

上のように、指定部および補部がいずれも N であるが NP や DP ではない構造を持っていると仮定するのである。ここでの「NP(DP) に投射しない N」は、Sadler and Arnold (1994) が述べる「小構文 (small construction)」の一つであるとみなす。小構文については後述する。

　Jackendoff (2008: 9) は、次の例をあげて NPN 構文で N に前置修飾語がつ

きうると述べている。[3,4]

(6) a. day after miserable day
　　b. tall boy by tall boy

一つの可能性として、この場合は miserable day や tall boy が主要部 N に修飾部 AP がつくことによって N' をなしており、N' P N' の形になっているという考え方ができる。しかし、Jackendoff(2008: 9)の示す(7)のような名詞後置修飾語の場合には、やはり N に修飾部がつくことによって N' が形成されているにも関わらず非文法的であるので、その論には問題がある。

(7) a. *father of a soldier for father of a soldier
　　b. *day of rain to day of rain
　　c. *inch of steel pipe by inch of steel pipe

名詞の前置修飾が可能で後置修飾が不可能である理由については、先に述べた Sadler and Arnold(1994)の考え方を取り入れたい。Sadler and Arnold は小構文または弱語彙的構造(weakly lexical structure)という概念を用いている。彼らは、the rivers navigable(ある特定の時に航行可能な川)と the navigable rivers(常に航行可能な川)とで意味の違いがあることなどを考察し、名詞前置形容詞と名詞後置形容詞との間に構造的な差異があると論じている。そして、後置修飾の形容詞は AP を形成しているのに対し前置修飾の形容詞は A であり、[$_N$ A N]のように複合語に準じる形を作ると述べる。これは $X^n \rightarrow Y^n\ X^n$ という規則の帰結であるとする。こう考えると前置修飾語がついても NPN 構文のそれぞれの N は N のままである。したがって(6)は(5)に適った形として成立するが、後置修飾語がつくと N + AP で NP(少なくとも N')を成すことになるので(5)の形に合わず、(7)は正しく排除される。

ただし、P が after と upon であるときには N に後置修飾語がつく場合もあると Jackendoff はいう。これについては 2.3. 節で述べる。

2.2. NPとして働く場合

2.2.1. 動名詞と同様か

　JackendoffはNPN構文の内部構造は常にPPであるとし、(2)のような場合は内部構造ではPが主要部でも外的にはNPであると述べている。すなわちXバー理論に反した構造ということである。Jackendoffは、それに類する例として動名詞構造(gerund)をあげている。一般に、動名詞は内部構造としてはVPである(主要部がVである)が分布としてはNPとして振舞う。たとえばJohn's traveling to Londonは(8)のような構造をもつ。

(8) [_NP John's [_VP traveling to London]]

　しかしながら、動名詞がVPとしての性質を持つのは内部構造においてのみであり、分布的には常にNPであってVPとして振舞うことはない。[5] 動名詞の意味上の主語が明示されておらずPROと考えられる場合でもそれは同様である。

　一方、NPN構文は分布的にPPである場合(例文(1))とNPである場合(例文(2))との二つがあるので、動名詞とは事情が大きく異なっている。したがってNPN構文が動名詞と同様の性質をもつという説明は受け入れ難い。

2.2.2. Honorary NPか

　別の可能性として、NPN構文の内部構造はあくまでPPであるが、(2)のような場合はSafir(1983)のいうHonorary NPとして振舞っているのだという説明が考えられる。Honorary NPの例として次のようなものがあげられる。

(9) a. *Under the bed* is a cozy spot.
　　b. *Angry* is a terrible way to feel.
　　c. *Workers angry about the pay* is just the sort of situation that the ad campaign was designed to avoid.　　(a-c, Safir 1983: 731–732)
　　d. *From Tokyo to London* is quite a long way.

(9a,d)では前置詞句、(9b)では形容詞句、(9c)では小節がそれぞれ主語の位置に現れ、Honorary NP として振舞っていると言える。

しかしながら、Honorary NP の特徴として、基本的に主語の位置に現れ、動詞が be などのコピュラに限られるということがある。NPN はこの点で明らかに上にあげた構文とは異なっているのである。(2)で主語位置に現れている例は動詞がいずれもコピュラ以外である。また、(2)の他の例および下に改めてあげた例が示すように、この構文は動詞の直接目的語、間接目的語の位置や前置詞の目的語の位置にも現れ、さらには所有格も形成する。

(10) a. He took *photo after/upon photo*.
　　b. We have taught *student after student* how to be proficient in the workplace where information science and technology is applied.
　　c. I whiled away my summer days *with book after book*.
　　d. *Student after student's* parents objected. 　　(Jackendoff 2008: 9)

2.2.3. 等位構造との類推

上で述べた理由から、NPN 構文の(2)(10)のような例は構造的に PP である(P が主要部である)ものが分布的にだけ NP であるとは考えられない。それでは、他にどのような可能性があるだろうか。考えられるのが、NPN 構文は構造的に NP であるが、分布として(1)のように PP になることがある、という Jackendoff とは逆の立場である。today, yesterday, this afternoon, last week などの語句に見るように、NP が副詞的に(付加部として)使われることは確かにある。しかし、これは一般に時間・距離・方法等を表す語句に限られる。一方 Jackendoff も述べるとおり NPN 構文では N がそのような語以外であっても副詞的の用法は可能である。

(11) a. We went through the reptile house *snake by snake*.
　　b. We examined the moon *crater by crater*. 　　(Jackendoff 2008: 10)

ここで Matsuyama(2004)の主張に注目したい。Matsuyama は、NPN は統語

構造においては PP を含んだ構造であるが概念構造において等位構造であると主張している。そこで、NPN 構文と等位構造との類推関係を考察してみたい。[6]

　NPN 構文が NP として振舞う場合、意味的には複数であると考えられるにも関わらず単数扱いになるのはなぜかという問題があり、Jackendoff にも指摘されている。

(12) a. *Page after page* is sprinkled with errors. 　　　(Jackendoff 2008: 24)
　　 b. *Dictionary after dictionary* defines the word differently.
　　 c. We discovered *fact after fact* that supports the story.

一般に、[NP NP and NP] であれば複数扱いとなる。しかし、等位接続詞は XP のレベルに限らず、X^0 レベルの接続も可能である。ここで、前節で述べた小構文の考え方に従い NPN 構文の N は句を成さないと仮定した上で、この構文は [N N and N] と並行的な構造をもつと考える。そうであれば、全体は一つの N すなわち語彙項目であり、各構成要素の数が全体に浸透すると考えられる。これは(13)にあげるような例と同じである。(14)に見るとおりこれらの N and N は全体が単数として扱われる。

(13)　bread and butter, a cup and saucer, a knife and fork, a husband and wife
(14) a.　*The cup and saucer* is in excellent condition with no chips, cracks or wear.
　　 b.　*Bread and butter* is better than toast and jam.

(12)もこれらと同様に、NPN 全体が一つの N として振舞っていると考える。

　さらに、Jackendoff(2008: 12)は、side to side のような NPN 構文は次にあげる等位接続詞 and を含んだイディオムと意味的に共通の性格を持っていると述べている。

(15)　back and forth, up and down, to and fro, round and round

また、more and more という表現は、N by N の諸表現と意味的にも似ており、この場合は前置詞 by の代わりに等位接続詞 and が用いられるということも Jackendoff に指摘されている。

さらに Jackendoff が述べるように、NPN 構文は強調的表現として(16)のように二つの N に限らず、三者以上を結ぶことがある。この点においても、NPN は等位構造と共通している。

(16) a. I've been having *exam after exam after exam*.
   b. I looked it up in *dictionary after dictionary after dictionary* and never once found it.

上で示した等位構造の根拠となるいくつかの事柄は、いずれも意味や概念構造上の現象ではなく統語現象と考えられる。Matsuyama(2004)は NPN 構文が統語的には PP を含んだ構造であるが意味的に(概念構造の上で)二つの NP を結ぶ等位構造であるとしている。しかし本論では、NPN 構文は統語的に等位構造の性質をもちうると主張することになる。

NPN 構文における P はいわば準等位接続詞である。本来の等位接続詞が、同範疇の 2 要素を接続できるのに対し、準等位接続詞は接続詞としての性質が弱いため、制限がより厳しく、同一の単語でなければ接続することができない。これが NPN 構文の二つの N が同じ名詞でなければならないことの理由と考えられる。[7]

なお、2.1. で論じた NPN 構文が PP として現れる場合でも、二つの N が同一でなければならないことは NP の場合と同じであり、強調で三つの N が起こりうることも同じである。したがって、この構文の P は本来前置詞と疑似等位接続詞の二重の性質をもっており、付加部として用いられるのは前置詞としての性質が強く現れた場合で、NP として用いられるのは疑似等位接続詞の性質が強く現れた場合であると考える。

2.3. N につく後置修飾語について

Huddleston and Pullum, Jackendoff が例証しているように、P が after, upon

であるNPN構文は、NP位置に生じる時は後置修飾語を許し、副詞的に振舞う時は後置修飾語を許さない。

(17)　They climbed *flight after flight of stairs*.

(Huddleston and Pullum 2002: 634)

(18) a.　We endured *day after day of rain*.
　　 b.　We endured the cold, *day after day* (*of rain*).
(19) a.　We looked at *picture after picture by Renoir of his wife*.
　　 b.　*Picture after picture* (*by Renoir of his wife*), we see the growth of the artist's style.
(20) a.　*Country after country that I had never heard of before* condemned the US invasion.
　　 b.　*Country after country*(*that I had never heard of*), the UN representatives condemned the US invasion.

((18–20), Jackendoff 2008: 22)

　上の(18–20)におけるaとbの対比が生じる理由は次のとおりである。一般にNPはPPや関係節などの付加部による修飾を許し、PPはそれを許さない。aにおいてはNPN構文がゼロのDを伴ってNPを構成していると考えられる。したがってaは文法的になるが、bではNPがなく存在する句はPPなので付加部の行き先がなく非文法的になるのである。

　上の場合は修飾語句が後ろだけであるが、それぞれのNに後置修飾語がつく場合もある。Jackendoffは、Pがafterとuponの場合に限り、後置修飾語であってもそれがNの補部であれば両方のNにつくことが可能で、付加部であれば不可能であると述べている。また、補部であってもそれが短い場合に限られ、長い場合には容認度がかなり低いとしている。下の例はJackendoff(2008: 22)による。

(21) a.　gallon of paint after gallon of paint
　　 b.　picture of Bill after picture of Bill

c. gallon(??of green paint)after gallon of green paint
d. picture(*?of his sister-in-law)after picture of his sister-in-law
e. student(*in Bonn)after student in Bonn

この理由は、補部の場合は N との結びつきが強いため、「N ＋補部」全体が前置修飾語がつく場合同様一つの N(小構文)と認識される可能性があるからであると筆者は考える。補部が長いものであったり、補部でなく N との結びつきの弱い付加部であったりすると、全体を小構文ととらえることは困難になる。短い補部がつくだけなら「比較的小さい」構造なので容認されるのである。

2.4. 残された問題

　本論では、紙幅の制限があり、Jackendoff や Matsuyama の扱う問題すべてを検討することはできなかった。NPN 構文の NP としての用法が after, upon の場合に限られているのはなぜかということ、N が単数形に限られるということなど、NPN 構文について今後検討を要する課題は多い。

3. 結論

　NPN 構文は二重の構造をもった有標の言語形式であると言える。この構文は次の二通りの構造で文中に生じる。
(i)P を主要部、最初の N を指定部、後の N を補部とした PP として文中に現れる。内部構造は [$_{PP}$ [$_{SPEC}$ N] [$_{P'}$ P [$_{COMP}$ N]]] のようになる。ここに生じる N はいずれも、NP に投射しない「小構文」である。
(ii)P を疑似等位接続詞として [$_N$ N P N] の構造をもった一つの N をなす。この場合ゼロの D を伴い NP に投射して文中に現れる。

注

* 本論執筆にあたり貴重な意見を下さった Ad Neeleman 氏に感謝する。

1. 本論で取り上げる文法性の判断や事実の多くは Jackendoff(2008) に依拠している。NPN 構文に含まれる前置詞による性質の相違などについては本論では詳述する余裕がなく、Jackendoff を参照されたい。なお、本論中で出典の示されていない用例は、筆者が収集した Web 上の例に基づいている。
2. Matsuyama(2005) は、after, upon に by の場合を加えて統語的 NPN、他の P の場合を語彙的 NPN と呼び、前者は生産的、後者は非生産的であると指摘している。この観点からの検討は別の機会に譲る。
3. Jackendoff も述べるように、(6a) のように 2 番目の N だけに形容詞がつく形はあるが、*miserable day after day のように最初の N だけに形容詞がつく形はない。この理由については今後の課題とする。
4. 形容詞による修飾はそれほど自由なわけではなく、P が by, after, upon 以外のときには容認不可能であり、Jackendoff は次の例を不可としている。
   (i) a. *The situation is getting worse week to miserable/long week.
       b. *They walked along arm in muscled arm.
5. ただし動名詞の構造に関しては他にも複数の考え方がある。この点については Milsark(2006) を参照。
6. 長谷川(2003) は、寄生空所構文の分析において、前置詞を含んだ構造が疑似等位構造として再分析されるという考え方を述べており、ここでの提案と共通性がある。
7. 大名(2008) は、boy after girl, girl after boy のように NPN を繰り返す場合や parent after student after teacher など三つ以上の N が生じる場合には、N が同一でない例も存在することを指摘している。

参考文献

Culicover, Peter W. (1999) *Syntactic Nuts: Hard Cases, Syntactic Theory, and Language Acquisition.* Oxford: Oxford University Press.

Goldberg, Adele (1995) *Constructions: A Construction Grammar Approach to Argument Structure.* Chicago: University of Chicago Press.

長谷川欣佑(2003)『生成文法の方法 英語統語論のしくみ』研究社.

Huddleston, Rodney and Geoffrey Pullum (2002) *The Cambridge Grammar of the English Language.* Cambridge: Cambridge University Press.

Jackendoff, Ray (2008) "Construction after Construction and Its Theoretical Challenges." *Language* 84, 8–28.

Matsuyama, Tetsuya (2004) "The N after N Construction: A Constructional Idiom." *English Linguistics* 21, 55–84.

Matsuyama, Tetsuya (2005) "Productivity and Idiomaticity of NPN Constructions: A Corpus-based Study."『英語語法文法研究』12号, 47–62.

Milsark, Gary (2006) "Gerundive Nominalizations." In Martin Evaraert and Henk van Riemsdijk (eds.) *The Blackwell Companion to Syntax* Vol. II, 436–458. Oxford: Blackwell.

大名力 (2008)「コーパスから見える文法」日本言語学会第136回大会講演.

Sadler, Louisa and Douglas J. Arnold (1994) "Prenominal Adjectives and the Phrasal/Lexical Distinction." *Journal of Linguistics* 30, 187–226.

Safir, Ken (1983) "On Small Clauses as Constituents." *Linguistic Inquiry* 14, 730–735.

二重目的語構文における削除・空所化と先行詞の再利用について*

根本貴行

1. はじめに

　空所化とは文中の一部要素が削除され、削除箇所の後に残留要素が生じる現象である。本稿では、空所化はある種の削除現象として分析を試みる。動詞句削除文は、主語との一致を示す do や助動詞が残りそれ以下が削除されるのが一般的であると考えられている。Lobeck(1990)によれば動詞句削除、N' 削除、および間接疑問縮約(Sluicing)等の削除現象では、機能範疇における照合がその補部の削除をライセンスすると述べられている。しかし、動詞に隣接する要素の削除は、古くは Jackendoff(1971)に見られるように機能範疇(TP)において照合が生じていない文でも文法的であるという判断がなされている例が見られる。Baltin(2003)も指摘するように、削除文に関する母語話者の判断には揺れがあるようである。削除箇所を含んだ文に対する文法性の判断は情報構造、つまり削除される要素の新旧という判断に依存した部分も多くあると考えられる。ここでは特に二重目的語文における空所化の以下のようなパラダイムについて統語構造を考察してみたい。

(1) a. Paurl Schacher has informed me that the basic order in Tagalog and related languages is VOS; Ives Goddard Ø(V)Ø(IO)that the unmarked order in Agouloian is OVS; and Guy Garden Ø(V)Ø(IO) that the basic order in Alent is OSV. (V と IO の削除)

(Jackendoff 1971: 24)

　　b. Mary gave John $100, and Ø(S)Ø(V)Bill $200.

(S と V の削除)(久野・高見 2007: 156)

c. John gave Bill a lot of money, and Mary will Ø(V)Susan Ø(DO).

(V と DO の削除：疑似空所化)(Lasnik 1999: 153)

本稿では、削除される要素を含む文の先行文における先行詞がフェイズの補部を構成し、これを再利用することで空所化の生ずる後続文を派生するという高橋(2002)のシステムを二重目的語文で検証する。結論として、空所化において再利用される要素がフェイズの補部そのものではない可能性を指摘したい。さらに、Jayaseelan(1990)やLasnik(1999)などにおいて問題とされている疑似空所化の際削除を免れて残留する要素の削除対象個所からの移動動機について、削除を免れる要素が削除対象外の位置に基底で生成するため、移動動機が不問であるか、もしくは削除箇所からの重名詞句移動(外置)によって削除を免れる可能性を見る。また、Baltin(2003)で述べられているように、残留要素がA位置にあるということを、削除要素の再利用および削除のシステムから導き出したい。空所化は一見すると語単位で適用され、VP削除は句単位で適用される参考文献が、いくつかの例を見る限りにおいて空所化も一貫して句単位での削除現象であるということになる。

2. フェイズの再利用(高橋 2002)

文はフェイズ(Chomsky 2001)ごとに書き出し(Spell Out)を受け派生する。フェイズはChomsky(2001)によれば命題を構成するCPとvPであると考えられている。vPは文の派生においてθ役割の付与に応じて外的融合が行われると考えられており命題を構成する。vPがフェイズを構成するため、目的語位置など文尾から移動するwh要素は、書き出しを受けるフェイズから移動するため、vP指定部を経由して文頭まで移動する。これによって循環的な統語操作が保証されると考えられる。

高橋(2002)は削除が生じる文は、削除箇所の先行詞に相当する個所を再利用し、PFにおいてコピー箇所を削除することによって派生することができると主張している。高橋(2002)では再利用できる要素の単位としてフェイズである可能性を探っている。ただし、フェイズ不侵性条件(Phase

Impenetrability Condition) (Chomsky 2000) によりフェイズの書き出し後もそのフェイズの周縁部 (Edge) は上位フェイズから可視的である。このため、先行詞として再利用可能な要素は、実際に書き出しが適用される vP 補部のVP であると考え、従って書き出し後に再利用される要素も VP であると仮定している。もしこれが支持されるとすれば、vP をフェイズとする経験的な証拠となる。フェイズを再利用し削除を伴った文が派生される例を簡単な文で確認したい。(2b-d) で先行文の派生、(3a, b) で後続文の派生を示す。

(2) a.　John will see his friend because Bill won't.
　　b.　[VP see [DP his friend]]
　　c.　[v' v [VP see [DP his friend]]]
　　d.　[vP John [v' v [VP see [DP his friend]]]]
　　　　　　↓
　　e.　[CP C [TP John [T' will [vP t(John) [v' see [VP t(see) [DP his friend]]]]]]]
(3) a.　[v' v [VP see [DP his friend]]]
　　b.　[vP Bill [v' v [VP see [DP his friend]]]]
　　　　　　↓
　　c.　[CP [TP Bill [T' won't [vP t(Bill) [v' [VP see [DP his friend]]]]]]]

(2b) では動詞と補部 DP が融合し VP を形成している。(2c) の段階で v が融合し、(2d) でその指定部に主語 DP を融合、vP まで派生が進む。そして、(2e) で派生が CP まで進んでいることを示している。後続文の派生 (3a-c) では、削除される VP は先行文の VP をコピーし、そのまま利用して派生が始まっている (コピーされた VP は下線部で示している)。派生が最終段階に達した後、コピーされた VP は PF で削除され、(2a) が派生される。そもそも、既存の統語要素を再利用することにより、派生における計算量が減少するため、極小主義にとって好ましいものであると考えられる。

　さらに、先行文で書き出しを適用された構造を再利用することによって (2a) における代名詞の解釈を容易なものとする。(2a) の代名詞 his は、先行詞の代名詞が指示するものと同一の内容を指示するいわゆる強い同一解釈

(Strict reading)と、先行詞の代名詞における束縛変項の部分がコピーされる弱い同一解釈(Sloppy reading)の二通りが可能である。

(4) a. John$_i$ will see his$_i$ friend because Bill$_j$ won't ~~see his$_i$ friends~~.
   b. John$_i$ will see his$_i$ friend because Bill$_j$ won't ~~see his$_j$ friends~~.
   c. *John$_i$ will see his$_i$ friend because Bill$_j$ won't ~~see his$_i$ friends~~.

(4a, b)が示すとおり、後続文における代名詞の解釈は先行文のそれに準じている。すなわち、先行文で強い同一解釈がなされれば後続文も強い同一解釈となり、先行文で弱い同一解釈となれば後続文でも弱い同一解釈となる。(4c)では先行文の代名詞解釈と後続文のそれが異なるため非文となっている。(3)の派生を用いれば、代名詞の解釈もコピーされるため、必然的に後続文が先行文における代名詞の解釈を踏襲することとなる。

3. 二重目的語構文における空所化の検証

本稿で仮定する二重目的語構文及び与格構文の構造は以下の通りである。[1]

(5) a. John sent Mary a letter.
   b. [$_{CP}$ C [$_{TP}$ John$_i$ T [$_{vP}$ t$_i$ sent$_j$ [$_{VP}$ Mary [$_{V'}$ t$_j$ [$_{DP}$ a letter]]]]]]
   c. John sent a letter to Mary.
   d. [$_{CP}$ C [$_{TP}$ John$_i$ T [$_{vP}$ t$_i$ sent$_j$ [$_{VP}$ a letter [$_{V'}$ t$_j$ [$_{PP}$ to Mary]]]]]]

(5a)の二重目的語構文の間接目的語 Mary および(5b)の与格構文における目的語 a letter について、Chomsky(2001)では対格の照合は v の対格素性が探査子(Probe)となり目的子(Goal)の Mary または a letter で照合を行なう。英語では vP に EPP 素性が仮定されておらず、Mary および a letter の可視移動は生じない。

以下ではこの構造を基にして、二重目的語構文および与格構文に削除及び空所化が生じている文の統語構造を検証してみたい。

3.1. 主語と動詞の削除文

はじめに主語と動詞が削除され目的語が残留する(6)(＝1b)を見てみよう。

(6) a. Mary gave John $100, and Ø(S)Ø(V)Bill $200.
    b. [$_{CP}$ C [$_{TP}$ Mary$_i$ [$_{T'}$ T [$_{vP}$ t$_i$ [$_{v'}$ gave$_j$ [$_{VP}$ John [$_{v'}$ t$_j$ $100]]]]]]]

(6a)の先行文の派生が進むと最終的に(6b)の構造となる。空所化が生ずる後続文の派生は先行文のCPフェイズの補部TP以下を再利用しコピーされると考えられる。(6a)におけるand以下の派生は(7)のようになる。

(7) a. [$_{vP}$ Bill$_y$ [$_{v'}$ gave $200]]
    b. [$_{vP}$ gave$_j$ [$_{VP}$ Bill [$_{v'}$ t$_j$ $200]]]
    c. [$_{CP}$ C [$_{TP}$ Mary$_i$ [$_{T'}$ T [$_{vP}$ t$_i$ gave$_j$ [$_{VP}$ Bill [$_{v'}$ t$_j$ $200]]]]]]
    d. [$_{CP}$ [$_{VP}$ Bill [$_{v'}$ t$_j$ $200]] $_w$ [$_{TP}$ Mary$_i$ [$_{T'}$ T [$_{vP}$ t$_i$ [$_{v'}$ gave$_j$ t$_w$]]]]]
    e. [$_{CP}$ [$_{VP}$ Bill [$_{v'}$ t$_j$ $200]] $_w$ ~~[$_{TP}$ Mary$_i$ [$_{T'}$ T [$_{vP}$ t$_i$ [$_{v'}$ gave$_j$ t$_w$]]]]~~]

(7b)でvPまで派生が進み、次の段階で先行文のCPフェイズの補部TPが再利用されてコピーされる。(TPの補部であるvPフェイズ以下は、書き出しが適用されているため、この段階では計算上不可視的であると仮定する。)次に(7d)でvPフェイズの補部VPが一種の話題化によりCPへ前置し、最終的にTP全体が削除されて(6)の後続文が派生する。[2]

Lobeck(1990)によれば、削除が生じる際は機能範疇での照合が必須である。間接疑問縮約(Sluicing)の例では、CPにおける疑問詞の照合に続いてTPが削除されている(8a)。補文標識thatは照合を必要としないので、補部の削除が認可されないと考えられる(8b)。

(8) a. Though he doesn't know exactly how, John will answer questions raised by his talk.

b.　*Even though she hoped that Ø, Mary doubted that the bus would be on time.

VP 前置が生じている (7e) では CP においてある種の素性照合 (この場合トピック素性) が生じているため、間接疑問縮約と同様のメカニズムで TP の削除が認可されていると考える。

　ここでは、CP フェイズの補部である TP が削除されており、高橋 (2002) のシステムが支持されることとなる。

3.2　擬似空所化

　次に助動詞と間接目的語を残し動詞と直接目的語が削除される、いわゆる擬似空所化の例 (9a) (= 1c) を見てみたい。

(9) a.　John gave Bill a lot of money, and Mary will Ø (V) Susan Ø (DO).
　　b.　[$_{V'}$ gave [$_{DP}$ a lot of money]]
　　c.　[$_{VP}$ Bill [$_{V'}$ gave [$_{DP}$ a lot of money]]]
　　d.　[$_{vP}$ John [$_{v'}$ gave$_j$ [$_{VP}$ Bill [$_{V'}$ t$_i$ [$_{DP}$ a lot of money]]]]]
　　e.　[$_{TP}$ John$_y$ T [$_{vP}$ t$_y$ [$_{v'}$ gave$_j$ [$_{VP}$ Bill [$_{V'}$ t$_i$ [$_{DP}$ a lot of money]]]]]]
　　f.　[$_{CP}$ C [$_{TP}$ John$_y$ T [$_{vP}$ t$_y$ [$_{v'}$ gave$_j$ [$_{VP}$ Bill [$_{V'}$ t$_i$ [$_{DP}$ a lot of money]]]]]]]

(9b-e) は (9a) の先行文の派生を示したものである。(5) で示した二重目的語構文の構造に従って、(9a) の先行文は、はじめに動詞と直接目的語が融合され (9b)、次いで VP の指定部に間接目的語が融合する (9c)。(9d, e) で v、T を順次融合し TP へと派生していく。[3]

　もし統語要素の再利用がフェイズの書き出し時に決定されるとするならば、(9d) の段階で再利用箇所が計算されることとなる。(9a) の後続文は (9d) の V' を再利用しコピーされることから始まる。(10) は (9a) の後続文の派生を示したものである。

(10) a.　[VP Susan [V' t [DP a lot of money]]]
　　 b.　[TP John_i will [vP t_j v [VP Susan ~~[V' t [DP a lot of money]]~~]]]
　　 c.　[CP [TP John_i will [vP t_j v [VP Susan ~~[V' t [DP a lot of money]]~~]]]]

　(10a)でコピーされたv'に間接目的語が融合してVPとなり、(10b)でTPまで順次派生が進む。(10b)で再利用されたv'が削除され(9a)の後続文が派生される。尚、ここでは再利用される要素がvPフェイズの補部であるVPではなくV'であると考えなくてはならない。[4]

　擬似空所化の残留要素に関してJayaseelan(1990)やLasnik(1999)では、残留要素が削除箇所から可視移動することによって削除を免れる提案がなされている。前者では残留要素の移動を重名詞句移動として分析し、後者では格照合のためのAgrP指定部への移動であると分析している。重名詞句移動分析の問題点として、Lasnik(1999)は二重目的語文の重名詞句移動可能な要素が文尾の直接目的語に限られるにもかかわらず、擬似空所化における残留要素、すなわち重名詞句移動によって削除を免れる要素が間接目的語に限られているという事実を挙げている。

(11) a.　*John gave Bill a lot of money, and Mary will ~~give Bill~~ a lot of advice.
　　 b.　John gave Bill *t* yesterday more money than he had ever seen.
　　　　　　　　　　　　　　　　　　　　　　　　　　　　　(Lasnik 1999: 154)

　しかし、残留要素の重名詞句移動分析の時と同様に、AgrPへの格照合移動分析では格照合を必要としない要素が残留する以下の例で問題となる。

(12)　Although I wouldn't talk to Sally, I would Ø to Susan.
　　　　　　　　　　　　　　　　　　　　　　　　　　　(Baltin 2003: 225)

　Lasnik(1999)では、擬似空所化の削除箇所はVPであるとし、残留するする要素である間接目的語は可視的にAgrPに移動するため削除を免れると考えられている。この主張のもとでは(12)のように削除を免れている要素が格照

合を必要としない要素の場合、説明ができない。

　また、根本(2007、2008)ではChomsky(2001)の枠組みで格照合を探査子(Probe)と目標子(Goal)のシステムで考察を試みている。そもそも英語における対格照合は探査子による格素性のみの照合で済むため、削除が生じる場合のみ削除を免れる要素がvに繰り上がることを考えなければならず、その場合vにEPP素性を仮定し、可視移動を義務化することとなる。(12)のような例を考えた場合、残留要素の可視移動を格照合とは区別してvのEPP素性によって誘引されるある種の話題化移動として考えることも可能かもしれない。残留要素の移動を格照合に還元した場合、その移動について随意性が生じてしまう。しかし、残留要素の移動を随意的な移動である話題化や、以下で述べる重名詞句移動として仮定することにより、(10)のように再利用箇所のコピーと削除によって、削除や空所化を伴った文の派生を考えることが可能となる。尚、(12)の文の派生については、以下で与格前置詞句の右方移動による外置との関連で考察したい。

3.3　動詞と間接目的語の削除

　(13)(=1a)は動詞と間接目的語が削除される例である。

(13)　Paurl Schacher has informed me that the basic order in Tagalog and related languages is VOS; Ives Goddard Ø(V)Ø(IO) that the unmarked order in Agouloian is OVS; and Guy Garden Ø(V)Ø(IO) that the basic order in Alent is OSV.

まず(13)の先行文の派生(14)を見てみよう。

(14)a.　$[_{TP}$ Paurl Schacher$_j$ $[_{T'}$ has $[_{vP}$ t$_j$ $[_{v'}$ informed$_i$ $[_{VP}$ me $[_{v'}$ t$_i$ $[_{CP}$ that...$]]]]]]]$

削除を伴った後続文では時制辞も同時に削除されていることから、再利用及びコピー要素がT'である可能性がでてくる。

(15) a. [CP C [TP Ives Goddeard_i [T' has [vP t_i informed_i [VP me [v t_i t_y]]]]] [CP that ...]_y]
   b. *[TP Ives Goddeard_i [T' has [vP t_i informed_i [VP me [v t_i t_y]]]] [CP that ...]_y]

(13)における後続文の削除箇所がT'であるとすれば、直接目的語が削除箇所から移動して削除を免れていることとなる。既に述べたとおり、Jayaseelan(1990)はこの移動を重名詞句移動として分析し、Lasnik(1999)はAgrへの格照合として分析している。ここでは、文末の要素に限ってはJayaseelan(1990)を支持したい。(15)でも示されている通り、直接目的語が重名詞句移動されていることが動詞と間接目的語削除の前提となっている。この削除パタンにおいて重名詞句移動が仮定されることを示唆するさらなる例として(16)を見てみよう。

(16) a. John informed me last week that the schedule of the party had changed, and Bill 2 weeks ago that the members of the committee had changed.
   b. *?John informed me that the schedule of the party had changed last week, and Bill that the members of the committee had changed 2 weeks ago.

(16a)は直接目的語が重名詞句移動により文末の副詞句を超えて移動している例である。後続文においても直接目的語が重名詞句移動された上で削除が生じている。(16b)は重名詞移動が生じていない例である。重名詞句移動の有無は一般的に文体上の違いであると考えられているが、英語母語話者の判断によると、(16b)は可能ではあるがかなり容認度が低下するというものであった。

Baltin(2003)によると、名詞句以外に前置詞句も残留要素として削除を免れる。また形容詞句は残留せずに削除されることが観察されている。

(17) a. John considers Fred crazy, but I don't think that Bill is Ø.

(Baltin 2003: 223)

b. [TP John [vP considers_i [VP Fred [V' t_i crazy]]]]

c. ... [TP Bill [T' is_i [vP t_i [VP ~~[V' t_i crazy]~~]]]

d. Although he didn't put books on the table, he did Ø on the mantelpiece.

(*ibid*)

e. ... [TP he didn't [vP put_i [VP books [V' t_i [PP on the table]]]]]

f. [TP [TP he did [vP ~~[VP books [V' put [PP t_i]]]~~]] on the mantelpiece_i]

形容詞が削除されている(17a)については、先行文の動詞句補部が再利用、コピーされ、後続文で繋辞が最終的に時制辞へと繰り上がった後にVPが削除される。形容詞の外置が(18a)が示すように文法性が低下するため、同じ理由で形容詞の残留は認められない。[5]

一方、前置詞句が残留できるのは、(18b)が示すとおり外置の可能性があるからであると考えられる。

(18) a. *?John considered Bill at that time crazy.

b. ?John sent a letter last week to Mary, and Bill, 2weeks ago, to Sue.

文末の要素が残留を免れる移動に関してはJayaseelan(1990)の重名詞句移動分析が支持されるが、Baltin(2003)が挙げる例で問題となる。Baltin(2003)では、以下の(19)のように空所化において残留要素が二つ生じる例を挙げている。一般的に重名詞句移動は文中の1要素に限って許されるため、Lasnik(1999)がJayaseelan(1990)に対して反例を提したのもこの点である。Baltin(2003)は残留する2要素をAgrに移動(かき混ぜ移動)させるシステムを提案しているが、本稿ではここまで見てきたように、基底位置での語順において再利用箇所を算出しコピーした上で削除文の語順を出すことができる。(19a)における主節の派生(19b, c)を見てみよう。

(19) a. Although I wouldn't introduce Tom to Sally, I would Ø Fred to Martha.

(Baltin 2003: 226)

b. [TP I wouldn't [vP introducej [VP Tom [V' tj [PP ti]]]]] to Sallyi]
c. [TP I would [vP [VP Fred [V' introduce [PP ti]]]] to Marthai]

(19c)において前置詞句は外置によってV'から右方移動し、続いてV'が削除されている。Baltin(2003)は残留要素の移動とオランダ語に見られるかき混ぜ操作との類似性を指摘し、残留要素の移動を随意的なかき混ぜ操作の一種として分析している。しかし、極小主義における文構造を仮定するとAgrは仮定されておらず、また削除操作が起こるときに2要素のかき混ぜ移動を仮定しなければならず、問題となる。[6]

本稿でのシステムでは文尾の要素を外置するのみで、あとは先行文における統語要素の再利用とコピーで派生を済ませることが可能である。重名詞句移動または外置の有無が削除文における残留要素になる鍵となる。上記(12)の例でも、文尾の要素が外置可能な前置詞句であるため文法的な派生となることが予測される。

Baltin(2003)が残留要素をかき混ぜ移動であるとする根拠は、残留要素がA位置にある振る舞いをするという観察によるものである。

(20) Although I wouldn't introduce these people to Tom and Sally, I would Ø those people to each other.

目的語はVP指定部に位置し、与格前置詞句はVP補部位置から外置操作によって繰り上がる。与格前置詞句は、派生がvPまで進んだ段階でvP付加位置まで繰り上がり、派生がCPまで達したところでvPに付加している与格前置詞句がCPへ繰り上がる。与格前置詞句は目的語が派生に導入される段階では基底の位置にとどまるため、目的語による再帰代名詞を含んだ与格前置詞句の束縛関係が成立する。[7]

ここでは次の例から、束縛原理条件AはLFに至る派生のどの段階でも成立するものであると仮定される。

(21) a. Johnj wondered which picture of himselfi/j Billi saw.

b.　John$_j$ thought Bill$_i$ saw some picture of himself$_{i/*j}$.

(Chomsky 1995: 205)

(22)　Although I wouldn't introduce my teacher to John, [Bill and Sue]$_i$ would Ø their teachers$_j$ to each other $_{i/j}$.

　(21b)において himself は従属節主語によって束縛され、主節主語からの束縛は主節主語によって阻止される。一方、some pictures of himself を話題化した(21a)では、再帰代名詞は従属節主語のみならず主節主語も指示可能となる。基底位置において従属節主語によって束縛され従属節主語指示の解釈が得られ、話題化移動後または移動の途中で主節主語により束縛されるため、ここで主節主語指示の解釈が得られる。[8] (22)における each other は (20) と同様に基底位置において目的語により束縛されて目的語指示の解釈を得、さらに each other が外置移動によって目的語を超えてより上位の位置に付加することで(従属節 CP もしくは主節 vP への付加が考えられる)、主節主語によって束縛されるため主節主語指示の解釈が得られる。

4. まとめ

　削除操作は先行文における先行詞となる要素をそのまま利用しコピーすることにより削除箇所を明らかにし、派生を進めることができる。また削除される箇所について、統語構造を再利用するほうが計算容量も減少するため、極小主義的な見地からすると好ましいものであると考えられる。再利用されコピーされる箇所は語ではなく句が単位となっており、空所化について一見すると語単位の操作を許すように考えられる例でも、構造上一貫して句単位の削除であると考えることができる。

　再利用箇所に関しては、高橋(2002)の提案通りフェイズの補部であるとするのが好ましいのであろうが、本稿で見た通り二重目的語文及び与格構文における空所化のいくつかのパタンでは、再利用箇所がフェイズの補部ではなく V' もしくは VP という選択肢が生じる結果となった。構造の一部を再利用する際、それが一律にフェイズの補部となるのであれば派生の経済性か

ら考えても先見的な派生は必要なく極小主義にあったものとなるが、再利用箇所に対して選択肢が生じるとなると先見性を必要とする派生となるため、これが好ましいものであるかという疑問が生じる。Bowers(1993)による叙述句(Predication Phrase)が極小主義的に自然な仮定であるとすれば、これを基に再利用箇所の新たな規定が可能かもしれない。

注

＊例文の文法性判断において A.W. Young 氏と J.B. Jones 氏に協力をいただいた。

1 Larson and May(1990) の θ 役割を統一的に付与する仮定(Uniformity of θ-assignment Hypothesis)における構造でも同様の結果となる。
2 削除を免れる要素には対比強勢が置かれることから、＋Topic 素性に誘引され、そのため強勢も生じると仮定する。
3 (9b)において、v' はこの時点では最大投射であり、さらに語彙融合し投射することにより中間投射となる(Chomsky 1995 参照)。
4 そもそも再利用されコピーされる要素に動詞が含まれておらず、v の対格素性がどのように満たされるかが問題となる。Lasnik(1999)のように VP 全体の削除とすれば対格を照合する側の要素と照合される側の要素の両方が削除され、派生の破綻を免れることができる。
5 英語母語話者によって文法性の判断は異なり、(18a)が文法的であると判断する母語話者もいる。(18a)が文法的であると判断する母語話者については、(17a)について形容詞の削除が随意的に認可されるということが予測されるが、これについての検証は今後の課題としたい。
6 ここでも前置詞句の義務的な外置を仮定しなければならない。後続文の文尾の要素が先行文と比較されるため、対照強勢が置かれると考えられ、ある種の話題化的外置が義務的に生じていると考えられるかもしれない。
7 (19)の再帰代名詞の解釈に関して、外置要素が基底位置から繰り上がっているということが前提となる。外置に関しては、外置要素が外置位置に基底生成するという可能性もある。しかし、θ 役割のライセンスと(20)の例における再帰代名詞の解釈から、外置要素の基底位置からの繰上げが支持される。さらに、外置の移動先を CP であるとすれば、フェイズを超えた移動となるため、外置移動のメカニズムも問題となるおそれがある。
8 話題化の移動もフェイズごとに移動すると仮定すると、従属節の CP 指定部と主節 vP 指定部を経由して文頭へ至ると考えられる。主節 vP を経由した際、主節主

語が可能な先行詞となるため、ここで主節主語を指示する解釈が得られる。

参考文献

有元將剛・木村徳子(2005)『束縛と削除』研究社.
Baltin, Mark(2003) "The Interaction of Ellipsis and Binding: Implications for the Sequencing of Principle A." *Natural Language and Linguistic Theory* 21, 215–246.
Bowers, John(1993) "The Syntax of Predication." *Linguistic Inquiry* 24, 591–656.
Chomsky, Noam(1995) *The Minimalist Program*. Cambridge MA: MIT Press
Chomsky, Noam(2000) "Minimalist Inquiries: The Frameworks." In Roger Martin, David Michael and Juan Uriagereka, (eds), *Step by Step: Essays on Minimalist Syntax in Honor of Howard Lasnik*, 90–155. Cambridge MA: MIT Press.
Chomsky, Noam(2001) "Derivation by Phase." In Michael Kenstowicz(eds.), *Ken Hale: A Life in Language*, Cambridge MA: Press, 1–52.
Jackendoff, Ray(1971) "Gapping and Related Rules." *Linguistic Inquiry* 2. 21–35.
Jayaseelan, Karattuparaobil(1990) "Incomplete VP Deletion and Gapping." *Linguistic Analysis* 20, 64–81.
久野暲・高見健一(2007)『英語の構文とその意味』開拓社.
Larson, Richard(1988) "On the Double Object Construction." *Linguistic Inquiry* 19, 335–392.
Larson, Richard and Robert May(1990) "Antecedent Contained or Vacuous Movement: Reply to Baltine." *Linguistic Inquiry* 21, 103–122.
Lobeck, Anne.C.(1990) "Functional heads as Proper Governors." *NELS* 20, 348–362.
Lasnik, Howard(1999) *Minimalist Analysis*. Oxford: Blackwell.
根本貴行(2007)「動詞句における削除と空所化に関する—考察と諸問題」『研究紀要』14号, 141–150. 駒沢女子大学.
根本貴行(2008)「疑似空所化の残留要素—統語構造と情報構造の狭間で—」『日英の言語・文化・教育—多様な視座を求めて』日英言語文化研究会(編)136–145. 三修社.
高橋大厚(2002)「フェイズのリサイクル」『英語青年』8月号, 270–273.

補部をとる副詞について*

大室剛志

1. はじめに

　補部をとる副詞については、私の知る限り、最初にこの問題を取り上げ、鋭い意味的考察を行った福安(1988a)及びその延長上にある福安(1988b)と、副詞が対応する形容詞補部からどのように補部を継承するかを論じたTakahashi(1993a, 1993b)の論考を除いて、これまで殆ど論じられることがなかったように思われる。補部を取る副詞が論じられてこなかった理由の1つに、副詞は項にあたる補部を取らないという見解が学界全体に広まっていたことが考えられるかもしれない。

　例えば、(1)に見るように、Jackendoff(1977)は、副詞は [− Comp] の統語範疇であり、形容詞は [＋ Comp] の統語範疇であり、副詞を1つの関数と見なした時、関数の項(argument)にあたる補部をとらないことが、副詞を形容詞から区別する決定的な相違としている。例えば、fearful of Bill とは言えても、*fearfully of Bill とは言えない。このように、Jackendoff(1977)は、副詞はその項にあたる補部をとらないという見解に立っている。

(1) 　On the whole, adverbs take no complement: there is no *fearfully of Bill parallel to fearful of Bill, for example. However, there are a few PP complements to adverbs, for example unfortunately for our hero. The question arises as to whether they are attached to Adv′ or to Adv″. We would like to maintain the generalization that [− Comp] categories do not strictly subcategorize anything, i.e. that they have no X′ complements. This would require that for our hero is an Adv″ complement.

(Jackendoff 1977: 78)

　この見解は、(2)に示すように、約 30 年後の Culicover & Jackendoff(2005) でも変わらない。

（2）　Bill bought a llama, and Harry bought something equivalently/comparably/similarly exotic. [*equivalently/comparably/similarly exotic to α; *exotic equivalently/comparably/similarly to α]
　　　The problem with such syntactic reconstruction is that *equivalently*, *comparably*, and *similarly*, **being adverbs**, do not license syntactic complement structures in which the implicit anaphor can be realized at LF. On the other hand, the conceptual structures of *equivalently*, *comparably*, and *similarly* clearly must include implicit arguments that encode the basis of equivalence, comparison, and similarity.
　　　　　　(Culicover and Jackendoff 2005: 407, 太字は大室、以下同様)

　equivalently, comparably, similarly では、意味的には、これらの関数にあたる項が、同等、比較、類似の基盤として存在しても、これらは副詞であるから、これらの関数の項が補部として統語的に認可されることはないとしている。
　しかし、副詞は項にあたる補部をとらないとした彼らも、(3)に示したように、彼ら自身の著書の、副詞についての言語学的議論をしていない箇所の地の文においては、今まさに問題とした similarly という副詞がその項を補部としてとっている文を実際に書いている。

（3）　Each of the constructions we have considered can be treated **similarly to bare argument ellipsis**, except that the indirectly licensed constituent has more elaborate structure.(Peter W. Culicover and Ray Jackendoff, *Simpler Syntax*, p.299, Oxford University Press. 2005)

更に、(4)でも、independently がその項である of 句を補部としてとっている文を書いている。

(4) In these examples, *that picture of Richard* fixes a reference **independently of whether she bought it or not**, whereas *a picture of Richard* does not.(Peter W. Culicover and Ray Jackendoff, *Simpler Syntax*, p.336, Oxford University Press. 2005)

他方、小西(編)(1989: 1663, 501)や安藤(2005: 841)では、(5), (6), (7)に示したように、similarly、differently といった副詞が項を補部としてとった実例が挙げられている。

(5) なお、similar を副詞として用いるのは誤り [Phythian]: *Since the war, the German economy has not developed *similar* to the British economy. [in a way similar to that of ... あるいは similarly とする] [cf. Another operator, Andrew Vecei, believes he took a woman dressed *similarly* to Miss Kinkship to the fourteenth floor shortly after12: 30, but is uncertain of the floor at which she entered his car. —Levin, *Kiss*

(小西(編)1989: 1663)

(6) a. He dresses differently from you. — *EED*
　　b. Pigs breed differently than goats. — Reed
　　　 英国語法では、to も後続する。
　　c. She thinks differently to you. — Fieldhouse 　　(小西(編)1989: 501)

安藤(2005: 841)は、(7)に示したように、統語構造までも示している。

(7) 37.5.1. 副詞の補部構造
　　　少数の副詞は、前置詞句(PP)を補部にとる

a. They acted quite *independently* **of each other**.

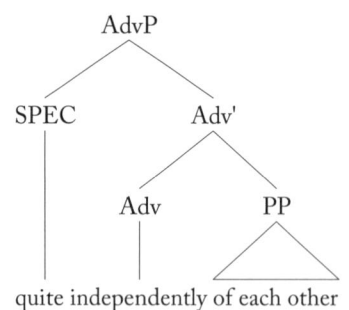

```
              AdvP
             /    \
          SPEC    Adv'
           |     /    \
           |   Adv    PP
           |    |    /  \
          quite independently of each other
```

b. John was loved *equally* **with his elder brother**.
c. he was appareled *similarly* **to the guards**.

(Burroughs, *The Warlord of Mars*)

d. I know one husband who forces his wife to eat *separately* **from him**.
e. but, *fortunately* **for me**, I did not lose my head. (Burroughs, *The Lost Continent*)　　　　　　　　　　　　　　　　（安藤 2005: 841）

　また、中型の学習英和辞典、例えば、『Genius』第4版でも、(8)に示したように、副詞によっては、どのような前置詞句補部をとるか、記述してある。

(8) a. similarly 1 ［…と］同様に ［to］ 2 ［文修飾］同様に、同様のことだが《前述する内容と類似し、かつ対比する事柄を導入するときに用いられる》‖ Diabetics need to diet. S~, people with too much cholesterol must cut down the amount of fat they consume.
b. differently ［…と］異なって ［from,((主に米))than,((英))to］；それとは違って；それぞれに
c. independently 独立して、自主的に；［…と］無関係に、自由に ［from, of］‖ He lives independently from his parents.　　　(*Genius*[4])

　よって、Jackendoff らの見解と異なり、一定の意味の副詞に限られはするものの、副詞は項にあたる補部をとるというのが真実である。

そこで、本論文では、ある一定の意味の副詞は項にあたる補部をとるという事実を認めた上で、紙幅が限られている都合から、補部をとって使われる頻度が高い、differently と independently という副詞を取り上げ、そこに見られる微妙な意味の相違を、The Bank of English（約 5 億 2400 万語）から得られる言語資料を基に示すことにする。

2.　*Differently From* vs. *Independently Of*

2.1.　意味に関する観察

(9a)の例文を観察することから始める。

(9) a.　Men think differently from women.(times)
　　b.　He will act independently of the society.(brrnews)

(9a)では、何と何を比べてどうだと言っているのであろうか。時間をかけて考えてみると、differently from の前で述べられているやり方と differently from の後で述べられているやり方を比べてそれらが違うと言っていることがわかる。表面的に見たら differently from の後には women しか現れていないので、differently from の後でやり方が問題にされていると思わない人がいるかもしれない。しかし、意味を考えてみたら、やり方とやり方が比べられていて、それが違うと言っていることが理解できる。つまり、(9a)には、(10)に示す、

(10)　THE MANNER MEN THINK IS DIFFERENT FROM THE MANNER WOMEN THINK

という意味が成立している。様態副詞 differently はまさに様態(THE MANNER)と様態(THE MANNER)を比べ、それが違う(DIFFERENT)と言っているのだから、differently の -ly の部分が from の前後に、意味的には様態(THE MANNER)となって、均等に割り振られている。Differently は、

different と -ly とから形態上できており、その -ly と different が各々過不足無く、その働きを非常に奇麗に果たしている。私は、大規模コーパスから得られる言語資料を検討しながらこの観察に至ったが、福安(1988a)は、大規模コーパスからの言語資料を利用できない時代にありながらも、ほぼ同じ意味的考察を既に行っている。(9a)を日本語に直してみると、「男と女とでは、考え方が違う。」となる。(9a)は、(10)の意味の中で対照的な焦点(contrastive focus)となっている WOMEN だけを from の後に表出させたにすぎない。

では、independently of の場合はどうであろうか。もちろん、independently of の時も、(11)のような場合には、今見た differently from の場合のように、independently of の前後に様態(THE MANNER)と様態(THE MANNER)が奇麗に割り振られていると言える。

(11) This officer acts independently of those involved in your case.

(brephem)

そして、その場合には、「～とは独立した仕方で」という基本的な意味を持っている。しかし、上記(9b)のような例で、independently of の independently は、先程見た differently のように、-ly の部分が前置詞の前後に、意味的には様態(THE MANNER)となって、均等に割り振られているであろうか。福安(1988a)は、主節外(文頭の位置に相当)に生じた independently of の -ly に意味の希薄化(bleaching)が生じていることを観察している。福安は、この観察を(9b)のような主節内に生じた independently of にあてはめていないが、ここでは彼の観察が主節内に生じた independently of にもあてはまるところがあることを示す。今述べたように、主節内に生じた(9b)の independently の -ly には、意味の希薄化が起きており、意味的にはっきりとした様態(THE MANNER)が前置詞の前後に存在しているとは言いがたい面がある。independently of が、少なくとも意味的にはまとまりをなして、independently of で1つの前置詞に相当するような意味を担い、その前置詞に相当する意味が、THE MANNER を介在させずに、Jackendoff(1990)の言う THING 項にあたる THE SOCIETY を直接とっているように感じら

れる。(9b)の act と independently of の間には、(9a)には無かった、意味的な切れ目があるように感じられる。(9b)について述べたこれまでの観察を敢えて表示すれば、(12)のようになる。

(12)　HE WILL ACT, INDEPENDENT OF / WITHOUT REGARD TO / REGARDLESS OF THE SOCIETY

　(12)で THE MANNER THE SOCIETY ACTS を補うことは難しい。(9b)を日本語に直せば、「彼は、世間とは無関係に行動する。」となる。ここでは、この「〜とは無関係に」の independently of の意味を先程述べた「〜とは独立した仕方で」という基本的な意味から、希薄化によって生じた派生的な意味として捉えておくことにする。
　(12)のような意味を想定する傍証として、(13)を考えてみてもよい。

(13)　The jawbone is the only bone in the head that can move independently of the skull. (brbooks)

　jawbone(下顎の骨)は動いても、skull(頭蓋骨)は動かない。従って、(13)の場合、independently of の後に、意味的に MOVE を補うことは出来ない。MOVE が補えないのなら、なおさら、MOVE を修飾する THE MANNER を補うことは出来ない。
　では、independently of の場合、(10)のように THE MANNER 同士を比較することは全くないのか、というと先程も述べたように、そんなことはない。

(14)　The world consists in objects which exist and have properties independently of **how** they are understood by human beings.　　　(strathy)

　(14)では、意味の THE MANNER に相当する語彙項目 how が independently of の後に生起している。

これまでの観察をまとめると、differently from は主節内に生起した時、MANNER 項をとるが、independently of の場合は、主節内に生起した時、MANNER 項をとることもあるが、それに加えて、THE MANNER と THE MANNER の比較の意味が薄れ、THING 項を直接とる場合もあるということである。

2.2. The Bank of English からの言語資料

以下、(10)と(12)の意味的な相違を示す The Bank of English からの言語資料を提示していく。

第1に、今述べた意味的観察のまとめから、differently from 系列の副詞は、その直後に意味的な THE MANNER を具現化した the way, how, the manner といった実際の語彙項目が生起し、そのような例はある程度の量を占めるのに対し、independently 系列の副詞は、そのような例がたとえ存在したとしても、その量は differently from 系列の副詞が補部をとった場合に比べ、ずっと少ないことが予測される。

(15)に見るように、differently from の後に、the way, how, the manner といった語彙項目が出現している例が The Bank of Engish に存在する。

(15) a. I wanted to change things quickly and do it differently from **the way** Revie had done it.　　　　　　　　　　　　　　　　　(times)
　　b. In civilian life, I expect a man to treat a woman differently from **how** he would treat his male friends.　　　　　　　　　　　(times)
　　c. Psychiatrists who developed medication treatments for depression have used the term 'depression' somewhat differently from **the manner** in which it is used in everyday conversation.　　　　　　　(usbooks)

しかも、(16)に示すように、このような例は、differently が from 句を補部として従えている 645 例中、55 例を占め、約 12 例中に 1 例ある勘定となり、その割合は大きい。

(16) differently from (645)
differently from THE MANNER (55)
differently from THE MANNER / differently from　約 1/12

更に、differently と同じく比較と言う意味類におさまる similarly の場合にも、(17)に見るように、similarly to の後に、the way, how といった語彙項目が出現し、

(17) a.　Nixon acted similarly to **the way** he did in the field of domestic reform.
　　　　　　　　　　　　　　　　　　　　　　　　　　　　　　(usbooks)
　　b.　Having seen what they are doing in training it looks very positive and similarly to **how** we operated in Holland.　　　　(sunnow)

しかも、(18)に見るように、6例中に1例ある勘定になり、その割合は大きい。

(18)　similarly to (42)
　　　similarly to THE MANNER (7)
　　　similarly to THE MANNER / similarly to 約 1/6

ところが、この状況が independently of の場合には、一変する。independently が of 句をとった例は(20)で示すように、593例ほどあるにもかかわらず、independently of の後に、語彙項目 the way, how, the manner が具現した例となると、実は先程挙げた(14)の例、1例のみである。

(19 = (14))　　The world consists in objects which exist and have properties independently of **how** they are understood by human beings.
　　　　　　　　　　　　　　　　　　　　　　　　　　　　　　(strathy)

(20) independently of(593)
　　　independently of THE MANNER(1)
　　　independently of THE MANNER / independently of 約 1/593

更に、independently と同じく不一致と言う意味類におさまる separately の場合、(21)で示すように、from 句をとった例は 333 例ほどあるにもかかわらず、from の後に、語彙項目 the way, how, the manner が具現した例となると、皆無である。

(21) separately from(333)
　　　separately from THE MANNER(0)
　　　separately from THE MANNER / separately from(0)

第 2 に、differently from は(10)の意味を持ち、differently from の前後の THE MANNER と THE MANNER とを比較しているとすると、THE MANNER 同士の比較を行っているのだから、その THE MANNER を実際の語彙項目として関係節の先行詞として具現化し、その関係節の中身に、THE MANNER 同士を比較している当該の文が組み込まれるような例が存在すると予測される。(22)に見るように、この予測は正しい。

(22) a. **One of the many ways** in which the rich do things differently from the rest of us is *the manner* in which they approach a recession.　　(brnews)
　　　b. There are **several ways** in which ropes of twisted fibres behave differently from a collection of individual fibres.　　(brmags)
　　　c. On the contrary, the disintegration of Yugoslavia is likely to lead to civil war over **the way** the Federation should be carved up differently from its present inter-republic borders.　　(brspok)

第 3 に、independently of のあるものに関しては、(12)の意味を想定し、independently of が少なくとも意味的にまとまりをなし、independently of で

1つの前置詞に相当するような意味になっていると考えると、independently of が、前置詞1つ、あるいは、郡前置詞1つと平行的な振る舞いをすることが予測される。(23)に見るように、この予測は正しい。

(23) a. One of Roberto Assagioli's laws outlined in The Act of Will states that all the various functions and their manifold combinations in complexes and sub-personalities adopt means of achieving their aims **without** our awareness and **independently of, even against**, our conscious will. (brbooks)
 b. The cooker can be run **independently of**, or **in tandem with**, the central heating and hot water system. (brmags)
 c. For both acts, carried out **on behalf of** America but **independently of** the US Government, he was personally thanked by Russian leaders -- Lenin in 1921, Mikhail Gorbachev in 1986. (oznews)

例えば、(23a)では、without our awareness と independently of, even against, our conscious will が and によって等位接続されているが、our awareness の前に置かれた前置詞 without と、our conscious will の前にある independently of が平行的になっているばかりでなく、our conscious will の前にある independently of は、同じく our conscious will の前にある even をともなった前置詞 against とも並置されている。

まとめると、以上の3つの議論から、(10)と(12)の意味的相違が確認されたことになる。

3. おわりに

本論文では、ある一定の意味の副詞は項にあたる補部をとるという事実を認めた上で、補部をとって使われる頻度が高い、differently と independently という副詞を取り上げ、そこに見られる微妙な意味の相違を、The Bank of English から得られる言語資料を基に、3つの議論を行うことで示した。

注

* 本論文は、日本英語学会第 26 回大会のシンポジウム「英語構文研究：言語理論とコーパス」(2008 年 11 月 16 日、筑波大学)に於いて「補部をとる副詞について：周辺部の分析に役立つ大規模コーパス」という題目で発表した原稿の第 1 節と第 2 節の一部に、若干の加筆、修正を施したものである。シンポジウムに於いて、ディスカッサントを務めていただき、有益なコメントを下さった山梨正明(京都大学)、八木克正(関西学院大学)両先生に記して感謝申し上げる。

参考文献

安藤貞雄(2005)『現代英文法講義』開拓社.

Culicover, Peter W. and Ray Jackendoff(2005) *Simpler Syntax*. Oxford: Oxford University Press.

福安勝則(1988a)「補部をとる Independently タイプの副詞」『英語青年』第 134 巻 4 号, 8. 研究社.

福安勝則(1988b)「補助部をとる -ly 副詞」『鳥取大学教育学部研究報告(人文・社会科学)』第 39 巻　第 2 号, 149–165. 鳥取大学.

Jackendoff, Ray(1977) *X-bar Syntax*. Cambridge, M.: MIT Press.

Jackendoff, Ray(1990) *Semantic Structures*, Cambridge, M.: MIT Press.

小西友七(編)(1989)『英語形容詞・副詞辞典』研究社.

Takahashi, Michiko(1993a) "On the Complement of Derived Adverbs," 『筑波英語教育』 14, 73–88. 筑波英語教育学会.

Takahashi, Michiko(1993b) "An Inheritance Principle on Derived Adverbs," 『白馬夏季言語学会論文集』 5, 62–80, 白馬夏期言語学会.

Cause 使役文の意味

Make 使役文との比較を通して *

高見健一

1. はじめに

『ジーニアス英和辞典』(第 4 版 (2006) 大修館書店) の cause の使役用法の項 (p. 315) に次の記述がある (下線は筆者)。

（1） ［SVO to do］〈人・事が〉〈人・事〉に…させる（原因となる）、（結果的に）…させる《◆ make や have が意識的な使役を表すのに対し、<u>cause は偶発的・無意図的なので、deliberately, intentionally などと共に用いることはできない</u>》‖ Her behavior caused me to laugh. 彼女のしぐさに私は笑ってしまった。

Cause 使役文が偶発的・無意図的な使役を表し、主語指示物の意図を表す副詞 deliberately, intentionally 等とは共起できない、という上記の『ジーニアス英和辞典』の記述は、Givón (1975) の使役文に関する考察に基づいていると考えられる。Givón (1975: 61–62) は次の例を提示している。

（2）a. John accidentally / inadvertently *caused* Mary to drop her books.
　　b. *John accidentally / inadvertently *made* Mary drop her books.
（3）a. *John deliberately *caused* Mary to do the dishes.
　　b. John deliberately *made* Mary do the dishes.

(2a, b) では、accidentally（偶然）や inadvertently（うっかり）のような主語指示物の非意図性を示す副詞が、cause 使役文には用いられるが、make 使役文に

は用いられず、逆に(3a, b)では、deliberately(わざと、故意に)のような主語指示物の意図性を示す副詞が、cause 使役文には用いられず、make 使役文には用いられている。この点から Givón(1975: 62)は、次のように述べている。

（4） Cause 使役文は偶発的な(incidental)使役を表し、make 使役文は意図的な(intended)使役を表す。

　しかし、make 使役文が、主語指示物の意図的な使役(「強制使役」)だけでなく、非意図的、偶発的な使役(「自発使役」)も表し得ることは広く知られている。実際、『ジーニアス英和辞典』の make の使役用法の項には、(1)の「make や have が意識的な使役を表すのに対し」という記述とは裏腹に、make が非強制的な自発使役も表すことが指摘され、(5)の例があがっている。また、(6)の make 使役文も自発使役であり、いずれも適格でまったく自然なものである(久野・高見(2007: 243-246)も参照)。

（5） Her jokes made us all laugh.(彼女の冗談で私たちはみな笑った。)
（6）a.　All that sick time off work made me lose my job.
　　b.　The wind made the door slam shut.
　　c.　Dirt in the gasoline made the car stop.

　上記の事実を考慮すると、accidentally/inadvertently が用いられた make 使役文(2b)は、本当に不適格なのだろうか、という疑問が浮かぶ。母語話者にこの点を尋ねると、彼らは一様に(2b)は(2a)と同様に適格であり、両者に適格性の相違はまったく感じられないと言う。そして、cause は一般に書き言葉に用いられ、堅い表現なので、会話であれば、cause を用いた(2a)よりむしろ make を用いた(2b)を用いるだろうと言う(この点は第3節でさらに考察する)。(2b)が適格であるという点は、accidentally や inadvertently が make 使役文に用いられている以下のような実例(Google で検索し、母語話者にも確認を得たもの)があることからも裏づけられる。

（7）a. How I *accidentally* made XP delete my harddisks!
　　b. The lakeshore marathon in Chicago *accidentally* made people run an extra mile.
（8）a. I've *inadvertently* made my boyfriend feel pressure in our relationship.
　　b. Have you ever *inadvertently* made someone feel bad with your humor?

　以上から、make 使役文は、Givón(1975)の主張とは異なり、主語指示物の意図的な使役(「強制使役」)だけでなく、非意図的、偶発的な使役(「自発使役」)も表すことが明らかである。
　それでは、cause 使役文はどうなのだろうか。『ジーニアス英和辞典』の上記(1)の下線部の記述や Givón(1975)の記述のように、cause 使役文は偶発的・無意図的な使役のみ表し、deliberately, intentionally のような副詞とは共起しないのだろうか。本稿では、この点を以下で議論し、cause 使役文が、主語指示物の意図的な使役も表し、このような副詞と共起することを示す。そして、cause 使役文がどのような条件のもとで用いられるかを明らかにする。そしてその過程で、cause 使役文が make 使役文とどのような点で異なっているかも考察する。

2. Cause 使役文の意図的・非意図的用法

　Cause 使役文が、Givón(1975)等が言うように、主語指示物の非意図的、偶発的な使役を表し得ることは、次のような例から明らかである。

（9）a. All that sick time off work caused me to lose my job. (cf. 6a)
　　b. Water flooded the ship in ten minutes, causing it to sink. (*LAAD*)
　　c. The disease caused her to lose a lot of weight.
　　d. All of his praise caused her confidence to increase.
（10）a. If you *accidentally* cause the battery to short, place it in a safe open space and observe the battery for approximately 15 minutes. (実例)
　　b. He caused our parents to die *by making a stupid mistake*. (実例)

(9a-d) では、cause 使役文の主語が all that sick time off work, water, the disease, all of his praise で、すべて無生物である。無生物は意図を持たず、これらの文では、病気や水などのせいで、当該の使役事象が(非意図的に)引き起こされたことが述べられている。一方(10a)では、cause 使役文の主語が you の人間ではあるが、その人の非意図性を表す副詞 accidentally と共に用いられていることから、当該の使役事象が非意図的、偶発的に引き起こされていることが分かる。また(10b)では、by making a stupid mistake(馬鹿な間違いをして)から分かるように、主語の「彼」が非意図的に話し手の両親を死に至らせたことが明らかである。

さて、それでは次の cause 使役文を考えてみよう。

(11) a. John caused the car to crash.
　　 b. He caused me to lose my job.

これらの文が何の文脈もなく与えられると、主語指示物が車を衝突させたり、話し手の失業を引き起こしたりしたのが、意図的であるかどうかに関して曖昧で、2通りの解釈が可能である。例えば(11a)は、ジョンがブレーキに不正に手を加えて意図的に車を衝突させたとも、あるいは車の助手席に座っていたジョンが通行人に声をかけ、そのことが運転手の気をそらせて、非意図的に車を衝突させたとも解釈できる。同様に(11b)でも、話し手の失業を彼が意図的に引き起こしたとも、(6a)で示したように、彼の行動が話し手の失業を予期しない形で引き起こしたとも解釈できる。そのため例えば(11a)は、次のように deliberately とも accidentally とも共起し得る。

(12) a. John *deliberately* caused the car to crash.
　　 b. John *accidentally* caused the car to crash.

(12a)が適格であるという事実は、cause 使役文が deliberately や intentionally とは共起しない、という『ジーニアス英和辞典』や Givón(1975)の記述に疑問を投げかけることになる。実際、次の実例が示すように、

cause 使役文はこれらの副詞と何の問題もなく共起する((14a)も参照)。

(13) a. The National Transportation Safety Board (NTSB) found that **the pilot**, who had taken the flight controls shortly after takeoff, had **deliberately caused** the aircraft to dive into the sea.
  b. It could be argued that **God deliberately caused** humans to evolve from lower animals.
  c. **This particular man** physically assaulted her and **intentionally caused** her to fall down off her camel.
  d. **Microsoft intentionally caused** Burst's products to be incompatible with Windows software.

(13a-d)の cause 使役文では、deliberately, intentionally が用いられていることから明らかなように、当該の使役事象が主語指示物(使役主)により意図的に引き起こされている。したがって、これらの文が適格であるという事実は、「cause 使役文が偶発的・無意図的使役を表し、deliberately, intentionally などと共起しない」という『ジーニアス英和辞典』や Givón の記述が間違いであることを示している。そして、cause 使役文は、主語指示物の非意図的、偶発的使役だけでなく、意図的使役も表し得ることが分かる。[1]

3. Cause 使役文の意味—Make 使役文との比較を通して

使役動詞の make(や have, get, let)と比べて、cause は、堅い(formal)文語的、格式的表現であり、話し言葉で用いられることは稀で、次の実例に見られるように、法律文書、科学的文書や宗教的文書など、一般に書き言葉に用いられることにまず留意しなければならない。[2]

(14) a. Finally, plaintiff claimed that two of defendant's employees intentionally **caused her to suffer** extreme emotional distress.

b. The society found that warming of the North Sea has **caused baitfish to move** north in search of colder water.

c. All pre-Genesis life died when the earth was **caused to assume** a uniform spherical shape, thus **causing it to be covered** with water.

したがって、次のような会話文では make が用いられ、cause を用いると多くの話し手にとって不自然で、文体上、不適切と判断される。

(15) a. Hey John – Last night I saw the movie you recommended. It really **made me think**.

b. #Hey John – Last night I saw the movie you recommended. It really **caused me to think**.

(16) a. Mike, Sarah says she accidentally **made Ryan think** she was interested in another guy at the party last night. She is wondering what to do about it. Can you help?

b. #Mike, Sarah says she accidentally **caused Ryan to think** she was interested in another guy at the party last night. She is wondering what to do about it. Can you help?

さて、文体の違い以外にも、make と cause には大きな違いがある。次の例を見てみよう。

(17) a. The soldiers **made** the Cherokees march West; they ordered them to walk without complaint. (Sturgis, A. (2007) *The Trail of Tears and Indian Removal*, p. 63 の文を改変)

b. *The soldiers **caused** the Cherokees to march West; they ordered them to walk without complaint.

(cf. A drought/massacre **caused** the Cherokees to march West.)

(17a) では、軍人たちがチェロキー族(北米ジョージアの故郷からオクラホマ

へ強制移動させられた先住民)に西部へ移動するよう、直接、命令したり、強制したりして歩かせている。Make にはこのように、被使役主が制御できる動作を使役主が被使役主に行なうよう、直接命令したり、強制したりしてやらせる用法、つまり、「被使役主に対する強制使役」の用法がある(久野・高見(2007：第8章)参照)。しかし興味深いことに、この make 使役文を(17b)のように cause 使役文にすると、第2文と適合せず、不自然、不適格となる。つまり、軍人たちが、チェロキー族に直接、移動するよう強制する場合には、cause 使役文は用いられない。(主語の使役主が、被使役主に対する強制ではなく、「干ばつ、大量虐殺」などのように、被使役事象を引き起こす原因であれば適格で、この場合は「自発使役」となる。)

同様に、次の対比を見てみよう。

(18) a. John **made** me do the dishes.(He told/ordered/asked me to do so.)
  b. *John **caused** me to do the dishes.(He told/ordered/asked me to do so.)
(19) a. She **made** us do our homework by threatening to ground us if we didn't.
  b.??/*She **caused** us to do our homework by threatening to ground us if we didn't.

(18a)の make 使役文の一般的な解釈は、ジョンが話し手に皿を洗うよう、直接言ったり、命令したり、頼んだりして、皿を洗わせたというものである(もちろん、例えばジョンが皿を洗う時間に家におらず、そのため話し手が皿を洗うはめになったというような解釈も可能である)。また(19a)では、彼女が話し手たちを宿題をしないと外出禁止にするとおどして宿題をさせている。その点でこれらの文は、主語の使役主が被使役主に動詞句が表す動作をとるよう、直接的に働きかけ強制している。しかし、これらの make 使役文を cause 使役文にすると、(18b),(19b)のように不適格となり、cause 使役文には、使役主が被使役主に直接働きかけて、被使役主が制御できる被使役事象を行なうよう命令、強制する用法(「被使役主に対する強制使役」)がないことが分かる。

Make 使役には、「被使役主に対する強制使役」の用法に加えて、久野・

高見 (2007) が「被使役事象に対する (意図的) 強制使役」と呼ぶ用法と、「非意図的強制使役 (自発使役)」と呼ぶ用法がある。前者は、被使役主が制御できない事象を、使役主が一方的に (被使役主の現状維持の意志、惰性に何の考慮も払わないで) 強制的に引き起こす用法であり、次のような例である。

(20) a. John made Mary fall down by putting his leg in her way.
　　 b. They made the train run on time by improving the infrastructure and re-training employees.

(20a) では、ジョンが、メアリーが歩いてきたところに足をかけて、転ぶようにしている。しかし、ジョンはメアリーに「転べ」と強制したわけではない。ジョンがしたのは、意図的にメアリーに足をかけて、メアリーの歩くという現状維持の惰性に逆らって被使役事象を起こしたことである。同様に (20b) では、彼らが線路などの施設設備を改良し、従業員を再訓練して、電車の定時運転を引き起こしている。つまり、「被使役事象に対する強制使役」では、被使役主自身は当該の被使役事象を自らは制御できず、使役主が何かを意図的に行ない、その被使役事象を一方的、強制的に引き起こしている。

　Cause 使役文が、この「被使役事象に対する強制使役」の用法を持つことは、次のような例から明らかである。

(21) a. This particular man physically assaulted her and intentionally caused her to fall down off her camel. (= 13c) (cf. 20a)
　　 b. They caused the train to run on time by improving the infrastructure and re-training employees. (cf. 20b)
(22) a. The pilot had deliberately caused the aircraft to dive into the sea. (cf. 13a, 12a も参照)
　　 b. Plaintiff claimed that two of defendant's employees intentionally caused her to suffer extreme emotional distress. (cf. 14a)
　　 c. The devil caused him to neglect his family even though he had every intent of being an attentive father.

(21a, b) の cause 使役文は、(20a, b) の make 使役文に (ほぼ) 対応している。(21a) では、男は彼女にラクダから「落ちろ」と命令したわけではなく、例えば引っ張ったり、つかんだりしてラクダから意図的に落としている。(22a-c) でも、被使役事象は被使役主が制御できない事象である。(22a) では、パイロットが飛行機を操縦して、意図的に飛行機を急降下させ、(22b) では、被告人の従業員2人が、例えば嫌がらせなどをして彼女に苦痛を与え、(22c) では、悪魔が彼に様々な誘惑をしたり、そそのかしたりして、いい父親であろうとする彼の意志に反し、家族をないがしろにさせている。つまり、これらの cause 使役文では、使役主が何かを意図的に行ない、その行為、動作によって被使役主が制御できない被使役事象を引き起こしている。

Make 使役文の「非意図的強制使役 (自発使役)」は、すでに (5), (6a-c), (7a, b), (8a, b) で観察したものであり、この用法は、「使役主が原因となって、被使役事象が自発的、非意図的に起きる」と性格づけることができる (久野・高見 (2007) 参照)。Cause 使役文にもこの用法があることは、すでに (9a-d), (10a, b), (14b, c) (さらに (17b) の cf. で示した文) で見た通りである。

以上の考察から、cause 使役文の意味的 / 機能的制約を次のように規定しよう。

(23) Cause 使役文の意味的 / 機能的制約：
使役動詞の cause は堅い文語表現で、使役主が被使役主に動詞句が表す被使役事象を行なうよう直接強制するのではなく、使役主の動作、行為、存在、状態などが原因、引き金となって、意図的、あるいは非意図的に、被使役事象を一方的に引き起こす場合に用いられる。[3]

(23) の制約は、cause が名詞として「原因」という意味、動詞として「原因となる、…を引き起こす」という意味を持っていることからもうかがわれる。

ここで、本稿冒頭で観察した Givón (1975) の例文 (3a, b) (以下に再録) を再度考えてみよう。

(3) a. *John deliberately *caused* Mary to do the dishes. (cf. 18b)

b. John deliberately *made* Mary do the dishes. (cf. 18a)

ジョンが意図的にメアリーに皿洗いをさせる場合、直接メアリーに皿洗いをするよう命令したり、依頼したりするのが普通である。つまり、使役主が被使役主に直接、被使役事象を行なうよう強制する「被使役主に対する強制使役」である。Make にはこの用法があるので、(3b)は適格であるが、cause にはこの用法がない。さらに、cause は上で見たように、使役主が何かを意図的に行なうことによって「間接的に」当該の被使役事象を引き起こす場合には用いられる。しかし、ジョンが意図的に何かをして、そのことによってメアリーに皿洗いをさせるというような状況は、特別な文脈が与えられない限り、容易には想起され得るものではない。(3a)が不適格なのはこのように、(i)cause に「被使役主に対する強制使役」の用法がなく、さらに、(ii)メアリーに皿洗いをさせるためにジョンが何かを意図的にしたというような状況が、一般には考えにくいという、2つの要因に起因していると考えられる。よって、(3a)の不適格性は、(23)の制約によって捉えられる。(さらに(3a)の不適格性は、書き言葉に用いられる堅い表現の cause が会話調の文に使われているという、スタイル上の不一致にも起因していると考えられる。)

最後に次の対比を考えてみよう。

(24) a. *John *caused Mary to do the dishes.* (cf. 18b, 3a)
b. John called to say he was bringing home guests, which *caused Mary to* hurriedly *do the dishes* and clean up the kitchen.

(24a)は、上で観察したように不適格であるが、一見類似した(24b)はまったく自然である。しかしここでは、ジョンが家にお客を連れてくると電話したことが引き金となって、メアリーに大急ぎで皿を洗わせ、台所を片付けさせる結果となっており、ジョンがメアリーに直接皿を洗うよう強制したわけではない。したがって、(24b)の適格性は(23)の制約が予測するところである。

4. おわりに

　本稿では、cause 使役文が偶発的・無意図的使役のみを表し、主語指示物（使役主）の意図性を示す deliberately, intentionally のような副詞とは共起しない、という『ジーニアス英和辞典』の記述や Givón(1975) の主張が間違いであり、cause 使役文は、偶発的・無意図的使役だけでなく、意図的使役も表すことを示した。そして make 使役文が、(i) 被使役主に対する強制使役、(ii) 非使役事象に対する強制使役、(iii) 非意図的強制使役（自発使役）の 3 つの用法を持つのに対し（久野・高見(2007)参照）、cause 使役文には (i) の用法がなく、(ii) と (iii) の用法のみであることを示して、cause 使役文の意味的/機能的制約として(23)を提出した。そしてこの制約により、多くの cause 使役文の適格性が的確に捉えられることを示した。

注

　　* 本稿の例文や内容に対し、久野暲、Karen Courtenay, Nan Decker, 眞野泰、Andrew Fitzsimons, Rick Piermarini の各氏から有益な指摘をたくさんいただいた。ここに記して感謝したい。なお、本稿の研究は平成 20 年度科学研究費補助金（基盤研究(C)課題番号 19520432）の助成を受けている。
1　Cause 使役文に関して、Givón(1975) や『ジーニアス英和辞典』と同様の記述が他の論文や辞典にも見られる。例えば、Goldsmith(1984: 118–119)、大澤(2008: 219) は (i), (ii) のようにそれぞれ述べており、『ユースプログレッシブ英和辞典』（初版(2004)小学館）の cause の使役用法の項(p. 303)には (iii) の記述があるが、これらの記述が妥当でないことは、本文での考察から明らかである。
　　(i)　　Cause 使役文は、使役事象が非意図的に起こる場合にのみ用いる。
　　(ii)　　Cause 使役文は、非意図的な使役を表すといわれている。
　　(iii)　（Cause は）make, have, get と違って、意図的にさせるのではなく、間接的な原因で何かが起こることをいう。
2　(14a) では、plaintiff, defendant に定冠詞の the がついていないが、法律文書ではむしろこのような言い方が一般的である。ここで、もし(14a)の cause を make に代えれば、the が必要となる。
3　Cause 使役文は、被使役事象が被使役主等にとって社会常識上、好ましくない事

象を表す場合が多いが、(9d), (21b) など、そうでない場合もあり、このような価値判断は、cause 使役文自体には存在しない。

参考文献

Givón, Talmy (1975) "Cause and Control: On the Semantics of Interpersonal Manipulation." In John Kimball (ed.) *Syntax and Semantics* 4, 59-89. New York: Academic Press.

Goldsmith, John (1984) "Causative Verbs in English." *CLS* 20, Part 2, *The Papers from the Parasession on Lexical Semantics*, 117-130.

久野暲・高見健一 (2007)『英語の構文とその意味—生成文法と機能的構文論』東京：開拓社.

大澤舞 (2008)「Cause 使役受動文の語用論的生起条件」*JELS* 25, 215-224.

日英語における「話題化」について*

外池滋生

1. はじめに

　次の例文を比較すると日英語ともに「話題化(topicalization)」という左方移動操作が存在するように思われるし、そのように明示的に主張する研究者も多い。[1]

(1) a.　I haven't seen that movie.
　　b.　That movie, I haven't seen.
(2) a.　僕はその映画を見ていませんよ
　　b.　その映画を、僕は見ていませんよ
　　c.　その映画(は)、僕は見ていませんよ

これは一見自然な想定のように思われる。そして、もし正しければ、それは、最近の理論では、日本語も英語もともに左側に何らかの指定部の位置があるか、付加位置があるということを意味している。[2] しかし、日英語における左方移動には次の例に見るように重要な相違もある。日本語では(4)に見られるように、複数の要素を文頭に移動することができるのに対して、(3)に見られるように英語では少なくとも項要素は一個しか文頭に移動できない。

(3) a.　I gave this book to my brother.
　　b.　This book, I gave to my brother.
　　c.　To my brother, I gave this book.

d. *This book, to my brother, I gave.
　　　e. *To my brother, this book, I gave.
（4）a.　僕はこの本を弟にやりました
　　　b.　この本を僕は弟にやりました
　　　c.　弟に僕はこの本をやりました
　　　d.　この本を弟に僕はやりました
　　　e.　弟にこの本を僕はやりました

このような事実は日英語の両方に「話題化」という同じ種類の移動があるように見えるのは見かけ上の印象で、文頭は両言語では性質を異にしていることを示唆している。本稿では、他の様々な現象に見られる日英語における左右の非対称性に基づいて、日本語において英語の「話題化」に対応しているのは文末に要素を移動する「右方転移(Left-dislocation)」であると主張する。[3]

2.　機能的観点から見た日英語の左右の対称性

　日英語間には様々な点において左右の対称性が見られる。

2.1.　WH 移動

　主節の WH 疑問文では、(5)に見るように英語では(5a)のような場合、通常 WH 句が文頭(＝左方)に移動するが、日本語では、丁寧体(5d)では義務的に、口語体(5c)では随意的に、助詞「か」が文末(＝右方)に現れる。一方、(6)に見るように、埋め込み疑問文では、英語では WH 句が義務的に左方に移動し、日本語では「か」が義務的に右方に現れる。

（5）a.　**Where** will he go?（通常の WH 疑問文）
　　　b.　He will go **where**?（Echo question）
　　　c.　彼はどこへ行くの（か）（口語体 WH 疑問文）
　　　d.　彼はどこへ行きますか（丁寧体 WH 疑問文）

(6) a. I know **where** he will go.
　　b. *I know he will go **where**.
　　c. 僕は<u>どこへ彼が行く(の)か</u>知っている

　これを機能的な観点から見れば、英語のWH句は(左に移動することにより)WH疑問文の始まり(＝左端)を示し、日本語の「か」は(WH)疑問文の終わり(＝右端)を示すものと捉えることができ、その意味で日英語では左右が対称的な関係にあると言える。

2.2. 関係節

　英語の関係節には関係代名詞があり、日本語の関係節には関係代名詞がないというのは誰もが認める事実で、それだけを見ると日英語は全く違って見える。

(7) a. the book which(I thought that)he had bought
　　b. 彼が買った(と僕が思った)本

　しかし英語では関係代名詞を省略できる場合と、出来ない場合があることも周知の事実である。

(8) a. the book(which)he bought
　　b. the book *(**which**)appeared last month

　この二つの事実は、英語においては関係節の始まり(＝左端)を特定する必要があり、日本語においては関係節の終わり(＝右端)を特定する機能的必要性があると想定することにより、極めて自然な説明ができる。つまり、日本語では関係節とこれに続く主要部とは「動詞＋名詞」の連続により常に特定できるが、英語では逆に主要部の名詞と関係節の主語が(8a)のように「名詞＋名詞」の形で連続する場合は、そこに関係節の左端があることが分かるが、(8b)のように関係節の主語が主要部に対応している場合には関係代名詞を

省くと「名詞＋動詞」という連続が出来てしまうために、そこが関係節の始まりであるということが特定できないからである。このような見方からすると関係節のあり方についても日英語では左右が逆になっていることが分かる。[4]

2.5. 数量詞作用域 (Quantifier Scope)

次の例から分かる通り、英語では文末（＝右端）の要素だけがそれより左にある要素よりも広い作用域をとりうるという特別な地位を享受している。（以下 X が Y より広い作用域をとることを X ＞ Y、逆の関係を X ＜ Y、両方ある場合を X ＜＞ Y のように表す。）

(9) a.　Somebody loves everybody　　　　　　　　　　　　some ＜＞ every
　　　b.　Somebody wrote everybody a nasty letter.　　　　　　some ＞ every
　　　c.　Somebody wrote a nasty letter to everybody.　　　　some ＜＞ every
(10) a.　We require that first-year students read only *Aspects*.　require ＜＞ only
　　　b.　We require that only first-year students read *Aspects*.　require ＞ only

everybody が文末（＝右端）位置をしめる(9a)と(9c)においては、主語の somebody との間で作用域に関する多義性が見られるが、通常のイントネーションの下では(9b)は somebody が everybody より広い作用域を取る解釈しかない。(10a)は文末の only *Aspects* が主節の require より広い作用域を取る解釈が可能で、そのため多義的であるが、文中に only がある(10b)では only が主節の require より広い作用域を取る解釈はなく、そのために多義性はない。

日本語でこれらに対応する例では、主語か目的語かに関係なく、問題の表現が文頭（＝左端）位置にある場合だけ多義性が生じ、文中にある場合には多義性は生じない。

(11) a.　誰かがどの人も愛している　　　　　　　　　　　　　some ＞ every
　　　b.　**どの人も誰かが愛している**　　　　　　　　　　　　some ＜＞ every

(12) a. 誰かが意地の悪い手紙をどの人にも書いた　　　some > every
　　　b. **どの人にも**誰かが意地の悪い手紙を書いた　　　some < > every
(13) a. 一年生が *Aspects* **だけ**読むことを要求する　　　require > only
　　　b. ***Aspects* だけ**一年生が読むことを我々は要求する　　require < > only
(14) a. 我々は**一年生だけが** *Aspects* を読むことを要求する　　require > only
　　　b. **一年生だけ** *Aspects* を読むことを我々は要求する　　require < > only

つまり、数量詞の作用域に関して、英語では右端が特権的な地位を、日本語では左端が特権的な地位をもっていて、この意味でも日英語では左右の対称性がある。

このように日英語の間に左右の非対称性に関する対称性があることをどのように説明すればよいのであろうか？

3. 構造的説明

筆者は一連の論文でこのような事実に対して、両言語に(15)に図式的に示す鏡像関係にある節構造を想定することにより説明をあたえることを提案して来た。[5]

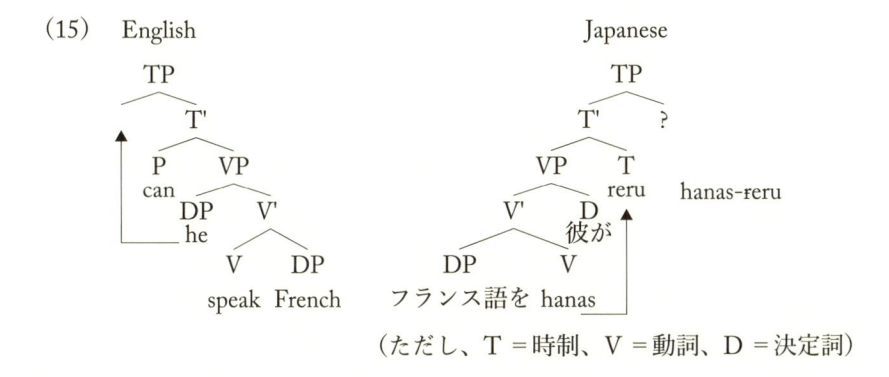

(15)　　English　　　　　　　　　　　　　　　Japanese

　　　　　TP　　　　　　　　　　　　　　　　　TP
　　　　　／＼　　　　　　　　　　　　　　　　／＼
　　　　　　T'　　　　　　　　　　　　　　　　T'　？
　　　　　／＼　　　　　　　　　　　　　　　　／＼
　　　　 P　 VP　　　　　　　　　　　　　　　VP　T
　　　　can　／＼　　　　　　　　　　　　　　／＼　reru　hanas-reru
　　　　　 DP　V'　　　　　　　　　　　　　V'　D
　　　　　 he　／＼　　　　　　　　　　　／＼　彼が
　　　　　　 V　 DP　　　　　　　　　　DP　V
　　　　　speak French　　　　　　　フランス語を hanas

（ただし、T＝時制、V＝動詞、D＝決定詞）

つまり、日本語と英語とは階層的にはほぼ同じ構造であるが、左右の関係が逆になっていて、英語では主語が左方に移動するが、日本語では動詞が助動

詞のところに繰り上がるという違いがある。つまり、日本語は基本語順は(広く想定されている)SOV ではなく、OSV であるということがその重要な主張点である。(日本語で主語が？の位置まで繰り上がる可能性はあるが、その際には動詞がさらにその上の位置まで繰り上がることになる。)このような枠組みのもとで、上で見た日英語に置ける対称的非対称性がどのように捉えられるかを簡単に説明しておこう。

3.1. WH 疑問文

英語では WH 句が WH 疑問文の始まりを示し、日本語では「か」がその終わりを示すのは、(16)に図式的に示すように、それぞれが同じ働きをする機能範疇(＝補文標識)の指定部に移動しているからである。

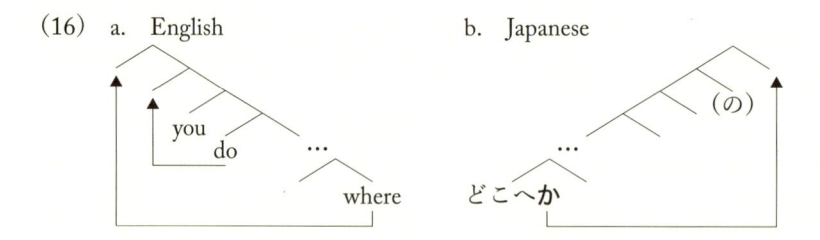

(16) a. English　　　　　　　b. Japanese

3.2. 関係詞化

(17)に図式的に示すように、英語における関係詞化は主要部となる決定詞句を左方に移動して取り出して、それに関係節を右から付加するものであり、日本語では逆に主要部となる決定詞句を右方に移動して取り出し、それに関係節を左から付加するものであると提案する。英語の場合は主語が関係詞化された場合は関係代名詞がなければ名詞＋動詞という連続が生じてしまうが、日本語の場合は動詞が節の最後に来るために、動詞＋名詞という連続しか生じない。[6]

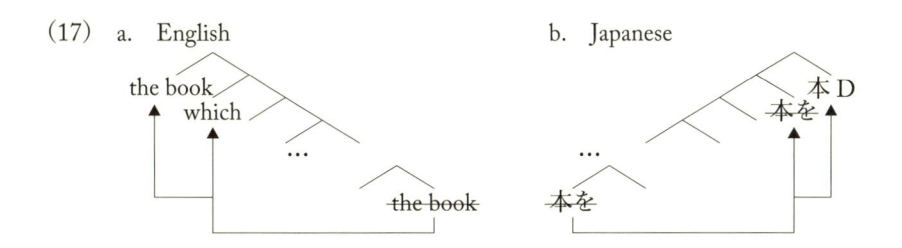

(17) a.　English　　　　　　　　b.　Japanese

3.3.　数量詞作用域

　Tonoike(2003)の提案をやや簡略化して説明すると、英語では(18a)に図式的に表すように、例えば主語の位置にある数量詞にC統御される文末の(例えば目的語の)数量詞があった場合に、後者を右方移動して、前者をC統御する位置に繰り上げる顕在的操作(これを顕在的数量詞繰り上げ(Overt Quantifier Raising)と称する)があると仮定すると、同じ語順で二通りの数量詞の解釈があることが説明される。日本語では(OSVが基本語順であると想定しているから)文頭の要素がもっとも低位の要素であるが、これを左方に移動して、例えば主語をC統御する位置に繰り上げることができる。これは英語の顕在的QRに相当するが日本語ではかき混ぜ(Scrambling)と呼ばれる現象である。このため日本語では文頭の数量詞が文中の数量詞との間で作用域の多義性を生じるのである。[7]

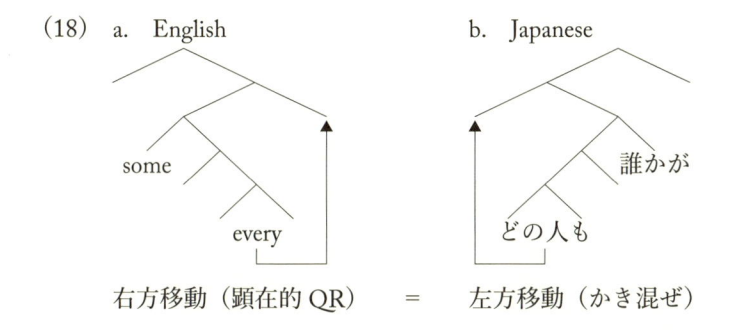

(18) a.　English　　　　　　　　b.　Japanese

　　　右方移動（顕在的QR）　＝　左方移動（かき混ぜ）

　日英語に見られるこの操作は同じ操作だと考えられるが、(19)に示すように英語では原則的には文末の要素にしか適用できないのに対して、日本語では文中の要素にも適用できる。これは日本語には格助詞があって語順を変えて

も文法関係についての解析に問題を生じないのに対して、英語では支障が生じるためであると考えられる。ちなみに(19b)の「誰かがどの人も」では作用域の多義性が生じないのは、二つの数量詞の間には一つのC統御関係しかないためである。

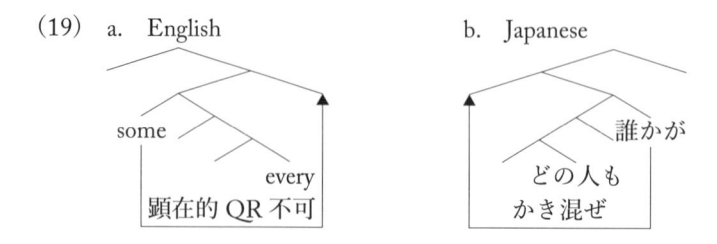

(19) a. English　　　　　　　　b. Japanese

　　　　some
　　　　　　every
　　　　顕在的QR不可

　　　　　　　　誰かが
　　　　どの人も
　　　　かき混ぜ

4. 英語の「話題化」と日本語の「話題化」

　さて、前置きが長くなったが、日英語の間には語順の非対称性に関して、左右の対称性があることが分かったところで、英語の「話題化」に対応するものが日本語にあるとすればどのようなものであるかを考えてみよう。まず、上のかき混ぜの分析からして、一般に日本語の「話題化」の例であると考えられている(20a)(21a)は基本語順の文であり、(20b-c)(21b-c)の方がかき混ぜが適用した例であることを確認しておこう。

(20) a. その映画を僕は見ていませんよ（基本語順）
　　 b. 僕は、その映画を見ていませんよ（かき混ぜ）
　　 c. その映画を、僕は見ていませんよ（かき混ぜ）
(21) a. その映画は僕は見ていませんよ（基本語順）
　　 b. 僕は、その映画は見ていませんよ（かき混ぜ）
　　 c. その映画は、僕は見ていませんよ（かき混ぜ）

その上で英語の「話題化」に相当するものが日本語にあるとすれば、日英語の対称的非対称性からして、それは英語とは正反対の文の右端に見られるはずである。つまり、(20)-(21)に対応する話題化例文は(22)であり、(23)(24)

に見られるような対応関係があることになる。

(22) 僕は見ていません(よ)、その映画(は / を)
(23) a. I didn't hear anything from Bill
　　 b. **From Bill**, I didn't hear anything.
(24) a. 僕はビルから(は)何も聞いていませんよ
　　 b. ビルから(は)、僕は何も聞いていませんよ(かき混ぜ)
　　 c. 僕は何も聞いていませんよ、**ビルから(は)**

つまり、英語の話題化に対応しているのは Haraguchi(1973) が Right Dislocation と呼んだ右方移動であることになる。この移動は以下に見られるように従属節のなかでは許されない。

(25) a. 僕は弟にこの本をやったことを認めます
　　 b. *僕はこの本をやった、弟に、ことを認めます

また次例で分かる通り Scrambling とは違って、一つの文で一回しか移動できない。

(26) a. 僕は弟にやりましたよ、この本を
　　 b. 弟にこの本をやりましたよ、僕は
　　 c. ?*僕はやりましたよ、弟に、この本を
　　 d. ?*弟にやりましたよ、僕は、この本を

(26c-d)は「この本を」を追加的に補った afterthought の例としては問題ないが、(26a-b)が一息で発音されるのとは異なっているものと考える。この移動がある種の「話題化」であるのは日英の次に例に見られる対称性からも窺われる。

(27) a. How about that picture?
　　b. This picture, I haven't shown to anybody
(28) a. その絵はどうですか？
　　b. 誰にも見せていませんよ、この絵は

日本語で文末に一つの要素だけ移動できるということは、その位置に何らかの指定部が存在しているということを示唆している。このような右方話題化分析を支持する議論を幾つか以下に提供する。

4.1. 議論1：数量詞作用域

　Kuno(1991)は英語の左方話題化は話題化された要素に対して一義的に広い作用域解釈を与えることを指摘している。

(29) a. All of us have read many of these books with great enthusiasm.
　　　　(all < > many)
　　b. Many of these books, all of us have read with great enthusiasm.
　　　　(many > all)

これとの関連で次の例を見てみよう。

(30) a. どの学生もこれらの本の多くを熱心に読みましたよ　　all > many
　　b. これらの本の多くをどの学生も熱心に読みましたよ　　all < > many,
　　c. どの学生も熱心に読みましたよ、これらの本の多くを
　　　　　　　　　　　　　　　　　　　　　　many > all, ?*all > many
(31) a. 誰かがどの課題にも熱心に取り組みました　　　　　some > all
　　b. どの課題にも誰かが熱心に取り組みました　　　　　all < > some
　　c. 誰かが熱心に取り組みましたよ、どの課題にも
　　　　　　　　　　　　　　　　　　　　　　all > some, ?*some > all

二つの数量詞に関して(30a)(31a)が一義的で、(30b)(31b)が多義的である

のは規則的な現象であるが、右方話題化を受けている(30c)(31c)では、右方話題化を受けた数量詞が広い作用域をとり、逆に解釈をするのは容易ではない。

4.2. 議論2：WH疑問文と話題化
　英語ではWH移動はCPの指定部に、そして、話題化はその外側の何らかの指定部への移動であると考えられている。従って、(32)(33)に見られるように話題化された要素はWH要素より左に出なければならない(Rizzi 1997, 2001)。

(32) a.　During your stay, what would you like to see?
　　 b.　*What, during your stay, would you like to see?
　　 c.　何が見たいですか、滞在中(には)？
(33) a.　This still painting, where did you buy ?*(it)?
　　 b.　*Where, this still painting, did you buy?
　　 c.　どこで買いましたか、この静物画(を)？

3.1.で概説した日本語のWH移動は「か」の文末への移動であるとする分析が正しければ、日本語における話題化要素はそのさらに右側に出現することが予測されるが、上の例はその予測が正しいことを示している。

4.3. 議論3：照応形束縛
　Saito(1989)は次の(34)の例によりかき混ぜで文頭に移動された要素は相互代名詞を束縛できると主張している。

(34) a.　*お互いの先生が太郎と次郎を批判した
　　 b.　太郎と次郎をお互いの先生が批判した(Saitoの判断)

この判断については疑義がなくもないが、話題化に関しては(35)(36)に見るように英語、日本語ともに話題化を受けた表現は照応形を束縛することは

できない。

(35) a. *Each other's professors criticized John and Bill.
　　 b. *John and Bill, each other's professors criticized.
(36) a. *お互いの先生が太郎と次郎を批判したよ
　　 b. *お互いの先生が批判したよ、太郎と次郎を

逆にどちらの言語においても再帰代名詞を含む表現をその先行詞よりも高い位置に話題化で移動しても文法性に影響を及ぼさない。

(37) a. 　John hid that picture of himself
　　 b. 　That picture of himself, John hid
(38) a. 　ジョンはその自分の写真を隠したよ
　　 b. 　ジョンは隠したよ、その自分の写真を

この点でも英語の左方話題化と日本語の右方話題化は予測されるとおり性質を共有している。

5. 結論

　以上の論考が正しければ、一般に考えられているように日本語と英語に共通する左方移動としての話題化は存在せず、英語では左方のなんらかの機能範疇の指定部への移動として話題化があるが、日本語で左方への話題化に見えるものは、かき混ぜ(Scrambling)であり、むしろ日本語では話題化は右方転移(Right Dislocation)として扱われて来た右方への移動であるということになる。

注

* 本稿は 2008 年 10 月 12 日お茶の水女子大学において行われた日本機能言語学会第 16 回秋期大会において行った講演にもとづいている。
1 例えば Inoue(1969)、Kuno(1973)、久野(1973)、井上(1976)、柴谷(1978)、高見(1999)、長谷川(1999)、Whitman(1998, 2005)など。
2 例えば Saito and Lasnik(1992)、Rizzi(1997, 2001, 2003)参照。
3 この現象を最初に論じたのは筆者の知る限り Haraguchi(1973)である。
4 もちろんこれは英語では関係節が主要部の右に付加されていて、日本語では関係節が主要部の左に付加されているからであるが、この付加の方向性においても日英語は逆になっている。
5 外池(1988),Tonoike(1987, 1991, 1995, 2003, 2005, 2007, 2008a-d)などを参照。
6 詳しくは Tonoike(2008d)参照。(17b)の図で「本 D」の D はまだ格が与えられていないので形が決まっていない格助詞を表す。
7 一般的には「誰かがどの人も」の語順が基本で、これにかき混ぜをかけた時に多義性が生じると考えられているが、そのような分析の問題点については Tonoike(2008a)を参照。

参考文献

Haraguchi, Shosuke(1973) "Remarks on Dislocation in Japanese." Unpublished MS. MIT.
長谷川信子(1999)『生成日本語学入門』大修館書店.
Inoue, Kazuko(1969) *A Study of Japanese Syntax*. Hague: Mouton.
井上和子(1976)『変形文法と日本語』上／下　大修館書店.
Kuno, Susumu(1973) *The Structure of the Japanese Language*. Cambridge, MA : MIT Press.
Kuno, Susumu(1991) "Remarks on Quantifier Scope." In Heizo Nakajima(ed.) *Current English Linguistics in Japan*, 261–287. Berlin: Mouton de Gruyter.
久野暲(1973)『日本文法研究』大修館書店.
Lasnik, Howard and Mamoru Saito(1992) *Move α*. Cambridge, MA: MIT Press.
三原健一(1994)『日本語の統語構造』松柏社.
Rizzi, Luigi(1997) "The Fine Structure of the Left Periphery." In Lilian Haegeman (ed.) *Elements of Grammar*, 281–337., Dordrecht: Kluwar.
Rizzi, Luigi(2001) "On the Position 'Int(errogative)in the Left Periphery of the Clause." In Guglielmo Cinque and Giampaolo Salvi(eds.) *Current Issues in Italian Syntax*., 287–296. Amsterdam: Elsevier.
Rizzi, Luigi(2003) "Locality and Left Periphery." In Adriana Belletti (ed.) *Structures and Beyond: The Cartography of Syntactic Structures*. Volume 2, 223–251. Oxford. Oxford University Press:
Saito, Mamoru(1989) "Scrambling as Semantically Vacuous A'-Movement." In Mark R.

Baltin and Anthony S. Kroch (eds.) *Alternative Conceptions of Phrase Structure*, 182–200. Chicago: Chicago University Press.

柴谷方良 (1978)『日本語の分析』大修館書店.

高見健一 (1999)「情報構造と伝達機能」『談話と情報構造』113–203. 研究社出版.

Tonoike, Shigeo (1987) "Nonlexical Cagetories in Japanese."『言語文化』第 4 号, 83–97. 明治学院大学言語文化研究所.

外池滋生 (1988a)「日英語比較統語論・上」『月刊言語』第 17 巻 5 号, 82–88. 大修館書店.

外池滋生 (1988b)「日英語比較統語論・下」『月刊言語』第 17 巻 6 号, 79–84. 大修館書店.

Tonoike, Shigeo (1991) "The Comparative Syntax of English and Japanese." In Heizo Nakajima (ed.) *Current English Linguistics in Japan*, 460–506. Berlin: Mouton de Gruyter.

Tonoike, Shigeo (1995) "Japanese as an OVS Language." In Shosuke Haraguchi and Michio Funaki (eds.) *Minimalism and Linguistic Theory*, 105–141. Tokyo: Hituzi Syobo Publishing.

Tonoike, Shigeo (2003) "Overt QR." *Thought Currents in English Literature* 76, 73–96. Tokyo: Aoyama Gakuin University.

外池滋生 (2005) "In-situ Operator-Variable Construction—A Proposed Model of Inter-Planar Operator-Variable Constructions—." 日本英語学会第 23 回大会

Tonoike, Shigeo (2007)「Minimalist Program の意義と今後の課題」専修大学国際公開講座.

Tonoike, Shigeo (2008a) "Japanese and the Symmetry of Syntax," *English Linguistics* 24: 2, 654–683. The English Linguistic Society of Japan.

Tonoike, Shigeo (2008b) "*In-Situ* Operator-Variable Constructions—A Proposed Model of Inter-Planar Operator-Variable Constructions—." MS, University of Hawaii.

Tonoike, Shigeo (2008c) "A Merge Theory of Binding." MS, University of Hawaii.

Tonoike, Shigeo (2008d) "A General Theory of Relativization." MS, University of Hawaii.

Whitman, John (1998)「語順と句構造」『格と語順と統語構造』103–195. 研究社出版.

Whitman, John (2005) "Kayne 1994: p. 143, fn. 3." In Guglielmo Cinque and Richard S. Kayne (eds.) *Oxford Handbook of Comparative Syntax*, 880–902. New York: Oxford University Press.

That- 痕跡効果に関する諸問題

塚田雅也

1. はじめに

　筆者が以前より関心を持っている現象に Chomsky and Lasnik(1977)で論じられている that- 痕跡効果(that-trace effect)がある。これは統語研究上、さまざまに議論されてきた現象であるが、筆者は理論以前に that という語が文法に与える影響について、従来の統語理論を維持した上での新たな考え方の可能性を考察している。[1]

2. that- 痕跡効果

　Chomsky and Lasnik(1977)において that- 痕跡効果は以下のように示される。[2]

（1）*[$_{S'}$ ± WH [$_{NP}$ e] ...]
　　　ただし、S' あるいはその痕跡が [$_{NP}$ NP ＿ ...] となる場合を除く。
　　　　　　　　　　　　　　　　　(Chomsky and Lasnik 1977: 456)

簡単に言えば、wh 句や that が関係詞でないとき、その直後に空範疇は認められないというものである。これにより次の文法性の差が説明できる。

（2）a.　*Who$_i$ do you think that t$_i$ will leave?
　　　b.　Who$_i$ do you think t$_i$ will leave?

(2a)と(2b)の相違はthatの有無であるが、(2a)のthatは関係詞でなく接続詞なので、そのあとに空範疇である痕跡tがあるために非文となる。一方で(2b)ではthatがないため、(1)の場合にあたらず適格文となる。

しかし、このthat-痕跡効果は語のならびに関する記述的規則であり、理論的な説明ではないので、理論的な説明が必要となる。しかし(2a)の非文法性はその後の諸理論により容易に説明できるのだが、一方で(2b)が適格である理由についてはこれまでの諸研究においては何らかの規定(stipulation)をしなくてはならなかった。これに関して以下で考察したい。

3. 主格島条件の残余と空範疇原理

Chomsky(1981)は主格島条件の残余(residue of nominative island condition: RES(NIC))に関して考察し、空範疇原理(Empty Category Principle)を提案した。

(3) *Who$_i$ do you think that t$_i$ will leave?(= 2a)

痕跡はChomsky(1980)では照応形(anaphor)とされていたので、that以下で束縛されなくてはならないが、この主語痕跡はthat以下では束縛されていない。つまり定形節主語が空範疇であると主格島条件(nominative island condition)に抵触するのである。[3] しかしChomsky(1981)でwh痕跡は照応形ではなく、変項(variable)となったため、主格島条件ではこの非文法性を説明できなくなり、新たな条件が必要となった。[4] 主格島条件として扱えない事例となったので、その残余(residue)として空範疇原理が考えられるにいたった。この空範疇原理とは以下のように定義される。

(4)　空範疇原理：[$_\alpha$ e]は適正に統率されなくてはならない。
　　a.　αがβを統率し、α ≠ AGRのときのみ、αはβを適正に統率する。
　　b.　αがβを統率し、αが語彙的なときのみ、αはβを適正に統率する。

(Chomsky 1981: 273)

まず(4a)についてであるが、Chomsky(1981: 250)より、統率とは同一指標の要素によるc統御であるので、これは先行詞統率を示している。一方(4b)は明らかに語彙統率である。(4a)または(4b)のいずれかを満たせばよいのだが、これだけでは(2b)が適格文であることは依然として説明不可能である。補文標識thatの有無が文法上問題であるわけだから、この点に着目して論じる必要がある。これについて、次項で概観する。

4. 非対称性について

Lasnik and Saito(1984)ではγ標示(γ-marking)が考えられている。これは適正統率された痕跡には［＋γ］を、適正統率されていない痕跡には［－γ］を与えるものであり、この点から以下の文法性を説明するものである。

(5) *Who$_i$ do you think that t$_i$ will leave?(＝2a)
　　　　　　　　　　　　［－γ］

(6) a.　What$_i$ do you think that John will buy t$_i$?
　　　　　　　　　　　　　　　［＋γ］

　 b.　Why$_i$ do you think that John will leave t$_i$?
　　　　　　　　　　　　　　　［＋γ］

(5)が非文である一方、(6a, b)はともに適格文である。(5)の痕跡は主語であり、(6a)の痕跡は目的語であるから、ここに主語と目的語の非対称性(subject-object asymmetry)がある。(5)の主語痕跡は語彙統率されず、先行詞統率もthatにより妨げられてしまうために痕跡が［－γ］となり非文となるが、(6a)の目的語痕跡は動詞buyにより語彙統率されて［＋γ］となるので、この非対称性が生じる。

次に(6b)の痕跡であるが、非項(non-argument)のため語彙統率されず、さらに(6a)と同様にthatがあるにもかかわらず［＋γ］となっている。ここに項と非項、つまり主語と付加部の非対称性(subject-adjunct asymmetry)がある。(5)や(6a)の項(argument)の痕跡とは異なり、非項の痕跡はLFレベ

ルでγ標示されるため、(6b)では表記上、すなわちPFレベルでは非文に見えるが、(7)のように、LFレベルで意味解釈に関係しないthatが削除され、先行詞統率を妨げる要素がなくなり適格となる。

（7） LF: Why$_i$ do you think ＿＿ John will leave t$_i$?
　　　　　　　　　　　　　　　　［＋γ］

一見するとこれは妙案のようであるが問題である。まず、1つの問題は付加部の痕跡がLFレベルでγ標示されることの理論的根拠である。もう1つはthatを削除するという操作によってなぜ先行詞統率が可能となるのかということである。では次の場合はどうであろうか。

（8） Who$_i$ do you think t$_i$ will leave?（＝2b)
　　　　　　　　　　　　　［＋γ］

(8)では主語が項なのでPFレベルでのγ標示を考えることになるが、thatははじめからないのでthat削除の操作も必要なく、PFレベルで先行詞統率により適格となると考えることになる。しかし、(9)に示すようにthatの有無以外は構造上同じであるのに（φはCの位置が空であることを示す）、なぜこのような差があるのであろうか。どのような痕跡であれ、that自体は何も変わりなく、構造にも違いはないはずである。

（9） Who$_i$ do you think [$_{CP}$ [$_C$ that / φ] [$_{IP}$ t$_i$ will leave]]?

これについてはγ標示のレベルや先行詞統率を妨げる補文の構造的問題を明らかにしないと、完全に解決したことにはならないが、この問題に関してはChomsky(1986b)の障壁(barrier)のなどの概念を使っても完全に説明できない。ただしLasnik and Saito(1984)において注目すべき点は構造よりもthatの有無自体が文法性に影響を与えていることを取り上げている点である。(8)に関してははじめからthatがなく、(6b)でもLFレベルでthatを消すこ

とで適格となるとしている。この点と関係して、筆者は修正を加えた新たな空範疇原理を提案した。

5. 修正空範疇原理

筆者は塚田(2003)において次のような提案をした。

(10) 修正空範疇原理
    a. 非代名詞的空範疇は語彙統率されなくてはならない。
    b. 語彙統率されない痕跡は、再分析規則があたらない場合は認可される。
(塚田 2003: 143 より)

まず(10a)に関して着目すべきは、従来の先行詞統率を排除したことである。これは先行詞統率が束縛理論と重複し、かつ適正統率を「語彙統率または先行詞統率」という選択的な定義としないためである。[5] また語彙統率は語彙主要部による局所的な認可なので、ミニマリスト・プログラムと矛盾するものではないだろう。[6]

従来、that-痕跡効果の問題、すなわちthatの有無による文法性については必ず何かしらの規定を設けないと妥当な説明はできなかった。そこで視点を変えて、thatという語自体に理論の整合性を歪める要因があると考えることにする。これについては長谷川(1993-1994)の「再分析規則」を(10b)のように援用した。この再分析規則とは次のようなものである。

(11) 再分析規則
    $[_\alpha \text{A} [_\text{S} \_\_ \text{VP}]] \rightarrow [_\text{S} \text{A VP}]$
    (VP = [+ Finite])
        条件 1)：主語が義務的な言語において適用
            2)：Aは(他の場合)主語として生起しうる単語列
(長谷川 1993-1994: 452)

(11)の表していることは、英語のような主語が義務的な言語では、「A–空所–定形動詞」の語順で、かつ A が主語としても解釈可能な語であると、A は本来の用法ではなく、誤って動詞に対する主語として解釈されてしまう、ということである。つまり英語の that が多義であるということが大きな問題なのである。[7]

　このような規則をあてることの妥当性は、この that の有無による文法性のような限定された状況に対して諸理論全体の改訂を必要としない点である。

(12) a.　*Who$_i$ do you think that t$_i$ will buy ?(= 2a)
　　　b.　Why$_i$ do you think that John will leave t$_i$?(= 6b)

従来の理論では(12a, b)の痕跡はどちらも語彙統率をされていないが、文法性に差がある。この違いを説明するには束縛理論が必要となる。wh 痕跡は変項であるから統率範疇(governing category)内で A' 束縛されなくてはならない。[8]

(13) a.　*Who$_i$ do you think t'$_i$ that [$_{IP}$ t$_i$ AGR-will buy] ?(< 12a)
　　　b.　Why$_i$ do you think [$_{CP}$ t'$_i$ that John will leave t$_i$] ?(< 12b)

(13a)は痕跡 t を統率する AGR があるため CP より狭い IP が統率範疇となり、したがって(13a)の主語痕跡は A' 束縛されず非文となる。一方、付加部痕跡である(13b)の痕跡は付加部であるために CP 指定部の中間痕跡 t' しか統率する要素がなく CP が統率範疇となる。この統率範疇内で痕跡は A' 束縛されるので(13b)は適格となる。つまりこの文法性は束縛理論によって説明可能であり、移動も制限されるので、統率理論は必要ない。統率に関しては先行詞統率を排しても、束縛理論を維持すれば問題なく、筆者の修正空範疇原理で十分である。[9]

　That- 痕跡効果とはいうが、これは that に限ったことではなく、whether や if でもこの効果が見られる。

(14) *Who$_i$ do you wonder whether t$_i$ saw Bill?

(Chomsky and Lasnik 1977: 455)

(14)の whether は if でも同様である。しかし whether や if は省略されることがないので議論上問題とはならず、そもそもこれは従来理論で説明可能である。つまり「なぜ that があると非文になるのか」ではなく「なぜ that がないと適格となるのか」といういわば「that- 痕跡効果の残余」が問題なのである。この that がこれほど問題となるのは多義だからであり、長谷川(1993–1994)の論じるように、解釈上の誤解が生じるからである。この問題に関してしばしばイタリア語との対比が行われる。[10]

(15)　Chi$_i$　credi　che t$_i$　partirà?　(Chomsky 1981: 240)
　　　(who　do-you-think　that t$_i$　will-leave)

理論的な議論も重要だが、見逃すべきではないのは che は補文標識としか考えられないということである。つまり解釈上の誤解がなく、なによりイタリア語は pro 脱落言語、すなわち主語が義務的ではない言語であるから、定形節主語が空範疇であることに問題はなく、長谷川(1993–1994)の再分析規則もあたらない。

6.　おわりに

　That- 痕跡効果から生じる問題点は、なぜ that がない場合に主語痕跡が適格となるのかであるが、その理由は解釈上の誤解がないことがその一因として考えられる。限定的な現象のために新たな理論を立てるのは不必要な規定を増やしてしまうだけである。本論文では以下の文について論じてきた。

(16)　Who$_i$ do you think ＿＿ t$_i$ will leave?(= 2b)

(16)の音声上のならびについて考えてみよう。この文は理論的には補文標識

の位置が空であるということだが、音声上は think と will の間は「空」というよりもむしろ「無」である。このことと関係して、しばしばこの文は(17)のように説明される。

(17) Who [do you think] will leave?

(17)では do you think は音声上は挿入句的で、ここに空の要素はないから、障壁や統率などといった理論は関係しない。まず音のならびに注目し、この点で理解可能であるかも考えなくてはならないだろう。[11] この考え方は Nakajima(1999: 29)も指摘している以下の例で妥当であろう。

(18) Who do you think's helping him?   (Radford 1997: 150)

(18)の統語構造は次のようになっているはずである。

(19) Who$_i$ do you think [$_{CP}$ ϕ [$_{IP}$ t$_i$'s helping him]

構造上隣接しないものが短縮形(contraction)になることは本来ないはずだが、(18)は適格となっている。早い速度での口語という限定された状況下であるが、少なくとも do you think と is の間に空所 ϕ が認識されない例ということができるだろう。この例は「音のならび」という従来の統語理論では扱えないような部分があることを示唆していると考えられる。

　本論では統語理論を尊重する一方で、それに解釈が関係する事例を考察した。生成文法理論の進展によりさまざまな現象を簡潔かつ統一的に説明できるようになってきたが、その中でどうしても理論の枠に当てはまらない現象が残っている。そのような現象に今後も関心を向けたい。

注

1. 筆者が統語現象と that の特性に関して考えるきっかけとなったのは、筆者の修士論文 ("A Study of the Empty Category Principle." 青山学院大学大学院文学研究科英米文学専攻, 2001年) の口頭試問において秋元実治先生からいただいたアドバイスである。そのため、この機会に that- 痕跡効果に関して書くものである。
2. この定義の前半を現在の枠組みに即した表記にすると次のようになる。

    *[$_{CP}$ WH/that [$_{NP}$ e] ...]

    いずれにしても、関係詞ではない wh 句や that の後に空主語は認められないということである。
3. 主格島制約とは Chomsky(1980: 13)で次のように定義されている。

    S 中の主格照応形は S を含む S' の中で自由であってはならない。

    S' = CP、S = IP であるから CP 内の that 以下で束縛されなくてはならないが、ここに束縛子がないため(3)は非文とされていた。
4. Wh 痕跡は R 表現であるから、項 (argument) の位置 (A-position) にある束縛子により束縛 (これを A 束縛という) されてはならないという Chomsky(1981: 188) が提案する束縛条件 C (Binding Condition C) の適用を受ける。痕跡は wh 先行詞により束縛されるが、wh 先行詞のある位置は A' 位置である CP 指定部であり、これによる束縛は A' 束縛となるため問題はない。
5. (10a) の定義について、「非代名詞的空範疇」に限定しているが、これは Rizzi(1990) が「代名詞的空範疇」である *pro* や PRO をこの理論から排したことに倣ったものである。しかし筆者の修正案では結果として *pro* も理論内に収まる結果となっている。これは筆者の修正空範疇原理に以下の2つの定義を踏まえているためである (塚田 2003: 136 参照)。

    (i) pro 脱落言語では動詞の屈折が豊かであり、この屈折が主語と同等の働きをするために定形節の INFL は語彙的要素と考えられる。

    (ii) 統率は c 統御ではなく m 統御を定義とする。

    これにより、イタリア語等の pro 脱落言語の定形節主語は常に語彙的な INFL により語彙統率されるので *pro* は適正統率されることになる。
6. ミニマリスト・プログラムには統率の概念がないが、語彙主要部がその補部ないし指定部の痕跡の素性を照合しているので、これは主要部による適正統率の概念と反するものではないと思われる。
7. ただし that 以外の事例について、主語となり他の品詞ともなりえるような語というのは見当たらない。この定義をより妥当なものとするには英語以外の言語を含めて多くの事例を考察することにより、その妥当性を求めることになろう。
8. 統率範疇とは以下のように定義される。

    要素 α に対する統率範疇は、α 自身と α を統率する要素、そして接近可能な大主語を含む最小の範疇のことである。(Chomsky 1981: 211)

また、接近可能な大主語 (accessible SUBJECT) とは、要素 α を c- 統御する主語および AGR である。ここでの範疇とは最大投射、c- 統御は m- 統御を示していると考えられる。なお Chomsky(1986a) では完全機能複合 (complete functional complex: CFC) を用いて説明しているが効果に大差ない。

9 付加部の痕跡はその位置も同定するのが難しい。(12b) は次のようにも考えられる。

  Why$_i$ do you think [$_{CP}$ t'$_i$ that t$_i$ John will leave]?

副詞的要素は規範的な位置が文頭、文末、または助動詞の後などがあり、どの位置でも一律に認可する節内の要素は考えがたく、また項でないために認可する要素も決めにくいので、やはり束縛理論を満たすことを条件とするだけで、統率理論をここで考える必要はないと考える。

10 なお、筆者の修正空範疇原理では (15) の痕跡 t は適正に統率される。注 5 に示すように、pro 脱落言語の定形節主語は語彙的 INFL (この位置には本文 (15) では V から繰り上がった partirà がある) により適正統率される。

11 ただし、「do you think は挿入句である」と断定することに筆者は反対である。複雑な問題を持ったこの文を学習者へ説明する上では、煩雑さの点から挿入句として扱うことを支持できるが、理論上は次の文を非文と予測するために問題となる。

  (i) What [do you think] he bought?

挿入句ならばそれを取り除いても適格なはずだが、これは取り除くと *What he bought? という非文となる。(i) は (ii) の構造であるべきで、(iii) の that がない場合である。

  (ii) What$_i$ do you think [___ he bought t$_i$]?
  (iii) What$_i$ do you think [that he bought t$_i$]?

そのため、本文中では「音声上は挿入句的」と表現した。

参考文献

Chomsky, Noam (1980) "On Binding." *Linguistic Inquiry* 11, 1–46

Chomsky, Noam (1981) *Lectures on Government and Binding.* Dordrecht: Foris.

Chomsky, Noam (1986a) *Knowledge of Language: Its Nature Origin and Use.* New York: Praeger.

Chomsky, Noam (1986b) *Barriers.* Cambridge, Mass: MIT Press.

Chomsky, Noam and Howard Lasnik (1977) "Filters and Controls." *Linguistic Inquiry* 8, 425–504

Lasnik, Howard and Mamoru Saito (1984) "On the Nature of Proper Government." *Linguistic Inquiry* 15, 235–289

長谷川欣佑 (1993–1994)「*That*-trace 現象と寄生空所構文」『英語青年』第 89 巻 8–12 号.

研究社出版

Nakajima, Heizo (1999) "Syntactic Category of *that*-less Clause." *Metropolitan Linguistics* 19, 22–40.

Radford, Andrew (1997) *Syntactic Theory and the Structure of English*. Cambridge: Cambridge University Press.

Rizzi, Luigi (1990) *Relativized Minimality*. Cambridge, Mass: MIT Press.

塚田雅也 (2003)「空範疇原理に関する諸問題」『紀要』第 45 号 133–147. 青山学院大学文学部.

第 3 部

意味論・語用論

聖書のメタファと翻訳 *

橋本　功

1. はじめに

　『旧約聖書』は、数千年前にパレスチナ地方で創られた物語である。長い間、異なる時代と様々な人々の影響を受けながら語り継がれた後、古代ヘブライ語のこの物語は、アラム語の文字を借用して文字化された。突然変化する文体や複数の神の名前が併存するなど、そこには語り手や書き手によって手が加えられたと想定される多くの事実を垣間見ることができる。一方で、聖書に記されていることは「神の言葉」であるため、できるだけ原典に忠実に訳そうとする意識が翻訳者に働くことも容易に推察できる（橋本 2005: 190）。翻訳において原典の表現をできる限り再現しようとする意識は、同時に読者に理解可能な範囲にその程度を留める必要性とせめぎ合うことも事実である。このような一見相反する様相は、多くの人々がそれぞれ聖書と密接に関わりながら後世に受け継いできた軌跡の表われであるとも言えよう。本稿は、『旧約聖書』に特徴的な表現を採り上げ、古代ヘブライ語とその英訳を比較し、それぞれの表現の背後に潜む動機づけを認知言語学のメタファ理論を用いて分析していく。その過程で、言語表現は私たち人間が日々蓄積している経験と深く関わる思考の産物であるということも明らかになるであろう。

2. 認知言語学のメタファ論と文化的要素

　本節では、認知言語学のメタファ論を概観し、『旧約聖書』の原典と翻訳になぜ相違が出てくるのかという動機づけを分析する道具立てを示したい。

さらに、時間的な隔たりはもとより、民族的かつ宗教的な世界観を多分に含む社会文化的な相違が厳然と存在するにも関わらず、現代に生きる私たちが『旧約聖書』の解釈を試みることが可能であるメカニズムの一端にも言及したい。

　Lakoff and Johnson(1980: 3)が主張しているように、メタファは、ある事物を異なる事物の観点から概念化する概念操作であり、言語表現を支える概念のレベルで機能している根本的なものである。原典のヘブライ語に比較的忠実な『欽定訳聖書』(AV)の訳からメタファの例をあげてみよう。

　　AV: Is this man Coniah a despised broken idole? is hee a vessel wherein is no pleasure?　　　　　　　　　　　　　　　　　　(*Jer.* 22: 28)

「壺」を表すヘブライ語の 'TB(/'etseb/, AV 訳：idole)や KLY(/kəly:/, AV 訳：vessel)が、「人間」の意味で用いられている一節である。(本稿ではヘブライ語を引用する時は、このようにヘブライ語の文字を英語アルファベットの大文字で字訳し、直後に発音を示すことにする。)AV で "idole" と訳されているヘブライ語 'TB は、HALO(*'TB*)によれば、"pottery vessel" を意味する。したがって、ヘブライ語の 'TB と KLY は類似の意味を表している。「壺」と「人間」という全く異なる概念である両者がメタファによって関連づけられるためには、両者に何らかの「類似性」や「共起性」が意識されている必要がある。ここでは、壺の「土でできた１つの固体」・「物を収容できる固体」という側面がそれぞれ人間の「皮膚に覆われた１つの固体」・「能力や感情を内に秘めた固体」という側面に写像され、その対応関係がメタファとしての解釈を可能にしている(橋本・八木橋 2006: 35)。

　このような捉え方は、認知言語学において「容器のメタファ」(container metaphor)と呼ばれる生産性の高い抽象的なイメージが基になっている。[1] 私たちは空気や食物を摂取するとともに排泄しているが、このような経験は内と外という概念をもたらし、様々な経験を内と外を併せ持つ容器という実体の観点から捉えるようパターン化している。この容器のメタファは、身体経験を基盤としているため、おそらくどの言語でも共有している捉え方だと思

われるが、それが具体的な表現の段階になると文化的な様相を呈してくる。

メタファのメカニズムは同一であっても、それを具現化させる経験的な知識体系に相違がある場合、メタファ表現は異なるものとなる。同時に、ある文化特有の知識体系が関わるメタファは、それに馴染みがない人々にとっては理解が困難になることも容易に推察できる。逆に言えば、たとえどんなに経験の質が異なろうとも、メタファという基本的なメカニズムが機能する限りにおいては、表現を理解する素地はあるということである。聖書の翻訳においては、ヘブライ語原典が内包する古代ヘブライ人の文化・信条・社会・時代といった環境的諸要素と、翻訳する側のそれらとの間に大きな落差があることが多く、単に単語を置き換えただけではメタファが適切に機能しないことがある。本稿では『旧約聖書』の英訳に見られるこの種の現象と古代ヘブライ語メタファの英訳における変容について分析していく。

2. 同一対象に対する認識の異同

「じゃがいも」は中国語では「土豆」(土の中の豆)、フランス語ではpomme de terre(大地のりんご)ということは周知のとおりである。全く同一の指示対象であっても、それを概念化する際には言語によって捉え方に大きな相違が存在することは自明である。本節では apple を例にこのような解釈の相違がどのように翻訳に影響しているのか見ていきたい。

筆者の調査では apple(s)という単語は AV の旧約で計 11 回使用されているが、新約では観察されない。*Apocrypha* には 1 回(*Eccl.* 17: 22)使用されているが、それは、「瞳」を意味する表現 'the apple of the eye' の中に現れている。*Apocrypha* の原典は筆者の手元にはないので、*Septuagint*(LXX)のギリシャ語訳を資料として後に言及する。

聖書の apple は「禁断の木の実」を連想させることが多い。しかし、AV の旧約に見られる apple(s)は、どれも、「禁断の木の実」とは関係のないコンテクストで使用されている。これについては翻訳の諸問題と深い関わりがあるため、別途考察することとしたい。

AV における 11 例の apple(s)の使用環境は以下の 3 種類に分類できる。

（1） the apple of one's eye の中で「瞳」を意味する apple。5 例 :*Deut.* 32: 10, *Ps.* 17: 8, *Prov.* 7: 2, *Lam.* 2: 18, *Zec.* 2: 8.

  a. AV: hee kept him as the apple of his eye. (*Deut.* 32: 10)

（2） 果実としての apple。5 例 : *Song* 2: 3, 5, 7: 8, 8: 5, *Joel* 1: 12.

  b. AV: As the apple tree among the trees of the wood, so is my beloued among the sonnes. (*Song* 2: 3)

（3） apple の形をした装身具。1 例 : *Prov.* 25: 11.

  c. AV: A word fitly spoken is like apples of gold in pictures of siluer.

                (*Prov.* 25: 11)

 Cf. 原典逐語訳 : Apples of gold in (an) ornament (is) (a) speech spoken at (the) right time. (筆者訳)

    ((　) 内は原典には明示的に表現されていない語)

apple を意味するヘブライ語は TPWH (/θapuːaḥ/) である。しかし、筆者の調査では、TPWH は原典の『旧約聖書』に 6 例出てくるだけである。時代的に見ると、これら 6 例は「モーゼ五書」よりも後の時代に創られた書の中で使用されている。使用箇所とその意味は上記(2)と(3)である。

　分類(1)の apple に対応するヘブライ語は、apple を意味する語・句ではなく、(4)の下線部の意味を表すヘブライ語である。

（4） AV の 'the apple of one's eye' の apple に対応するヘブライ語表現

 i. 「(目に映る) 小人または少女」(a-d は原典の逐語訳)

  a. little-man of his eye   (*Deut.* 32: 10)

  b. little-man (and) girl of (the) eye   (*Ps.* 17: 8)

  c. little-man of your eye   (*Prov.* 7: 2)

  d. daughter of your eye   (*Lam.* 2: 18)

ii. 「(目の)門」(a は原典の逐語訳)
    a. gate of your eye(GHCLOT: 101)　　　　　　　　　(*Zech.* 2: 8)
       (上記 i.a-c の 'little-man' に対応するヘブライ語は、「人」を意味する 'YS(/'iːʃ/)に diminutive が付加された 1 語 'YSWN(/'iːʃoːn/)である。また、ii.a の 'gate' に対応するヘブライ語は BBH 又は (/baːbaːh/)である。)

以上のことから、古代ヘブライ人は「瞳」に対して 2 種類の捉え方をしていたと考えられる。一つは「目の中に映る小人」であり、そこからメトニミ的作用を介して「小人が映る場所」として「瞳」を捉える。もう一つは、「目の中に視覚情報が飛び込んでくる入口(門)」という捉え方である。情報が取り込まれる「入口」と見なされた瞳が、人が足を踏み入れる「入口」である「門」に見立てられたために、メタファによって実現された表現である。AV ではこれらは apple に置き換えられている。

OED によれば、英語において「瞳」が apple と概念化されるようになったのは、「瞳」と「リンゴ」が形状の類似性(a globular solid body)に基づくメタファによって関連づけられたためである。その例は Ælfred の時代から観察される。古英語時代の人々と古代ヘブライ人との間に、「瞳」の概念化に相違があったことを示す例である。

(4)で取り扱わなかった AV の *Apocrypha* における "the apple of the eye" であるが、この "apple" に対応する箇所は、LXX では "κόρην"(maiden)1 語で訳されている((4')i.e. 参照)。上記(4)i.a-ii.a に対する LXX の訳は、この訳と同様、κόρη(maiden)か θυγάτηρ(daughter)である((4')i.a-ii.a 参照)。

(4') i. a. κόραν(= maiden)ὀφθαλμου　　　　　　　　　(*Deut.* 32: 10)
      b. κόραν ὀφθαλμοῦ　　　　　　　　　　　　　　　(*Ps.* 17: 8)
      c. κόρας ὀμμάτων　　　　　　　　　　　　　　　(*Prov.* 7: 2)
      d. θύγατερ(= daughter)ὁ ὀφθαλμός σου　　　　(*Lam.* 2: 18)
      e. κόρην συντηρήσει　　　　　　　　　　　(*Eccl.* or *Sirach* 17: 22)
  ii. a. τῆς κόρης τοῦ ὀφθαλμου　　　　　　　　　　(*Zech.* 2: 8)

ギリシャ語が「瞳」を κόρη (maiden) で表現することについて、GEL (κόρη) は "*pupil* of the eye, because a little image appears therein" と説明している。これは、「瞳」に対しては、古典ギリシャ語においても、古代ヘブライ語と同様の認知プロセスを経て概念化されていたことを示すものであるのか、LXX における古代ヘブライ語の直訳を経て、古代ヘブライ語の認知方法がギリシャ語に取り入れられたものかどうかは今後の研究を待たなければならない。

英語の「瞳」を表す単語に pupil があるが、これはラテン語の pūpilla/pūpula に由来する。ODEE (*pupil*²) によれば、ラテン語のこの単語の意味は、上記ギリシャ語の κόρη に基づくか、または、ラテン語にも同様の捉え方がなされていたことによるものとしている。

いずれにせよ、κόρη も pūpilla/pūpula も「(目に映る) 少女」という事実があり、それが「少女が映る場所」すなわち目の中心部である「瞳」へと指示対象がメトニミ的解釈によってずらされたことによって生まれた意味である。「(目に映る) 小人」から「瞳」を表すようになったヘブライ語の 'YSWN は、「瞳」が目の中央にあることから、'middle (of night)' の意味をも持ち合わせている。

（5） NASB: In the middle of the night > in little-man of night (*Prov.* 7: 8–9)

（原典の逐語訳）

3. 古代ヘブライ語の包摂語と英訳

前節では、ヘブライ語原典の「モーゼ五書」には「リンゴ」を意味する単語は使用されていないことを指摘した。しかしながら、古英語及び中英語訳聖書の「創世記」には apple という単語が登場する。

（1） Ælfric　　　　: æppelbære treow wæstm wyrcende　　　(*Gen.* 1: 11)
（2） Wycliffe　　　: appletree makyng fruyt　　　　　　　　(*Gen.* 1: 11)
（3） Vulgate　　　 : lignum pomiferum faciens fructum　　　(*Gen.* 1: 11)

（4） Hebrew: tree of fruit yielding fruit（逐語訳） 　　　　　（*Gen.* 1: 11）
　　　　　（ヘブライ語の逐語訳にある2つの "fruit" は、いずれも、
　　　　　ヘブライ語 PRY（/pəri:/ の訳。）

　(1)の Ælfric 訳聖書の "æppelbære" の "æppel-" は、「リンゴ」を含む果実一般を指し、必ずしも「リンゴ」とは特定されないとの解釈も可能であるが、(2)の Wycliffe 訳聖書の "apple" は明らかに「リンゴ」である。古英語訳聖書と中英語訳聖書の底本は(3)のラテン語訳聖書であるが、(3)のラテン語には「リンゴ」に相当する単語は見当たらない。翻訳者がラテン語の包摂語 pomiferum（＝ fruit-bearing）を被包摂語である apple に置き換えたと推察される。原典のヘブライ語聖書では、対象物を明示的に表現せず、解釈の幅を持たせる包摂語を用いて表現することが多い。言い換えれば、包摂関係に基づく転義（シネクドキ）を多用しているとも言える。ラテン語訳聖書は、原典の表現を比較的忠実に再現しているために、同様の傾向が見られるが、古英語訳聖書や中英語訳聖書においては、包摂語を翻訳者にとってより身近な被包摂語に置き換えて訳する傾向が観察される。
　ヘブライ語原典の包摂語を具体的な動物に置き換えた英訳の例を示そう。ラテン語訳聖書からの間接訳である Ælfric 訳聖書と Wycliffe 訳聖書にも、原典からの直接訳である AV にも、(7)-(9)が示すように、whales という単語が見られる。Ælfric 訳聖書の "hwalas" と Wycliffe 訳聖書の "whalleȝ" は、ラテン語 "cete" の訳である。OLD（*cētus*）によれば、この語は "the large sea-animal（whale, porpoise, or dolphin）" を表す。包摂語である "cete" が Ælfric 訳聖書と Wycliffe 訳聖書で被包摂語である whales に置き換えられたことは明らかである。AV の "whales" はヘブライ語の TNNYN（/tanny:n/）の訳である。HALO によれば、TNNYN は "sea-monster" を表す。このヘブライ語はラテン語の cētus（＜ cete）よりもやや抽象度が高い包摂語である。

（ 5 ）　Hebrew（逐語訳）: and-created god the-sea-monsters great
（ 6 ）　Vulgate　　　　　: Creauitque Deus cete grandia
（ 7 ）　Ælfric　　　　　 : ¬ God gesceop ða ða micllan hwalas
（ 8 ）　Wycliffe　　　　 : And god made of nouȝ grete whalleȝ
（ 9 ）　AV　　　　　　　: And God Created great whales,　　　（Gen. 1: 21）

AVでは、旧約原典に多く使用されている包摂語の訳に揺れが見られる。TNNYN を例にそれを示そう。筆者の調査では、旧約原典に TNNYN は 15 例観察されるが、それらに対する AV 訳は以下である。

(10)　TNNYN に対する AV 訳
　　　a.　*whale(s)*　　 : 3 例 [2]　　b.　*serpent(s)* : 3 例 [3]
　　　c.　*sea-monsters*: 1 例 [4]　　d.　*dragon(s)* : 8 例 [5]

このデータは、古代ヘブライ人の背景的知識にある包摂語とその被包摂語との関係と、翻訳者の背景的知識にある包摂語とその被包摂語との関係にずれがあることを示すものであろう。

4.　背景的知識とメタファ・メトニミ表現

4.1.　「衣服」に関する背景知識から生まれた婉曲表現

　民族衣装は文化的な香りを漂わせる装いである。古代ヘブライ人の衣装とそれを身につけた人々の日常生活で起こる習慣的行為に動機づけられたメトニミ表現が旧約原典に記されている。AV にはそれが忠実に復元されている。

（ 1 ）　he couereth his feet in his Summer chamber.　　　（AV, *Judges* 3: 24）
（ 2 ）　and Saul went in to couer his feete:　　　　　　（AV, *1 Sam.* 24: 3）

(1)と(2)にある 'cover one's feet' は、古代パレスチナ地方で一般的であった

丈の長い服に動機づけられた婉曲表現である。'cover one's feet' は「裾丈の長い服をまとって、用を足すためにしゃがみ込む行為」を表しているが、この表現は「用を足す」ために膝を折り曲げしゃがみ込むと長い衣服の裾が「足もとを覆い隠す」という経験から生まれたイディオムである。この状況描写が、その直後に行われる排泄行為を想起させるため、目的と行為および連続する時間的な近接関係に基づくメトニミとして「用を足す」という解釈がもたらされるのである。古代パレスチナの衣服に関する文化的知識を持ち合わせていないと理解が困難な表現であるため、20世紀の英訳聖書、とりわけRSV の訳では "He is only relieving himself." (*Judges* 3: 24)、"Saul went in to relieve himself." (*1 Sam.* 24: 3)のように、文化的な縛りから解放された普遍性のある表現で訳されている。

4.2. 「靴」への独特な意味づけから生まれた表現

『旧約聖書』の世界では靴に独特な意味が込められている。*Ruth*(4: 7)によると、「昔、イスラエルでは土地の譲渡や所有者の変更にあたっては、一切の手続きを認証するために、その人は、自分の靴を脱いで、相手の人に渡すことになっていた。これがイスラエルにおける認証の手続きであった」。靴を脱ぐことによって、「権利の譲渡を保証」したのである。

（3） Buy it for thee: so he drew off his shooe. 　　　　　(AV, *Ruth* 4: 8)
（3'） "You buy it," he took off his sandal and gave it to Boaz. 　　(GNB)
（4） Moab *is* my wash pot, ouer Edom wil I cast out my shooe:
　　　Philistia, triumph thou because of me. 　　　　(AV, *Ps.* 60: 8)
（4'） I will use Moab as my wash-basin and I will throw my sandals on Edom,
　　　as a sign that I own it 　　　　　　　　　　　　(GNB)

「靴」と「権利の譲渡」との関係についての知識は、AV 翻訳当時には未だ明らかになっていなかったのであろう。AV は古代ヘブライ語表現を忠実に再現している。意味の伝達を優先する現代英訳聖書 GNB では、(3)"drew off his shooe" と (4)"cast out my shooe" には、それぞれ、(3')"and gave it to

Boaz" と (4') "I own it" という行為を表すことを補足的に説明する文が加えられている。このような追記は当然のことながら原典にはない。

4. 終わりに

　本稿では『旧約聖書』に特徴的な表現がその後の翻訳ではどのように扱われているかを検討した。その過程で、原典に忠実に訳出されている場合もあるが、翻訳側の事情により別の語に置き換えられている事例も観察されることを指摘した。さらに、それは恣意的になされているのではなく、メタファやメトニミさらにはシネクドキといった認知プロセスによって動機づけられていることも確認した。

　本稿では、時代や文化を横断するデータを、およそすべての人間に共有されていると思われる普遍的な認知プロセスを援用して分析してきた。時代や文化的な相違はあるが、聖書を脈々と語り継いでいるのは私たち人間であるということに疑いはなく、そうであるならば人間と意味との根本的な係わり合いがそこにも色濃く反映されていると考えられるのである。

注

　＊本稿は八木橋宏勇氏（杏林大学講師）に目を通していただき、氏から多くの有益なコメントを頂いた。ここに記して謝意を表する。
1　Lakoff and Johnson (1980: 29–32).
2　*Gen.* 1: 21, *Job* 7: 12, *Eze.* 32: 2.
3　*Ex.* 7: 9, 10, 12.
4　*Lam.* 4: 3.
5　*Deut.* 32: 33, *Neh.* 2: 13, *Ps.* 74: 13, 91: 13, 148: 7, *Isa.* 27: 1, 51: 9, *Jer.* 51: 34.

参考文献
〈著書・論文・辞書〉
Lakoff, George and Mark, Johnson. (1980) *Metaphors We Live By*. Chicago: University of Chicago Press.

橋本功(2005)『英語史入門』．東京：慶應義塾大学出版会．
橋本功・八木橋宏勇(2006)「聖書のメタファ分析」『人文科学論集』第 40 号．Pp. 27–44．信州大学．
橋本功・八木橋宏勇(2007)「メタファとメトニミの相互作用—聖書を読み解く認知メカニズム—」『人文科学論集』第 41 号．Pp. 1–18．信州大学．
GEL = *Greek-English Lexicon*. (1996) Compiled. H.G. Liddell and R. Scott. Oxford: At the Clarendon Press.
GHCLOT = *Geseniuns' Hebrew-Chaldee Lexicon to the Old Testament*. (1979) Trans. S.P. Tregelles. Grand Rapids: Baker Books.
HALO = *The Hebrew & Aramaic Lexicon of the Old Testament*. (1994) L. Koehler and W. Baumgartner. Leiden: E.J. Brill.
ODEE = *The Oxford Dictionary of English Etymology.* (1966) Ed. C.T. Onions. Oxford: At the Clarendon Press.
OED = *Oxford English Dictionary*. 2nd ed. (2007) (CD-ROM Ver. 3.1.1) Oxford: O.U.P.
OLD = *Oxford Latin Dictionary*. (1982) Ed. P.G.W. Glare. Oxford: At the Clarendon Press.

〈聖書〉

AV = *The Holy Bible*. London: Robert Barker. 1611. (repr) Oxford: At the Clarendon Press. 1911.
Ælfric = *The Old English Version of the Heptateuch*. EETS. OS. 160. (1922. (repr.) 1969) Ed. S.J. Crawford. London: O.U.P.
GNB = *Good News Bible*. (1988) Ed. The Bible Societies. Glasgow: William Collins Sons.
Hebrew = *Biblia Hebraica*. (1977) Ed. R. Kittel. Stüttgart: Deutsche Bibelstiftung.
LXX = Septuagint = *Septuaginta*. 2 vols. (1935) Ed. A. Rahlfs. Stuttgart: Deutsche Bibelstiftung.
NASB = *New American Standard Bible*. (1977) Ed. and published. The Lockman Foundation.
RSV = *The Bible: Revised Standard Version*. (1952) Ed. and published. American Bible Society.
Vulgate = *Biblia Sacra Iuxta Vulgatam Versionem*. 2 vols. (1969) Ed. R. Weber. Stuttgart: Württembergische Bibelanstalt.
Wycliffe = *MS. Bodley 959: Genesis - Baruch 3.30 in the earlier version of the Wycliffite Bible*. 5 vols. (1959–1969) Ed. C. Lindberg. Stockholm: Almqvist and Wiksell.

絵本における「くり返し」とスキーマ

笠貫葉子

1. はじめに

　絵本には「くり返し」が多い。全く同じ言語表現がくり返されることもあれば、一語一句同じではないものの内容的に同じ展開がくり返されることもある。本稿では、こうした「くり返し」を「細部」と「大枠」という二つのレベルで捉え、各々のレベルにおける「くり返し」が絵本のスキーマを形成しているということを主張する。また、そうしたスキーマを基盤として「スキーマ改変(schema refreshment)」や「スキーマ強化(schema reinforcement)」が引き起こされ、絵本に「面白さ」が生まれるということを、三つの英語絵本(① *The Rabbits' Wedding* ② *Guess How Much I Love You* ③ *Melrose and Croc: Find a Smile*)の分析を通して明示する。

2. 絵本の特徴

　絵本は、谷本・灰島も述べるように、「絵があり、文字があり、そして中心の読者が子どもであるという特異なメディア」(2006: 1)である。そのため、「幼児にもわかる表現形式を作者に選ばせる」(竹内 2002: 21)という点が第一の特徴として挙げられる。幼い子どもが複雑なストーリー展開を理解することは難しいため、絵本は粗筋だけを見ればごくシンプルであることが多いのである。本稿が分析する三つの絵本について粗筋を述べると、次のようになる。

絵本①：毎日一緒に遊ぶ仲良しの黒うさぎと白うさぎが結婚する話
絵本②：小さいうさぎと大きいうさぎが、互いに相手をどれだけ好きかを表すために、色々な方法を試みる話
絵本③：笑顔を失った犬の Melrose が、友達のワニの Croc に導かれて様々な行動をしていくうちに笑顔になる話

　これだけシンプルなストーリーが読者に「面白い」と感じてもらうためには、工夫が必要となる。その工夫は、粗筋に表れない細部の内容に見られることもあるが、表現の形式にも見られると考えられる。
　第二に、絵本では言葉だけでなく絵が大きな比重を占めるという点が特徴的である。魅力的な絵が読者を惹きつける場合も多いが、絵の働きはそれだけではなく、言葉だけでは表現しきれない内容を表す絵も多い。よって、絵本について考察する際には、絵が表す内容も視野に入れる必要があると言える。
　第三に、絵本に載せられた言葉や絵は、ページを「めくる行為」と関係が深いという点(藤本 2007: 200)がある。絵本に限らず、本であれば他のジャンルであっても「めくる行為」を伴って読まれると言えそうであるが、それはほとんどの場合、ページが文字で一杯になるがゆえに順を追って次のページに移るのであり、ページの切れ目、すなわちページをめくる箇所を、作者が意図的に決めている訳ではない。それに対し、絵本はページを替える箇所を作者が意図的に決めており、「一場面一場面をじっくり見せるという作りがなされている」(竹内 2002: 86)。ページをめくるまで次の内容は未知のものであり、読者は先を予測しながら読むが、ページをめくって実際の内容を知った時に読者が自分の予測と結果との関係をどのように受け止めるか、という点を考慮しながら、作者は工夫を凝らすことになる。

3. 「面白さ」を生み出すスキーマの構築：「くり返し」の効果

　前節で述べたように、絵本にはシンプルなストーリーの中にも読者が「面

白さ」を感じるような工夫がある。本稿では、絵本における「くり返し」に、そうした工夫を見出す。「面白さ」が生まれるのは、「くり返し」がその絵本におけるスキーマを構築し、それを基盤とした「スキーマ改変」や「スキーマ強化」を可能にするためであると考える。また、そうしたスキーマは、「細部」と「大枠」という二つのレベルにおいて構築されることを主張する。

3.1. スキーマと「スキーマ改変」「スキーマ強化」

　スキーマとは、Semino（1997）が述べるように、特定のタイプの物や人、状況や出来事に関する背景的知識を意味する。我々は、似たような経験[1]をくり返すと、そこに共通する要素を一つのまとまった抽象的知識として自身の中に蓄える。それがスキーマであり、我々は初めて経験する新しい物事に対しても、自身の中に既に形成されたスキーマを基にして、先を予測することができるのである。例えば、店に行った際に店員が出て来ても我々が驚くことはないが、それは様々な店で買い物をした経験から、売り物や店の規模などの違いはあれ「店員がいて、客は代金を払い、品物やサービスを受ける」という多くの店に共通する「店に関するスキーマ」が我々の中にあり、それによって店に入れば店員がいると予測しているためである。

　しかし、場合によってはスキーマを逸脱するような物事に出会うこともあり、そのような場合に起こるのが「スキーマ改変」である。Cook（1994）によれば、「スキーマ改変」とは古いスキーマを壊して新しいスキーマを作ることである。中村（2007）も指摘するように、何らかの期待値から逸脱していることは「面白さ」を感じるための条件の一つであると考えられるが、「スキーマ改変」が起こるのはスキーマを基にした予測、すなわち期待値から逸脱している時であり、「面白さ」を感じる条件が満たされていると言える。一方、既存のスキーマに合致する出来事は「スキーマ強化」を引き起こし、そのスキーマをより確かなものとして強めることとなる。ここには意外性がない代わりに、予想通りであるという安心感があり、これもある種の「面白さ」の一因になると考えられる。

　ここで注意すべき点は、「スキーマ改変」にせよ「スキーマ強化」にせよ、我々が既にスキーマを持っているからこそ起こり得るものだということであ

る。しかし、上述の通り、スキーマとは日々の経験を通して形成されるものであり、まだ経験が豊富ではない幼い子どもであれば十分なスキーマを持っていない可能性がある。また、Cook(1994)が指摘するように、人によって経験は異なるため万人が同じスキーマを持っているわけではなく、ある人にとっては「スキーマ強化」を引き起こす状況であっても他の人には「スキーマ強化」が起こらないこともある。よって、絵本において「スキーマ強化」や「スキーマ改変」による「面白さ」を盛り込もうとする場合には、これらの点を踏まえた工夫をしなくてはならない。

そうした工夫として、日常的経験によって形成されるスキーマを前提とするのではなく、幼い読者が共通して持てるスキーマを絵本が作り出すという手法が考えられる。絵本を読む中で形成されるスキーマが基盤となって「スキーマ改変」や「スキーマ強化」を引き起こすのであれば、日常的経験が乏しい幼い読者であっても「面白さ」を感じることができる。本稿では、絵本におけるスキーマを形成する手法として、「くり返し」が重要な役割を果たしていると考える。

3.2.「細部スキーマ」と「大枠スキーマ」

絵本における「くり返し」は、大きく分けて二つのレベルにおいて見出すことができ、それぞれのレベルでスキーマを構築している。一つは、言語表現の一語一句や、それが表す個々の行動や状態に関するものであるが、ページ配分など絵本の形式に関するものも含む。もう一つは、話の流れを作る一つ一つの内容的なまとまり、すなわち話の展開の仕方に関するものであり、絵であっても内容そのものに関わる場合はこのレベルに含まれる。本稿では、前者を「細部レベル」、後者を「大枠レベル」として論を進める。

具体例として、以下に絵本②における小うさぎと大うさぎのやりとりを挙げ、二つのレベルにおけるくり返しがどういったものであるかを確認する。

(1)　"[I love you] This much[2]," said Little Nutbrown Hare, stretching out his arms as wide as they could go.
(1)'　Big Nutbrown Hare had even longer arms. "But I love YOU this much," he said. Hmm, that is a lot, thought Little Nutbrown Hare.
(2)　"I love you as high as I can reach," said Little Nutbrown Hare.
(2)'　"I love you as high as *I* can reach," said Big Nutbrown Hare.

　(2)と(2)'では、文章としての記述はないが、絵を見るとうさぎが背伸びをして腕を上に伸ばしている。(1)と(1)'、(2)と(2)'の各々のやりとりにおいて、大うさぎは小うさぎの言葉を全く同じ形でくり返しており、それに伴う身体表現も同様である。本稿では、こうしたくり返しを「細部レベル」として位置づける。一方、(1)と(2)、(1)'と(2)'を比べるとうさぎの言動は異なるが、「大うさぎが小うさぎの言葉と身体表現をくり返し、体が大きい分、小うさぎよりも大きな程度を表現することに成功する」という大枠は変わっていない。こういったくり返しを「大枠レベル」として位置づける。
　本稿が分析対象とする三つの絵本では、全て初めに「細部レベル」と「大枠レベル」の両方において、全く逸脱のない「くり返し」が見られる。これは、両レベルにおける「くり返し」を絵本の最初に設定することにより、その絵本におけるスキーマを確立するためであると考えられる。つまり、読者は両方のスキーマを初めに得た状態で絵本を読み進めることになるのである。

4.　絵本における「くり返し」：実例の分析

　本節では、三つの絵本において「くり返し」が形成するスキーマとそれによって起こる「スキーマ改変」や「スキーマ強化」について分析する。引用文は見開き一ページ毎に挙げるが、左ページから右ページに移る箇所にはスラッシュマーク(/)を記す。

4.1.　絵本① *The Rabbits' Wedding*

　この絵本では、まず二羽のうさぎが次々に様々な遊びを一緒にする様子が描かれており、そこにいくつかの「くり返し」が見出せる。大枠レベルでは、第一に「白うさぎ主導の遊び方」がくり返される。何をして遊ぶか、それをいつやめるか、毎回決めるのは白うさぎである。第二に「遊んでいる途中に黒うさぎが立ち止まってしまい、どうしたのかと白うさぎが尋ねるが、黒うさぎの曖昧な返答の後は次の遊びに移る」という展開がくり返される。この二羽のやりとりは毎回一語一句同じ表現で描写されるため、ここには同時に細部レベルでのくり返しも見られることになる。その表現は次の通りである。

（3）　After a while the little black rabbit sat down, and looked very sad. "What's the matter?" asked the little white rabbit. "Oh, I'm just thinking," replied the little black rabbit.

　(3)は、まず二回くり返される。そこで構築された細部スキーマは、三回目に(3)と同じ文が "After a while" ではなく "Suddenly" で始まることによって一度「スキーマ改変」を引き起こし、四回目に再び(3)と同じ文が "After a while" で始まるところで「スキーマ強化」を引き起こす。

　大枠レベルでは、上述の第一のスキーマは最後まで「強化」されるが、第二のスキーマについては(3)と同じ文が四回目にくり返されたところで逸脱が起こる。すなわち、黒うさぎの返答に対して白うさぎがさらに踏み込んだ質問をし、黒うさぎが考えていたのは「白うさぎと永遠にいつも一緒にいたい」という願いだったと明かされるのである。ここで、白うさぎが次の遊びに移ってしまわずに黒うさぎの考えを尋ねたり、黒うさぎが初めて具体的に自分の思いを伝えたりする展開は、大枠レベルの「スキーマ改変」を引き起こし、物語が大きく動き出すところであると言える。この後、二羽のうさぎが結婚に至って絵本は終わるが、この絵本においては大枠レベルにおける「スキーマ改変」がストーリー展開の要となって、そのまま結末に向かう形になっていると言える。

なお、この絵本の最終ページには絵がなく、白いページの中央に次の一文のみが記されている。

（4） And the little black rabbit never looked sad again.

この一文は、その前にくり返されていた表現 "the little black rabbit sat down, and looked very sad." があるからこそ生きるものである。既に大枠レベルでの「スキーマ改変」があった後なので内容的には意外性を引き起こしているとは言い難いが、細部レベルの「くり返し」において肯定文だったものが否定文になっている点で「スキーマ改変」を起こすと言える。

4.2. 絵本② *Guess How Much I Love You*

　この絵本では、既述のように「大うさぎが小うさぎの言葉と身体表現をくり返し、体が大きい分、小うさぎの表現を上回る」という大枠レベルでの「くり返し」がある。言い換えれば、「まず小うさぎが表現して、大うさぎが同じ表現をする」という二羽のやりとりが一セットとしてくり返されるのである。一方、細部レベルにおいては、絵本①のように同一の表現が何度もくり返し用いられるのではなく、二羽が毎回やりとりする中で小うさぎの言動が大うさぎによってその都度くり返される形になっている。

　3.2. に示した通り、相手を思う気持ちの大きさを表すために「横に腕を伸ばした長さ」「縦に体を伸ばした高さ」といった表現が二羽の間でくり返された後、次のように細部レベルにおいて二重の逸脱が見られる。

(5)　He [Little Nutbrown Hare] tumbled upside down and reached up the tree trunk with his feet./ "I love you all the way up to my toes!" he said.

(5)'　"And I love you all the way up to your toes," said Big Nutbrown Hare, swinging him up over his head.

(5)で小うさぎが逆立ちをする一方、(5)'で大うさぎは小うさぎの前足を持って振り上げており、二羽の身体表現は異なっている。それに伴って、言

葉にも"up to my toes"と"up to your toes"のような違いが生じるため、二重の意味で細部レベルのスキーマを逸脱しており、「スキーマ改変」が起こるのである。また、大枠レベルでは、「大うさぎが小うさぎの表現を上回る」という点についてはスキーマ通りであるが、「小うさぎの言葉と身体表現を大うさぎがくり返す」という点についてはスキーマを逸脱している。その結果、「スキーマ改変」が起こり、「大うさぎが小うさぎの言葉と身体表現をくり返し、体が大きい分、小うさぎの表現を上回る」というのではなく、「(どんな表現であれ)大うさぎが小うさぎの表現を上回る」というように、初めのスキーマが抽象化されることになる。

その後、大枠レベルにおいて、さらに大きな「スキーマ改変」が見られる。

（6）"I love you right up to the MOON," he said, and closed his eyes.
"Oh, that's far," said Big Nutbrown Hare. "That is very, very far."
（7）Big Nutbrown Hare settled Little Nutbrown Hare into his bed of leaves. He leaned over and kissed him good night.

(6)において、大うさぎは小うさぎと同じ言葉や身体表現を返すことなく、ただ受け入れている。(7)では言葉のやりとりもなく、小うさぎは寝てしまい、このまま物語は終わるかに見える。つまり、(5)における「スキーマ改変」を経て抽象化して得られた「小うさぎの表現を上回る」という大枠スキーマからも逸脱しており、新たな「スキーマ改変」を引き起こしている。

しかし、最終ページをめくると次のような展開となっている。

（8）Then he lay down close by and whispered with a smile, "I love you right up to the moon- AND BACK."

小うさぎが「月まで」と言う(6)の言葉に対し、大うさぎは(8)のように一言加えて「月まで、そしてそこから戻るまで」と言うことにより、小うさぎの表現を上回っている。これは、一回目の「改変」後に出来た「(どんな表現であれ)大うさぎが小うさぎの表現を上回る」というスキーマに合致した展

開であり、大枠レベルでの「スキーマ強化」につながっている。つまり、この絵本は(6)で大枠レベルにおいて大きな「スキーマ改変」を引き起こした後に「スキーマ強化」を起こして締めくくる形になっているのである。同時に、(8)は(6)の言葉をくり返しながらも一言加わっている点で、細部レベルの「スキーマ改変」も起こすと言える。

4.3. 絵本③ *Melrose and Croc: Find a Smile*

既述の通り、この絵本は、笑顔をなくした Melrose に Croc が様々な行動をさせることによって笑顔を取り戻させる話である。よって、大枠レベルでは「Croc が手本を見せ、Melrose がその通りに行動する」という内容がくり返され、これが大枠スキーマを成している。細部レベルでは、Croc がこれから行う行為を Melrose に示す際に使う "we have to-" という表現に加え、Croc が手本を見せながら言う "just like this" という表現がくり返され、これら二つが細部スキーマを成していると言える。初めのくり返しは以下の通りである。

（9）　"Well," said Little Green Croc, "first, we have to run, as fast as we can … / … just like this!"
（10）　"Then we have to hop over a stream, without touching the water … / … just like this!" said Little Green Croc.

大枠・細部レベル共に、物語初めの段階でくり返しを示していることが分かる。ここで構築された細部スキーマから、読者は次も "we have to-" という表現が見られると予測するようになり、実際この後さらに二回は同じ表現がくり返される。しかし、次の(11)ではこの表現は使われず、細部レベルでの「スキーマ改変」が起こる。一方、"just like this" という表現は以後も変わらず、こちらについては読者は「スキーマ強化」をしながら読み進めることになる。

(11) "Next, we find a yellow flower and smell it," said Little Green Croc, "just like this . . . / and catch a falling leaf, just like this . . .

(12) . . . which you wear on your nose, just like this, / and walk backwards up the hill, just like this!"

　なお、"just like this" という表現は、初めは見開き一ページの中で一回という頻度で見られるが、(11)からは二回となり、左右両方のページに見られるようになる。"just like this" という表現そのものに変化はないが、それが見られる頻度が上がるという点で、細部レベルの「スキーマ改変」を起こす一要素になると言える。また、文章には表されていないが、絵では(11)の前にMelroseが初めて笑顔になっている。それが(11)で再び悲しい顔となり、(12)で笑顔が復活、その後は最後まで笑顔のままである。つまり、「Melroseは笑顔をなくした(＝笑えない)」という大枠レベルのスキーマが、絵においては(11)の前に「改変」、(11)で「強化」、(12)で再び「改変」が起こると言える。
　このように、細部レベルで "we have to-" に関する「スキーマ改変」が見られることに加え、ページ配分や絵に関わるところでも「スキーマ改変」が見られる。その一方、大枠スキーマと "just like this" に関する細部スキーマからの逸脱はなく、この二つのスキーマは「強化」されるままである。しかし、次の(13)において、これらに「スキーマ改変」が起こる。

(13) "Then you sit in a special place and forget about everything," said Little Green Croc./ "What were we looking for?" asked Little Green Croc.

(13)において、Crocの言葉に "just like this" という表現はなく、ここに細部レベルの「スキーマ改変」が起こる。また、ここでの「Melroseに対して質問する」という展開は、「Crocが手本を見せ、Melroseがその通りに行動する」という大枠レベルのスキーマから逸脱しており、ここに大きな「スキーマ改変」が起こるのである。
　この絵本は、最後のページをめくると次のような展開となる。

(14) "I can't remember!" said Melrose, and he smiled, just like this !

ここに、読者は細部スキーマに合致する表現 "just like this" を再び見つけることとなり、「スキーマ強化」が起こる。しかし、ここでは同時に「スキーマ改変」も起こる仕組みになっている。物語全体を通して、"just like this" という表現は Croc が Melrose に手本を見せる際に使っていたものであり、これに関する細部スキーマもそうした形で構築されていると考えられる。しかし、(14)における "just like this" は、この物語の語り手から読者に向けられており、Melrose の笑顔を指している。つまり、同一の言い回しであっても、それまでとは指示内容も視点も異なっているという点で、「スキーマ改変」につながるのである。よって、(14)では細部レベルの「スキーマ強化」と「スキーマ改変」が同時に起こると言える。

4.4. 考察

本節で分析した三つの絵本における「スキーマ改変」と「スキーマ強化」をまとめると、下表のようになる。

	絵本①	絵本②	絵本③[3]
細部	改変→強化 →(一部)改変	改変 →(一部)改変	【第一】改変 【第二】改変→ 強化/改変
大枠	【第一】強化 【第二】(大きく)改変	(一部)改変 →(大きく)改変 →強化	(大きく)改変

少しずつ違いはあるものの、最後に細部レベルの「スキーマ改変」が起こる点は、三つの絵本に共通である。それは、完全に異なる言語表現になってしまうような「改変」ではなく、細部スキーマと合致するところを残した「部分的な改変」である。そのため、「一見ほとんど同じ表現でありながら、実は異なる」という意外性が生まれ、印象的な締めくくりとなっている。また、どの絵本においても、大枠スキーマが大きく「改変」するところがあり、物語もその箇所で大きく展開している。つまり、大枠レベルにおいて「スキーマ改変」が起こると、読者は物語に大きな動きを感じると考えられる。

5. おわりに

　本稿では、絵本における「くり返し」が「細部」と「大枠」という二つのレベルにおけるスキーマを構築し、「面白さ」の要因となる「スキーマ改変」や「スキーマ強化」が成立するための基盤を作る役割を果たしていることを明らかにした。そして、一つ一つの「スキーマ改変」や「スキーマ強化」それ自体が「面白さ」につながるだけでなく、時には物語全体の流れを動かす働きや、物語を印象的に締めくくる働きも果たすことを指摘した。「くり返し」は、粗筋だけを見れば極めてシンプルな絵本の中に「面白さ」を生み出すための基盤を作る重要な手法であると言える。

注
1　スキーマを形成する「経験」は、必ずしも実際に身をもって経験したこととは限らず、人から聞いた話や読書などを通じて得た知識も含む。
2　以下、絵本からの引用における下線、囲み線、波線、二重下線は、全て引用者による。線の使い分けは次の通りである。
　　　下線：細部レベルの「スキーマ強化」を引き起こす箇所
　　　囲み線：細部レベルの「スキーマ改変」を引き起こす箇所
　　　波線：大枠レベルの「スキーマ改変」を引き起こす箇所
　　　二重下線：下線と同様(同じ引用箇所で他に下線部分がある場合これを区別するために二重下線を用いる)
3　絵本①、②と統一するため、この表ではページ配分や絵に関わる「スキーマ改変」や「スキーマ強化」についての記述は省略する。

付記　本稿の一部は、日本語用論学会第10回大会(2007年12月8日、関西外国語大学)における口頭発表に基づいている。

参考文献
藤本朝巳(2007)『絵本のしくみを考える』日本エディタースクール出版部.
中村太戯留(2007)「比喩の面白さを感じるメカニズムの検討」楠見孝(編)(2007)『メタファー研究の最前線』385–402. ひつじ書房.
竹内オサム(2002)『絵本の表現』久山社.

谷本誠剛・灰島かり(2006)『絵本をひらく：現代絵本の研究』人文書院.
Clark, Emma C. (2006) *Melrose and Croc: FIND A SMILE*. London: HarperCollins Publishers.
Cook, Guy. (1994) *Discourse and Literature*. Oxford: Oxford UP.
McBretney, Sam. (1994) *Guess How Much I Love You*. London: Walker Books.
Semino, Elena. (1997) *Language & World Creation in Poems & Other Texts*. London: Longman.
Williams, Garth. (1958) *The Rabbits' Wedding*. New York: HarperCollins Publishers.

'To be, or not to be' の謎を解く
機能主義的立場から *

菊池繁夫

1. はじめに

　この論文では、節レベルにおける theme-rheme の連鎖に関する機能主義言語学の枠組みをテクストのレベルで適用することによって、Shakespeare の *Hamlet* の謎、特に有名な 'To be, or not to be' の謎に迫ろうと思う。

　'To be, or not to be' に迫るための議論の枠組みとして、Shakespeare の考えた、これらの作品のグランド・デザインというものを同時に論じたい。Shakespeare は Othello, Hamlet, Claudius、および観客を、「見かけそのままの世界」から、「疑わしき段階」をへて、「誤った確信の世界」へ導き入れる枠組みにこだわっているように見える。「見かけそのままの世界」とは、筆者が discourse theme（談話主題）と呼ぶ機能を持ち、それが、亡霊（に相当するもの）が介在する「疑わしき世界」による mediation（媒介）をへて、discourse rheme（談話の題述）の機能を持つ「破滅の世界」へと変換される。この主題化と平行した枠組みが、Shakespeare がこれら作品に与えたグランド・デザインである。

　Robertson(1919: 11) が述べているように 'endless discussion of the aesthetic problem of Hamlet...for two centuries never reduced the play to aesthetic consistency' であるし、また、Eliot(1997: 84) は、*Hamlet* を 'an artistic failure' とさえ呼んだ。では、Shakespeare がこの *Hamlet* を書いた時、芸術的に一貫したグランド・デザインのようなものを考えていなかったのであろうか？　そうではなく、上のような形の枠組みのもとに作品を構成していたというのが筆者の主張である。

　以下にそれを論じてみたいが、*Hamlet* について議論を始める前に、*Othello*

を先に論じたい。それは、この作品が *Hamlet* より後に書かれたとされているが、*Othello* の方が構造的に単純であり、*Hamlet* に迫る格好の手がかりを与えてくれるからである。[1]

2. Shakespeare 作品における媒介者としての亡霊の世界

2.1. だましの構造と Othello における Ghost Implicature（亡霊のごとき含意）

　Shakespeare が創造した魅惑的な人物の中で *Othello* に登場する Iago は上位に位置付けられるであろう。その Iago を評して英国の推理作家の Agatha Christie は 'the perfect murderer'（完全犯罪者）と述べている：

> The play of *Othello*. For there, magnificently delineated, we have the original of X. Iago is the perfect murderer. The deaths of Desdemona, of Cassio — indeed of Othello himself — are all Iago's crimes, planned by him, carried out by him. And *he* remains outside the circle, untouched by suspicion — or could have done so. For your great Shakespeare, my friend, had to deal with the dilemma that his own art had brought about. To unmask Iago, he had to resort to the clumsiest of devices — the handkerchief — a piece of work not at all in keeping with Iago's general technique and a blunder of which one feels certain he would not have been guilty.　　（Christie *Curtain*, p.254）

しかし、長い間、卑劣な「嘘つき」と考えられてきた Iago は、本当に「嘘」をついたのであろうか？　Grice(1975)の Cooperative Principle（協調の原理）（以下 CP）の観点から劇中のやりとりを見てみると、Othello は Grice の CP と、公理の違反を避けようとするところから生じてくる conversational implicature（会話の含意）というものをきちんと理解していたのだということが見えてくる。Iago の用いた言語上の中心的テクニックは、一般的な理解に反して、「嘘」ではない。彼の言語テクニックは、公理の悪意ある操作と、その結果生じる、亡霊のごとき「偽りの含意」である。Othello に、Iago が

何かを隠していると思わせるように、Iago が作為的に作り出した偽の含意である。これを Hamlet の亡霊にちなんで Ghost Implicature(亡霊の含意)と呼んでおく。

　Bradley(1991)をはじめとして、多くの批評家が Iago は Othello に嘘をついたと考えるが、むしろ、彼は Grice 流の原理を操作的に用いることにより、Othello に偽りの推論を行わせたと考えるべきである。Kikuchi(1999: 30)で筆者はこの Iago の偽の含意を Ghost Implicature(亡霊のごとき含意)と名づけた。Iago が Othello を陥れることに成功するのは、この批判を逃れることのできる Ghost Implicature のおかげである。俳優でもありプロデューサーでもあった Webster(1942: 233)の 'There are no ghosts in *Othello*...' という言葉に反して、この Ghost Implicature という観点から見れば、*Othello* でもやはり、Shakespeare の他の亡霊の出る作品と同様の装置が用いられていると見るべきであろう。

2.2. Grice の公理と Iago の Ghost Implicature

　もし話し手の意図が明示的に示されなければ、聞き手は、Grice が implicature と呼ぶ、その意図について、談話の coherence(一貫性)を保とうとして推論を行う。これらの公理の観点から Iago の言語を見て行くと、Shakespeare が *Othello* という作品で、どのようなことをグランド・デザインとして考えていたかということが見えてくる。

2.2.1. 偽りの含意の第 1 段階
What dost thou say?'(何と申したか?)：量と様態の公理の問題
　Iago の最初の計略は、以下の Othello との会話で始まる：'What dost thou say?' 以下の会話は、Iago が Othello の心の中に疑念を生じさせようとする第 1 の場面である：

　　IAGO:　　　Ha, I like not that.
　　OTHELLO:　What dost thou say?
　　IAGO:　　　Nothing, my lord; or if — I know not what.

174　第 3 部　意味論・語用論

> OTHELLO: Was not that Cassio parted from my wife?
> IAGO:　　Cassio, my lord? no, sure, I cannot think it
> 　　　　　That he would <u>steal away so guilty-like</u>
> 　　　　　<u>Seeing you coming.</u>
> OTHELLO: I do believe 'twas he.
>
> 　　　　　　　　　　　　　　　　　　（*Othello* 3.3.34–40）[2]

Othello の質問に対する Iago の返答のうち最初の下線をつけた部分は、情報量の点で、ここで必要とされている量よりも少ない。Othello が求めているのは、男が Cassio であるかどうかの確認を要求しているにもかかわらず、Iago は Othello に、あたかも Desdemona が Cassio と関係を持っていたと思わせるような echoing reply のみを与えている。こういった反復的な返答は必要とされるよりは少ない情報しか提供しない。そして、そのことは、聞き手に、話し手は開示をしたくない大切な情報をもっているのかも知れないと思わせ、聞き手にそれにふさわしい推論を行わせる。何らかの正当な理由が無い限り Iago の返答は Grice の量の公理に違反することになる。上の下線の部分はまた、Iago が Othello に明確な説明を行っていないという点では様態の公理にも違反することになる。ふたつめの下線の部分もまた、量の公理に違反することになる。この場合は、必要以上の量の情報を提供しているからである。これらの公理の違反と見える状況は、ふさわしい含意を推論することで説明ができる。もしくはこの談話に一貫性を持たせることができる。すなわち、Iago は Cassio と Desdemona に関する何かを情報として持っているに違いないと推論することで説明ができる。忠義の将軍 Othello は、ここでも Grice の CP に忠実であって、協調して談話の一貫性を保とうとしている。

2.2.2.　偽りの含意の第 2 段階
What dost thou think?'（どのように思うか？）: 量と様態の公理の問題

　下の(3)のやりとりでは、Iago は再び、'Be brief' という量の公理と、'Be clear' という様態の公理の違反をしているように見える：

OTHELLO: Indeed? Ay, indeed. Discern'st thou aught in that?
　　　　　　Is he not honest?
IAGO:　　　<u>Honest, my lord?</u>
OTHELLO: Honest? Ay, honest.
IAGO:　　　My lord, for aught I know.
OTHELLO: What dost thou think?
IAGO:　　　<u>Think, my lord?</u>

　　　　　　　　　　　　　　　　　　　（*Othello* 3.3.102–108）

2.2.3. 偽りの含意の第 3 段階
What dost thou mean?'（どういう意味だ？）: 様態の公理の問題

　上の「偽りの含意の第 1 段階」で Othello が示した「語られたこと」('what is said')への関心は、この段階で「含意せられたこと」('what is meant')への関心へと発展している。下の下線の部分は様態の公理に違反しているように見える。そして、話し手にもっと明確に述べるように促している：

IAGO:　　　I do beseech you,
　　　　　　Though I perchance am vicious in my guess
　　　　　　—As I confess it is my nature's plague
　　　　　　To spy into abuses, and oft my jealousy
　　　　　　Shapes faults that are not—that your wisdom
　　　　　　From one that so imperfectly conceits
　　　　　　Would take no notice, nor build yourself a trouble
　　　　　　Out of <u>his scattering and unsure observance</u>:
　　　　　　It were not for your quiet nor your good
　　　　　　Nor for my manhood, honesty and wisdom
　　　　　　To let you know <u>my thoughts.</u>
OTHELLO: Zounds! What dost thou mean?
IAGO:　　　Good name in man and woman, dear my lord,
　　　　　　Is the immediate jewel of their souls:

Who steals my purse steals trash— 'tis something - nothing.
'Twas mine, 'tis his, and has been slave to thousands—
But he that filches from me my good name
Robs me of that which not enriches him
And makes me poor indeed.
OTHELLO: By heaven, I'll know thy thoughts!

(*Othello* 3.3.148–164)

Othello は Iago の「真っ赤な嘘」(downright lie)のために身を滅ぼしたのではなく、根拠の無い Ghost Implicature とでも呼べるもの、Iago が意図的に Othello に信じさせようとした根拠無き含意のために偽りの現実を自ら作り出して身を滅ぼしたのである。

2.3. 偽りの存在の世界へ

　上で述べて来た、3つのやりとりに示された3つの段階は下の *Figure 1* のように表すことが出来よう。物語の進行は左から右へ進む形になっている。状態の変化は上から下への形を取る。左上から右下にかけて、この図は Othello が徐々に偽りの世界へ落ち込んで入っている状態を示している：

　Figure 1 は Othello の単純なひとつの発話にひとつの意味という世界が Ghost Implicature によって含意の世界、ひとつの発話に複数の意味が存在する世界、へ媒介されて行く様子を示している。語用論的意味を反映して、媒介は徐々に変化していく使用法の中に実現している。つまり以下のごとくである：What dost thou say?(単一の意味を持つ発話)→What dost thou think?(2次的意味が生じる)→What dost thou mean?(2次的意味の存在が了解される)。物語の終わりにおいて Othello が妻の Desdemona に対して自らが含意の使用者になっていることに注意が必要であろう。Othello は妻に対して、「死の支度をしなさい」という含意を含ませて 'Have you prayed tonight, Desdemon?'(5.2.25)(今夜の祈りはすませましたか？)と言う。それに対して、Desdemona はひとつの発話にひとつの意味の世界に住んでいるため 'Ay, my lord' という返事を返している。ここでは、物語の早い段階で示された

Othello に現れた媒介者としての Ghost Implicature

DISCOURSE THEME	MEDIATION	DISCOURSE RHEME
単一の意味を持った発話	2次的意味が存在し始める	2次的意味が受け入れられる
('What dost thou say?')	('What doest thou think?')	(What doest thou mean?)

確実な世界　Desdemona
　　　　　　Othello

不確かな
SEEMING
の世界　　　　　　　　Othello

偽りの世界

Seeming の世界が登場
＝Ghost Implicature が登場

My wife's infidelity is certain.
（偽りの SEEMING の世界を受け入れる）

Othello

'Have you prayed tonight, Desdemon?' 'Ay, my lord.'

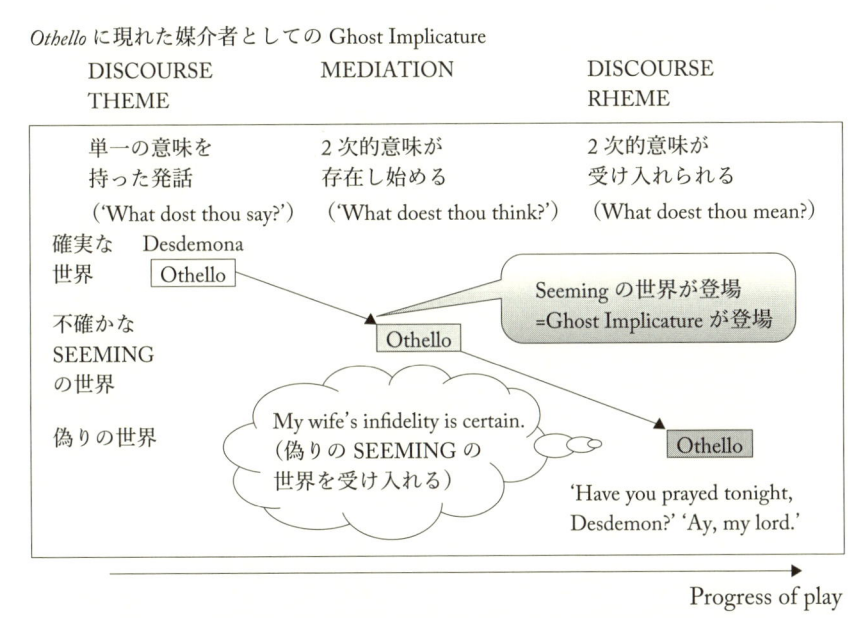

Progress of play

Figure 1 **The Being-Seeming Structure in *Othello***

INNOCENCE（無垢）という discourse theme（談話主題）がいくつかの疑いの段階をへて RUIN（破滅）という discourse rheme（談話題述）へと媒介されている。

　Iago が Othello を破滅させるべく追い立てる過程と、Hamlet が Claudius に対して「復讐」を実現する過程はテクスト相互的に平行している。

3. *Hamlet* における媒介者としての 2 つの「亡霊」と向かい合わせの 2 つの鏡の効果

　Othello では、心の中で推測された不確かな疑わしき SEEMING の世界を作り出すのは Iago であった。それに対し、*Hamlet* では、この世界に Hamlet を導き入れるのは、まず亡霊である。そして、次には、この Hamlet 自体が亡霊の役を負い、Claudius を不確定の疑いの世界である SEEMING の世界へと導き入れる。下の *Figure 2* はこの二重の SEEMING の世界を表している。Hamlet は 3 つの段階を媒介される：'Seems, (madam?) (Nay,) it is. (I

178　第 3 部　意味論・語用論

Hamlet における媒介者としての 2 つの亡霊と向かい合わせの 2 つの鏡の効果

DISCOURSE THEME	MEDIATION	DISCOURSE RHEME
X が X である という発話	X が X か Y か 不確かな発話	X は Y であるという 確信に基づく発話
'it is…not seems' (1.2)	'To be, or not to be' (3.1)	'But let it be' (5.2)

確実な世界

Ophelia
Hamlet
inky cloak
=
mournful soul

Claudius
& Queen
mourning clothes
≠
delight in marriage

不確かな
SEEMING
の世界

Seeming の世界が登場
=Ghost が登場

Hamlet
surface madness
≠
hidden truth
revealed by Ghost

It is certain that Claudius killed my father and no evidence necessary.
(偽りの SEEMING の世界を受け入れる)

偽りの
世界

Hamlet

Chart 1　　　Progress of play

確実な世界

X は X である　　　X は Y に見える　　　X は Y に違いない

Claudius

不確かな
SEEMING
の世界

Seeming の世界が登場
='This Fear
Free-footed' の世界

Claudius

It is certain that Hamlet knows my killing King Hamlet and no evidence is necessary. (偽りの SEEMING の世界を受け入れる)

偽りの世界

Claudius

Chart 2　　　Progress of play

Figure 2　**The Being-Seeming Structure in *Hamlet***

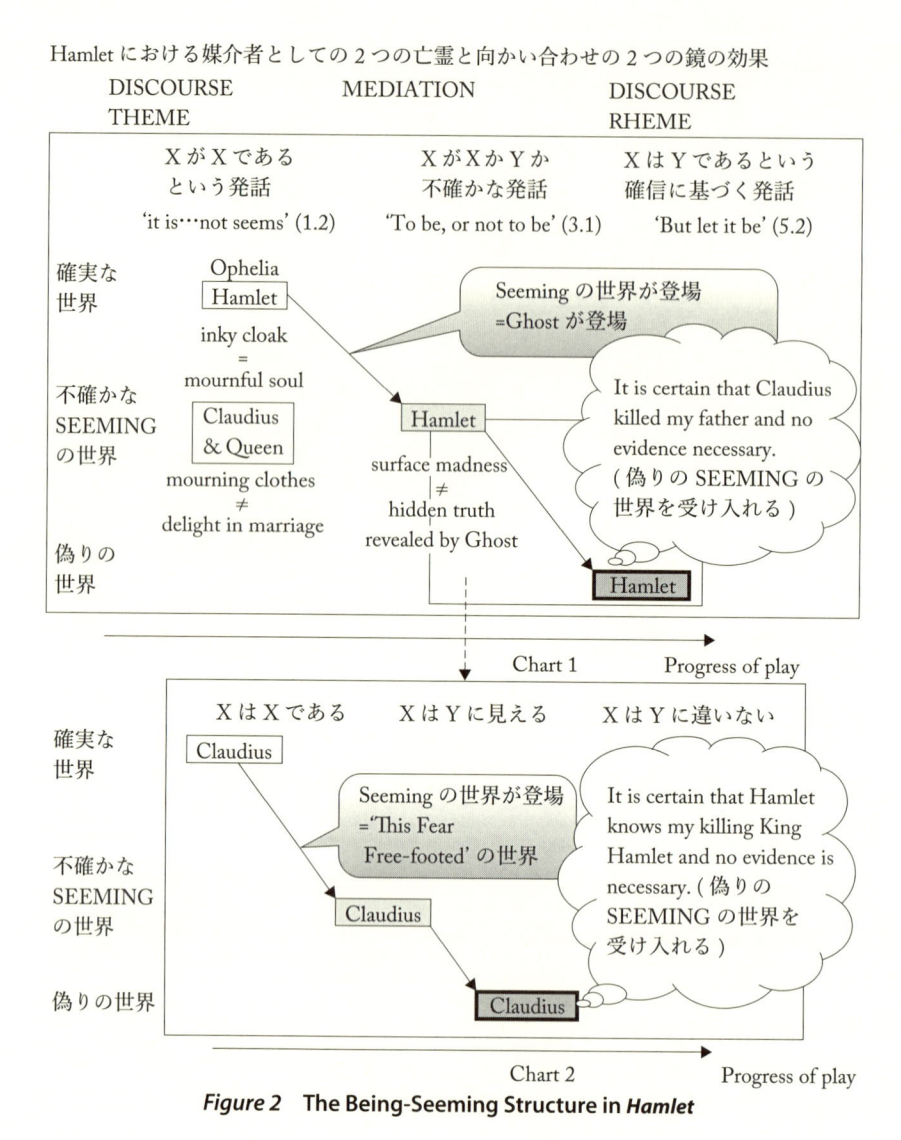

know) not seems'(1.2)(X が X であるという発話)- 'To be, or not to be'(3.1)(X か Y か不確かな発話)- 'If't be so' … 'But let it be.'(5.2)(X は Y であるという発話)。他方、Claudius にとっては、Hamlet は初め宮廷での結婚式に、彼の無垢な義理の息子として現れる。Hamlet はこの段階では真実に気づいていない(ように Claudius には見える)。そして、劇中劇のシーンで、Hamlet

は真実をいかほどか知っているように見える。Claudius にとって、最後の決闘のシーンでは、Hamlet が真実を知っているのはより否定しがたいことと確信している。実際には、Hamlet は真実については確たる証拠は得ていないのであるが。

Figure 2 では Hamlet の世界と Claudius の世界は Chart 1 と Chart 2 として別けてある。これらの世界でも、*Othello* でのように、3 つの段階を通して discourse theme から discourse rheme への媒介が実現している。

Hamlet においては、亡霊によって証明不可能な毒のある言葉を耳に流し込まれた Hamlet 王子は、その耳に Iago によって、同じく毒のある言葉を入れられた Othello 将軍と同じ土俵に立っている。そして、Hamlet 王子は、今度は、亡霊や Iago と同じ役割を演じて、Claudius に自分は Claudius の隠された犯罪を知っているという印象を与える。しかし、Hamlet が事実を知っているかどうかは Claudius には証明不可能である。Hamlet を「見かけ通りの世界」から、疑わしき世界、すなわち SEEMING の世界、を通して、疑わしき事柄は「そうに違いない」という世界に導き入れるという構図が見て取れる。[3]

3.1. 'To be, or not to be' の表す「疑わしき世界」

Figure 2 の Chart 1 は、亡霊が証明不可能な言葉をささやく Hamlet の世界を示している。そして、この SEEMING の世界に囚われた時に Hamlet は、あの有名な 'To be, or not to be' の言葉を吐くのである。それに対して Chart 2 においては、Hamlet は今度は彼自身が Claudius にとって亡霊と同じ役割を演じる。つまり、Hamlet は Claudius の前に疑わしき SEEMING の世界の提供者として現れるのである。Chart 1 のある時点で Chart 2 が入りこんで来る。そして、2 つの世界が平行して最後の決闘シーンまで 2 つの向かい合わせの鏡のように続いて行く。Hamlet という鏡と Claudius という鏡が、互いに無限に相手を映しあいながら最後のシーンへと展開して行くのである。この「疑わしき世界」の過程が、'To be, or not to be' の表す状態である。

3.1.1. *Figure 2* における 2 つの意味
第 1 の意味：2 つの合わせ鏡と無限の反射像

　Claudius が、Hamlet が彼の犯罪を知っているのを知るためには、彼は Hamlet から知っているという証拠を引き出さねばならない。他方、Hamlet は、Claudius の犯罪に関する明らかな証拠は持っていない。したがって、Hamlet は彼の犯罪に関して何もはっきりとは述べることはできない。エリザベス朝の時代においても、亡霊によってなされた告白は証拠として通用するものではなかった。Claudius が犯罪を犯したという他の証拠、例えば、Claudius 自身の自供があるならば、亡霊の自供は、有罪を支えるために十分であるかもしれないが。しかし、Hamlet が彼の犯罪に関する明らかな証拠をもっていない限り、Claudius は自供をする必要はないわけである。そして、注意すべき点なのだが、劇中劇の後の Claudius の告白シーンで、Hamlet は Claudius が告白している場に登場するが、彼はその告白内容を聞いていない。したがって、Hamlet は Claudius の犯罪の証拠を得ていないのである。問題のセリフは以下の通りである：

KING:　　…….. 'Forgive me my foul murder?'
　　　　　　That cannot be, since I am still possess'd
　　　　　　Of those effects for which I did the murder —
　　　　　　My crown, mine own ambition, and my queen.
　　　　　　May one be pardon'd and retain th'offence?
　　　　　　　　　：
　　　　　　　　Enter HAMLET.
HAMLET:　Now might I do it pat, now a is a-praying.
　　　　　　And now I'll do't. [*Draws his sword.*]
　　　　　　　　　　　　　And so 'a goes to heaven;
　　　　　　And so am I reveng'd. That would be scann'd:
　　　　　　A villain kills my father, and for that
　　　　　　I, his sole son, do this same villain send
　　　　　　To heaven.

Why, this is hire and salary, not revenge. （*Hamlet* 3.3.52–79）

Hamlet は Claudius が告白をしているのを「見る」。聞いてはいない。さらに、もっと重要なことだが、Hamlet は彼の告白に関心を示さない。この段階において、Hamlet は直接的な証拠を握っていないにもかかわらず既に Claudius の犯罪に確信を持っている（あるいは持っているかのように観客に見えるように振舞っている）。劇中劇のシーンで Hamlet は Claudius の犯罪を確信したと一般的には思われているが、劇中劇で確信を持ったとしてもそれは告白に比べれば証拠性の乏しいものであり、ここで告白をしているのであるから、証拠を得ようとして通常ならその内容に大いに関心を示すはずである。つまり、Hamlet と Claudius は共に、互いに相手の知識に対して「〜ではなかろうか」と推測する世界にいるのである。SEEMING の世界対 SEEMING の世界、互いに相手を推測する状態、にいるのである。互いに相手からは直接的な証拠を引き出すことが出来ず、そのまま最後の決闘のシーンへと続いて行く。

3.1.2. 第 2 の意味：観客の readiness が全て：だまされる観客

この劇の様々な要素は、観客に Hamlet が Claudius に対する復讐を成し遂げたと思わせるように配置されていると言えよう。祈りのシーン（ACT 3, SCENE 3）では、上に述べたように Claudius は Hamlet 王の殺害を告白するが、Hamlet はそれを聞いていない。しかしながら、このシーンまでの間に、観客は亡霊の告白によって Claudius の犯罪を確信する心の準備ができている。さらに Gonzago 劇での類似の告白によっても、その心の準備が確かとなる。[4]（この場面で Hamlet が Claudius の犯罪を確信したと取ってしまう現代の読み手は、当時の観客と同じ状態になっているわけである。）そして、だれに対して復讐がなされるかについての心の準備ができている。さらに、『原 *Hamlet*』の内容を知っていたり、当時の他の復讐劇を知っていたりする観客は、この *Hamlet* でも復讐がなされるだろうと期待しているわけである。Hamlet が行う復讐への期待に加えて、劇中劇のシーンで観客はまた、Hamlet が Claudius の犯罪を確信したと思ってしまうのである。そして、観

客はHamletがClaudiusを殺す決闘のシーンで復讐を成し遂げたと思い込む。しかしながら、実際には、HamletはClaudiusがHamlet王を殺害したという明白な証拠無しに死んで行くし、Claudiusの方もHamletが、自分がHamlet王を殺したということを知っているという明らかな証拠無しに死んで行くのである。

またこの*Hamlet*では、劇の初めの段階で提示されたINNOCENCE（無垢）とでもいえるdiscourse theme（談話主題）がSEEMINGという媒介的な中間段階をへてRUIN（破滅）とでも呼べる状態に変換されていることが見て取れる。Discourse themeは「XはXである」という形式で提示されている。つまり、*Othello*では 'utterance with single meaning'（ある表現にはあるひとつの意味がある）として；*Hamlet*では '*Seems*, (madam?) (Nay,) it *is*. (I know) not *seems*'という不確かなものを排除する形で、それぞれ示されている。そして、Figure 2の2つのChartの中に表された亡霊の世界、もしくは 'To be, or not to be' のSEEMINGの世界は、明らかに媒介の機能を持っていて、discourse themeである物語の初源の状態を、discourse rhemeである物語の後半の状態—言い換えれば、Shakespeareのdiscourse themeに対するコメント—へと変換している。それらINNOCENCEの状態にある者は、不確かなものを信じると、最後には破滅をする（RUIN）、だまされるというわけである。[5]

この、信じればだまされる中間段階を作り出す亡霊の役割は、Ghost Love（亡霊のごとき恋）という概念装置を考えれば、Shakespeareの喜劇、例えば*Mid-Summer Night's Dream*、においても見ることができる。

4. おわりに

ShakespeareはGhostの世界、すなわち 'To be, or not to be' の世界をいくつかの作品の中心とした。そして、その状況を利用する者として、まず彼はIagoを法の届かない完全犯罪者として描いた。他方、彼はHamletを法的、道徳的、そして宗教的批判の及ばない完全復讐者として描いた。そして、この場合、Hamletの行為は「復讐」とは呼べないのである。なぜかと言うと、

Hamlet が Claudius を殺す行為は、Claudius の罪のどのような証拠にも基づいていないからである。従って、Hamlet は個人的復讐を行ったと批判され得ない。個人的復讐はエリザベス朝の宗教的及び道徳的コードに反していたので、個人的な復讐の要件を満たしていないことで、このコードは満たされている。そして、ここでは同時に、Hamlet には父の復讐を行って欲しいと願う観客の期待も満足されている。宗教的には、エリザベス朝の英国では復讐は神に属するものと思われていた。また、エリザベス朝の英国は個人的な復讐を禁じる法体系をも完成させていた。しかしながら、大衆は感情としては、やはり個人的な復讐を望んでもいた。'To be, or not to be' で表される Ghost という装置を用いることで、Shakespeare は、宗教的、道徳的、そして法律的なコードにたずさわる者達に知的挑戦を行いながら、一方で、観客の感情をも満足させる離れ技的な作品を作り上げたのである。[6]

注

 * この論文は、2004 年に English Language and Literature Studies: Interfaces and Integrations (ellsii75) (University of Belgrade, Belgrade, Servia) において口頭発表し、後に "Iago, the Murderer; Hamlet, the Avenger: How 'Ghost Implicature' or 'A Ghost' Mediates Their Success" として 2006 年に *The Proceedings for the English Language and Literature Studies* (ellsii75) (Faculty of Philology, University of Belgrade), 371-383, に掲載されたものに加筆訂正を加えたものである。

1 Shakespeare が考えた *Hamlet* のグランド・デザイン— 'mind-style' (Fowler 1996) と呼んでもよい—は、談話レベルにおける主題化の構造に反映されている。文学テクストにおける主題化の問題は、虚構発話行為論の枠組みでとらえなおした Kikuchi (2008) を参照されたい。

2 Shakespeare に関する全ての引用は William Shakespeare (1998) *The Arden Shakespeare Complete Works*, edited by Richard Proudfoot, Ann Thompson and David S. Kastan. Walton-on-Thames: Nelson より。

3 Being–Seeming–Being という Shakespeare のグランド・デザインの観点から見ると、次のセリフに用いられた be 動詞と seem 動詞の持つ深い意味合いが理解されよう：(1) OPHELIA: He rais'd a sigh so piteous and profound / And it did *seem* to shatter all his bulk / And end his being.../ He *seemed* to find his ways without his eyes,

(*Hamlet* 2.1.95–98); (2) POLONIUS: That he *is* mad 'tis true; 'tis true, 'tis pity; / And pity 'tis 'tis true. (*Hamlet* 2.2.97–98) なお注5も参照のこと。

4 Wilson (1937: 140) はなぜ亡霊の話と Gonzago の話が平行しているのか疑問を投げかけている。ここでの平行性は観客に Claudius の犯罪を納得させるためだけに準備されていると言えよう。

5 テクストの構成における読者の役割はここでの主要なテーマではない。そのためここでは論じていないが、メッセージの受け手、つまり劇では観客、の果たす役割は Shakespeare は最大限に心得ていたと思われる。*Julius Caeser* の Act 3, Scene 2 からの下のやりとりから、Shakespeare は観客をだますための装置として 'seeming' の果たす効果というものを意識していたと思われる。この語は、劇中のローマの聴衆をだますための手段として用いられている：

ANTONY

 He hath brought many captives home to Rome
 Whose ransoms did the general coffers fill:
 Did this in Caesar *seem* **ambitious?**   90
    ↓
 When that the poor have cried, Caesar hath wept;   92
 Ambition should be made of sterner stuff:
    ↓
 You all did see that on the Lupercal   96
 I thrice presented him a kingly crown,
 Which he did thrice refuse. ***Was*** this **ambition?**
    ↓

4th PLEBEIAN

 Mark'd ye his words? He would not take the crown;   113
 Therefore **'tis certain he *was not* ambitious**.

6 Barton (1929) が指摘しているように、Shakespeare の観客は現代の観客よりももっと法的なものに関心があったようである。観客の 'readiness' に基づいて Shakespeare は法的な問題に満ちた *Hamlet* という劇を作り上げた。観客は、この劇を Eliot (1964) が述べるように、様々なレベルで鑑賞をした。そして、この *Hamlet* が Shakespeare の作品中で最も有名なものとなったということを考えれば、この作品は 'a success' であったということができよう。

参考文献

Barton, Dunbar P. (1929) *Links between Shakespeare and the Law*. Boston: Houghton Mifflin.
Bradley, Andrew C. (1991) *Shakespearean Tragedy*. London: Penguin.
Christie, Agatha (1975) *Curtain*, New York: Dodd Mead.

Eliot, Thomas S. (1964) *The Use of Poetry and the Use of Criticism: Studies in the Relation of Criticism to Poetry in England* (2nd ed.). London: Faber and Faber.

Eliot, Thomas S. (1997) "Hamlet and his Problems." In Thomas S. Eliot, *The Sacred Wood*. London: Faber and Faber. 95–103.

Fowler, Roger (1996) *Linguistic Criticism* (2nd edn.). Oxford: Oxford University Press.

Fuami, Shigenobu (1997) *Essays on Shakespeare's Language: Language, Discourse and Text*. Kyoto: Apollon-sha.

Fukumoto, Hiroji (2004) "*I say* as a Pragmatic Marker in Shakespeare." *Studies in Modern English* 20. 33–53.

Grice, Paul (1975) "Logic and Conversation." In Cole, P. and Morgan, J. L. (eds.) *Syntax and Semantics, Vol.3: Speech Acts*, 41–58. New York: Academic Press Inc.

河合祥一郎 (2000)『謎解き「ハムレット」名作のあかし』三陸書房.

Kikuchi, Shigeo (1999) "*I Told him What I Thought*: Iago's 'Lying' by Implying." In Modern English Association (ed.), *Studies in Modern English* 15, 29–43.

Kikuchi, Shigeo (2001) "Lose Heart, Gain Heaven: The False Reciprocity of Gain and Loss in Chaucer's *Troilus and Criseyde*." *Neuphilologische Mitteilungen* 4 CII, 427–434.

Kikuchi, Shigeo (2006) "Iago, the Murderer; Hamlet, the Avenger: How 'Ghost Implicature' or 'A Ghost' Mediates Their Success." *The Proceedings for the English Language and Literature Studies* (ellsii75) (Faculty of Philology, University of Belgrade). 371–383.

Kikuchi, Shigeo (2007a) *Essays on English Literary Discourse: Medieval and Modern*. Belgrade: Philologia Association.

Kikuchi, Shigeo (2008) "Performative Hypothesis of Literary Discourse." *Online Proceedings for the Poetics and Linguistics Association 2007* (Kansaigaidai University, Hirakata, Japan, 31 July–4 August 2007). (URL: http://www.pala.ac.uk/resources/proceedings/ 2007/)

喜志哲雄 (2008)『シェイクスピアのたくらみ』岩波書店.

Leech, Geoffrey (2008) *Language in Literature: Style and Foregrounding*. Harlow, Essex: Pearson/Longman.

Robertson, John M. (1919) *The Problem of 'Hamlet'*. London: George Allen and Unwin.

Ross, John (1970) "On Declarative Sentence." In Roderick A. Jacobs and Peter S. Rosenbaum (eds.), *Readings in English Transformational Grammar*, 222–272. Waltham, MA: Ginn.

Shakespeare, William (1998) *The Arden Shakespeare Complete Works*. Edited by Richard Proudfoot, Ann Thompson and David S. Kastan. Walton-on-Thames: Nelson.

Webster, Margaret (1942) *Shakespeare Without Tears*. New York: Whittlesey House.

Wilson, John D. (1937) *What Happens in* Hamlet. London: Cambridge University Press.

山本忠雄 (1959)『シェイクスピアの言語と表現』南雲堂.

モダリティと否定

吉良文孝

1. はじめに

　認識的用法としての cannot / can't と must not / mustn't をめぐっては、その扱いに文法家の間で見解の相違が見られる。次の例を見られたい。

（1）　John *can't* be serious.
（2）a.　It is *not* possible that John is serious.　［法性否定］
　　 b.　It is certain that John is *not* serious.　［命題否定］

　（1）における否定接辞 *-n't* は、助動詞としか結びつかないので、否定辞 not は、形態論的には、法助動詞 can を否定していると考えられる。（2a）のパラフレーズに見る「法性否定」としての読みである。しかしながら、意味論的な観点から見ると、可能性（Possibility）と必然性（Necessity）との間には論理的な同義関係（Not Possible ≡ Necessary Not）が見られるため、（1）を（2b）のようにパラフレーズし、can't を「命題否定」とする文法家もいる。
　認識的 must の否定形については、その使用（存在自体）をめぐって諸説ある。Coates(1983: 46) は、'Epistemic MUST does not occur with negation (there are no examples in my samples).' と述べ、Thomson & Martinet(1986[4]: 147) は、'**Must** is not used for negative deduction.' と断じている。他方、Palmer (2003: 10) は、次の例を挙げている。

（3）　The restaurant is always empty. It *mustn't* be very good.

本稿では、主観的／客観的モダリティの観点から、認識的用法の can't は法性否定であることを検証する。さらに、can't と mustn't が用いられる談話構造には違いが見られ、そこには意味の'棲み分け'があることを観察する。

2. 主観的モダリティと客観的モダリティ

認識的 can't が「法性否定」('modality negation')であるのか、「命題否定」('proposition negation')であるのかを考察する前に、モダリティとは何かについて確認しておく必要がある。なぜなら、本稿で主張する原始的な意味原理(主観的モダリティと客観的モダリティの二分法)も、以下に述べるモダリティ要件の1つである「発話の瞬間同時性」から導き出されるものであり、この要件がモダリティと否定を考える上で重要な鍵となるからである。

中右(1994: 46)は、モダリティの概念的定義を次のように規定している。これは、私の知る限り、もっとも厳密精緻なモダリティの定義である。

（4）　モダリティとは発話時点における話し手の心的態度のことをいう。
　　　(中略)また発話時点とは瞬間的現在時の意味に解釈されるものとする。[下線は稿者による。以下同じ]

上でいう心的態度とは、(モダリティとは対極にある)命題内容に対する心的態度である。(4)を平たく換言すれば、モダリティとは、「命題内容に対して話し手が発話の瞬間の現在時に思い描く心的態度」ということになる。ここでの3つの要件、すなわち、「話し手」、「発話時」、「心的態度」の三拍子揃った発話文がもっともモダリティらしい表現となるが、なかでも、「発話時」を「発話の瞬間的現在時」に解釈することが決定的に重要になる。なぜなら、話を先取りすると、発話と瞬間同時的な否定はなく(→§3.)、モダリティが、その定義上、発話の瞬間的現在時における心的態度を表明するものであるならば、モダリティが否定の対象とはなりえないことになるからである。

ここで、中右(1994: §3.5.)での議論に沿って、(単なる「発話時」ではなく)「発話の瞬間的現在時」の要件、引いては、本稿でいう主観的モダリティと

客観的モダリティの意味合いについて確認しておきたい。中右(1994: 46)は、次の(5a)における(一人称主語をとる)法動詞 think の単純現在形には、(5b, c)の日本語文に対応するように、2通りの解釈が許されるという。

(5) a.　I *think* that Tom is a spy.
　　b.　わたしは　トムが　スパイだと　思う。
　　c.　わたしは　トムが　スパイだと　思っている。

2通りの解釈とは、(5b)に見るような(発話と瞬間同時的に生ずる)瞬間的思考作用(「思う」)と、(5c)のような(発話に先立って思い描かれ発話時まで続く)持続的思考作用(「思っている」)の2つである。(5a)に瞬間的思考作用の解釈(「思う」)が許されるのは、思考作用の主体が話し手(一人称)であるためである。ところが、次の例のように、思考の行為主体が話し手以外の者になると、(ト書き(stage direction)などの場合を除いて)瞬間的思考作用の解釈は許されず、(6a)は持続的思考作用の読み(「思っている」)となる。

(6) a.　*Max thinks* that Tom is a spy.
　　b.　マックスは　トムがスパイだと　思っている。
　　c.　*マックスは　トムがスパイだと　思う。

興味深いことに、(6a)において、法動詞 think が過去形になった場合には、think の2つの解釈の違いは問題にはならず、(6c)の非文法性は解消される。先の(4)に示したモダリティたる3要件が、文の意味解釈に微妙にではあるが、しかし、確固とした影響を及ぼしていることが理解されよう。

さて、本稿では、発話と瞬間同時的に生ずる心的態度(モダリティ)を「主観的モダリティ」と呼ぶことにする。上の(5b)で見た「思う」のような瞬間的思考作用の表明態度である。これに対して、(5c)の「思っている」のように、発話に先立って構築されていた心的態度を「客観的モダリティ」と呼ぶ。この「主観」対「客観」のモダリティの二分法は、本稿で扱う「否定」のみならず、「疑問化」や「条件化」といったさまざまなモダリティに関わる文

法現象を説明する上で、重要な意味を持つ。(Cf. 拙論(2005))

上では法動詞を例に見たが、以下、本稿での考察対象である法助動詞を例に主観的モダリティと客観的モダリティの意味合いについて確認する。

（7）a.　It *can't* be the postman. It's only seven o'clock.
　　 b.　She's not answering the phone. She *can't* be at home.
(a-b: Swan 2005^3: 334)

(7a)では、郵便配達人が来るには時間が早すぎることを、(7b)では、電話の応答がないことをその判断材料に、「(…の)はずがない」という査定を下したのである。ここでの can't は、発話と瞬間同時的に表明された心的態度(「(…の)はず」)を否定する「客観的モダリティ」を表わしている。

次の例はどうであろうか。一般には容認されないとされる認識的 must の疑問化と条件節に現れた認識的 will の例である。

（8）　ROB: Well, the purse isn't here, so we'd better look for it at the train station.
　　　SUE: (Why) *must* it be at the station? I could have dropped it anywhere, you know.　　　　　　　　　　　　　　(Leech 2004^3: 92f.)
（9）　If he *won't* arrive before nine, there's no point in ordering for him.
(Comrie 1982: 148)

(8)で must が用いられる理由について、Leech は、"The purpose of Sue's question is to get Rob to reconsider his assumption 'the purse must be at the station'." と述べ、(9)を挙げる Comrie は、"If the proposition 'He won't arrive before nine' had not been contextually given, then the Future Indicative would have been impossible." とコメントしている。両者のコメントからは、(8)と(9)における must と won't は、発話に先立って構築されていた心的態度を'オウム返し'に繰り返したものであることが理解されよう。つまり、本稿でいう「客観的モダリティ」を表わすものである。[1]

3. 発話の瞬間同時性と否定

　はじめに、認知的(物理的)な大原則を確認しておこう。それは、「発話と瞬間同時的な否定(の陳述)は物理的にできない」という大原則である。次の例に見るように、発話の瞬間的現在時を指す文は否定文では現われえない(Cf. 荒木・安井編(1992: *s.v.* performative verb))。

(10) a.　John *passes* the ball to Waters!
　　 b.　*John *doesn't pass* the ball to Waters! ［瞬間的現在の読みに限る］

　このあたりの事情は、日本語においてもまったく同じである。もちろん、次のような発話は、スポーツの実況放送ではよく耳にするものである。

(11)　おっと、ロナウジーニョ、パスしません。ドリブルで突破します。

しかし、厳密に言えば、上の(11)のような否定の発話は、「パスしなかった」という事実を知ってから、つまり、零コンマ何秒か後にせよ、眼前でパスしなかったことを認知してはじめて発話することができるものである。パスしないことを発話と瞬間同時的には知りようがないからである。
　発話と瞬間同時的な否定はないという物理的な制約は、否定文の使用そのものに課される語用論的な制約でもある。われわれは、普段何気なく否定文を口にするが、否定文は、談話構造上の制約によって、ふつう、談話の始めには用いられない。Givón(1978: 79f.)によれば、例えば、友人と出会って、What's happening? と聞かれた際の受け答えとして、(12a)はよいが、(12b)のように答えると奇異に響くという。

(12) a.　Oh, my wife's pregnant.
　　 b.　!Oh, my wife's *not* pregnant.

(12b)の受け答えが適切ではないのは、否定命題が新情報として与えられる

には談話上の制約があるからである。中野(1993: 126ff.)は、否定文が発話される場合に必要となる語用論的前提の一つとして「文脈条件」を挙げているが、これは、発話と瞬間同時的な否定はないことを裏打ちするものである。以下、文脈条件について、中野(1993)での説明に沿ったかたちで解説を試みよう。例えば、次のような否定文が、

(13)　John is *not* an American.

発話されても不自然とならない状況は、当該の否定文の否定辞を除いた部分(すなわち、肯定命題[John-be-an-American])が、先行する文脈で話題となっているか、あるいは、先行の文脈によって(当該の肯定命題が)含意されている場合であるという。例えば、次のような脈絡である。

(14)　A: Is John an American?
　　　B: No, he is *not* (an American).
(15)　John lives in New York, but he is *not* an American.

(14)では「ジョンがアメリカ人である」か否かの真偽が話題となり、(15)では、先行文(John lives in New York.)が「ジョンがアメリカ人である」ことを含意する(聞き手に想起させる)ために否定文の使用が可能となる。否定文を発話するためのこのような文脈上の条件が「文脈条件」である。否定文を発するためにはこのようなお膳立て(語用論的前提)が必要となるが、このことは、発話と瞬間同時的な否定はないことの証左でもある。
　以上の考察から、発話と瞬間同時的な否定はないということが確認された。この理屈をモダリティと否定にあてはめ考えると、モダリティが発話と瞬間同時的な心的態度を表わすものであるならば、認識的 can't の否定辞 not は can に結びつくこと(=法性否定)はなく、したがって、can't は命題否定ということになる。しかし、ことはそれほど単純ではない。次節では、can't をめぐる先行研究を概観し、認識的 can't を法性否定と見てよい理由について検証する。

4. 客観的モダリティと認識的 can't と否定

本節では、認識的 can't と否定の関係について考察する。can't を法性否定と見るか、命題否定と見るかは学者の間で意見が異なる。冒頭に示した文、

(16) John *can't* be serious.

に対して、Quirk *et al.*(1985: 795) をはじめとして、Palmer(1990[2]: 60)、Huddleston & Pullum(2002: 175)、Leech(2004[3]: 94)などは、It is *not* possible / *im*possible that John is serious. とパラフレーズし、法性否定の立場をとる。数の上ではこちらの方が多数派である。一方、安藤(2005: 280)は、(16)を It is certain that John is *not* serious. とパラフレーズする命題否定の立場をとる。これは、次に示す Halliday のモダリティに関わる原理的な説明を拠り所とするものである(下線は稿者による)。

(17) 'There is no such thing, therefore, as a negative modality; <u>all modalities are positive</u>. This is natural, since a modality is an assessment of probability, and there is no such thing as a negative probability. A modality may combine, of course, with a thesis which is negative; but <u>the modality itself is not subject to negation</u>...'(Halliday 1970: 333)

つまり、モダリティが話し手の事態実現に対する査定(値)を表わすのであれば、その値は常にプラス(positive)でなければならず、したがって、モダリティ自体が否定されることはない、という理屈である。前節で、発話と瞬間同時的な否定は物理的にないという旨のことを述べたが、そのことはモダリティの意味概念の上からも支持されるものである。すると、いよいよ否定辞 not は can に結びつくことはなく、認識的 can't は命題否定ということになりそうである。しかし、can't は、あくまでも法性否定である。その妥当性は、can't が用いられる談話構造に見出される。

では、認識的 can't が用いられる環境(談話構造)とはどのようなもので

ろうか。中野(1993: 124)は、冒頭に挙げた次の(18)について、(19)のように述べている(柏野(2000: 224)にも同様の指摘が見られる)。

(18) John *can't* be serious.
(19) 客観的認識的法性を表す can$_E$ の否定形は can$_E$ の意味を否定する法性否定となり、これを含む文〔=(18)〕は、「ジョンは本気である」という肯定命題が真である可能性はないという、肯定命題についての否定的判断を表す。

つまり、can't が用いられる環境とは、肯定命題が先行し、第三者(時に、話し手自身)によって下された肯定命題中の査定に対して、「それは違う」という話し手の否定的判断を表明する場合(=「法性否定」)である。次のような談話の流れがその典型である。下線部が先行する肯定命題を表わす。

(20) X: Will you answer the phone? <u>It may be your mother.</u>
    Y: No, it *can't* be your mother. She doesn't know my phone number.
    (江川 1991[3]: 291)
(21) "Why are you crying like that, Mama?"
    "Because I know what you're feeling." Esther wiped her eyes with her hand. "Don't do anything, Paula. Just let him go. <u>It's the best thing.</u>"[2]
    "It *can't* be the best thing."
    "Don't trick him or try to trap him."
    Paula gave her mother a hard look. "But I'd never do something like that. Never!" (S. P. Smith, *An Officer and a Gentleman*)
(22) 〔Someone is knocking at the door.〕
    (It may be Mary. But <u>*can* it be Mary?</u>) No, it *can't* be Mary. She is in Moscow. 〔Azar(1999[3]: 179)を一部修正。丸括弧内は独り言。〕

(20)と(21)では、相手の下した肯定命題中の査定(「君の母親かもしれない」、「それが一番<u>よ</u>」)が、そして(22)では、話し手自身による査定が否定さ

れている。つまり、これらの can't は、発話時よりも前に構築された査定(その時点では主観的モダリティを表わす)を否定するものであり、いわば、客体化された査定、つまり、2節で見た「客観的モダリティ」を表わしている。

　以上の考察から、認識的 can't における否定辞 not は、厳密な意味における発話と瞬間同時的なモダリティの否定ではなく、発話よりも前に構築されていた査定を否定する客観的モダリティを表わすものであることが確認された。Halliday が言うように、「否定のモダリティ」はないが、「モダリティの否定」はあると考えればよいのである(Cf. 安井(2004: 59ff.))。

5. 認識的 mustn't が用いられる談話構造—can't との棲み分け

　認識的 mustn't は、'It is certain that ... *not* ...'(「…でないに違いない」)を表わし、命題否定となる。[3] 否定形 mustn't については、冒頭に示した Thomson & Martinet のように、その存在そのものを認めない文法家もいるが、must の否定形が最近の英語、特にアメリカ英語で用いられるというのも事実である。[4] ただ、その使用に際しては、義務的に用いられる談話構造があることを押さえておく必要がある。その談話構造とは、中野(1993: §3.2.1.)や柏野(2000: 224)が指摘しているように、否定命題に対する話し手の肯定的判断を表わすというものである。したがって、否定文、あるいは否定を含意する文が先行し、帰納的結論('The only possible conclusion is that ... *not* ...')を下すことになる。次の例がその典型である。

(23)　Sam isn't eating his food. He *must not* be hungry.　　　(Azar 1999: 178)
(24)　I haven't heard Molly moving about. She *mustn't* be awake yet. Her alarm *mustn't* have gone off.　　　(Swan 1995[2]: 342)

この認識的 must の否定形が表わす「否定命題に対する話し手の肯定的判断」は、前節で見た認識的 can't の表わす「肯定命題に対する話し手の否定的判断」の対極にある。法性否定の can't との棲み分けである。

最後に、can't と mustn't の論理的な同義関係(Not Possible ≡ Necessary Not)について一瞥し本稿の結びとしたい。can't と mustn't には、否定辞 not を介して同義関係があるとは言うものの、表現形式が違うわけだから、そこには必ず意味の違いがあるはずである。can't も mustn't も、否定の査定を下すものであるが、その否定に対する断定度(表明態度のありよう)には違いがある。結論から言うと、can't よりも mustn't のほうが断定的で直接的な表現といえる。両者を比較して、安井(2004: 63)は、「内部否定［= mustn't］のほうが、いわば切り込みが深く、情報量が多く、それだけきつい表現になっている」と述べているが、これは実に示唆的な指摘である。can't と mustn't の違いは、次の例において、I *don't* think ... とはせずに、I think that ... *not* ... と表現したこととパラレルである。

(25) "It should be most happy to go down with you if I should not be in the way," said I. "My dear, Watson, you confer a great favour upon me by coming. And I think that your time *will not* misspent, for there are points about this case which promise to make it an absolutely unique one. ..."

(Conan Doyle, *The Memoirs of Sherlock Holmes*)

上の例は、名馬銀星号(*Silver Blaze*)の失踪事件を描いた冒頭の部分である。発話者(Holmes)は、随行することが決して無駄にはならないことを確信をもって強調するために think ... not ... の形をとったのである。I don't think ... と I think ... not ... には違いがあるのと同様に、can't と mustn't は平行して存在する形ではあるが、両者には、やはり、違いがある。

6. おわりに

本稿では、主観的/客観的モダリティの観点から、認識的用法の can't は法性否定であることを検証し、can't と mustn't が用いられる談話構造には違いが見られ、そこには意味の'棲み分け'があることを観察した。

注

1 本稿でいう客観的モダリティとは、「発話と瞬間同時的には発現しえず、発話に先立って構築されていた査定を受け、客体化の過程を経たモダリティ」のことを指す。一方、主観的モダリティとは、「発話と瞬間同時的に発現した心的態度」である。したがって、Lyons(1977: 797f.)でいう命題判断(査定)に対する話し手の係わり(commitment)としての主観・客観ではない。ゆえに、本文(22)における独白文内の査定は、話し手自身による査定ではあるものの、その査定は客観的モダリティを表わすものである。

2 ここでの先行文(It's the best thing.)は、Lyons(1977: 750)が「定言的断定文」(categorical assertions)と呼ぶモーダルを含まない文であるが、これも一種のモダリティ表現といえる。中右(1994: 75)が「モダリティの無標の場合」と呼ぶもので、話し手による心的態度(「確信」)が表明されている。次の例を見られたい。

    (i)   ??John has two PhDs but I don't believe he has. (Levinson 1983: 105)
    (ii)   *The cat is on the mat but I do not believe it is. (Austin 1975[2]: 48)

上の文が容認されないのは、先行文と but 節(こちらのほうはモーダル文)との間に矛盾をきたすからである。これは、先行文にはモーダルが含まれてはいないものの、それが話し手による心的態度(＝主観的モダリティ)を表わしていることの証左である。なお、上の文は容認度が低いとされているが、先行文(John has two PhDs / The cat is on the mat)を第三者による発言がオウム返しにそのまま繰り返されたもの(＝客観的モダリティ)として解釈すれば、後行文(but 節)との間に衝突(矛盾)が起こることはなく、(i)も(ii)も適格文となる。

3 認識的 must の否定は、本来、命題否定であるが、次の例における mustn't は、must 自体を否定する法性否定である。

    (i)   He must be very happy with his work. — Oh, no, he *mustn't*. It's not really as interesting as it may seem. (Declerck 1991: 407)
    (ii)   It must be nice to be a cat, *mustn't* it? (Swan 2005[3]: 342)

(i)では、先行文における査定(must)が間髪を入れず否定されたものであり、Halliday(1970: 333)が「動詞の反駁消去」('verbal crossings out')と呼ぶ現象である。(ii)の付加疑問文中の mustn't も理屈は同じである。言うまでもなく、これらの mustn't は、客観的モダリティを表わす。

4 Quirk *et al.*(1985: 225)や Swan(2005[3]: 334, 337)などを参照のこと。

参考文献

荒木一雄・安井稔編(1992)『現代英文法辞典』三省堂.
安藤貞雄(2005)『現代英文法講義』開拓社.
Austin, J.L. (1975[2]) *How to Do Things with Words*. Oxford: Clarendon Press.
Azar, B.S. (1999[3]) *Understanding and Using English Grammar*. New Jersey: Prentice Hall Regents.
Coates, J. (1983) *The Semantics of the Modal Auxiliaries*. London: Croom Helm.
Comrie, B. (1982) "Future Time Reference in the Conditional Protasis." *Australian Journal of Lingiuistics* 2, 143–152.
Declerck, R. (1991) *A Comprehensive Descriptive Grammar of English*. Tokyo: Kaitakusha.
江川泰一郎(1991[3])『英文法解説(改訂三版)』金子書房.
Givón, T. (1978) "Negation in Language: Pragmatics, Function, Ontology." In P. Cole (ed.), *Syntax and Semantics* 9: *Pragmatics*, 69–112. New York: Academic Press.
Halliday, M.A.K. (1970) "Functional Diversity in Language Seen from a Consideration of Modality and Mood in English." *Foundations of Language* 6, 322–361.
Huddleston, R. and G. Pullum. (2002) *The Cambridge Grammar of the English Language*. Cambridge: Cambridge University Press.
柏野健次(2000)「can'tの表す2つの意味」『英語青年』第146巻4号, 12–13. 研究社.
吉良文孝(2005)「主観的/客観的モダリティと「否定」、「疑問化」、「条件化」」『英語青年』第151巻4号, 42–45. 研究社.
Leech, G.N. (2004[3]) *Meaning and the English Verb*. London: Longman.
Levinson, S.C. (1983) *Pragmatics*. Cambridge: Campridge University Press.
Lyons, J. (1977) *Semantics* II. Cambridge: Cambridge University Press.
中右実(1994)『認知意味論の原理』大修館書店.
中野弘三(1993)『英語法助動詞の意味論』英潮社.
Palmer, F.R. (1990[2]) *Modality and the English Modals*. London: Longman.
Palmer, F.R. (2003) "Modality in English: Theoretical, Descriptive and Typological Issues," In Facchinetti, R., M. Krug and F. R. Palmer (eds.), *Modality in Contemporary English*, 1–17. Berlin: Mouton de Gruyter.
Quirk, R., S. Greenbaum, G. Leech and J. Svartvik. (1985) *A Comprehensive Grammar of the English Language*. London: Longman.
Swan, M. (1995[2], 2005[3]) *Practical English Usage*. Oxford: OUP.
Thomson A.J. and Martinet, A.V. (1986[4]) *A Practical English Grammar*. Oxford: OUP.
安井稔(2004)『仕事場の英語学』開拓社.

Pronominal Features and Conventional Implicature

Eric McCready

1. Introduction

This paper considers the semantics of pronominal gender; that is, of the gender marking on pronouns in sentences like those in (1):

(1) a. He is a snob.
   b. She is really really pretty.

A widely accepted notion—though, to my knowledge, not one that anyone has argued for specifically—is that pronominal gender introduces a presupposition to the effect that the referent of the pronoun has the gender in question. This account, made explicit and put together with a general theory of presuppositional behavior, makes predictions about the contexts in which gender features should presuppose things about their referents. These issues are addressed in Section 2. As it turns out, the predictions made are not completely correct. Standard theories of presupposition projection predict that presuppositions introduced in complex sentences are projected in contexts where the presupposition is not satisfied in any subcontext introduced by the sentence, as will be made clear in Section 2. However, even when the presupposition is satisfied by information in e.g. conditional antecedents, as in (2), it still 'projects,' indicating that a presuppositional analysis may not be the right one.

(2) If John was a woman, #she/he would be very pretty.

In Section 3, I suggest that pronominal gender should be analyzed in terms of conventional implicature. After explaining the notion, I show that pronominal gender features have all the characteristics associated with this kind of meaning, and sketch a formal analysis.

There are, however, contexts in which pronominal features exhibit peculiar behavior, given that they are analyzed as introducing conventional implicatures. These are conditional contexts in which a conditional claim is made about the way in which one would talk about some individual; that is, contexts in which one makes claims about language use in particular. I have in mind examples like (3):

(3)   If John was a woman, we would/might say that she/he is very smart.

Here it is plainly not the case that the presupposition projects, something actually predicted by the presuppositional analysis. This introduces a tension between the analysis of pronominal gender in 'ordinary' conditionals like(2)and those in (3). How can this tension be resolved—which analysis generalizes? I argue that the conventional implicature analysis does, given that we assume that the consequents of conditionals like (3) involve mixed quotation. This is the subject of Section 4. Section 5 concludes and points out some interesting features of the analysis and discussion.

2. Presupposition and Pronominal Gender

As mentioned above, people often tacitly accept that pronominal features introduce presuppositions. (Sauerland (2006) is one random example.) In this section I will first provide some background on the notion of presupposition, and then proceed to giving a semantics for pronominal gender as presupposition. It will be shown that some wrong predictions are made by this theory.

2.1. Background on Presupposition

At base, the presuppositions of a given sentence are just those things which must be taken for granted in order for the sentence to be appropriate. This notion is meant to contrast with the assertion of a sentence, which can be analyzed as just comprising its truth conditions, disregarding the contribution of speech acts. Presuppositions are introduced by presupposition triggers: lexical items or syntactic constructions responsible for the presence of a presupposition. Some examples of presupposition triggers are definite descriptions and factive verbs. Consider the following examples:

(4) a. John saw the man in the driveway.
  b. John knows that it is raining.

(4a) is not appropriate if there is no man that the speaker and hearer can both identify, or, if they cannot do so, if the hearer is not willing to accept that there is such a man (via the process of presupposition accommodation). (4b) is not appropriate if it is not actually raining, or, again, if the hearer is not willing to accept that it is. This can clearly be seen by considering the case in which these sentences are judged false. The presupposition survives, though the asserted content does not. Contrast the examples in (4) with those in (5), which differ only in the substitution of an indefinite for the definite in (4a), and a nonfactive verb for the factive verb in (4b).

(5) a. John saw a man in the driveway.
  b. John thinks that it is raining.

If (5a) is false, nothing is implied about the existence of any man (but John); if (5b) is false, it may or may not be raining. Here we can clearly see the effect of the presuppositions in (4).

Presuppositions have two properties that are crucial for our purposes. The first is known as presuppositional invariance. This can already be seen in the contrast between (4) and (5), though in an oblique way. Invariance refers to the fact that semantic operators do not, in general, eliminate presuppositions. Consider, for example, factive verbs, as in (4b). We can apply a variety of operators to sentences containing factive verbs, but the presupposition always remains the same, despite the fact that the asserted content changes.

(6) a. John doesn't know that it is raining.
  b. John might know that it is raining.
  c. Does John know that it is raining?
  d. If John knows that it is raining, he won't come to the party.
  e. If John watches the weather report, he will know that it is raining.

(6) exhibits modification with a variety of semantic operators: negation, an epistemic existential modal, a question operator, and the conditional operator (where the factive verb is shown both in antecedent and consequent of the conditional). In all cases, the presupposition remains the same, although the assertion changes, or even, in the case of (6c), disappears entirely.

There are few exceptions to invariance. One involves metalinguistic negation: the case where negation applies not to the asserted content but rather, in some sense, to the form of the statement or the way it is couched (Horn 1989 provides extended discussion). For example, (7) could be used when one wished to object to the proposition that France has a king.

(7) No, the king of France wasn't at the party last night; there is no king of France. That was the king of Lithuania.

We will see something related to cancellation of this kind in the following. The other exception involves what is known as presupposition projection. Presuppositions ordinarily project out of complex sentences, as seen in (6d, e), where the presupposition—that it is raining—projected out of conditional antecedent and consequent. However, there are exceptions. The one that will concern us can be summed up as follows.

(8) Take a sentence s of the form p=>q, i.e. a conditional construction, and suppose that q presupposes that r, and further that p entails r. Then s does not presuppose r.

Two examples of this situation is (9a, b). Here p = r in the above schema.

(9) a. If it is raining, then John knows that it is raining.
    b. If there is a king of France, then the king of France must be very rich.

With this background, we can turn to the analysis of pronominal gender as presuppositional.

2.2. Pronominal Gender as Presupposition

The basic idea is simply that gender features are presuppositional in nature. Let us assume a standard type-theoretic picture of semantic meaning, and further take presuppositions to act as definedness conditions on the functions denoted by predicates, roughly in the manner of Beaver (2001). In this framework, we can take gender features to have denotations as in (10):

(10) a. [[pro+masc]] = {x is male}x
 b. [[pro+fem]] = {x is female}x

Here I have enclosed presuppositional material in curly braces. These denotations take pronouns to denote individual variables, and to presuppose something about the gender of the value of the variable. In sentences like those in (1), this will yield denotations like those in (11). Here 'very' is taken to denote a function from predicates to predicates, i.e. a semantic modifier.

(11) a. {x is male} snob (x)
 b. {x is female} very (pretty)(x)

This effectively spells out the standard assumption about the meaning of pronominal gender features. But is this analysis really justified? We have seen two aspects of the behavior of presuppositions that warrant examination. The first is invariance. The second is presupposition projection. Let us look at each in turn.

How does the presupposition analysis fare with respect to invariance? Let us see. (12) provides a number of examples in which some semantic operator scopes over a pronoun. If it remains the case that the value of the variable denoted by the pronoun is required to have the relevant gender for the sentence to be felicitous, then pronominal gender behaves as expected if its meaning is presuppositional in nature.

(12) a. He didn't go to the party. (with wide scope for negation)
 b. He might go to the party.
 c. Did he go to the party?
 d. If he goes to the party, he will be satisfied.
 e. If the party looked cool, he probably went.

All of these examples indicate that the individual picked out by 'he' is male; if this individual is female, the sentences are highly strange. We can conclude that the invariance test is passed.

How about presupposition projection? Recall that presuppositions project in conditionals, as seen in (12d, e), unless the situation described in (8) holds: that is, presuppositions in conditional consequents project unless they are entailed by the antecedent of the conditional. (13) presents the relevant examples.

(13) a. If Mary was a boy, he would probably play baseball.
 b. If John wasn't male, she would not have got her current job.
 c. If John was a woman, she might be happier.

Whatever the truth value of these conditionals, they have a very peculiar quality. In each case, on the most obvious reading, the pronoun is read as picking out an individual that is distinct from that named in the conditional antecedent. It is very difficult to understand both antecedent and consequent as talking about the same individual. Nonetheless, the antecedent entails the presupposition—the gender statement about the subject of the subordinate clause—in each case, as per the schema in (8). But this is not expected on the assumption that pronominal gender is best understood as presuppositional. The projection facts therefore look like a serious problem for this treatment of gender features. In the next section, I will explore what I take to be a more adequate treatment in terms of conventional implicature.

3. Conventional Implicature and Pronominal Gender

This section takes the same approach as the last: I first lay out background on the notion of conventional implicature, and then turn to an application of the theory to the case of pronominal gender features. I show further that this analysis is capable of explaining the facts in (12) and (13).

3.1. Background on Conventional Implicature

Conventional implicature has been a topic of interest in linguistics and philosophy going back to Grice (1989). It has been revived in recent years, first with Bach (1999) questioning the whole concept, and then with Potts (2005) providing a linguistically rich exploration of possible instances of conventional implicature and a formal system for their analysis. In this paper I will work with Potts's characterization.

Potts provides several kinds of examples of expressions introducing conventional implicatures. In this paper, I will take so-called supplementary expressions as the main class for expository purposes. These are expressions as in (14):

(14) a. John, a banker, is very poor these days.
    b. The banker, a runner, was quite fit.
    c. The runner, who had had a large breakfast, failed to finish the marathon.

(14a, b, c) each contain appositive expressions. (14a, b) include nominal appositives, and (14c) includes a relative appositive. These appositive expressions, Potts argues, introduce conventional implicatures.

According to Potts, conventional implicatures have four identifying characteristics.

(15)   Characteristics of conventional implicatures
    i. CIs are part of the conventional meaning of words
    ii. CIs give rise to entailments (are commitments)
    iii. CI commitments are commitments of the speaker
    iv. CI commitments are compositionally independent of 'what is said'

These conditions amount to the following. (15i) forces conventional implicatures to be associated with particular lexical items (or constructions, as in the case of appositives). (15ii) indicates that, unlike conversational implicatures, the conventionally implicated content is not cancellable, as can be seen by the contrast in (16):

(16) a. John ate some of the cookies. In fact, he ate them all. (not a contradiction)
    b. John, a banker, is very poor these days. In fact, he is not a banker. (contradiction)

(15iii) indicates that conventional implicatures are always speaker-oriented; so even if the conventionally implicating expression is placed in the scope of an attitude verb with subject different from the speaker, the commitment introduced by the conventional implicature is the speaker's responsibility.

(17)   Mary thought that John, a banker, was very poor.

(17), for instance, says that Mary thought that John was very poor; it does not say that Mary thought John was a banker. This is a commitment of the speaker. Finally, (15iv) says that conventional implicatures do not interact with asserted content. This is just to say that conventionally implicated content is not altered or otherwise satisfied by what is asserted.

For our purposes here, (15iv) means two things. First, it means that conventional implicatures have properties similar to presuppositions in terms of invariance. Since they are independent, by (15iv), of asserted content, semantic operators living in the asserted content will not apply to them; this means that conventional implicature is invariant under operators, just as presuppositions are. (18) provides examples.

(18) a.   It is not the case that John, a banker, is very poor.
   b.   John, a banker, might be very poor.
   c.   Is John, the banker, very poor?
   d.   If John, the banker, is poor these days, then he will probably sell his Ferrari.
   e.   If his investments all go down the tubes, then John, the banker, will lose his shirt.

Clearly, in all these cases, the conventional implicature that John is a banker does not interact with the semantic operators, and 'projects' as a speaker commitment in each case.

However, (15iv) implies one more thing that distinguishes conventional implicatures from presuppositions in terms of projection behavior. Since conventionally implicated content is completely independent of asserted content (in theory at least), situations like that in (9) will never arise. This is just to say that the schema in (8) cannot hold for conventional implicatures; unlike presuppositions, they cannot be satisfied by conditional antecedents. And, indeed, this is correct, as evinced by (19):

(19) a. If John is a banker, then John, a banker, might be poor these days.
b. If the banker is a runner, then the banker, a runner, is very fit.

These sentences plainly imply that the content of the appositive is true. (19a) indicates that John is a banker, and (19b) that the banker is a runner. Their peculiar and infelicitous quality comes from the fact that, given this implication, their antecedents are already satisfied; thus, the expressions are unnecessarily complex, and strange for Gricean reasons related to the maxim of Manner.

3.2. Pronominal Gender as Conventional Implicature

Recall that the problem we had with the presuppositional analysis of pronominal gender involved presupposition projection in conditionals. Specifically, a presuppositional analysis predicts the possibility of 'binding' the gender presupposition in conditional antecedents, in cases where the presupposition is introduced in the consequent: that is, cases like (13). This prediction was not correct. I will now show that an analysis on which pronominal gender introduces a conventional implicature makes the correct predictions.

In this paper I will keep the discussion relatively informal, but it is helpful to briefly explain how the Potts system works. The basic idea is that conventionally implicated content is 'shunted' to a distinct dimension of meaning. It is possible for single lexical items to introduce both conventionally implicated and 'at-issue' content; in fact, this is the usual case. The conventional implicature dimension is then interpreted at the level of the model theory in the usual way (though relativized to the speaker); however it does not interact with at-issue operators, because it has already been moved to the conventional implicature dimension.

In the present case, it is clear how this will operate. We need only modify the analysis in (10) in such a way that the content about gender is conventionally implicated rather than presupposed. With this, this content will be interpreted in the conventional implicature dimension, and thus is independent of at-issue operators (and content), making it unable to be bound in conditional antecedents. (20) provides the concrete lexical entries. I use the notation @{p} to indicate that p is conventionally implicated.

(20) a. [[pro+masc]] =@ {x is male} x
    b. [[pro+fem]] =@ {x is female} x

This move will have two effects. First, it will cause pronominal number not to interact with semantic operators, producing a kind of invariance: we already saw in (12) that this is the correct prediction. Second, it will disallow binding in conditional antecedents, so the content of pronominal gender will always 'project' from conditionals. As seen in (13), this is as desired. I conclude that an analysis in terms of conventional implicature is preferable to one in terms of presupposition, contrary to the prevailing winds in the literature.

4. Conventional Implicature and Mixed Quotation

Plainly the conventional implicature analysis is to be preferred to the analysis in terms of presupposition. However, it was already mentioned in the introduction that there are contexts in which the conventional implicature is not projected from conditionals. These are contexts like that found in (3), repeated here as (21):

(21)   If John was a woman, we would/might say that she/he is very smart.

Here, use of the feminine pronoun 'she' is fine, despite the fact that John is actually male (by assumption), and despite the prediction of the analysis that the conventional implicature carried by 'she' that John is female (after resolution of the variable to the individual denoted by John) does not interact with conditional content. This a priori looks like a wrong prediction of the analysis—and even a place where the presupposition analysis looks superior. What can be said about this? Is this fatal for the conventional implicature story?

In this section I will sketch a treatment of sentences like these that shows that such examples actually provide indirect support for the conventional implicature analysis. The reason for this difference is the presence of the verb 'say' in the conditional consequent. 'Say' has, of course, one instantiation as a verb of quotation. Directly quoted objects are inert for the purposes of semantic combination in many cases, as noted by many authors (e.g. Davidson (2001)). If this is the case, and if the clause in the consequent of (21) is quoted, there is no expectation of a speaker-oriented conventional implicature arising. This does seem the right analysis, in broad strokes. The attempt to make the picture fully explicit, however, raises several questions.

First, what kind of quotation is being made use of here? The two obvious possibilities are direct and indirect quotation. One useful test that distinguishes the two is the possibility of binding/quantifying in (cf. Maier (2006)). In (21), since the pronominal in question is singular, we must modify the example slightly to use the test. (22) does this.

(22)   If every man existing was actually a woman, then, for each of them, we might say that she is very feminine.

This sentence is slightly hard to parse, and its truth value is highly indeterminate; but it is clearly the case that binding of 'she' by 'each of them' is possible. We can take this to indicate that we are not dealing with direct quotation of a clause. However, does this mean that the entire clause is being quoted, indirectly? Not necessarily. But the prior question is this: who is being quoted? The subject of the main clause is 'we,' which indicates that we ourselves are. But, of course, we need not have said that any particular individual is feminine for (22) to be true; it need only be the case that we might do so. This indicates that we are dealing with counterparts of ourselves in the possible worlds in which the conditional consequent is being evaluated: on standard possible-worlds analyses of conditional semantics (cf. Lewis (1973)), this means the counterparts of ourselves in those worlds most similar to our own where the antecedent is true. I will not be more precise here.

Is the entire consequent clause being indirectly quoted, then? Let us consider what happens with conventional implicatures in indirect quotation.

(23)   John said that Mary, a swimmer, won the prize.

Here, plainly, it is the speaker of the sentence who is committed to the proposition that Mary is a swimmer, not the subject of the sentence John. As it turns out, this is a feature of all indirect quotation with respect to conventional implicature. So if we analyze the consequents of (21) and (22) as involving indirect quotation, we will make a wrong prediction: that speaker of these sentences is committed to the conventionally implicated content in those consequents. And they cannot be direct quotation, because quantifying in is possible.

I suggest that we are actually dealing with a more complex phenomenon: mixed quotation. Mixed quotation is a situation in which only part of a clause is quoted, as in (24):

(24)　Jerry apparently doesn't want to be seated next to "that idiot Arnold." I think he's a great guy though.

In (24) only "that idiot Arnold" is quoted from Jerry's original utterance. The speaker is not committed to Arnold's being an idiot, as can be seen from the continuation, in which the speaker explicitly expresses that she thinks Arnold is not an idiot. Instead, the conventional implicature associated with 'idiot' is tagged to Jerry, the speaker of the original utterance. This is, of course, precisely analogous to what we saw in (21) and (22). I therefore suggest that the pronouns are quoted, but only the pronouns.

(25)　If John was a woman, we would say that "she" is very smart.

As Maier (2006) has shown, mixed quotation allows for quantifying in; so this approach can also handle examples like (22). But we further expect that the conventional implicature stemming from the gender features on the pronouns is associated with the individual who made the original, quoted utterance: in this case, our counterparts in the closest worlds verifying the conditional antecedents. With this move, the conventional implicature analysis is saved. Of course, the same would apply to presuppositions, so the choice turns on the projection behavior of the meaning of the gender features, just as before.

5. Conclusion

I have shown that gender features on pronouns are best analyzed as conventional implicatures. I suspect that the net can and should be cast wider, and that there are many other expressions of this kind that introduce conventional implicatures. Specifically, I have in mind things like gender and number morphology in languages that make use of such, classifier elements in numeral classifier constructions, and other functional morphemes. It has been a standard move for researchers to conclude that this or that bit of meaning is presuppositional in character if it is neither asserted nor conversationally implicated. The attention given to conventional implicature in recent years, and the greater understanding of the domain of pragmatic meaning that comes with it, means (in my opinion) that many of these perhaps hasty conclusions should be reexamined, especially with regard to their behavior in presupposition projection.

References

Bach, Kent (1999) "The Myth of Conventional Implicature." *Linguistics and Philosophy* 22(4): 327–366.

Beaver, David (2001) *Presupposition and Assertion in Dynamic Semantics*. Stanford: CSLI Publications.

Davidson, Donald (2001) Quotation. *In Inquiries into Truth and Interpretation*. Oxford: Clarendon Press, 2nd edn. Originally published in *Theory and Decision* 11.

Geurts, Bart and Emar Maier (2005) "Quotation in Context." *Belgian Journal of Linguistics* 17(1): 109–128.

Grice, Paul (1989) *Studies in the Way of Words*. Cambridge, Mass: Harvard University Press.

Horn, Lawrence (1989) *A Natural History of Negation*. Chicago: University of Chicago Press.

Lewis, David (1973) *Counterfactuals*. Princeton: Harvard University Press.

Maier, Emar (2006) *Belief in Context: Towards a Unified Semantics of De Re and De Se Attitude Reports*. PhD Thesis: University Nijmegen.

Potts, Christopher (2005) *The Logic of Conventional Implicatures*. Oxford: Oxford University Press.

Sauerland, Uli (2006) "On the Semantic Markedness of Phi-Features."In Daniel Harbour, David Adger, and Susana Bejar (eds.), *Phi-Theory*, 57–82. Oxford: Oxford University Press.

事態把握の類型
属性叙述文の認知図式化に関する提案*

町田　章

1. 導入

　一般に英語では、他動詞の目的語に立つ項を受動化せずに主語として表現することができる。例えば、(1)のような他動詞文は、(2)のように表現することができる。

(1) a. The strong wind opened the door.
　　b. They sell this book.
(2) a. The door opened.
　　b. This book sells well.

(2)の文は一見同じ構造をとっているように見えるが、一般に、(2a)は能格動詞 open の自動詞用法とされるのに対し、(2b)は他動詞 sell の中間構文(中間態)と呼ばれ、能格動詞の自動詞用法とは区別される。このような相違を認める根拠として、両者には総称性、副詞表現の不可欠性、自発性など、いくつかの点で差異が見られる(松瀬・今泉 2001、鷲尾 2001、吉村 2001、谷口 2005 を参照)。例えば、(2a)は(3a)に示すように all by itself を伴うことができるのに対し、(3b)はこれを伴うことができない。これは、(2a)のような能格自動詞構文が自発的な事態を表すのに対し、(2b)のような中間構文は自発的な事態を表すことはできず、プロファイルされた事態の外側に何らかの動作主(エネルギーの起点)が存在することを含意しているためである。

(3) a. The door opened all by itself.
　　b. *This book sells well all by itself.

Langacker(2004)は(3)の容認性の差異をプロファイルの差異とし、図式を用いて説明している。図1は能格自動詞文(2a)を表し、図2は中間構文(2b)を表している(Langacker 2004: 85 一部改)。図1では、円が tr である the door を表し、tr から伸びている矢印が動詞 open の表すプロセスを表し、太線で表されている部分はプロファイルを表している。[1] 図2は基本的に図1と同じプロファイルを示しているが、tr に対し二重矢印が伸びている点で異なる。この矢印はプロファイルされていないエネルギーを指し、外部からの何らかのエネルギーが tr に働きかけ sell well という事態を引き起こしたことを表している。つまり、能格自動詞構文と中間構文の相違点は、中間構文では tr はエネルギーの起点ではないということである。

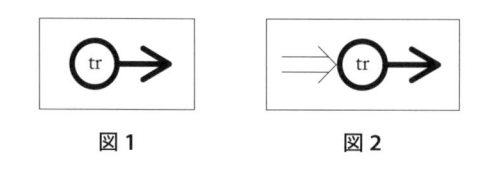

図1　　　図2

　上記の図式は、一見、能格自動詞構文と中間構文の事態把握の差異を的確に表しているように見える。しかし、このままの図式では、正確さに欠けていると言わざるをえない。中間構文は個別的事態ではなく総称的事態を表すとされているが、上記の図式にはこの点が反映されていない。つまり、(2a)は個別的事態を表すのに対し、(2b)は総称的事態(tr の属性描写)になっているという事実が上記の図式では図示されないのである。これは、ともに tr の属性描写となっている(4)の共通性を図式に反映させることができないことにもつながる。[2]

(4) a. This book sells well.
　　b. John runs fast.

本研究の目的は、人間の事態把握の仕方に二つのモードが存在することを提案することである。この事態把握モードを認知文法(Langacker 1990, 1999, 2008)の枠組みに従い図式化することによって、英語の中間構文、tough 構文、受身文に共通する事態把握のあり方を考察する。

2. 事態把握の類型

　人間が眼前の事態を知覚する際に、少なくとも二つの事態知覚のあり方が考えられる。一つは、二つの参与者の間に何らかの関係が生じたことを知覚する事態知覚のあり方であり、もう一方は、ある存在物それ自体を知覚する事態知覚のあり方である。前者は図3のように図示され、後者は図4のように図示される。図3では知覚者が二つの参与者間の関係を観察しているのに対し、図4では一つの存在物を観察していることを表している。

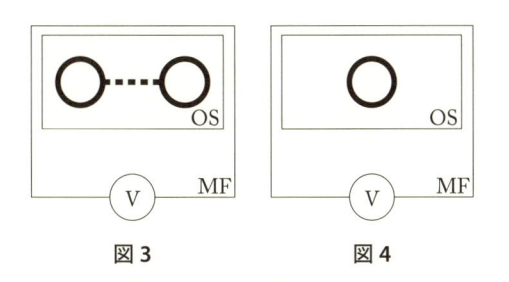

V＝知覚者
OS＝オンステージ領域
MF＝最大視野
太線＝注意の焦点

Langacker(1999: 205) 一部参考

図3　　　図4

図3のような知覚の仕方を事態単位知覚と呼ぶことにすると、(5)に示すように、ここでの動詞は知覚者にとって眼前にある参与者間の関係を記述することになる。

（5）a.　Look!　A car hit the utility pole!
　　 b.　Hey!　The cat is chasing a dog!

　一方、図4のような知覚の仕方を参与者単位知覚と呼ぶことにすると、知覚者の眼前にある事態参与者は、他の参与者とは関係を結ばず、ただその場

面に存在するのみである。例えば、(6)の各文を発話している場面では、眼前にはtrが存在するのみで、lmや動詞によって表されている事態は眼前には存在しない。話者の目の前にあるのは、一本の電信柱、一匹のネコだけである。

(6) a. This utility pole is hit by a car at least once a week.
    b. This cat chases any dog.

　上記のような知覚から得られた考察を概念化のレベルまで一般化すると、二つの事態把握モードを仮定することができる。それぞれを事態単位事態把握と参与者単位事態把握と呼ぶことにすると、事態単位事態把握は図5に対応し、知覚モードの図式(図3)と基本的に変わらないが、参与者単位事態把握は図6に対応し、知覚モードの図式(図4)とは大きく異なる。これは、(6)の例からも分かるように、実際の事態把握においては直接知覚されていない要素(他の参与者やプロセス)が概念化されているからである。図6が表しているのは、認知主体CがIS内にある要素をtrとして把握し、続いて、そのtrを参照点として喚起されたIS外のターゲット事態に心的接近するという事態把握のモードである。[3]

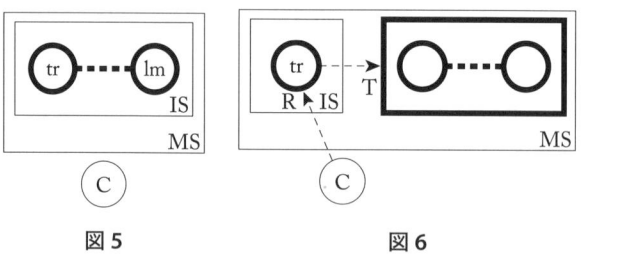

図5　　　　　図6

C＝認知主体
R＝参照点
T＝ターゲット
IS＝直接スコープ
MS＝最大スコープ
破線矢印＝心的経路

　注意したいのは、この場合、参照点とターゲットは別の次元に存在しているということである。[4] つまり、(5)では二つの参与者と動詞によって表されている関係は同一の次元内にあるのに対し、(6)では、二つの参与者は明らかに別の次元内で把握されており、動詞によって表されているプロセスもtr

とは別の次元に実現されているということである。図6では、tr とは別の次元に事態が存在することを表している。[5]

以上の考察から少なくとも事態把握に二つのモードが存在することが分かる。一方は事態単位事態把握であり、もう一方は参与者単位事態把握である。[6]

3. 参与者単位事態把握の特徴

それでは、図5と図6に基づいて実際の事態単位事態把握と参与者単位事態把握の違いを図示してみよう。(7)は同じある状況を異なった事態把握のモードにより概念化したことを表している。事態単位事態把握を表している(7a)は基本的には従来からの記述のモデルに従い図7のように図式化される。

(7) a. They sold this book.
　　b. This book sells well.

それに対し、(7b)は参与者単位事態把握を表しているために、図8のように表される。左下のボックスは、this book が参与者単位事態把握を受けていることを表し、参照点の this book によって喚起されたターゲット命題が、参照点とは別の次元において表されている。右下のボックスは sell という事態がうまく行われている (well) という命題を表している。この両者の合成構造が上図になる。また、点線は同一指示を表し、認知主体の C は省略してある。

218　第 3 部　意味論・語用論

A = 動作主
PROP = 命題
'WELL'NESS = well の程度
―――― = 同一指示線

This book sells well

They sold this book

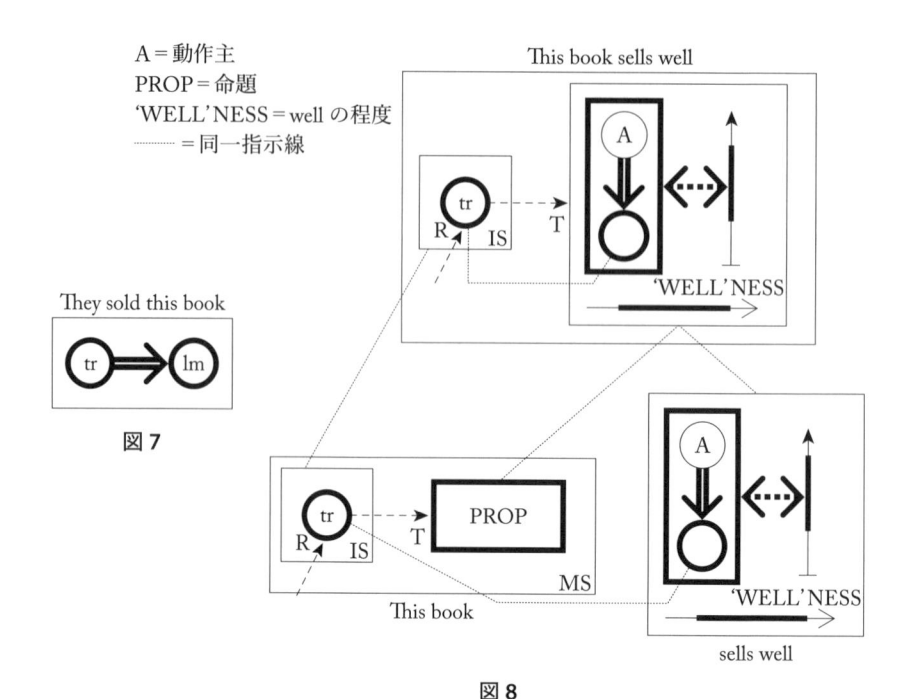

図 7

図 8

　図 8 の認知図式の帰結として、中間構文になぜ情報を付加する副詞表現が必要とされるのかが自然と説明される。参与者単位事態把握の参照点によって喚起されるのは命題であり、この命題は参照点に関する何らかの知識を表している。したがって、知識として脳内に蓄積するのに相応しい情報価値のある命題である必要がある。通常、副詞表現はこの情報価値を高めるために用いられているのである。[7]

　また、図 8 に従えば、なぜ中間構文では被動作主が tr として表現されるのかも帰結として説明される。実は、図 8 のような事態把握は中間構文に限られたことではなく、(8) に表されるような表現全てに適用できる図式である。(8) において tr が表している意味役割は、参照点とターゲット命題内の要素間にどのような同一指示がなされるかによって異なる。(8a) では John は行為者、(8b) では this lake は場所、(8c) では this knife は道具であるが、何れも参照点とターゲット事態内参与者の間の同一指示によって認識される。例えば、図 9 と図 10 はそれぞれ (8a) と (8b) の合成構造である。両者の

違いは、参照点から伸びる同一指示線が結ばれている対象が動作主であるか場所であるかである。

(8) a. John runs fast.
    b. This lake fishes well. （吉村 1995: 255）
    c. This knife cuts well.

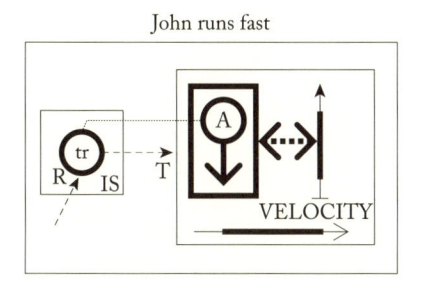

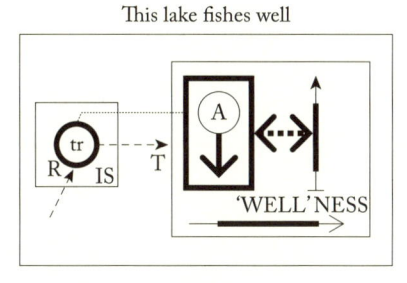

図 9　　　　　　　　　　　図 10

そして、(9)に示すように、(8)はすべて副詞表現などによって何らかの付加的な情報が無ければ容認されない。(9a)にも付加的な情報が必要であるという事実は中間構文に副詞表現が必要であるという事実と同根なのである。

(9) a. *John runs.
    b. *This lake fishes.
    c. *This knife cuts.

また、(10)のような tough 構文も図6に示すような参与者単位事態把握を表していると考えられる。

(10) a. This book is easy to read.
    b. New York is dangerous to meet friends in. （Takami 1996: 95）

(10)の tough 構文では、文の tr と to 不定詞句の表す事態の関係は被動作主

や場所などであり、これも同一指示によって保障される。図11は(10a)を図示したものであるが、tough構文の特徴は、モノ(THING)によって喚起される行為、つまり行為のアフォーダンスの難易度が表現されている点である（坂本2002を参照）。左下図内の破線の四角形は行為のアフォーダンスを表している。この行為のアフォーダンスがto不定詞による特定化を受けるとtough構文の合成構造が得られる。

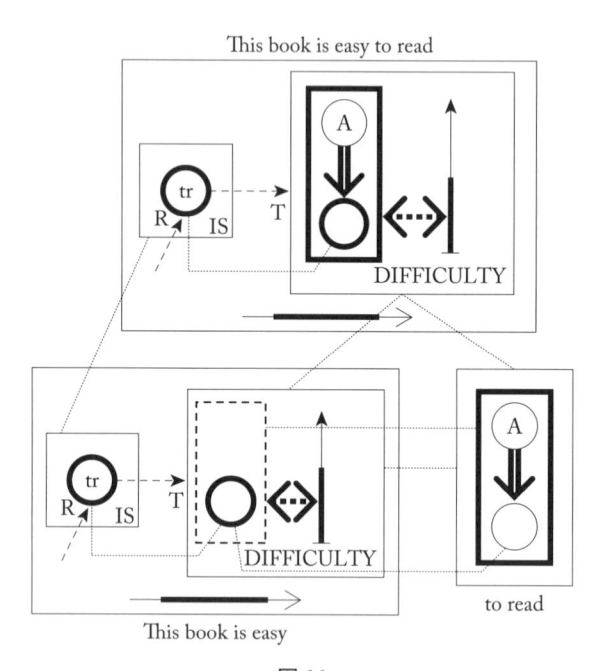

図 11

さらに受身文にも参与者単位事態把握が反映されたものがある。(11a)は事態単位事態把握であるのに対し、(11b)は参与者単位事態把握である。

(11) a. Look! My hat was sat on by somebody.
   b. This floor should not be sat on.

(11)はともにsit onによって表される事態を表しているが、事態把握のされ方は図12と図13の差異がある。(11a)ではmy hatは行為が行われた場所を

表すのではなく、行為の対象である被動作主を表している。英語の受身文は被動作主が tr として把握された構文であるとする Langacker の主張に従えば、そのように想定する必要がある。実際、動作主の大きさや行為の性質を考慮に入れると my hat を行為の行われた場所と見るほうが不自然であるように思われる。それに対し、(11b)では、this floor を被動作主とするほうが逆に不自然である。座るという行為の性質と floor の大きさを考えると、床という場所において座るという行為が行われるとするほうが自然だからである。したがって、(11b)の this floor は被動作主にはなりえず、この受身文は容認されないことを予測する。しかし、(11b)を参与者単位事態把握を表した文であるとすれば、this floor が場所であるとしてもなんら問題はない。中間構文と tough 構文で見たように参照点となる tr はターゲット命題内のどのような要素とも同一指示できるからである。図 13 の右下図における G と二重破線矢印はグラウンディングと潜在力を表している。これは Langacker (2008: 204)に基づき、should の意味を表わしたものである。[8]

My hat was sat on by somebody

図 12

This floor should not be sat on

This floor

should not be sat on

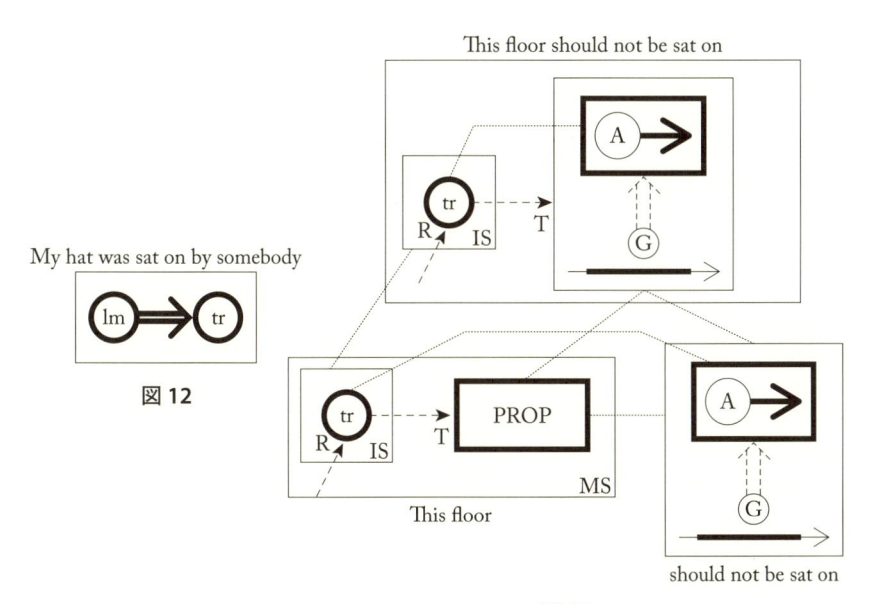

図 13

受身文をこのように二つの事態把握のモードによって分けることにより、受身文に by 句の省略が不可能なものがあることが中間構文と同じ理由で説明できる。容認されない (12a) は by 句を明示的に表示すると容認されるようになる (12b)。

(12) a.　*This house was built / designed.
　　 b.　This house was built / designed by a French architect.
〈Grimshaw 1990: 132〉

　しかし、(12a) が容認されないのは by 句がないからではない。(13) を見て欲しい。(13) も (12a) と同様に by 句を伴っていないが、容認されている。このことから分かるのは、(12a) が容認されないのは by 句を伴わないからではなく、付加的な情報を伴っていないからであるといえる。つまり、中間構文と同じ原理が働いているのである。This house という参照点によって喚起されるのは命題であり、この命題は、参照点に関する情報価値の高い命題でなければならないのである。

(13) a.　This house was built in a bad part of town.
　　 b.　This house was built only with great difficulty.
〈Grimshaw 1990: 132, 133〉

　最後に、本研究での分析を用いると tr と事態の間の時制のズレが正しく記述できることも指摘しておきたい。(14) の例は、this という指示詞が示唆しているように、発話時点現在に話者の眼前にあるモノが tr として捉えられている。それに対し、それを参照点として喚起される命題は過去における事態である。このような参照点とターゲット事態の時間関係のずれは、参与者単位事態把握を想定することによって適切に記述される。文の tr とターゲット命題が異なった次元に位置づけられるため、両者はそれぞれ異なった時制を持つことができるからである (図 14)。

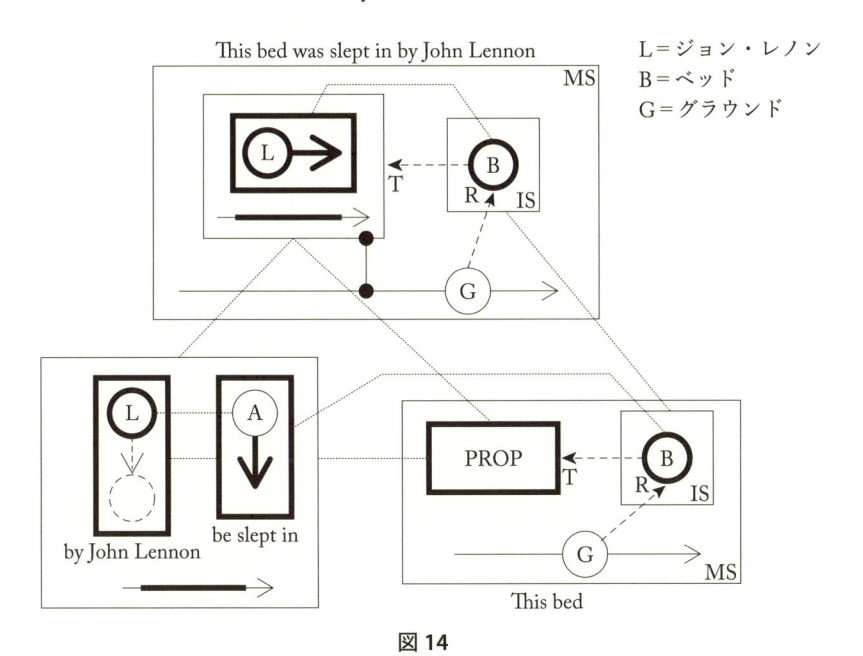

(14) a.　This bed was slept in by John Lennon.
　　 b.　This book sold well last year.

L＝ジョン・レノン
B＝ベッド
G＝グラウンド

図 14

4. 結論

　本論考では、人間の事態把握のモードとして事態単位事態把握と参与者単位事態把握が存在することを提案した。特に、参与者単位事態把握では、通常、主語以外の位置に生ずる要素が、主語として表現されるようになるメカニズムが明らかとなった。これにより、中間構文、tough 構文、受身文などに見られる共通性を認知文法の図式で正しくとらえることができることを示した。[9] 紙幅の関係上、割愛せざるをえなかったが、この事態把握モードの違いは、日本語においては「ハ」の問題と深い関係があると思われる。実際、本論考で扱われた参与者単位事態把握を表す文を日本語に翻訳すると主語はすべて「ハ」で標示され、事態単位事態把握を表す文では「ガ」で標示される。多様な格関係が「ハ」によって示されるという事実も、本論考で示された分析で統一的に説明できるものと思われる。また、事態把握モードは固定

されたものではなく、図と地の反転のように刻一刻と転換されうると考えられるが、「ハ」と「ガ」の交替現象の一端には、この事態把握のモード転換が反映されていると考えられる。[10]

注

[*] 本研究は、日本学術振興会科学研究費補助金若手研究(B)(研究課題名「日英語の多次元事態認知に関する研究」課題番号 19720117)の助成を受けている。

[1] 認知文法では、言語表現が直接指し示している部分をプロファイルといい、その中で認知上最も際立っている要素をトラジェクター(tr)、その次に際立っている要素をランドマーク(lm)と呼ぶ。他動詞文では主語が tr、目的語が lm と考えてよい。

[2] 一般に Langacker のビリヤードモデルでは出来事の記述であるのか属性の記述であるのかを区別できない。この区別を明示できるようにすることが本稿の目的の一つである。

[3] このような、ある存在物を経由して別の存在物に心的接近する認知能力によって実現される認識の構造を参照点構造と呼び、前者の存在物を参照点(R)、後者の存在物をターゲット(T)と呼ぶ。また、ここでは IS・MS を参照点とターゲット間の次元の差異を表すために用いることとする。

[4] ここでの議論は、Taylor(2002: 16)の言う online の認知プロセスと offline の認知プロセスとも関係している。どちらかのプロセスのみを使う場合が事態単位事態把握であり、両者に跨る場合が参与者単位事態把握であると考えられる。

[5] ここでは、紙幅の関係上、「次元」とは何かについて深く考察することはしない。したがって、ここでは、ある言語表現が表す参与者や事態が必ずしも同一平面(plane)上に心的表示されない場合があることを指摘するに留める。

[6] 本研究で提案している事態把握の類型は、益岡(2008)の提案する叙述の類型(事象叙述・属性叙述)と軌を一にすると考えられる。しかし、参与者単位事態把握のターゲット命題は、益岡の考える「属性」よりはずっと緩やかである。その理由は、総称性がなくとも命題が参照点と異なった次元に属するならば参与者単位事態把握とみなすからである。また、参与者単位事態把握を話題化構文とみなすこともできない。話題化が談話上の要請により参与者を事態から切り離して焦点化すると考えると、参与者単位事態把握はむしろ逆の認知プロセスをとるということになる。

[7] 高見(1997)の特徴づけ制約は、この観察を明示化したものといえる。

[8] 否定辞 not の意味はここでは無視する。二重破線矢印で事態の実現を抑制する潜

在力を表していると考えられるからである。
9 もちろん、各構文にはそれぞれ特徴があり、本研究で主張した構文間の共通性以外に個別の問題を詳細に検討していく必要があるのは当然である。
10 実際、佐久間(1941)の「物語文」「品定め文」、森重(1965)の「現実性判断」「観念性判断」という概念は本論考での主張と軌を一にするものと思われる。

参考文献

Grimshaw, Jane (1990) *Argument Structure*. Cambridge, MA: MIT Press.

Langacker, Ronald W. (1990) *Concept, Image, and Symbol*. Berlin/New York: Mouton de Gruyter.

Langacker, Ronald W. (1999) *Grammar and Conceptualization*. Berlin/New York: Mouton de Gruyter.

Langacker, Ronald W. (2004) "Grammar as Image: The Case of Voice." In Barbara Lewandowska-Tomaszczyk and Alina Kwiatkowska (eds.), *Imagery in Language: Festschrift in Honour of Professor Ronald W. Langacker*, 63–114. Frankfurt am Main: Peter Lang.

Langacker, Ronald W. (2008) *Cognitive Grammar: A Basic Introduction*. Oxford: Oxford University Press.

益岡隆志(2008)「叙述類型論に向けて」益岡隆志(編)『叙述類型論』3–18. くろしお出版.

松瀬育子・今泉志奈子(2001)「中間構文」影山太郎(編)『日英対照動詞の意味と構文』184–211. 大修館書店.

森重敏(1965)『日本文法—主語と述語』武蔵野書院.

坂本真樹(2002)「英語 Tough 構文への生態心理学的アプローチ」*JCLA* 2, 12–21. 日本認知言語学会.

佐久間鼎(1941)『日本語の本質』育英書院(1995 復刻版くろしお出版).

Takami, Ken-ichi (1996) "A Functional Approach to the Tough-Construction." In Akira Ikeya (ed.), *Tough Constructions in English and Japanese: Approaches from Current Linguistic Theories*, 89–112. Tokyo: Kurosio.

高見健一(1997)『機能的統語論』くろしお出版.

谷口一美(2005)『事態概念の記号化に関する認知言語学的研究』ひつじ書房.

Taylor, John R. (2002) *Cognitive Grammar*. Oxford: Oxford University Press.

吉村公宏(1995)『認知意味論の方法』人文書院.

吉村公宏(2001)「人工物主語—クオリア知識と中間表現—」山梨正明(編)『認知言語学論考 1』257–318. ひつじ書房.

鷲尾龍一(2001)「中間態」中島平三(編)『最新英語構文事典』22–34. 大修館書店.

「MP into NP」構文の拡張について*

松山哲也

1. はじめに

　数量を表わす度量句(Measure Phrase、以後MP)は、[1] He walked two miles into the forest のように着点の前置詞 into の前に現れ、動詞が表わす移動の範囲を限定する。この文の動詞は位置変化を表わす walk であるが、位置変化を表さない動詞であっても、度量句は into の前に現れ移動の範囲を限定する((1a, b))。また時間的な領域を表す事例も存在する((2a, b))。[2]

(1) a. They camped five miles into the forest.
(Huddleston and Pullum 2002: 683)
　　b. The President's cabin lay three miles into the reserve... (BNC)
(2) a. The accident happened three weeks into the vacation.
(Huddleston and Pullum 2002: 696)
　　b. We're eight hours into the journey with 20 to go, ... (BNC)

　これらの表現は、共通して、into の前の度量句が削除できない((3a, b))。これは、動詞が位置変化を表わす場合とは対照的である((3c))。

(3) a. They camped *(five miles) into the forest.
　　b. We're *(eight hours) into the journey.
　　c. They walked (five miles) into the forest.

　この度量句の義務性は、当該表現の構成要素の総和から予測できない構文的

な特性である。[3] この種の特性をもった表現を「MP into NP」（以後、MIN）構文と呼ぶ。(1a, b)のように空間的な領域を表すものを「空間の MIN」と、(2a, b)のように時間的な領域を表わすものを「時間の MIN」と呼ぶ。

　MIN 構文を扱った先行研究はほとんどないが、語彙意味論的な分析に松山(2008)がある。松山(2008)は、「時間の MIN」についてその意味特徴を記述し、それらを記述できる概念意味構造を提案したが、「空間の MIN」との比較を考慮していなかった。本小論は 2 つの目的がある。第 1 に、「時間の MIN」と「空間の MIN」を比較しながら、用法基盤モデル(Langacker(1990, 2000))の観点から両構文に共有するスキーマを提案し、前者が後者をプロトタイプとして拡張したと仮定する。第 2 に、その仮説の妥当性を British National Corpus(以後、BNC)の頻度調査から検証する。「空間の MIN」と「時間の MIN」のタイプ頻度とトークン頻度のそれぞれを算出して、前者が後者をもとに拡張した可能性を用法基盤モデルの観点から検討していく。この考察から明らかになることは、「時間の MIN」は「空間の MIN」より生産性とスキーマの定着度も高い構文であり、両構文の相違は「拡張」という概念だけでは十分に説明することはできないということである。

2.　「空間の MIN」と「時間の MIN」の共通性

　本節では、「空間の MIN」と「時間の MIN」が共有する意味特徴を記述し、その共通性に基づいて双方が共有するスキーマを提案する。

　松山(2008)は、「時間の MIN」は 2 つの意味特徴——(i)ある物体が事象の中で位置する静的な位置関係(「場所(Place)」)を表わすこと(ii)度量句が限界点のある「範囲」を表わすこと——を指摘した。まず(i)から考えよう。「時間の MIN」は、場所の前置詞 on でパラフレーズされる((4))。同様のことは、「空間の MIN」にも観察される((5))。

(4) a.　We're three days into the journey.
　　b.　We're on the third day of the journey.

(5) a. They camped five miles into the forest.(=(1a))
　　 b. They camped at a distance of five miles into the forest.

　この事実から、MIN 構文が空間・時間の差に関わらず静的な位置関係（「場所」）を表わすことがうかがえる。
　MIN 構文が「場所」を表わすことは次の観察からも支持を得られる。Kageyama(2004)は、all the way は経路全体の軌跡を表し、経路上の一点を表すような表現とは意味的に整合しないことを指摘している。[4] もし空間と時間の MIN 構文がともに「場所」を表すならば、all the way と共起できないことが予測される。なぜなら「場所」は経路上の点的な概念であり、経路全体の軌跡を表す概念とは意味的に整合しないからである。この予測は、(6a, b)と(7a, b)から支持される。

(6) a. *John camped all the way into the forest.
　　 b. *They were all the way into the building.
　　　　（cf. They were halfway into the building.）
(7) a. *John was all the way into the journey.
　　 b. *They are all the way into the climb.
　　　　（cf. They are halfway into the climb.）

　次に(ii)を考えよう。松山(2008)は、「時間の MIN」の度量句が限界点のある「範囲」を表わす証拠として how far 疑問文を提示している。通常、限界的な「範囲」は、how long ではなく how far で訊ねる(cf. Huddleston & Pullum(2002: 690))。例えば、She walked three miles における移動の範囲(three miles)は限界的であるが、その場合 how long でなく(How long did she walk?)、how far で移動の範囲を訊ねなければならない(How far did she walk?)。同様の制約は、「時間の MIN」ばかりでなく「空間の MIN」でも確認できる。

(8) a. John was three days into the journey.
　　b. *How long into the journey was John?
　　c. How far into the journey was John?
(9) a. They camped two hours into the forest.
　　b. How far into the forest did they camp?
　　c. *How long into the forest did they camp?

　(8)と(9)の平行性から、両構文の度量句は限界点のある「範囲」を表わすことが支持される。
　以上、空間と時間の MIN 構文は、意味領域が異なるものの、ともに「場所」を表わし、限界点のある「範囲」を表わすことがわかった。この共通性から、空間と時間の MIN 構文は、ともに(10)のようなスキーマを共有していると考えられる。

(10)　　　「MIN 構文」のスキーマ
　　　　┌──────────────────┐
　　　　│ 範囲　　●　「場所」　│
　　　　└──────────────────┘

　ここで、長方形は、ある物体が入り込む空間・時間を表し、図中の点線の矢印は、入り込んだ範囲を表し、黒丸がある物体が位置する「場所」を表わしている。つまり、MIN 構文は、空間・時間の差に関わらず、ある物体が空間の中へ入り込んだ範囲とその位置を表わしている。
　用法基盤モデルにおいて、スキーマはプロトタイプの事例から抽出した中核的意味で、その意味を最もよく事例化したのがプロトタイプである。では(10)のスキーマのプロトタイプは、「空間の MIN」と「時間の MIN」のどちらであるのか。「時間」は「空間」を基盤として意味拡張するのが一般的であることを考慮すると、「時間の MIN」は「空間の MIN」をプロトタイプとして拡張した周辺的な事例と推測できる。もしこの推測が正しいならば、(11)のような予測が成り立つ。

(11) 「空間の MIN」は「時間の MIN」よりも生産的(productive)である。

なぜなら、プロトタイプ的な事例(例、複数の接辞 -s)は、周辺的な事例(例、複数接辞 -en)よりも生産性が高いからである(早瀬・堀田(2005))。次節で、この予測の妥当性について、各構文の頻度を調査し検証していく。

3. コーパスでの頻度調査

3.1. コーパスと分析手順

　本調査は、コーパスに小学館コーパスネットワークが提供する BNC オンラインを、コーパス検索ソフトに SAKURA を用いた。(3)でみたように、MIN 構文は、空間的、時間的であろうが、度量句が必ず現れるという特異性がある。そのため、データの検索では度量句の名詞のタイプ頻度に着目した。共起検索で「名詞 + into」で構成される連鎖を抽出し、その検索例の中から MIN 構文として使われている用例のみを手作業で抜き出して、「空間の MIN」と「時間の MIN」に分類した。また、共起検索で抽出できない頻度の少ない事例については、個別に語句検索で抽出した。

　結果を示す前に、「空間の MIN」と「時間の MIN」を区別する基準について明確にしておかなくてはならない。MIN 構文が「空間」か「時間」であるかと言った場合、into に後続する名詞句が重要であると考える。名詞句が空間的な意味を表すならば((1a, b))、「空間の MIN」と、名詞句が出来事や時間を表わすならば((2a, b))、「時間の MIN」と考える。したがって、度量句の名詞が時間的であっても、名詞句が空間的であれば(例、two hours into the forest)、それは「空間の MIN」とみなす。また、度量句の名詞が空間的であっても、名詞句が時間的ならば(例、two miles into the walk)、それは「時間の MIN」とみなす。

3.2. 結果と考察

空間と時間の MIN 構文のそれぞれについて、度量句に生起する名詞をすべて列挙して、それぞれの構文のトークン頻度とタイプ頻度を算出した。その結果が表 1 である。表の丸括弧の中の数字はトークン頻度を、四画括弧の中の数字はタイプ頻度を表わす。

表 1　BNC における「MIN」構文の頻度比

構文のタイプ	度量句に生起した名詞	頻度比 [タイプ]/(トークン)
「空間の MIN」	mile(6), feet(6), day(1)	[3]/(13)
「時間の MIN」	second (9), minute (102), hour (21), day(16), week(37), month(31), year (19), night (1), song (2), album (1), game (2), folder (1)	[12]/(242)

また、各構文の実例をタイプ毎に一つずつ挙げておく((12)、(13) は BNC より)。

(12) 「空間の MIN」
  a. It's a couple of miles into the forest.
  b. They were thousands of feet into the sump!
  c. Thirteen days into rainforest, led by Balbindor and sonlet, and the doctor remained more determined than his offspring.

(13) 「時間の MIN」
  a. Birch hit a hopeful 30-yarder with the match 45 seconds into injury-time.
  b. It was about 20 minutes into the game, ...
  c. An hour into the flight he noticed a woman in a black dress sitting across the aisle from him.
  d. At dawn on April the nineteenth, fifty one days into the siege, their patience ran out.
  e. Only eight weeks into the job, Mr. Gerstner is still concocting a rescue plan.

f. The project is already over a year into its three-year life.
   g. World travel market attended,..., hasn't been very successful, over four hundred bed nights into the campaign, ...

表1から得られる結果は次の2つである。

(14) (i) 「時間のMIN」のタイプ頻度([12])が「空間のMIN」のそれ([3])の4倍である。
　　(ii) 度量句がminuteである事例のトークン頻度((102))が極めて高い。

以下、用法基盤モデルの観点から、(14i, ii)がどのようなことを示唆するのかを順に考察していく。

　用法基盤モデルでは、ある表現のタイプ頻度が高ければ、それが様々な表現に適用される可能性が高くなる(早瀬・堀田(2005))。すなわち、生産性が高くなる。したがって、「時間のMIN」のタイプ頻度が「空間のMIN」よりも高いことは、(11)の予測に反して前者の方が生産性が高いことを示している。実際に、「時間のMIN」には、度量句が時間名詞である典型的な事例以外にも普通名詞である事例(song, album, game 等)も確認できる((15a-c))。

(15) a. Four songs into the set the dark figures of Morrissey and minder were seen to leave the building.
   b. But we are only 20 games into a contract which covers 300.
   c. ...two albums into their new role they were already totally on_top_of the situation.

また、これらの度量句はhow farで疑問文を作らなければならない((16a-c))。ゆえに、(15a-c)のような周辺的な事例も「時間のMIN」と同様に限界点のある「範囲」を表しているといえる。

(16) a. She was just two <u>songs</u> into the show when the audience fell into a deep sleep.
   b. How <u>far</u> into the show was she when the audience fell into a deep sleep?
   c. *How <u>long</u> into the show was she when the audience fell into a deep sleep?

　以上の考察から、「時間の MIN」は「空間の MIN」よりも生産性が高いことが理解できる。この結果、前者が後者をプロトタイプとして拡張したと考えるだけでは十分でない。なぜなら、プロトタイプは周辺的な事例よりも生産性が高いからである。

　次に(14ii)を考える。度量句が minute である事例のトークン頻度が顕著に高いことは、この表現の定着度が極めて高いことを意味する。用法基盤モデルでは、定着度の高い事例はプロトタイプとして事例化され、他の類似の表現に適用され、それらの類似性に基づいてスキーマの抽出が行われる。すなわち、拡張は、定着度の高いプロトタイプから抽出したスキーマをもとに行なわれる。この観点から(14ii)を考えると、度量句が minute である事例が「時間の MIN」のスキーマの典型例であるといえる。minute の事例はプロトタイプとして、それと類似した時間的な表現(day, hours, month, week)をもとにスキーマ的意味が抽出される。(15a-c)のような周辺的な事例は、プロトタイプからの拡張の結果新しく生まれたものである。以上のことを図示すれば(17)になる。実線矢印が事例化、点線矢印が拡張を表わす。

(17)　「時間の MIN」の拡張

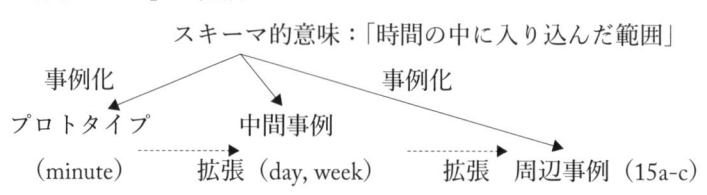

```
                スキーマ的意味：「時間の中に入り込んだ範囲」
         事例化      ↓           事例化
    プロトタイプ    中間事例
     (minute)  ----拡張(day, week)----  拡張  周辺事例 (15a-c)
```

　このように、「時間の MIN」のスキーマは、トークン頻度の高い具体的な事例をもとに抽出される。この点は、スキーマ抽出が高頻度の具体的な事例を

もとになされるという用法基盤モデルの考えと一致する。

表1とその考察から、「時間のMIN」は「空間のMIN」よりもトークン頻度もタイプ頻度も顕著に高く、そのため生産的でスキーマの定着度も高いことがわかった。この結果、「時間のMIN」が「空間のMIN」をプロトタイプとして拡張したと想定するだけでは不十分である。また、逆に「時間のMIN」をプロトタイプとして「空間のMIN」が拡張したと考えるのも妥当でない。なぜなら「空間」から「時間」への意味拡張が広く観察されているからである。それでは、なぜ「空間のMIN」と「時間のMIN」は、同じスキーマを共有するにも関わらず((10))、両者の生産性が大きく異なるのであろうか。

結論を先に述べれば、生産性の相違は、「空間のMIN」が到達経路(access path)表現であるのに対して、「時間のMIN」はそうでないということと関係しているのではないかと思われる。到達経路表現(例、The hotel is two miles down the road.)は、ある物体が位置する「場所」を規定している。またこの表現は、移動を表わす顕在的な表現がないものの、その位置へ移動する道筋が想起される(Talmy(1996), Matsumoto(1996))。この抽象的な移動を「主観的移動(subjective motion)」という。松本(1997: 663)は、到達経路表現に表れる移動の様態などは、主観的移動との関連で解釈されるという。その意味で、この表現は、「保守的であり、全体として存在目的にあった要素にしか表現できない」と述べている。もし「空間のMIN」が到達経路表現の一種であるならば、その保守性ゆえに生産性が低いと考えられるかもしれない。一方、「時間のMIN」は主観的移動が関与しない分だけ認知的制約が少なく、スキーマを新しい事例に適用することが容易であるかもしれない。しかし、現時点では両者を区別する経験的な証拠がないので、この問題は今後の課題としたい。[5]

4. 結論

本小論では、「空間のMIN」と「時間のMIN」の関係付けを用法基盤モデルの観点から考察した。まず、双方の構文が共有するスキーマを設定し、

「空間の MIN」を MIN 構文のプロトタイプとして「時間の MIN」が周辺的な事例として拡張することを提案した。しかし「時間の MIN」のタイプ頻度とトークン頻度が顕著に高いことから、(i)「時間の MIN」が「空間の MIN」よりも生産性が高いことと、(ii) 前者のスキーマの定着度が高いことが判明した。(i) の結果から、「時間の MIN」が「空間の MIN」から拡張したと考えるだけでは十分でないことがわかった。また、(ii) の結果は、スキーマ抽出がトークン頻度が高い具体的な事例をもとに行われるという用法基盤モデルの考えに 1 つの支持を与えた。

注

* 本稿は、第 135 回日本言語学会 (2007 年 11 月 24 日、信州大学) で行われた研究発表 (『into を伴う到達経路表現について:構文文法的な視点から』) の一部分を大幅に加筆・修正したものである。発表を聴講して頂いた方々、とりわけ、内容に関してご質問やコメントを頂いた小野尚之先生 (東北大学)、松本曜先生 (神戸大学)、山田進先生 (聖心女子大学) に記して感謝申し上げる。そして、インフォーマントとして英語のデータについて貴重なコメントをして下さった Philip Adamek 先生 (鹿児島県立短期大学) にも感謝申し上げる。いうまでもなく、文責は筆者にある。

1 度量句は Jackendoff (1977) によって提案された範疇である。
2 本稿の例文中の下線はすべて筆者による。
3 「構文」の定義として Goldberg (1995: 4) に従う。
   (i) "C is a CONSTRUCTION iff$_{def}$ C is a form-meaning pair $\langle Fi, Si \rangle$ such that some aspect of Fi or some aspect of Si is not strictly predictable from C's component parts or from other previously established constructions."
4 その証拠として Kageyama (2004: 280)) は all the way が経路の一点が際立つ到達経路表現と共起できないことを挙げている。
   (i) The post office is (*all the way) across from the station.
5 「空間の MIN」と「時間の MIN」の生産性の相違を、主観的表現の差に求めたとしても、双方がどのようにスキーマを介して関係付けられるのかは疑問として残る。この疑問に答えるためには、複数のコーパスからの頻度調査や通時的な調査が必要になってくると思われる。現時点ではこの問題は今後の課題としておきたい。

参考文献

Goldberg, Adel. E. (1995) *Constructions: A Construction Grammar Approach to Argument Structure.* Chicago: University of Chicago Press.

早瀬尚子・堀田優子 (2005)『認知文法の新展開　カテゴリー化と用法基盤モデル』研究社.

Huddleston, Rodney. D. and Geoffrey K. Pullum. (2002) *The Cambridge Grammar of the English Language.* New York: Cambridge UP.

Jackendoff, Ray (1977) *X̄ Syntax: A Study of Phrase Structure.* Cambridge, MA.: MIT Press.

Kageyama, Taro (2004) "'All the Way' Adjuncts and the Syntax-Conceptual Structure Interface," *English Linguistics* 21: 2 265–293.

Langacker, Ronald W. (1990) *Concept, Image, and Symbol.* Berlin: Walter de Gruyter.

Langacker, Ronald W. (2000) "Dynamic Usage-Based Model." In Michael Barlow and Suzanne Kemmer (eds.), *Usage-based Models of Language,* 1–63. Stanford: :CSLI Publications.

Matsumoto, Yo (1996) "How Abstract is Subjective Motion? A Comparison of Access Path Expressions and Coverage Path Expressions." In Adele Goldberg (ed.), *Conceptual Structure, Discourse, and Language,* pp. 359–373. Stanford: CSLI Publications.

松本曜 (1997)「英語前置詞による『到達経路表現』—認知言語学的視点から」『英語青年』第 142 巻 12 号, 13–15.

松山哲也 (2008)「"Ten minutes into the walk" という構文の語彙概念構造」『鹿児島県立短期大学紀要（人文・社会科学編）』59 号, 31–44.

Talmy, Leonard. (1996) "Fictive Motion in Language and 'Ception'," In Paul Bloom, Mary A. Peterson, Lynn Nadel, and Merrill F. Garrett (eds.), *Language and Space,* 211–276. Cambridge, MA: MIT Press.

コーパス

BNC. British National Corpus Online

認識的モダリティをめぐって

澤田治美

1. はじめに

　本稿では、「認識的モダリティ」に対して、「事柄」(もしくは、命題内容)の「現実性」、「時間性」、「因果性」という三つの観点からアプローチすることである。とりわけ、その認識的モダリティが逆行推論(＝原因推量)(＝目に見える結果に基づいてその原因を説明する推論)をしている場合には、(i)その事柄 p は、現実世界における現在または過去の事柄でなければならず、未来の事柄であってはならない、(ii)認識的な must, may, might などは可能だが、should は不可能であることを論じる。それによって、「推量する」とはどういうことかという問題の解明の糸口をつかんでみたい。

2. 認識的モダリティとは何か

　はじめに、澤田(2006: 2)に沿って、モダリティを次のように定義しておきたい。

（１） モダリティとは、事柄(すなわち、状況・世界)に関して、たんにそれがある(もしくは真である)と述べるのではなく、どのようにあるのか、あるいは、あるべきなのかということを表したり、その事柄に対する知覚や感情を表したりする意味論的なカテゴリーである。

おおかたのモダリティ学者の間で一致していることは、認識的モダリティとは、ある事柄(あるいは命題内容)を断定するのではなく、それを留保しつつ

提示するという機能を有しているということである。

(2) a.　John is in his office. (non-modal)
　　b.　John may be in his office. (modal)

(2a)では、話し手は「ジョンがオフィスにいる」という「事柄」を現実世界の状況に照らし合わせて、真なるものとして聞き手に提示しているが、(2b)では、その事柄を真であると断言しているのではなく、真である可能性があるものとして提示している。

3.　認識的モダリティの体系

Palmer(2001[2]: 24–28)は、認識的モダリティを「推測的」、「推断的」、「想定的」に下位区分している。それぞれ、「(確実性に欠ける)可能な結論(a possible conclusion)」、「(観察可能な証拠に基づく)これ以外はあり得ないという結論(the only conclusion)」、「(一般的知識・経験に基づく)理にかなった結論(a reasonable conclusion)」を表す。各々のカテゴリーにはそれぞれ may, must, will が該当するとされる。

(3)　John *may* be in his office.（推測的）
(4)　John *must* be in his office.（推断的）
(5)　John'*ll* be in his office.（想定的）

Palmer(2001[2]: 28)によれば、may の場合には、話し手はジョンがオフィスにいるかどうか知ってはいない。must のコンテクストは次のようなものである。ジョンのオフィスで明かりがついている。それゆえ、彼はオフィスにいるに違いない(そうとしか考えられない)と結論する。

　最後に、will のコンテクストは次のようなものである。ジョンは8時から仕事を始める。彼は仕事中毒だ。彼のことだから、もうオフィスにいるだろう(そう考えるのが理にかなっている)。

次に、must と will を比較してみよう。両者の違いは次の例で示される。

（6） It's nine o'clock —— John'*ll* be in his office now.
Yes, the lights are on, so he *must* be in his office.

(Palmer 2001^2: 28)

Palmer によれば、この談話の流れでは、will は、一般的知識や経験に基づいて、9時にはオフィスにいるという「理にかなった結論」を下し、その後に、ジョンのオフィスで明かりがついているのを観察し、その観察に基づいて、「彼はオフィスにいるに違いない（そうとしか考えられない）」という「唯一的な結論」を下しているという。こうした説明が妥当なものであるならば、will と must の順序を逆にすると、不自然になると予測される。以下の例はこの予測を裏付けている。

（7） ?It's nine o'clock —— John *must* be in his office.
Yes, the lights are on, so he'*ll* be in his office.

4. 現実性条件

　ここでは、事柄（もしくは、状況）は、現実的（real）と仮想的（もしくは、非現実的）(hypothetical)に二分され、英語では、基本的に、仮想的な事柄は仮定法（もしくは、接続法）(subjunctive)や仮想構文によって表されると想定する（澤田(2006: 117)）。現実的な事柄とは、現実世界において存在し得ると（肯定的に）捉えられた事柄であり、仮想的な事柄とは、現実世界では存在し得ない、又は存在しにくいと（否定的に）捉えられた事柄である。
　次の例を考えてみよう。

（8） If the enemy attacked, the bridge *could* be blown up.

(Declerck and Reed 2001: 235)

この例は、次のような多義性を有している。

(9) a. 万一敵が攻めてくるようなことでもあれば、橋を爆破することもできるのになあ。(＝力動的モダリティ)
　　b. 万一敵が攻めてくるようなことでもあれば、橋は爆破されるかもしれないのになあ。(＝認識的モダリティ)

認識的意味を持つb文のcouldを *would/might/could/should/must* などの認識的法助動詞に置き換えると、興味深いことに、mustだけは不適格となる。

(10) If the enemy attacked, the bridge {*would/might/could/should/*must*} be blown up.(認識的)

このことは、認識的mustに対しては次の条件が課せられることを示している。

(11) 現実性条件：
　　その事柄pは現実的でなければならない。すなわち、それは、現実世界の事柄でなければならず、仮想世界の事柄であってはならない。

この条件から、認識的mustは仮定法の文の中で用いることはできないことになる(澤田(2006: 91, 105))。
　ここで、「現実的」(real)と「仮想的」(hypothetical)とに大別された「事柄」が、さらに、それぞれが「確定的」(definite)と「非確定的」(non-definite)とに下位区分されると想定してみよう。「確定的」な事柄とは、話し手が確言し得る(＝話し手にとって確かな)事柄であり、「非確定的」な事柄とは、話し手が確言し得ない(＝話し手にとって不確かな)事柄である。この分類に基づくならば、次のように結論することができよう。

(12)　認識的モダリティは非確定的な事柄について述べるものである。その中で、認識的 must が言及する事柄 p は、現実領域(real domain)における非確定的な事柄に属している。

次の例を考えてみよう。

(13)　The picture to the left of the fireplace *must* be a Chagall.
(Johannesson 1976: 51)

Johannesson(1976: 51)が指摘するように、(13)の must は多義的である。ひとつの意味は(14a)であり、もうひとつの意味は(14b)である。

(14) a.　暖炉の左に絵を飾るとすれば、シャガールでなければならない(＝シャガールしか飾ってはならない)。(＝束縛的)
　　　b.　暖炉の左に飾ってある絵はシャガールに違いない(＝きっとシャガールだ)。(＝認識的)

Jhannesson によれば、(14a)の解釈の場合、絵はまだ飾られてはおらず、どの絵にしたものかと壁を見ながら思案している状況である。一方、(14b)の場合、「暖炉の左に飾ってある絵」とは、発話時点で既に壁に飾ってある絵に他ならない。

　認識的 must が指し表す事柄は現実世界のものであることを踏まえたうえで、その「事柄」(すなわち、状況・世界)が「これからあろうとする事柄」(＝未然)なのか「既にある(あった)事柄」(＝已然)なのかは決定的に重要である。なぜなら、認識的 must に対しては、通例、次のような命題内容条件が課されるからである(詳しくは、Rivière(1981)、Johannesson(1976: 52)、Langacker(1991: 278)、澤田(2006: 12)など参照)。

(15)　現存性条件：
　　　その事柄 p は「現存的」(actual)でなければならない。(すなわち、それは、現実世界の中の過去又は現在の事柄でなければならず、(単純)未来の will で表される類の未来の事柄であってはならない。)

この条件は、以下の認識的法助動詞の中で、must だけは排除されることを予測するが、この予測は正しい(澤田(2006: 255-256))。

(16)　You {*may/might/could/*must*} feel better after a good night's sleep.
(17)　Don't wait for me —— I {*may/might/could/*must*} be a few minutes late.

次の例は、爆発の危険がある小包を前にした発話である。must は認識的であると想定する(澤田(1990: 215; 2006: 214)、Nicolle(1997: 356))。

(18) a.　Don't go near that parcel! It *will* explode.
　　 b.　Don't go near that parcel! *It *must* explode.

(18a)では、爆発するという未来の状況を指すのに、will が用いられている。その小包は誰かが触れた場合にしか爆発しない。一見するとなんの変哲もない普通の小包であるが、触れたとたんに爆発する地雷のようなものかもしれない。この場合、「触れたら、爆発する」という未来における因果関係がある。will を認識的 must に変えた(18b)が不適格となるのはそのためである。
　一方、下の(19)を見てみよう。be going to には、「触れたら、爆発する」という(未来における)因果関係は含意されない。すなわち、接触することは爆発を引き起こすための十分条件ではない。be going to が指す状況は、接触とはかかわりなく、刻一刻と爆発に近づく不気味な時限爆弾の音である。

(19) a.　Don't go near that parcel! It *is going to* explode.
　　 b.　Don't go near that parcel! It *must be going to* explode.

一般に、話し手が認識的 must を用いて［p］と推量する際には、（音・姿・匂い・味といった）現時点で入手可能な直接的根拠に基づいている。しかし、p が（過去や現在ではなく）単純未来の will で表される類の未来の状況であった場合、現時点で入手可能な直接的根拠は得られない。その場合には、話し手は認識的 must を用いることはできないのである。

5. 因果性

話し手が認識的モダリティを用いてある事柄 p を推論するとき、通例、なんらかの根拠に基づいている。すると、推論においては、根拠と事柄 p は「ペア」になっていると考えられる。では、因果関係（causal relationship）から言って、推論された事柄 p は、根拠に対して、結果（result）の関係にあるのだろうか、それとも原因（cause）の関係にあるのだろうか。

5.1. 推論のパタン：順行推論と逆行推論

はじめに、推論には、原因を根拠として結果を推論するタイプと、結果を根拠として原因を推論するタイプとが存在すると想定してみよう。
この想定に基づいて、次の例を考えてみたい。

(20) Caroline pushed her spectacles up and looked at me.
'You seem very grumpy, James. It *must be your liver*. A blue pill, I think, tonight.'

(A. Christie, *The Murder of Roger Ackroyd*)（斜体筆者）

この場面（クリスティ『ロジャー・アクロイド殺人事件』第 11 章から）では、シェパード医師がご機嫌斜めの様子を見て取った姉のキャロラインが、「きっと肝臓からきてるから、今夜は青い丸薬を一粒飲んでおきなさい」と述べている。推量された事柄（＝「肝臓が悪い」）は、根拠（＝「ご機嫌斜めである」に対して、「結果 q を根拠として、その原因 p を推論する」という関係にある。こうした逆行推論（＝原因推量）では、認識的 must の代わりに認

識的 may/might/could を用いてもいいが、認識的 should を用いることはできない。

(21) It {*must/*should/may/might/could*} be your liver.

以上のことは以下のようにまとめられる。

(22) 推論の方向性に関する対称性条件：
認識的な must/may/might/could の場合には、順行推論(＝結果推量)も、逆行推論(＝原因推量)も可能であるが、認識的 should の場合には、順行推論(＝結果推量)は可能だが、逆行推論(＝原因推量)は不可能である。[1]

5.2. 原因文における推論の方向性

次の例を考えてみよう。

(23) a. Her head is hot: she {*must/*should*} have a temperature.
   b. It {*must/*should*} be because she has a temperature that her head is hot.
(24) a. He's not home yet: he {*must/*should*} be working late at the office.
   b. It {*must/*should*} be because he is working late at the office that he's not home yet.
(25) a. She keeps crying: she {*must/*should*} have a problem.
   b. It {*must/*should*} be because she has a problem that she keeps crying.

上の例では、いずれにおいても認識的 must は適格であるが、認識的 should は不適格である。このことは、認識的 should の場合には、順行推論(＝結果推量)は可能だが、逆行推論(＝原因推量)は不可能であると想定するならば統一的に説明可能である。すなわち、(23)では、「彼女が熱がある」という命題は原因であり、「彼女の頭が熱い」という命題はその結果である。認識的な must は原因命題を推量するのに用いられている。次に、(24)でも、「彼

がオフィスで遅くまで働いている」という命題は原因であり、「彼がまだ帰宅していない」という命題は結果である。ここでも、認識的な must は原因命題を推量するのに用いられている。最後に、(25)でも、「彼女が悩みを抱えている」という命題は原因であり、「彼女がずっと泣いている」という命題は結果である。ここでも、認識的な must は原因命題を推量するのに用いられている。

6. 結論

　本研究では、日英語の「認識的モダリティ」に対して、「事柄」(もしくは、命題内容)の(i)「現実性」、(ii)「時間性」、(iii)「因果性」という三つの観点からアプローチした。ここで提出した条件は次の3つである。

(26) 現実性条件：
　　 その事柄 p は現実的でなければならない。(すなわち、それは、現実世界の事柄でなければならず、仮想世界の事柄であってはならない。)
(27) 現存性条件：
　　 その事柄 p は「現存的」(actual)でなければならない。(すなわち、それは、現実世界の中の過去又は現在の事柄でなければならず、(単純)未来の will で表される類の未来の事柄であってはならない。)
(28) 推論の方向性に関する対称性条件：
　　 認識的な must/may/might/could の場合には、順行推論(＝結果推量)も、逆行推論(＝原因推量)も可能であるが、認識的 should の場合には、順行推論(＝結果推量)は可能だが、逆行推論(＝原因推量)は不可能である。

上の条件の中で、「現実性条件」と「現存性条件」との間には、次のような認識的階層性が成立する(ここで、x＞y は、y が成立すれば必然的に x も成立することを表す)。

(29) 現実性条件　＞　現存性条件

すなわち、「現存性条件」が成立する場合には必ず「現実性条件」が適用されるということである。なぜなら、現存性は現実世界の中でしか成立しないからである。
　一方、(29)の「認識的階層性」と(28)の「推論の方向性に関する対称性条件」との関係に関しては、次のような一般化が得られると思われる。

(30) 逆行推論(＝原因推量)によって推論された事柄pに対しては、現存性条件が適用されなければならない。

(30)の一般化が述べていることは、ある認識的モダリティがあって、それが逆行推論(＝原因推量)を表している場合、その事柄pは、現実世界における現在または過去の事柄でなければならず、未来の事柄であってはならないということである。
　ある事象において、既に結果が出ているということは、その事象は、現実世界において、現在または過去のものであるということである。たとえば、川が氾濫しているのを見て、さては、昨夜大雨が降ったに違いないと推論する(＝原因推量)場合、大雨は氾濫の前に生じていなければならない。このように考えるならば、「認識的モダリティ」に関する「事柄」(もしくは、命題内容)の(i)「現実性」、(ii)「時間性」、(iii)「因果性」という三つの観点のうち、最も本質的なものは「因果性」であると結論される。

注
1　次のような場合には、認識的 must は必ずしも原因推量を表しているとは言えない可能性がある。特に、(iii)のような場合には、あらかじめ存在する「事柄」に関する「コメント」を表しているというべきであろう。

　　(i)　　Look at those tracks. That *must* be a dog.

(ii) A: A woman phoned while you were out.
B: It *must* have been Kate.
(iii) A: We went to Rome last month.
B: That *must* have been nice.

(Swan 2005[3]: 359)

参考文献

Declerck, Renaat and Susan Reed (2001) *Conditionals: A Comprehensive Empirical Analysis*. Berlin: Mouton de Gruyter.

Johannesson, N.-L. (1976) *The English Modal Auxiliaries: A Stratificational Account*. Stockholm: Almqvist & Wiksell International.

Langacker, Ronald W. (1991) *Foundations of Cognitive Grammar, Volume II: Descriptive Application*. Stanford, CA: Stanford University Press.

Nicolle, Steve (1997) "A Relevance-theoretic Account of *Be Going To*." *Journal of Linguistics* 33, 355–377.

Palmer, Frank (2001[2]) *Mood and Modality*. Oxford: Oxford University Press.

Perkins, Michael R. (1983) *Modal Expressions in English*. Norwood, New Jersey: ABLEX Publishing Company.

Rivière, Claude (1981) "Is *Should* a Weaker *Must*?" *Journal of Linguistics* 17, 179–195.

澤田治美 (1990)「認識的法助動詞の命題内容条件」『文法と意味の間——国広哲弥教授還暦退官記念論文集』205–217. くろしお出版.

澤田治美 (2006)『モダリティ』開拓社.

Swan, Michael (2005[3]) *Practical English Usage*. Oxford : Oxford University Press.

第 4 部

談話分析・語法研究

コロケーションに関する諸問題

堀　正広

1.　序論

　"Modes of Meaning"(1957)の中でJ. R. Firthがその研究の重要性を指摘し、その後Halliday(1966), Sinclair(1966, 1991), McIntosh(1966)などによって理論的に深められたコロケーション研究は、現在では重要な言語学の研究領域となりつつある。Firthが唱えたコロケーションは、直接的には語の意味ではなく、統合的なレベルでのかかわりと "mutual expectancy of words"(p. 196)の問題である。Firthのこのような考え方は、一般的には、"the habitual co-occurrence of individual words"(Fowler and Burchifield(eds.) 1996: 158)と定義されている。しかし、実際には、コロケーションについての理解は研究者間で異なっている。その違いの主な原因は2つ考えられる。1つはコロケーション研究へのコンピュータ利用による定義のゆれである。もう1つはしばしば混同されるイディオムとの関係に起因している。また、これからのコロケーション研究において考慮すべき問題もある。したがって、小論では、このようなコロケーションに関する問題を整理考察し、コロケーション研究に関する諸問題を共時的、通時的視点から考えてみたい。

2.　コロケーション研究とコンピュータ

　Sinclair(1966)では、コロケーション研究へのコンピュータ利用を模索し、その後コロケーション研究で使用されるnode, span, collocate, cluster, range等の用語はすでに定義されていた。エディンバラ大学からバーミンガム大学へ移ったSinclairは、1970年にバーミンガム大学の研究者とともに実

験的な試みとしてコンピュータを利用したコロケーション研究 *English Lexical Studies* を出版した。1966年の論文では "We will take the span as 3 lexical items before and after each node"(p. 415) とした span、つまり語と語のコロケーションは node を中心として前後3語の範囲であったが、1970年においては前後4語に修正された。また、語と語の関係も Sinclair *et al.*(1970) では、コロケーションは "the co-occurrence of two items in a text within specified environment"(p. 15) と定義された。Sinclair(1991) では、コロケーションは "the occurrence of two or more words within a short space of each other in a text" と定義され、共起関係は two items に限定されないで2語(句)以上となった。"a short space of each other" は前後4語のままである。その後、同じバーミンガム大学のチームによって作成された2億語のコーパスによる1万語の見出し語を持つ *Collins Cobuild English Collocations on CD-ROM* (1995)は、ある見出し語の高頻度のコロケーション20位までを表示した。しかしながら、表示されるコロケーションは統計的に処理された「意味のあるコロケーション」(significant collocation)で冠詞や代名詞などの機能語の共起語は「意味のないコロケーション」(insignificant collocation)として削除される。この「意味のある共起関係」は、Sinclair(1966)においてすでに言及され、Sinclair *et al.*(1970) では、"Collocation, or significant co-occurrence of lexical units"(p. 9) と定義されていた。

Reading Concordances(Sinclair 2003) では、他の研究者によるコロケーションの定義の違いを認めながら、"two or more words occurring near each other in a text"(p. 173) と定義され、共起関係の距離である span も "the difference between two collocating words, measured in words" とこれまでの4語に限定していない。これは、コロケーションを単に語と語の線形的な関係だけでなく、semantic prosody や semantic preference と呼ばれる意味的共起関係や文脈をも考慮に入れた新しいコロケーション研究への目配りである。

このように Sinclair を中心としたコロケーション研究は、共起関係の範囲を限定し、統計的に意味のあるコロケーションに限定して、コンピュータによるコロケーションの検索を可能にした。このようなコロケーションは、"the statistical tendency of words to co-occur"(Hunston 2002: 12) と言われるよ

うに、コンピュータ利用を前提とした統計的な共起関係の傾向を示したものであった。しかしながら、Louw(1993)やHoey(2005)らによるコロケーションにおける理論的な研究の進展は、単にコンピュータによる統計的処理によるコロケーション研究だけでなく、レジスター、意味、文脈を考慮に入れた研究者の解釈や読みによるコロケーション研究、つまりFirthが意図していたコロケーション研究へと向かっている。

3. コロケーションとイディオム

　次に、イディオムとの関係に起因するコロケーションの定義の違いについて見てみたい。コロケーションとイディオムとの関係に関しては2つの見方がある。コロケーションをイディオムとは異なったものと見る見方とイディオムをコロケーションの一つのタイプと見る見方である。

3.1. コロケーションとイディオムとは異なる立場の見解

　一般的には、イディオムとコロケーションは区別されることが多く、様々なやり方で形式と意味の面から判別される。たとえば、*The BBI Combinatory Dictionary of English*(1986、以下BBIとする)では、コロケーションは"fixed, identifiable, non-idiomatic phrases and constructions"(p. ix)と説明し、イディオムとの違いに関しては次のように説明している。

> This *Dictionary* does not normally include idioms, i.e., frozen expressions in which the meaning of the whole does not reflect the meanings of the component parts: *to kill two birds with one stone* 'to achieve two aims with one action'; *to be beside oneself* 'to be in a state of great emotional confusion.' Some phrases, especially those expressing a simile, are transitional between collocations and idioms, that is, the meanings of the component parts are reflected partially in the meaning of the whole. (p. xxix)

BBIでは、イディオムを統合的に変更不可能な表現形式で、構成部分の意味

の総和が全体の意味を反映していないものと見なしてコロケーションと区別している。

同じように、Bahns(1993)もイディオムとコロケーションを区別している。Bahn(1993: 57)は、"To attain a clear understanding of(lexical)collocations, it is helpful to try to distinguish them from *idioms* on the one hand and from *free combinations* on the other." のように、連続体の両極に idiom と free combination を考え、コロケーションと区別している。

Lewis(2000: 130)は、コロケーション(collocation)とイディオム(idiom)を区別し、両者を含むものとしてイディオム的なもの(idiomaticity)という概念を導入しコロケーションとイディオムの違いを説明している。

> Many may be surprised that, at a more theoretical level, 'idiom' and 'collocation' are often seen as similar, even overlapping, terms. In order for us to get a clear idea of collocation, we need first to consider it as part, not of idioms, but of the wider concept of idiomaticity.

Lewis はコロケーションを idiomaticity の一部として位置づけている．

同じように *The Oxford Dictionary of Current Idiomatic English Volume 2*(Cowie et al. 1983: xii–xiii)も、コロケーションを idiomaticity の一部として位置づけ、もっと厳密にイディオムとコロケーションの違いを記述している。「イディオム的なもの」の尺度で固定性の強いものから漸次弱くなっていくものとして、イディオムからコロケーションを段階的に捉えている。具体的には、下記のように4つに分類している。

1) 「純粋なイディオム」(pure idioms)、例：kick the bucket(死ぬ)この表現は3語からできているが各単語から類推することのできない意味で、bucket を pail などに代えることもできない。
2) 「比喩的なイディオム」(figurative idioms)、例：catch fire(火がつく)。類推の困難さは kick the bucket ほどではなく、比喩的な意味で考えると理解できる。

3) 「限定的コロケーション」(restricted collocations) a blind alley(袋小路、行き止まり)の blind の意味は文字通りではないが、alley は文字通りの意味で使われている。しかし、blind がこのような意味で使われるのは alley のみで、「小道、小路」を表す lane, trail, track, gut, pass などと一緒には用いられない。その点では blind は alley に限定された結びつきをしている。
4) 「開かれたコロケーション」(open collocations)例：fill the sink / basin / bucket。これらは比較的自由に結びつく語と語の関係である。

Cowie et al. (1983) は kick the bucket と catch fire をイディオムと呼び、a blind alley や fill the sink の関係をコロケーションと呼んで区別している。その区別している基準は2つで、表現の固定性と意味における透明性である。そして、イディオムとコロケーションの上位語として idiomaticity を位置づけている。

このような表現形態の固定性と文字通りの意味の不透明性によってイディオムとコロケーションを区別するやり方は Cowie et al. だけでなく *Oxford Collocations: Dictionary for Students of English*(2002、以下 OCD) も行っている。この2つの基準をもとに、語と語の組み合わせにおいて両極を設定し、その中間をコロケーションとして扱っている。両極とは、一方は固定した組み合わせでなく、意味は透明性があり文字通りに使われる自由な語と語の組み合わせである。もう一方は、固定した組み合わせで変更できないもので、語の意味は文字通りの意味で使われていない表現である。OCD では両極の free combination と idiom の間は連続変異(cline)と考え、明確な区別はできないと考えているが、コロケーションとイディオムは別であるという考え方である。

3.2. イディオムはコロケーションの一つのタイプであるという見解

それでは次にイディオムはコロケーションの一つのタイプであるという考え方を見てみたい。Moon(1998: 3)ではイディオムは曖昧な用語で一般的には主に2つの意味で使われていると指摘し、"Secondly(and much less commonly in English), an idiom is a particular lexical collocation or phrasal lexeme, peculiar to a language" として、イディオムがコロケーションと見なされる場合を紹介している。

　Carter(1998: 76)はこのようなイディオムやコロケーションを含む固定表現(fixed expressions)の分類の難しさに言及し、分類は固定性の連続変異(clines of fixity)の問題として論じることの重要性を指摘し、分類においてはコロケーションの考え方が重要であることを示唆した。また、Carter(1998: 66)では、次のように、暫定的に、イディオムを代替不可能な固定したコロケーションとして定義をしている。

> Idioms might thus be tentatively defined as (1) non-substitutable or fixed collocations, (2) usually more than single word units, (3) semantically opaque.

Michael McCarthy and F. O'Dell の *English Collocations in Use*(2005: 4)では、もっと明確にイディオムをコロケーションの一つのタイプとして認めている。

> Idioms are a special type of collocation where a fixed group of words has a meaning that cannot be guessed by knowing the meaning of the individual words.

さらに、3年後に出版された *English Collocations in Use: Advanced*(2008: 5)では、イディオムは、"Idioms can be seen as one type of collocation." と定義され、a special type of collocation から one type of collocation に代わり、コロケーションの一つのタイプとしてのイディオムをより明確に定義している。

　これまで見てきたようにイディオムをコロケーションのタイプとして見る見方はまだ多くはない。イディオムをコロケーションとして区別する場合においても、2.1節で見たように研究者間に違いがある。今後更にコロケーションとイディオムの関係は理論的に深められる必要があろう。

4. コロケーション研究の諸問題

　本章ではコロケーション研究における諸問題を共時的視点からと通時的視点から指摘する。いずれも usuality あるいは unusuality に関するものである。

4.1.　共時的：unusuality について

　コンピュータのめざましい発展と改良によって、1980年代以降コロケーション研究は飛躍的に進展した。しかしながら、その研究の主流は habitual or usual collocation の研究で、これは当初 Firth が唱道した研究の一部でしかない。次の引用に見るように、Firth は「独特な非規範的なコロケーション」(unique or a-normal collocation)の研究の重要性についても言及している。

> At the level of meaning by word collocation there is the interesting point that, both as a whole and in phrases, the collocations are unique and personal, that is to say, a-normal. (Firth 1957: 198)

　このような unusual collocation（通常でないコロケーション）の研究は、これまで研究されてきた usual collocation のようにコンピュータを利用して簡単には抽出できないし、統計的にも容易に指摘できない。また、unusual collocation といってもいろいろなタイプが見られる(cf. McIntosh 1966)。本節では、このようなタイプのコロケーションがどの程度通常のコロケーションから逸脱しているかという、unusuality(cf. Partington 1996: Ch. 8, "Unusuality")の問題を考える。本節では、unusual collocation の unusuality についてインフォーマントテストの結果の一部を示し、コロケーションにおける unusuality を扱うことの難しさを指摘したい。

　このインフォーマントテストは2005年5月にエディンバラ大学の英語を母国語とする学部学生78名に対して行ったものである(cf. Hori 2004: 5.3.6)。19世紀の英国の小説家 Charles Dickens(1812–70)の代表作の一つである *Bleak House*(1852–53)のなかで、他の18世紀や19世紀の作家が使用していない「形容詞＋名詞」のコロケーション40例の "usual / unusual" test

である。表1にあるように usual collocation である *dark night* から unusual collocation である *old infant* までを5段階に分けて40のコロケーションを5分間でマークしてもらった。

表1 unusuality のインフォーマントテスト

COLLOCATION	usual				unusual
usual / unusual	1	2	3	4	5
e.g. dark night	X				
e.g. raw afternoon			X		
e.g. old infant					X

それぞれのコロケーションに対して被験者78名の平均点をだした。下記の結果は、unusuality の高い順から40のコロケーションを並べている。

表2 unusual collocation のインフォーマントテスト結果

(1) frosty fire	4.6	(21) gloomy relief	3.2
(2) ravenous pens	4.5	(22) exhausted composure	3.1
(3) well-remembered finger	4.4	(23) serene contempt	3.1
(4) pertinacious oil lamps	4.3	(24) friendly indignation	3.0
(5) harmonious impeachment	4.2	(25) implacable weather	3.0
(6) bloodless quietude	4.1	(26) light-hearted conviction	2.9
(7) captivating looseness	4.0	(27) wicked relief	2.9
(8) exalted dullness	4.0	(28) thoughtful baby	2.8
(9) health shore	3.8	(29) gentle seriousness	2.6
(10) leaden lunch	3.8	(30) ugly report	2.6
(11) smiling country	3.8	(31) bright week	2.5
(12) timid days	3.7	(32) chilled people	2.5
(13) good-natured vexation	3.6	(33) troubled hands	2.5
(14) congenial shabbiness	3.4	(34) disdainful hand	2.4
(15) mad lips	3.4	(35) loving anxiety	2.4
(16) massive simplicity	3.4	(36) apologetic cough	2.3
(17) dismal grandeur	3.3	(37) colourless days	2.2
(18) emaciated glare	3.3	(38) housekeeping key	2.2
(19) stolid satisfaction	3.3	(39) rigid secrecy	2.1
(20) admonitory finger	3.2	(40) minor surprise	1.0

最も unusuality の高い一番目の frosty fire は、矛盾語法的なコロケーションなので、最も unusuality の低い 40 番目の minor surprise よりも高い数値であることは理解できるが、3 番目の well-remembered finger(4.4)と 20 番目の admoitory finger(3.2)に関しては、「指」を修飾する形容詞はどちらも意義素(semantic feature)は具象を修飾する形容詞ではないにも関わらず、unusuality の違いがはっきりしていることは英語を母語としないものにはわかりにくい。また、37 番目の colourless days が 12 番目の timid days よりも unusuality が低いこともわかりにくい。

このように unusual collocation といってもそこには程度の差があることを理解することが必要である。また、unusuality を研究する場合には、単に意義素の不適合(mismatch)だけでは説明がつかない。このようなコロケーションの分析には明確な基準を設定することが困難である。

4.2. 通時的：usual が unusual, unusual が usual

コロケーションを通時的な視点から見ていくと unusual collocation だったものが usual collocation となり、usual collocation が unusual collocation となることがある。たとえば、現代英語では terribly important は usual collocation である。20 世紀英国英語の 1 億語のコーパスである British National Corpus (BNC)によると、terribly と共起する形容詞の中で important は第 2 位である。ところが *Oxford English Dictionary*(OED)では terribly important の用例は 3 例で、最も早い例は次の引用にあるように 1865 年である。

> 1865 T. CARLYLE *Hist. Friedrich II of Prussia* V. XVIII. vi. 140 An Aide-de-Camp made a small misnomer, misreport of one word, which was *terribly important.*

また、19 世紀の小説のコーパスである *Nineteenth-Century Fiction* や 18 世紀の小説のコーパスである *Eighteenth-Century Corpus* では terribly important は一例もない。これは terribly important が 18 世紀や 19 世紀では usual collocation ではなく unusual collocation であったと考えることができる。つ

まり、18世紀や19世紀では unusual collocation であったものが、20世紀では usual collocation となるという。これは、通時的にはコロケーションは変化することがあるということを意味している。

次に、usual collocation が unusual collocation となる例を見てみたい。スピーチの際に、もし Gentlemen and Ladies と始めれば、現在では、unusual collocation である。ところが、18世紀の半ばまでは Gentlemen and Ladies が usual collocation で、Ladies and Gentlemen は usual collocation ではなかった。本来呼びかけ語としての gentleman は丁寧表現で(OED s. v. 4b)、また ladies を先に言う呼びかけは、女性に配慮した丁寧表現である。このような ladies を先に言及することによる丁寧さへの意識に関しては OED には次のような引用がある。

> 1808 F. GROSE *Antiq. Rep.* II. 405 All public addresses to a mixed assembly of both sexes, till sixty years ago, commenced *Gentlemen and Ladies*: at present it is *Ladies and Gentlemen.*

したがって、引用の説明が正しければ gentlemen and ladies というコロケーションから ladies and gentlemen というコロケーションへの語順の変化は1750年頃に起こったことになる。

このように通時的な視点から見ると、usual や unusual に関しては、変化がみられる。別の言い方をすれば、このようなコロケーションの変化は、通時的な視点からのコロケーション化の問題として扱うことができる。

5. まとめ

小論ではコロケーション研究に関する諸問題を、コロケーションとコンピュータ、コロケーションとイディオム、そしてコロケーションにおける usual と unusual の点から整理し問題提起をしてきた。秋元・河井(1994: 211)では、イディオム研究に関して「従来のイディオム研究はもっぱら現代英語について行われ一定の成果をあげてきたが、今後の研究課題は本書で

試みられたように、共時的記述の積み重ねとそれに基づいた通時的アプローチではあるまいか」と述べているが、同じことがコロケーション研究にも言える。共時的な積み重ねに基づいた通時的なコロケーション研究は、コロケーションの定義やコロケーションとイディオムとの関係、またコロケーションにおける usual や unusual の問題に関しても新たな方向性を示すであろう。

参考文献

秋元実治・河井迪男(1994)「近代英語におけるコロケーションとイディオム—その1—」秋元実治編『コロケーションとイディオム』英潮社.

Bahns, Jeans. (1993) 'Lexical Collocations: A Contrastive View'. *ELT Journal* 47(1), 56–63.

Benson, Morton, Evelyn Benson and Robert Ilson(1986) *The BBI Combinatory Dictionary of English: A Guide to Word Combinations*. Amsterdam: John Benjamins.

Carter, Ronald (1998) *Vocabulary: Applied Linguistic Perspectives*. 2nd edn. London: Routledge.

COBUILD English Collocations on CD-ROM (1995) London: Harper Collins Publishers.

Cowie, A. P., R. Mackin and I. R. McCaig (1983) *Oxford Dictionary of Current Idiomatic English*. Oxford: Oxford University Press.

Eighteenth-Century Fiction on CD-ROM (1996) Cambridge: Chadwyck-Healey Ltd.

Firth, J. R. (1957) *Papers in Linguistics, 1934–51*. London: Oxford University Press.

Fowler H. W. and R. W. Burchifiled (eds.) (1996) *Fowler's Modern English Usuage*. Oxford: Clarendon Press.

Halliday, M. A. K. (1966) 'Lexis as a Linguistic Level.' In C. Bazell *et al.* (eds.) *In Memory of J. R. Firth*, 148–62. London: Longman.

Hoey, Michael (2005) *Lexical Priming: A new theory of words and language*. London: Routledge.

Hori, Masahiro (2004) *Investigating Dickens' Style: A Collocational Analysis*. Basingstoke: Palgrave Macmillan.

堀正広(2009)『英語コロケーション研究入門』研究社.

堀正広・浮網茂信・西村秀夫・小迫勝・前川喜久雄(2009)『コロケーションの通時的研究:英語・日本語研究の新たな試み』ひつじ書房.

Hori, Masahiro, Tomoji Tabata and Sadahiro Kumamoto(2009) *Stylistic Studies of Literature: In Honour of Dr. Hiroyuki Ito*. Bern: Peter Lang.

Hunston, Susan (2002) *Corpora in Applied Linguistics*. Cambridge: Cambridge University Press.
Lewis, Michael (ed.) (2000) *Teaching Collocation: Further Developments in the Lexical Approach*. Hove: Language Teaching Publications.
Louw, Bill (1993) 'Irony in the Text or Insincerity in the Writer? The Diagnostic Potential of Semantic Prosodies.' M. Baker *et al.* (eds.) *Text and Technology: In Honour of John Sinclair*, 157–76. Amsterdam: John Benjamins.
Mackin, Ronald (1978) 'On Collocations: "Words shall be known by the company they keep". In P. Strevens (ed.) *In Honour of A. S. Hornby*, 149–65. Oxford: Oxford University Press.
McCarthy, Michael and F. O'Dell (2005) *English Collocations in Use: Advanced*. Cambridge: Cambridge University Press.
McIntosh, Angus (1966) 'Patterns and Ranges.' In A. McIntosh and M. A. K. Halliday (eds.) *Patterns of Language: papers in general descriptive and applied linguistics*, 183–99. London: Longman.
Moon, Rosamund (1998) *Fixed Expressions and Idioms in English: A Corpus-Based Approach*. Oxford: Clarendon Press.
Nineteenth-Century Fiction on CD-ROM (2000) Cambridge: Chadwyck-Healey Ltd.
Oxford Collocations Dictionary for Students of English (2002) Oxford: Oxford University Press.
O'Dell, F. and M. McCarty (2008) *English Collocations in Use: Advanced*. Cambridge: Cambridge University Press.
Partington, Alan (1996) *Patterns and Meanings*. Amsterdam: John Benjamins.
Sinclair, John (1966) 'Beginning the Study of Lexis.' C. Bazell et al. (eds.) *In Memory of J. R. Firth*. 410–30. London: Longman.
Sinclair, John (1991) *Corpus, Concordance, Collocation*. Oxford: Oxford University Press.
Sinclair, John (2003) *Reading Concordances*. London: Pearson Longman.
Sinclair, John, S. Jones and R. Daley (1970) *English Lexical Studies* Report to OSTI on Project C/LP/08, Department of English, The University Birmingham.

情報の重要度から見た倒置構文の
前置要素と後置要素の一考察

川口　悦

1. はじめに

　英語の基本語順から逸脱した有標構文の一つである倒置構文については、その統語的・意味的特性や、談話における機能など、様々な側面から研究がなされてきた。その中で、Birner(1994, 1996)は、前置要素と後置要素の持つ情報の相対的な談話における既知性(discourse-familiarity)を調査し、前置要素は後置要素よりも少なくとも談話上において未知であってはならない、という結果を報告している。本稿では、この研究結果を概観し、情報の重要度という概念に置き換えて、英語の倒置構文の前置要素と後置要素の持つ相対的な情報の重要度を考察する。[1] また、談話上の既知性からでは前置要素と後置要素の情報性に差が見られない場合でも、実際には情報の重要度に何らかの差があることも指摘する。

2. 談話上の既知性

　Birner(1994, 1996)は、新情報／旧情報という二分割的な情報構造の概念に取って代わる、Prince(1981, 1992)の段階的な情報の概念に基づいた、談話における既知性から、英語の倒置構文の前置要素と後置要素の相対的な情報性について調査した。[2] その結果、表1で示されているように、後置要素は前置要素よりも談話上未知か、あるいは少なくとも同等の談話における既知性のある情報を担っていなければならない、と述べている。つまり、適格な倒置構文では、相対的に談話上既知の情報が談話上未知の情報に先行し、その逆はない、と主張している。

表1　談話の既知性における前置要素と後置要素の情報の組み合わせの可能性

前置要素 後置要素	談話上旧情報	談話上新情報
談話上旧情報	○	×
談話上新情報	○	○

　表1の中で、最も多く見られる組み合わせは、前置要素が談話上旧で、後置要素が談話上新の情報を持っているパターンである(Birner 1996: 89, Kawaguchi 2000: 23)。これは、「旧情報から新情報へ」という情報の流れの原則に従っているものである。このパターンが最も多いのは、倒置構文の現れる談話の種類に関わらず見られる一般的な傾向であると思われるが、前置要素、後置要素共に談話上新情報を持っている場合については、物語以外のコンテクストではあまり見られない(Birner and Ward 1998: 174)。

(1)　In a little house lived two rabbits.
(2)　Hey, Sam — Did you hear the weird report on the evening news?
　　　#*In the basement of a department store are living a bunch of alligators.*[3]
　　　　　　　　　　　　　　　　　　　(Birner and Ward 1998: 175-176)

　(1)は物語の出だしであり、前置・後置要素共に談話上新情報を表わしている。しかし、物語では、読み手は時間や場所の設定があることを予想し得るものと考えられるため、そのような情報は、受け手の意識の中で想起されやすい。一方、(2)のような日常会話的なコンテクストでは、必ずしも聞き手が時空間的設定を予想するわけではない。つまり、談話において新情報であっても、情報の受け手の意識に想起されていると送り手が考えているかどうかによって、そのような要素が前置された倒置構文の容認性が決まるのである。
　Birner(1994, 1996)はまた、倒置構文の両要素が談話において新の情報を持っている場合、後置要素が次の節の話題になることはあっても、前置要素が次の節の話題になることはない、と指摘している。[4]

(3) a. *In a little white house lived two rabbits.* #It/#The house was the oldest one in the forest, and it was in disrepair. All the animals in the forest worried that someday the house would come crashing down.

b. *In a little white house lived two rabbits.* They/The rabbits were named Flopsy and Mopsy, and they spent their days merrily invading neighborhood gardens.

(Birner 1994: 240, Birner 1996: 69)

(3a)のように、第1文の倒置構文の前置要素を第2文の話題にすると、文脈上不適格になるが、(3b)のように、第1文の倒置構文の後置要素が次の文の話題として続くと、談話上自然な流れになる。これは、談話上の既知性において前置要素と後置要素が同じ情報を担っていても、後続の節の話題になり得るか否かによって、両要素の情報性に何らかの差があるということを示唆している。

以上、本節では、談話上の既知性という観点から、倒置構文の前置要素と後置要素の情報の相対的関係を概観した。また、この2つの要素が後続する節の話題になり得るか、という点についても触れた。次節では、この考察を情報の重要度という点から見直してみる。

3. 情報の重要度

高見(1995: 136)によれば、重要度が高い情報とは、情報の受け手が予測できないであろうと情報の送り手が見なす文中の要素であり、言い換えれば、送り手が受け手に特に伝達したい部分のことである。送り手が受け手に伝達したいと思うのは、新情報であることが多いが、必ずしも重要な情報が新情報と合致するとは限らない。しかし、情報の受け手が文脈上、あるいはその人の持つ社会常識や一般的知識から判断して予測できないであろうと情報の送り手が考える要素は、既に先行文脈に現れていたり、十分予測できるであろうと思われる要素よりも、重要度の高い情報を担っていると言える。従って、談話において新情報を担っている要素のほうが、旧情報を持つ要素

よりも、情報の重要度が高いということになる。

　また、ある要素が後続文脈の話題として続いていることが、談話におけるその要素の重要性を反映している、という Givón(1983) の話題の継続性 (topic continuity) に基づくと、後続する節の話題になれる要素は、そうでない要素よりも重要度の高い情報を持っていると言える。第2節で見たように、Birner(1994, 1996) は、話題の継続性について、両要素が談話上新の情報を持っている場合にしか言及していないが、その他の場合においても、後続する節の話題になり得るのは後置要素であり、少なくとも前置要素のみが後続する節の話題になることはない。

（4）　This festival of first-naming marked the end of the exchange. Vernon gave a little reassuring laugh and stepped out into the corridor. *Waiting for him right by the door was Jean with a bundle of correspondence for him to sign.*[5] *Behind her was Jeremy Ball,* and *behind him was Tony Montano, the managing director.* Someone else whom Vernon could not see was just joining the back of the queue.　　　　　　　　(*Amsterdam*: 39)

（5）　Malfoy strutted over, smirking. *Behind him walked a Slytherin girl who reminded Harry of a picture he'd seen in Holidays with Hags.* She was large and square and her heavy jaw jutted aggressively.

(*Harry Potter and the Chamber of Secrets*: 143)

(4)には3つの倒置構文が見られるが、そのうちの1番目と2番目の倒置構文では、前置・後置要素共に談話上旧の情報を持っている。そして、それぞれの後置要素が次の節の話題になっている。[6] (5)では、前置要素の him が前文の Malfoy を指しており、談話上旧情報を表わしている。一方、後置要素の a Slytherin girl は、不定冠詞からもわかるように先行文脈には現れておらず、また読み手が予想し得る人物でもないため、談話上新情報を表わしている。そして、この後置要素が次の文の話題 She として続いている。このように、談話上の既知性における2つの要素の組み合わせに関わらず、後置要素が次の節の話題になっているのは、後置要素のほうが前置要素より重要度

の高い情報を担っていることを表わしている。

　ここで、第2節で見た Birner(1994, 1996)による倒置構文の前置要素と後置要素の関係を、情報の重要度の観点から言い換えると、後置要素の情報の重要度は、前置要素の情報の重要度より高いか、少なくとも同等でなければならない、ということになる。高見(1995: 153)によれば、重要度が高い情報とは、通例、文末に置かれ、主題としては機能し得ない要素であり、重要度が低い情報とは、主語や時、場所の副詞句など、主題として機能しやすい要素のことである。この指摘は、重要度の高い情報を担っている要素が後方に来ることを支持するものである。[7]

　しかし、談話の既知性と話題の継続性の点から見て、前置要素と後置要素の情報の重要度が同等と見なされる場合でも、英語の基本的配列語順ではなく、敢えて有標の倒置構文を用いるには、何らかの理由があると考えるのが妥当であろう。以下、そのような例を挙げ、倒置構文が用いられていることの説明を試みる。(6)では第2文が倒置構文である。

(6)　It was the gloomiest, most depressing bathroom Harry had ever set foot in. *Under a large, cracked and spotted mirror were a row of chipped, stone sinks.* The floor was damp and reflected the dull light given off by the stubs of a few candles, burning low in their holders; the wooden doors to the cubicles were flaking and scratched and one of them was dangling off its hinges.　　　　　　　　　　　(*Harry Potter and the Chamber of Secrets*: 118)

(6)の一節は、Harry が足を踏み入れた女子トイレの場面を描写している。言語外の一般的知識から、トイレに鏡や洗面台があることは容易に予測できることである。従って、(6)の1番目の文に bathroom があることから、続く倒置構文の前置要素も後置要素も、談話において旧情報を表わしている。また、いずれの要素も後続文脈で話題として続いていないので、談話上の既知性と話題の継続性の点から見ると、この2つの要素の情報の重要度には差がないように思える。しかし、第2文を倒置構文にすることによって、トイレ内を、鏡、洗面台、そして床という順に描写していることがわかる。つま

り、作者の視点があたかも映画カメラのように作用し、トイレの上部から下部に向かって途切れなく映し出しているという、視覚的な描写効果をもたらしている。この第2文が基本語順で配列された文であれば、順序が洗面台、鏡、床となるため、このように連続的に場面を映し出すような効果は得られないであろう。

次は、倒置構文が連続して現れている例である。

(7) Over the next few days, they saw very little of Laura and rather a lot of baby Kenneth. Peter marvelled at how one small person could take up so much space. *In the hallway were the pram and the buggy, into the living-room were crammed the playpen, the swing, the push-cart and a great scattering of toys*, and in the kitchen, the high chair blocked the way to the cupboard where the biscuits were kept. (*The Daydreamer*: 110)

(7)では、赤ん坊が一人いることで、家の中がいろいろな物で場所を取られてしまうということが描かれている。場面がPeterの家の中であることから、家の中の各場所は、読み手にとって容易に想起できるものと考えられる。従って、(7)の2つの倒置構文の前置要素にある廊下と居間は、談話上旧情報を表わしている。また、後置要素にある乳母車、ベビーサークル、ぶらんこ、非常に散らかったおもちゃといった物も、読み手にとっては、先行文脈で言及されている赤ん坊と関連付けて連想しやすいものと考えられるため、談話上旧情報を表わしている。そして、どちらの倒置構文の後置要素も、後続文脈の話題として続いているとは言えない。しかし、この文脈で作者が特に表わそうとしているのは、Kennethという赤ん坊に関することなので、物でふさがれているのは家の中のどの箇所かということよりも、場所を取っているのは具体的にどの様な物かということであろう。従って、屋内の各場所が主題となり、それぞれの場所にある赤ん坊のための物に重点が置かれていることを表わす倒置構文が用いられているのである。[8]

(8)にも倒置構文が2つ現れているが、やはり、談話の既知性と話題の継続性の点から見て、いずれも両要素の情報の重要度に差が見られない。

（8） The Bad Doll had got its arm on to the bed and had let go of its crutch. Now it was clawing at the blanket, trying to get a grip so it could pull itself up. And even as it was doing this, on the other side of the room there arose an almighty cheer, and suddenly the dolls, all the dolls, were making their way towards the bed. From window sills and from on top of the mirror, from Kate's bed and from out of the toy pram, they came springing and leaping, spilling and tumbling and surging across the carpet. Dolls in long dresses shrieked as they stumbled and tripped, while naked dolls, or one-sock dolls, moved with horrible ease. On they came, a wave of brown and pink and black and white, and *on every moulded pouting lip was the cry 'What's fair is fair! What's fair is fair!'* And *in every wide glassy eye was the anger that Peter had always suspected behind the pretty baby blue.*

The Bad Doll had made it on to the bed and was standing, exhausted but proud, waving to the crowd gathered below. The dolls pressed tight together and roared their approval, and raised their chubby, dimpled arms towards their leader.

'What's fair is fair!' the chant began again.

Peter had moved down to the far end of the bed. His back was to the wall, and his arms were clasped round his knees. This really was extraordinary. Surely his mother would hear the racket downstairs and come up to tell them to be quiet. （*The Daydreamer*: 31–32）

2つの倒置構文の前置要素にある人形の顔の部分の lip や eye は、先行文脈で人形自体に言及していることから予測できるため、談話上旧情報を表わしている。また、(8)の一節に先行する文脈では、the Bad Doll によって駆り立てられた人形らの怒りや恨みの記述があるため、2つの倒置構文の後置要素の内容も、談話上旧情報を表わしていると言える。話題の継続性についても、どちらの倒置構文の両要素も、直後の節の話題として続いていない。第2節で見たように、Birner(1994, 1996)は、話題の継続性を直後の節と結び付けた概念として捉えている。しかし、直後の節だけでなく、より広い後続

文脈と関連付けてみると、the Bad Doll によって強まった人形らの団結力、その人形らの怒りによって生じる Peter の恐怖心といったものが描かれている。これは、人形らが持ち主に対して抱いている潜在的な不満や怒りという、2つの倒置構文の後置要素の内容と関連性が高い。つまり、いずれの倒置構文においても、後置要素の内容が、後続文脈で中心的な話の流れとしてつながっているため、前置要素よりも重要な情報を持っていると考えられる。

4. おわりに

本稿では、英語の文体的倒置構文の前置要素と後置要素の持つ相対的な情報の重要度について考えた。Birner(1994, 1996)の提唱する談話の既知性と話題の継続性という基準に従えば、後置要素は前置要素と同等か、それより高い重要度の情報を担っているということが言える。しかし、前置要素と後置要素の情報の重要度が同等と見なされる場合でも、実際には倒置構文が用いられることによって、後置要素に重点が置かれたり、談話上何らかの効果がもたらされることも示した。

注
1 ここでは、動詞を中心に前の要素と後ろの要素が入れ替わっている文体的倒置構文を考察の対象とする。以下、本稿では、倒置構文の種類を区別する必要がない限り、文体的倒置構文を単に倒置構文と呼ぶことにする。
2 Birner は、倒置構文の情報性を調査する基準として、聞き手の既知性(hearer-familiarity)を排除しているが、これに関しては Birner and Ward(1998: 166–168)を参照。
3 # は語用論的に不適格であることを示す。
4 しかし、基本語順で配列された文の場合、そのような制限はなく、いずれの要素も次の節の話題になり得る。
    (i)　Two rabbits lived in a little white house.
        a.　It/The house was the oldest one in the forest....

b.　They/The rabbits were named Flopsy and Mopsy....

(Birner 1994: 240, Birner 1996: 70)

5　1番目の倒置構文の後置要素にある Jean は、(4)より前の文脈において再三登場しているので、談話上旧情報を表わしているが、前置要素の him の指示する Vernon よりもテクスト上離れた位置に現れている。同様に、2番目の倒置構文の後置要素にある Jeremy Ball も既出の登場人物であるが、前置要素の her が指示している直前の文の Jean よりもテクスト上前に現れている。一般的に、ある要素が前述されている場合、その距離が離れているほうが、読み手の意識に上りにくいので、相対的に情報の重要度が高いと見なされる (Birner 1998)。しかし、この考えは、談話の構造を線的な連続体とみなす場合には有効であるが、Fox (1987) 等のように、談話を階層的な構造体と捉えると、必ずしも距離と情報の重要度が対応しているとは限らない。この点については別の機会で論じることにする。

6　両要素が後続する節の話題になっている場合もある。

　　　(i)　After half an hour of quiet thought, Peter went to his window which overlooked the back garden. The lawn looked like an outdoor version of the kitchen drawer. There were his parents lying face down on blankets, half asleep, soaking up the sunshine. *Between them lay Kate who probably thought it looked grown-up to sunbathe. Surrounding the trio was the debris of their wasted Saturday afternoon*—teacups, teapot, newspapers, half-eaten sandwiches, orange peel, empty yoghurt cartons.

(*The Daydreamer*: 64–65)

2番目の倒置文の話題となる要素 the trio が指示しているのは、Peter の両親と彼の妹 Kate で、それぞれ1番目の倒置構文の前置要素と後置要素に含まれている。しかし、統語構造の複雑さや語数と、伝達する情報の重要度の関係を考えると、統語的に複雑で語数の多い表現は、そうでない表現より、意味内容が豊かで情報量も多くなるため、相対的に重要な情報を担う傾向がある (Hartvigson and Jacobsen 1974, 福地 1985)。従って、単に人称代名詞を含む前置要素よりも、関係節で後置修飾された固有名詞から成り立つ後置要素のほうが重要な情報を持っていると言えるだろう。しかし、これはあくまでも一般的傾向であり、語数の多い表現が必ず重要な情報を持つというわけではない。また、単に語数を問題にするだけでなく、内容語と機能語の区別をしたり、統語構造の複雑さにおいても基準を明確にする必要がある。

7　高見 (1995: 153–154) は、その他にも重要度の高い情報や低い情報を表わす要素のリストをいくつか挙げているが、それらはあくまでもひとつの目安であり、どれかに当てはまればその要素は必ず重要度が高い情報であるとか、低い情報であるというわけではないと断っている。

8　(7)の最後の節も、前の2つの倒置構文と同様、屋内の場所を主題として、in the

kitchenから始まっている。しかし、この節が倒置構文になっていないのは、情報上軽くなければならない、という倒置構文の動詞の特性に合わないからであろう(Birner 1994: 254)。この節で用いられている「(子供用の食事椅子が食器棚への通路を)遮っていた(blocked)」という動詞には、単に物がそこにあるというだけではなく、意味上豊かな内容が備わっていると考えられる。

参考文献

Birner, Betty J. (1994) "Information Status and Word Order: An Analysis of English Inversion." *Language* 70: 233–259.

Birner, Betty J. (1996) *The Discourse Function of Inversion in English*. New York: Garland.

Birner, Betty J. (1998) "Recency Effects in English Inversion." In Marilyn A. Walker, Aravind K. Joshi, and Ellen F. Prince (eds.), *Centering Theory in Discourse*, 309–326. Oxford: Oxford University Press.

Birner, Betty J. and Gregory Ward (1998) *Information Status and Noncanonical Word Order in English*. Amsterdam and Philadelphia: John Benjamins.

Fox, Barbara (1987) *Discourse Structure and Anaphora: Written and Conversational English*. Cambridge: Cambridge University Press.

福地肇(1985)『談話の構造』(新英文法選書10)大修館書店.

Givón, Talmy (1983) *Topic Continuity in Discourse: A Quantitative Cross-Language Study*. Amsterdam and Philadelphia: John Benjamins.

Hartvigson, Hans and Leif Jacobsen (1974) *Inversion in Present-Day English*. Odense: Odense University Press.

Kawaguchi, Etsu (2000) "Information Status of Preposed and Postposed Constituents of English Inversion."『英語表現研究』第17号, 20–29.

Prince, Ellen F. (1981) "Toward a Taxonomy of Given/New Information." In Peter Cole (ed.), *Radical Pragmatics*, 233–254. New York: Academic Press.

Prince, Ellen F. (1992) "The ZPG Letter Subjects, Definiteness, and Information-Status." In Sandra Thompson and William Mann (eds.), *Discourse Description: Diverse Analyses of a Fund-Raising Text*, 295–325. Amsterdam and Philadelphia: John Benjamins.

高見健一(1995)『機能的構文論による日英語比較』(日英語対照研究シリーズ4)くろしお出版.

形容詞を前置修飾する副詞の役割

中本恭平

1. はじめに

　Quirk et al. (1985: 448) は、離接的副詞 (disjunct adverbs) は強意詞 (intensifiers) になるとして、surprisingly good, incredibly beautiful などの例をあげ、(1a)は(1b)のようにパラフレーズできるとしている。

(1) a.　He made a surprisingly good speech.
　　 b.　He made a speech that was good to a surprising extent.

　このように、副詞が形容詞を前置修飾する場合、副詞は文字通りの意味 ('general meaning' (Quirk et al. 1985: 448)) を残しつつも、強意詞的な性格を帯びることになる。しかし、文字通りの意味が薄れ、完全に強意詞化することがあるのかどうかについては、Quirk et al. (1985) では述べられていない。Sinclair et al. (1990), Huddlesston and Pullum (2002) にも記載はない。
　Biber et al. (1999: 564) は、bloody, terribly, incredibly などの副詞が増幅詞 (amplifiers) として用いられるのは格式ばらない (informal) 文体であり、肯定的 (positive) 意味を持つ形容詞 (例：good, cool, nice) を修飾するのがふつうであるが、否定的 (negative) 形容詞 (例：awful, bad, stupid) との結合も見られると述べている。しかし、これ以上の記述はない。
　そこで、本稿では副詞が形容詞を前置修飾する場合、副詞と形容詞の意味的なつながり、特に肯定的・否定的意味という観点から、次の点を検証する。

［1］副詞に文字通りの意味が残っているか。
［2］中立的意味を持つ副詞は、どのような意味を持つ形容詞と結合するか。
［3］肯定的意味を持つ副詞は肯定的意味を持つ形容詞と、否定的意味を持つ副詞は否定的意味を持つ形容詞とのみ結合するか。

以上について、本稿では incredibly のように否定の接頭辞 in-（異形態を除く）と可能性を表す接尾辞 -ably（異形態を含む）を伴う副詞が形容詞を前置修飾する場合について調査する。

予想としては、中立的な意味を持つ副詞は中立的な形容詞および肯定・否定両方の形容詞と結合を許す一方、肯定的・否定的意味の副詞は、中立的な形容詞との結合のほか、肯定—肯定、否定—否定という組み合わせは存在しても、肯定—否定、否定—肯定という組み合わせは存在しないはずである。

次節で調査方法を述べ、第3節では中立的意味、第4節では肯定的意味、第5節では否定的意味を持つ副詞について分析し、第6節で結論をまとめる。

2. 調査方法

否定の接頭辞 in- と可能性を表す接尾辞 -ably を伴う副詞のうち、代表的な学習者向け英和辞典の1つである『ルミナス英和辞典第二版』[1] に収録されているものについて、The British National Corpus（インターネット公開版：www.natcorp.ox.ac.uk）で検索する。調査対象となったのは以下の50語である。数字は該当例のヒット総数を表す。「50/781」は、該当する781例のうち任意の50例が結果として画面に表示されたことを意味する。[2]

inaccessibly(3), inaudibly(20), incalculably(5), incomparably(37), incomprehensibly(17), inconceivably(14), inconsolably(7), incontestably(4), incontrovertibly(14), incorrigibly(8), incredibly(50/781), incurably(36), indefatigably(10), indefensibly(2), indefinably(11), indelibly(50/51), indescribably(20), indispensably(2), indisputably(47), indissolubly(22), indistinguishably(8), indivisibly(6), indomitably(2), indubitably(33), ineffably(5), inequitably(4), ineradicably(5), inescapably(50/68), inestimably(2), inevitably(50/3051), inexcusably(7), inexhaustibly(2), inexorably(50/215), inexplicably(50/120), inexpressibly(4), inextricably(50/220), infallibly(16), inflexibly(14), inimitably(3), insatiably(5), inscrutably(9), insensibly(9), inseparably(30), insufferably(19), intangibly(2), intolerably(37), intractably(2), invariably(50/1529), invincibly(4), invisibly(50/55)[3]

副詞が形容詞を前置修飾している場合のみを分析対象とする。また、分詞や分詞に由来する形容詞は原則として分析の対象からはずした。

なお、次の［A］の10語は形容詞を前置修飾する例が皆無、［B］の11語は形容詞を前置修飾する例が1例のみで結合の傾向がつかめないので、いずれも以下の分析対象からはずした。［B］では被修飾語の形容詞を〈 〉内に示す。

[A] inaudibly, incontestably, indomitably, inequitably, inextricably, inscrutably, insensibly, inseparably, intangibly, invisibly

[B] inaccessibly 〈distant〉, inconsolably 〈sorry〉, indefensibly 〈irresponsible〉, indispensably 〈necessary〉, indissolubly 〈cerebral and sensual〉, indistinguishably 〈old〉, indivisibly 〈organic〉, inestimably 〈precious〉, inexhaustibly 〈friendly〉, inexorably 〈continuous〉, inimitably 〈French〉

3. 副詞が中立的な意味を持つ場合

残る29語のうち、中立的な意味を持つと判断したのは、次の13語である。かっこ内の数字は、総ヒット数に占める形容詞前置修飾ヒット数である。

incalculably(5/5), incomparably*(31/37), inconceivably*(9/14), incontrovertibly#(3/14), incredibly*(36/50), indelibly#(3/50), indescribably*(14/20), indubitably#(9/33), ineffably*(2/5), ineradicably#(4/5), inexplicably*(10/50), inexpressibly*(3/4), invariably#(4/50)

　*印の語は通常の状態を逸脱していること、#印の語は形容詞が表す状態が確立していることを意味し、いずれも肯定・否定どちらも表しうると判断した。incalculably は何が多いかによって肯定・否定どちらにもなりうるので中立的とした。以上の13語についての分析結果は以下のとおりである。
　*印の inconceivably, incredibly, ineffably, inexpressibly は、肯定・否定いずれの形容詞とも結合する（例：inconceivably wealthy/horrible, inexpressibly happy/weary）。[4] 特に、incredibly は互いに反義関係にある形容詞を修飾している（例：incredibly lucky/unlucky, incredibly expensive/cheap）。
　#印の incontrovertibly, indelibly, indubitably, ineradicably, invariably も、肯定・否定両方の形容詞と結合する（例：incontrovertibly innocent/evil）か、中立的な形容詞と結合する（例：indelibly American, indubitably planktonic/Romanesque, ineradicably social, invariably the same）。
　以上の副詞では、肯定・否定両方の形容詞との結合を許しており、第1節の予想どおりであった。
　一方、indescribably と inexplicably は、否定的な意味の形容詞との結合例が、前者では形容詞前置修飾14例中11例、後者では10例中7例と多い（例：indescribably dirty/eerie/terrible, inexplicably awful/awkward/eerie）。副詞は中立的な意味を持っているはずなのに（それゆえ、indescribably ancient, inexplicably clear などの結合例もある）、否定的な意味合いの形容詞と頻繁に結合することにより、副詞も否定的な意味に傾いていると言える。
　残り2語のうち、incalculably が文字通りの意味で用いられるならば、形容詞は「数」に関係するはずである。形容詞前置修飾5例のうち、ancient は「多年」と解釈することができるが、それ以外は destructive, powerful, great（2例）であり「数」とは無縁である。それゆえ、incalculably は文字通りの意味が薄れ、強意詞としての機能が高まっていると言える。
　incomparably は比較級および最上級の形容詞を修飾する場合が多く（順に

22例、1例)、その場合、論理的には矛盾しており、副詞はもっぱら強意詞として機能している。原級の形容詞を修飾する場合でも、'to an incomparable degree'(cf.(1b))というのは強意詞的意味合いである。

以上の結果から、中立的な意味を持つ副詞は、中立的な意味を持つ形容詞と結びつくか、肯定・否定いずれの形容詞とも結びつくことが多い反面、文字通りの意味が薄れ、強意詞としての機能を高めているものや、否定的な意味を持つ形容詞との結合に偏りが見られるものがあることがわかった。

4. 副詞が肯定的な意味を持つ場合

indefatigably(3/10), indisputably(16/47), infallibly(4/16), invincibly(2/4) の4語は肯定的意味を持つと判断した。[5] かっこ内の数字は前節と同じ意味を持つ。以下、分析結果を示す。

indefatigably では、形容詞前置修飾3例中2例が肯定的な意味を持つ形容詞(industrious, self-confident)であり、第1節の予想どおりであった。残る1例は predictable を修飾しており、強意詞としての性格が強い。

infallibly は形容詞前置修飾4例中2例(right, able)、invincibly は2例中1例(stable)が肯定的な意味を持っている。次例では、infallibly, invincibly の肯定的意味が形容詞にも波及し、肯定的な文脈で用いられている。[6]

(2) a. The book is a twin delight in that the pictures are rare and interesting and the observations are infallibly ⟨evocative⟩: ... [FT9 1487][7]
  b. Because the novel is invincibly ⟨domestic⟩, it can tell us much about the space we live in; equally, designs for houses and their furnishings can reveal hidden aspects of the novelist's art. [FAE 23]

indisputably では、dominant, valuable, virtuous, lucky といった肯定的な形容詞との結合も見られ、逆に否定的な意味を持つ形容詞との結合例はないが、全体的には ready, self-evident, royal, male, same, charismatic, Roman など中立的な意味の形容詞との結合が目立つ。また、infallibly, invincibly の場合と同じ

く、副詞が持つ肯定的な意味が形容詞に付与され、文脈上肯定的な意味合いになっている場合がある。次例では、Beres Hammond の voice は通例よい意味で soulful と捉えられているが、書き手はその声が bored なものとして好ましくないと捉える少数派に属していると述べている。

（3） I REALISE I'm in a minority of one when I say I'm bored with Beres Hammond's indisputably 〈soulful〉 voice, but many of his records seem to lack the sheer excitement of ragga. [CK6 1226]

しかし、副詞の肯定的意味が薄れ、強意詞としての性格を強めいている場合もある。次例では、male であることを肯定的に捉えているわけではない。

（4） The boy was done up in a long striped apron and straw boater in arch Victorian pastiche but his arms were all that Edward saw: young, dusted with golden hairs and somehow indisputably 〈male〉. [G0Y 1465]

このように indisputably が強意詞的性格を強めていることは、この副詞が最上級の形容詞を修飾する場合がある(3例)ことからも裏づけられる。
　以上をまとめると、肯定的な意味を持つ副詞は、肯定的な意味を持つ形容詞と結合することが多く、中立的な形容詞とともに用いられる場合には、肯定的な文脈を作り出すことが多い反面、一部では肯定的な意味合いが薄れ、強意詞としての機能を強めていることがわかった。しかし、否定的な意味を持つ形容詞と結びつく例はなかった。

5. 副詞が否定的な意味を持つ場合

　残る12語(incomprehensibly(4/17), incorrigibly(7/8), incurably(31/36), indefinably(8/11), inescapably(19/50), inevitably(2/50), inexcusably(3/7), inflexibly(3/14), insatiably(2/5), insufferably(13/19), intolerably(22/37), intractably(2/2))は否定的な意味を持つと判断した。数字は第3節と同じ意

味を持つ。incomprehensively や indefinably は、inconceivably や inexplicably とは異なり、理解や定義できない不安さから、また inescapably と inevitably については、好ましいことから逃れる・避けるのは不自然であることから、それぞれ否定的な意味を持つと判断した。以下、分析結果を示す。

　intractably は否定的意味の形容詞（hostile/difficult）と結合している。

　inexcusably, incorrigibly, inflexibly の3語は、否定的な形容詞との結合のほか、否定的な意味を持たない形容詞との結合例もある。

（5）a. ... this burden could prima facie be discharged by demonstrating an <u>inexcusably</u> 〈long〉 delay, ... [FCE 370]
　　 b. Jackson, albeit a married man with children like himself, had an <u>incorrigibly</u> 〈juvenile〉 streak which grated on Montgomery's nerves. [C8D 944]
　　 c. Keith Joseph and Kenneth Baker, though I believe they are genuinely anxious to improve the lot of all children at school, have nevertheless been subject to pressure from the most <u>inflexibly</u> 〈conservative〉 thinkers. [ASY 1195]

（5a）では、delay が否定的意味を持つので否定的文脈となっている。（5b, c）では、形容詞は中立的意味を持つが、やはり否定的文脈になっている。incorrigibly, inflexibly は否定的な文脈を作るのに寄与していると言える。

　incomprehensibly も cruel, capricious という否定的な意味を持つ形容詞を前置修飾しているほか、次例では、形容詞は否定的な意味を持っていないものの、costs について述べられているので否定的な意味合いになっている。

（6）　The economic costs are almost <u>incomprehensibly</u> 〈large〉. [B17 709]

しかし、次例では自然現象について述べられており、人間の利益不利益については述べられていないので、否定的な意味合いはない。

（7） If many banks and lagoons are at very similar depths, it would mean a remarkably and almost incomprehensibly 〈uniform〉 subsidence over a very large area, confined, incidentally, largely to tropical and especially tropical oceanic areas.［GV0 769］

(7)では、remarkably より高い程度を表すのに incomprehensibly が用いられているが、'impossible to understand' という意味も残っていると言える。
　inevitably と形容詞との結合例は次の2例のみであった。

（8）a. A field of 37 teams faced a tough, windy ride, with times inevitably 〈slow〉.［BM4 2492］
　　 b. Writers, whose criticism arises directly from the problems and possibilities of their art, are inevitably 〈evaluative〉; Baudelaire showed how being a poet also involves being a critic.［A1A 720］

(8a)は文脈上否定的に捉えられていることは明らかであるが、(8b)では特に否定的に捉えられているわけではない。その点で、強意詞的性格が強いと言える。しかし、「好ましくないことから避けられない」という否定的な意味合いから、「やむをえない」というやや消極的な意味が残っていると言える。
　一方、incurably, indefinably, insatiably, inescapably, insufferably, intolerably では、肯定的な意味を持つ形容詞との結合例も見られる。[8]

（9）a. Only the incurably 〈honest〉 would say no, and face the row that followed.［BPF 897］
　　 b. In an uproarious performance, Finney comes over like a Mancunian Tigger, insufferably 〈bouncy〉 and crassly insensitive.［AJN 317］
　　 c. He did everything at breakneck speed and was insatiably 〈sociable〉, always turning up when Jane was particularly busy, crashing into the room and asking jauntily: ';What's everyone doing?';［ABW 915］

d. Guy Sterne's dark face possessed some indefinably 〈tough〉, 〈worldly-wise〉 quality which made it almost impossible to read. [JY3 390]

　　e. Mr. Wildblood makes the comment, which in my judgment is inescapably 〈correct〉, that the justices have approached their decision in this case on general welfare principles. [FBX 120]

　(9a, b)では、形容詞は肯定的な意味を有しているものの、皮肉めいた文脈であり、否定的に捉えられていると言える。insufferably は否定的な意味を持つ形容詞との結合例が多く(形容詞との結合総数13例中6例)、たとえ肯定的な意味を持つ形容詞と結合しても、副詞が持つ否定的意味合いが残り、皮肉めいた意味、つまり否定的意味の文脈を作る傾向にあると言える。

　(9c)では、現状の sociability に満足できないという意味で否定的であるが、この例では強意詞としての性格も濃厚に出ている。

　一方、(9d)の indefinably は、副詞が持つ否定的意味合いがそれほど強くなく、形容詞が表す状態を弱める緩和詞(downtoner)の働きをしていると言える。

　(9e)は強意詞として機能しているが、correct という状態を強めるのではなく、correct であることを断定するという意味での強意詞となっている。

　insufferably と似た意味を持つ intolerably も、否定的な意味合いの形容詞との結合例が多い(形容詞との結合総数22例中7例)。また、形容詞そのものは中立的な意味を持つが、次例のように、文脈上否定的に捉えられていると判断できる場合も10例ある。

(10) a. On the global scale, the oceans that cover almost 70 per cent of the world prevent it from becoming intolerably 〈hot〉 by day, and freezing cold by night. [AMS 395]

　　b. It reported that the intolerably 〈high〉 pollution levels, at up to 100 times those permissible in the west, continued despite the closing of many ageing plants. [J32 467]

その一方で、否定的意味合いを伴わないと判断できる例もある。

(11) a. He just looked so intolerably ⟨sexy⟩, lounging on the white sofa, his body lean and powerful, the open-necked black polo shirt drawing the eye to that muscle-packed chest, his black jeans enhancing his long legs. [JYD 1587]
b. 'Intolerably ⟨exciting⟩,'; he said, kissing her cheek. [JYD 4139]

いずれも同一文献[9]からの例であるので、このような使用法がどの程度一般化している(あるいはしていない)のかを断定することはできない。しかし、日常会話のような格式ばらない場面では、上例のように、本来否定的な意味を持つ intolerably が単なる強意詞として用いられている(少なくともその可能性がある)ことを示している(第1節の Biber *et al.* の指摘も参照)。

以上をまとめると、否定的な意味を持つ副詞は、否定的な意味を持つ形容詞と結合するか、中立的な形容詞とともに用いられて否定的な文脈を作り出すことが多い。しかし、肯定的な意味を持つ形容詞と結合することもある。その場合、否定的な文脈を作り出す、あるいは否定的な文脈を補強することが多い反面、今回の調査ではごく一部ではあったが、否定的な意味合いが薄れ、単なる強意詞として用いられている場合もあった。

6. まとめ

今回の調査結果をまとめると、次のようになる。

［1］副詞が形容詞を前置修飾する場合、強意詞としての役割を果たすものの、文字通りの意味が十分に残っていることが多い。それゆえ、副詞と形容詞の間に、強い意味関係が見出されることも多い。

［2］副詞が持つ文字通りの意味が薄れ、強意詞としての性格を強めている場合もあるが、そのような傾向が著しく見られたわけではない。

［3］中立的意味の副詞は、中立的意味の形容詞と結合するか、肯定・否定どちらの形容詞とも結びつく。

［4］しかし、中立的意味の副詞の中には、否定的意味の形容詞との結合に偏りが見られるものもある。

［5］肯定的意味の副詞は、肯定的意味の形容詞と結合することが多く、中立的意味の形容詞と結合する場合には、肯定的な文脈になることが多い。

［6］しかし、肯定的意味の副詞の中には、肯定的意味合いが薄れ、強意詞としての機能を強めているものもある。

［7］肯定的意味の副詞が否定的意味の形容詞と結びつく例はなかった。

［8］否定的意味の副詞は、否定的意味の形容詞と結合するか、中立的意味の形容詞と結合する場合には、否定的な文脈になることが多い。

［9］しかし、否定的意味の副詞が、肯定的意味の形容詞と結合することもある。その場合、否定的な文脈になることが多い。

［10］否定的意味の副詞の中には、否定的意味合いが薄れ、強意詞としての機能を強めているものもある。その場合、肯定的意味の形容詞とも結合することもあり、使用範囲が肯定的意味の副詞よりも広い。

注
1　竹林滋他編（2005）（研究社）。収録語数は約10万語（同書「まえがき」）。
2　検索結果は50例まで示される。無作為抽出であるため、該当例が51以上存在する場合には、検索のたびに、結果として表示される用例は異なる。
3　次の7語は、BNCではヒットしなかったので、調査対象からはずした：incapably, incompatibly, incorruptibly, indeterminably, indigestibly, inextinguishably, invulnerably.
4　ineffably は否定的意味を持つ形容詞との結合例はないが、過去分詞 bored との結合例がある。
5　indisputably については、議論や反論は通例好ましくない（認めなくない）状態に対してなされるので、その必要がないのは肯定的と判断した。また、invincibly は「強い」という意味が肯定的な意味を持つと判断した。
6　残る1例は、However, this process requires great care to get it right and not all printers are infallible --; indeed, one printer I used was infallibly 〈fallible〉... [CN4 328] という撞着語法で用いられている。
7　下線（該当する副詞）、被修飾語を示す〈　〉、省略（...の部分）は筆者による。末

尾の文献記号については、BNC User Reference Guide の List of Sources (www. natcorp.ox.ac.uk/XMLedition/URG/bibliog.html) を参照。

8 He was incurably 〈sympathetic〉. [H0R 63] および Bernard's voice sounded insufferably 〈cheerful〉. [GUF 163] では文脈が乏しく、sympathetic および cheerful であることが肯定的・否定的どちらで捉えられているのか不明であった。

9 文献記号 JYD は次の文献を表している。Sarah Holland (1993) *Ungoverned passion*. Harlequin Mills & Boon.

参考文献

Biber, Douglas, *et al.* (1999) *Longman Grammar of Spoken and Written English*. Harlow: Pearson Education.

Huddleston, Rodney, and Geoffrey K. Pullum. (2002) *The Cambridge Grammar of the English Language*. Cambridge: Cambridge University Press.

Quirk, Randolph, *et al.* (1985) *A Comprehensive Grammar of the English Language*. Harlow: Longman.

Sinlclair, John, *et al.* (1990) *Collins COBUILD English Grammar*. London: William Collins.

他動性についての一考察 *

阪口美津子

1. はじめに

　多くの動詞に直後に目的語をとる場合(以下 V + NP)と、前置詞を介在させてその後に目的語をとる場合(以下 V + P + NP)の 2 つの形式が見られる。これらを他動性という点から分析すると、類似している 2 つの文の意味上の差異が明らかになるように思われる。他動性とは「主語として表れているものが、目的語として表されているものに対して、その行為を通じてどの程度影響を与えるか」ということである(池上 1995: 33)。影響の大きさにより他動性の高低が測れることになる。本稿では、2 で先行研究を 3 点概説し、3 で V + NP/V + P + NP を引き起こす要因について分析を行う。

2. 先行研究

2.1. Dixon(2005)

　Dixon は V + NP/V + P + NP に分かれる要因を動詞が示す行為の完了、遂行のレベル、行為の遂行に伴う努力のレベル、目的語が generic か specific かという点から分析を行っている。

(1) a. He *kicked* the ball.
　　b. He *kicked at* the ball.　　　　　　　　　　(Dixon 2005: 298)

a では「ボールを蹴る」という行為は完了しているが、b では完了していない。つまり、He missed making contact であると述べられている。Dixon に

よれば他動詞によって示される行為が一定の結果を得られない時、あるいは特定の目的を遂行しない時はV + P + NPとなる。

（2）a. The President *decided* the order of precedence.
　　b. The President *decided on* the order of precedence.

(Dixon 2005: 292)

(2a)では決定されるまでのプロセスで活発な議論がなされたことを意味するが、(2b)ではpresidentが1人でその決定を行った含みがあると述べられている。決定を行うまでのプロセスでどの程度努力が必要だったかという点から考えると(2a)の方が(2b)よりも努力を必要としたことを示すというものである。

（3）a. They *climbed* Mt. Everest.
　　b. We *climbed up* the little hill in the south-east corner of Regent's park.

(Dixon 2005: 300)

「エベレスト」のように登るのに困難を伴うであろう目的語の場合、V + NPとなり、(4b)のように「小さな丘」ではV + P + NPとなる。

（4）a. Vladimir *won* the game of chess last night.
　　b. Vladimir usually *wins at* chess.

(4a)の目的語は「昨晩のチェスの試合」で特定の試合であり、(4b)では「チェスの試合全般」を示す。specificの場合はV + NP、genericの場合はV + P + NPとなる。

　以上がDixon(2005)によるV + NP / V + P + NPの分析の概要である。

2.2. Quirk *et al.* (1985)

　Quirk *et al*ではV + P + NPはそのプロセスに焦点があるのに対して、V

＋ NP は完結性を示し目的が達成されたことを示す、として次の例をあげている。

(5) a.　Let's *swim* across the river.
　　 b.　She was the first woman to *swim* the Channel.
(Quirk et al. 1985: 685)

さらに V ＋ NP と V ＋ P ＋ NP の例として以下のものをあげている。

roam(about / around)the city	ponder(on)a question
pass(by)a house	turn(round)a corner
flee(from)the country	attain(to)a position
cross(over)a street	climb(up)a mountain
jump / leap(over)a fence	pierce(through)the defences

(Quirk et al. 1985: 685)

2.3.　小西(1991)

　小西は(6)のような例をあげて、V ＋ NP と V ＋ P ＋ NP の意味の分化について論じている。

(6) a.　Don't t*alk about* politics at table.
　　 b.　Don't *talk* politics at table.

(6a)に比べて(6b)は「政治そのもの」を話すことになり動詞が目的語に及ぼす影響が直接的で意識の山が目的語に集中している、と述べられている。小西があげている V ＋ NP と V ＋ P ＋ NP は以下の通りである。

Walk(along)the streets / run(on)an errand / agree(to)a plan / agree(on)a policy / fly(over)the country / travel(through)the Continent / drink(to)your health /

compensate(for)a loss / protest(against)a wrong / ponder(on, over)a matter / graduate(from)high school, etc.（小西 1976: 28）

　以上 3 つの先行研究を概説した。これらを基にして 3 では V + NP と V + P + NP についてそれぞれを引き起こす要因と意味の相違について考察する。[1]

3. V + NP/V + P + NP を引き起こす要因と意味上の相違

3.1. 行為の完了、到達度

（7）a.　Privately, they *guessed at* my troubled heart, I suppose …
　　　　　　　　　　　　　（Dreams from My Father, *Barack Obama*）

これは著者である Obama の周囲の人々が著者の複雑な心情（出自など）を推測しようとするがそれができないことを示す場面である。*guessed* は *tried to guess* に近い意味をもつと思われる。

（8）　Oh, yes, you *guessed* it.　　　　　　　　　　　　　　　（B.N.C）
（9）　I feel each letter to see if I can *guess* which one's mine.　　（Ibid.）

（8）（9）はいずれも意味的に *guess* という行為が遂行されることを示す例である。（8）では「あなたがそれを当てた」ことを示し、（9）では「どちらが自分のものか」知るためにそれぞれの手紙を触ってみる、まさに *guess* という行為は遂行されなくてはならない。*try to guess* では意味を成さない。

（10）　It had taken us seven hours to *climb* five pitches.　　　（Ibid.）

ここでも V + NP は「5 つのピッチに登った」という行為の完了を示し、行為の遂行に伴う困難も予想される。

(11) The person who *guessed* the most answers won a prize.

(Wild Swans, *Jung Chang*)

(11)においても実際に「答えをもっとも多く推測した者が賞をとった」ことを示すことから V + NP となる。

3.2. NP の具体性

ある種の動詞はその目的語が具体的なものであるときは V + NP となり、そうでないときは V + P + NP となるようである。

(12) In *deciding* objectives, be prepared to modify your views. (B.N.C)
(13) For Heaven's sake, Tug, do I have to *decide* everything for you? (Ibid.)
(14) Allow the resident to *decide* the water temperature. (Ibid.)

(12)〜(14)では目的語がいずれも具体的、かつ明確と思われるものである。

(15) We are now examining a few contradictions and will *decide on* the matter next week. (Ibid.)
(16) ... and the manager *decides on* the spread of currencies and the contracts. (Ibid.)
(17) But the study must also *decide on* Nato's attitude towards other sorts of troubles ... (Ibid.)

(15)の目的語である the matter はおそらくその中にさらに具体的な項目を含むと考えられるので、matter そのものは具体的な目的語とは言えない。(16)の「通貨の流通」(17)の「NATO の態度」はそれぞれ具体性に欠ける。さらに

(18) Vecky *searched* the house for seth ... (Ibid.)
(19) *Search for* clues after IRA bomb explodes in Soho. (Ibid.)

(19)の *search* の目的語は具体的であるが(18)の「てがかり」は漠然としている。

3.3. 行為の遂行に必要な努力

先行研究 Dixon(2005)にあるように、ある行為を達成するのにかなりの努力が必要と思われるときは V + NP となり達成感を表すようである。(2)では全く同一の目的語でありながら V + NP と V + P + NP に分かれているが、このような例ではコンテクストから判断しない限りは要因は不明であろう。さらに Dixon は以下のような例文をあげている。[2]

(20) She *swam* the English Channel.
(21) She *swam across* the millstream.
(22) She *jumped* the six-foot fence/the side ravine.
(23) *She *jumped* the snail/the ten-inch gap in the path.

(Dixon 2005: 300)

(20)と(22)は行為の達成に努力を要するものと思われるのに対して(21)と(23)はその反対の状況である。ただし B.N.C から次のような例もある。

(24) Holding hands with your man in the sea and *jumping over* the biggest wave …
(25) You think the fans are going to *jump over* the fences and grab you.
(26) At that stage I had no idea whether anyone else had *jumped* the fence or not …

(24)では目的語が the biggest wave であっても V + P + NP となり、(25)(26)では目的語がほぼ同じと思われるものであっても(25)は V + P + NP、(26)では V + NP となっている。詳細に分析するためにはさらにコンテクストが必要と思われるが目的語の「際立ち」という考え方は相当に主観的な部分もあり、統一的に論ずることは難しいと思われる。

3.4. その他の要因

V + NP/V + P + NP を引き起こす要因については異常のほかに affirmation, mood などが考えられる。まず affirmation については affirmative であるときは V + NP、negative であるときは V + P + NP となることが多いようである。

(27) No, he didn't *know of* any handyman – carpenter. (B.C.)[3]
(28) I do not *suffer from* a lack of ambition, I simply accept life as it is.
(B.N.C.)

動詞の示す行為が仮定されているものであるため subjunctive であることも V + P + NP となることの一因であるように思われる。

(29) I feel that few burglars would be prone to *enter into* someone's apartment.
(B.C.)
(30) ... I had not *met with* some friends who made me forget its dreariness.
(B.C.)
(31) ... I could see no way he could use this bit of information to *improve on* his situation, there might always be some way.

(29)(30)(31)にみられるように subjunctive であることは、動詞が示す行為が完了していないという点から考えて V + P + NP となることが多いと思われる。また、(31)では目的語が抽象的概念であることも V + P + NP を引き起こしていると思われる。

4. おわりに

本稿では V + NP と V + P + NP について、それぞれを生み出す要因について考察した。動詞の示す行為がどの程度達成されるか、またその達成に伴う努力、目的語の具体性などについて分析を試みた。V + NP の場合は動

詞が目的語に及ぼす影響が直接的であり、V + P + NP では動詞と目的語との間に距離が生ずることにより影響が間接的となる。本稿で扱った要因の他に mood, affirmative, tense, modality などもおそらく関係があるものと思われるし、複数の要因が重なっていることも多いように思われる。この点について今後さらに分析をすすめていきたいと考えている。

注

* 本稿の内容に関し、秋元実治先生に貴重なアドバイスをいただいた。ここに記して感謝申し上げたい。尚、本稿の内容に関する不備は著者の責任である。

1 その他興味深い先行研究として Hopper & Thompson (1980) があり、他動性について以下の通り要因をあげている。

TRANSITIVITY COMPONENTS

	HIGH	Low
A. PERTICIPANTS	2 or more participants, A and O	1 participant
B. KINESIS	action	non-action
C. ASPECT	telic	atelic
D. PUNCTUALITY	punctual	non-punctual
E. VOLITINALITY	volitional	non-volitional
F. AFFIRMATION	affirmative	negative
G. MODE	realis	irrealis
H. AGENCY	A high in potency	A low in potency
I. AFFECTENDNESS OF O	O totally affected	O not affected
J. INDIVIDUATION OF O	O highly individuated	O non-individuated

2 Dixon (2005: 300) は、I can jump puddles. という興味深い例をあげている。これはオーストラリアでベストセラーになった本の題名で、著者は小児マヒのため足にハンディキャップがあった。その彼にとって puddle といえども飛び越えるのにはかなりの努力を要したと思われるため V + NP となっているというものである。

3 B.C は Brown Corpus を示す。

参考文献

Dixon, Robert M. W. (2005) *A New Approach to English Grammar* on Semantic Principles. Oxford: Clarendon Press.

Hopper, Paul J. and Sandra A. Thompson (1980) "Transitivity in Grammar and Discourse." *Language* 56: 251–99.

池上嘉彦 (1995)『英文法を考える』筑摩書房.

小西友七 (1991)『英語の前置詞』大修館書店.

阪口美津子 (1995)「前置詞と他動性との関連について」『言語と文学』34号, 38–48.

Quirk, Randolph et al. (1985) *A Comprehensive Grammar of the English Language*. London: Longman.

'My bad' meets the modern lexicographer on-line

Comments on changes in the state of the art

Donald L. Smith

When I first saw the expression 'My bad' in my morning mail, I was both surprised and impressed.[1] Surprised, of course, because my linguistic sensitivities were put to the test. The collocation is odd, because *bad* is an evaluative adjective and not a substantive that would lend itself to being possessed any more than *good* or *expensive* would be. I was at the same time impressed, because the expression had immediate appeal and worked well, conveying the sense of an almost childish, lighthearted apology for a personal mistake with no serious consequences. The message containing the expression was the following simple office memo correcting an earlier minor error.

> Hi again! One correction has been made to the English Final Exams Schedule and the corrected version is attached. My bad! (smiley face) (GSC email message, December 8, 2008)

It did not take long, of course, to learn that this was not an original creation of the author, but already a widely used expression in the American vernacular. My teenage daughter simply commented that 'You hear that all the time,' which just labeled me once again as out of it after twenty years in Japan. This did, though, put me on the search for the origins and possible motivation for this expression.

'My bad' is a great example of a linguistic innovation that needs no explanation. While it is not a collocation that would arise spontaneously in the course of a conversation, it is one that, though perhaps unexpected, needs no explanation. It is cute, childish, appealing and adequate. It is easy to understand as an expression that serves as a speech act of apology or the admission of some minor transgression with the anticipation that the error will be easily dismissed with no serious consequences. Compare the following possible paraphrases with conventional collocations.

a. I'm sorry. It was my fault.
b. Oops, my mistake!
c. Sorry. I should have known better.
d. Oh oh! I made a boo boo. / I goofed.

These are a few expressions that come to mind as possible counterparts of the expression, but 'My bad' works a bit better than each of these in many ways. While all of the above expressions serve as an admission of responsibility for a relatively minor transgression or an acceptance of blame, 'My bad' conveys the added expectation of forgiveness or perhaps even the presumption of forgiveness. With the exception of (d) above, the speaker might actually expect to be asked to make amends for the transgression. For example, the speaker could well follow these comments with a plea for forgiveness such as, "What can I do to make it up?" or "How can I ever make it up to you?" The example (d) implies an added plea for forgiveness or a plea to the addressee to not take the transgression seriously. 'My bad' on the other hand begs no further comment. It is an admission that the act in question was "bad" and beyond admonishment. The utterance 'My bad' frees the speaker from further elaboration such as with an apology or pleas for forgiveness. Curiously, though one might suggest that the word *bad* in this context incorporates the sense of *fault* or *error* or *mistake*, the word *bad* carries the further implication of right vs. wrong and hence constitutes an acceptance of the judgment that might be placed on the act by the addressee. For instance, if one confesses to having made a mistake, the speaker could further elaborate, explaining why they did what they did. The use of *bad* obviates the need for excuses. Bad is bad and that is that. In sum, I have nothing but admiration for this little addition to the English inventory of useful expressions. At the same time, it must be observed that, useful as the expression may be, it is not the kind of expression that could have evolved naturally from the process of language change, but it is rather an innovation no doubt born from the tongue of one individual and then spread throughout the language community person to person with no credits due the first person to utter it. The first utterance of 'My bad' could well have come from an infant just leaning how to speak, or it could have come from a famous athlete or commentator who knew exactly what he or she was doing in speaking out in this way. In either case, it would have died out right then and there if someone listening had not picked up on it and passed it on, keeping the ball rolling. It turns out that this utterance qualifies as the kind of innovation that catches on, and it has caught on. Where it goes from here is anybody's guess.

Suppose 'My bad' makes its way into the dictionary, or perhaps already has done so. What is the editor or lexicographer to do with this kind of expression? In the tradition of the OED one might try to search manually, line by line, through massive volumes of writings to see where the earliest uses of the expression can be found, or in the newer tradition of corpus linguistics, he or she might try to do the same with the aid of digitalized data bases of writings assembled to automate what has traditionally been carried out manually, line by line. With automation, of course, we have already witnessed the development of beigger and better databases, including much more from informal exchanges and the spoken languages, and the consequent redefinition of what constitutes a good database for studies of language history and language change. But now we are seeing further changes in the concept of database, energized by rapid technological changes and human behavior. The advent of extensive telecommunication with cellular phones and digitalized text messaging and the Internet opens up huge sources of data unimaginable even a few years ago, and where this will take us is still hard to imagine.

If we look at the huge databank of the Internet, we find that 'My bad' has not gone unnoticed. One site, called <u>bookofjoe</u> (http://www.bookof joecom/2006/02/the_origin_of_m.html, 2/14/09) reports that "The best evidence obtainable at present points to <u>Manute Bol</u> (above) the 7'7" Sudanese NBA player whose native tongue was Dinka, as the inventor, sometime in the 1980s, of this now-ubiquitous phrase." However, on the same blog, there are added comments, one of which observes that "This came up today in a conversation and a couple of the older guys said that they used to say it in their high school basketball teams here in North Carolina back in the 70's. I have a suspicion that the orgin goes back further than that." Another source comments, "These are white people making these "reports" of what they heard??"

Indeed, a detailed etymology can be found on a site edited by Gary Martin named <u>The Phrase Finder</u> (http:www.phrases.org.uk/meanings/my-bad.html, 2/14/09) where he claims that this "slang term" originated in about

1970. He observes that "At that time, i.e. pre the widespread use of the Internet, slang terms often circulated at street level for many years before being adopted by anyone who felt inclined to write them down. That's clearly not the case any longer of course and any word or phrase that is widely known is dateable quite precisely via website logs." He claims that "The first citation in print is C. Wielgus and A. Wolf's, *Back-in-your-face Guide to Pick-up Basketball*, 1986: "My bad, an expression of contrition uttered after making a bad pass or missing an opponent." Pick-up basketball is a street sport that is a "well-known source of street slang." He further suggests that that 'My bad' first appears in mainstream media when it is used in a 1995 movie *Clueless* where in the script by Alicia Silverstone, "Cher swerves - to avoid killing a person on a bicycle. Cher: Woops, my bad."

It is clear from the above citations that the study of the origins of words and expressions has taken a new turn and etymological studies are open game for commentary on the Internet and also that an immense amount of data is also easily accessible to those who might be interested in the issue at hand. Not only is the data out there for scrutiny, but attitudinal information is also abundant. The comment above concerning "white people making these 'reports'" is only one such example. This expression is the source of considerable commentary and debate concerning its supposed acceptability. One example is on a site called Zen Haiku entitled "Is 'my bad' bad?" (http:// www.zenhaiku.com/archives /is_my_bad_bad.html, 03/28/09) This is a rather lengthy blog on the expression with many strong and emotional comments both in praise of and outrage regarding the expression 'My bad.' It starts out with a quote, "You cannot say 'My bad' as in 'Sorry, that's my bad!' — this is not a grammatically correct statement," and it takes off from there. The rating is not yet in, but it is clear that even though the expression is well established as a "slang" expression, it is not yet clear that the expression will meet with approval as a proper expression that would meet with the support of a prescriptive grammar.

To add one final challenge to the task of the traditional lexicographer or dictionary editor is the existence on on-line interactive dictionaries with definitions of words and expressions that have not yet made it to the world of established or authoritative dictionaries such as *Webster's Third International Dictionary of the English Language* or the likes. One such dictionary is the Urban Dictionary (http://www.urbandictionary.com/define.

php?term=My%20bad%20, March 30, 2009). The first entry for "my bad" is as follows:

> "A way of admitting a mistake, and apologizing for that mistake, without actually apologizing. The best definition I ever read of this, now paraphrased: "I did something bad, and I recognize that I did something bad, but there is nothing that can be done for it now, and there is technically no reason to apologize for that error, so let's just assume that I won't do it again, get over it, and move on with our lives."
> Ruder than apologizing, but with the same meaning: a flippant apology.
> *"You just spilled your beer on my term paper!!"*
> *"Er... my bad."*

This definition got a vote of 685 thumbs up as opposed to 78 thumbs down. Interestingly, this definition is basically the same one I proposed at the beginning of this note without the benefit of any experience in hearing the expression in use. The definition comes from the expression itself. The second interesting point to note is that the definitions in this dictionary are up for votes. Definitions can be submitted by anybody who likes and they can then be evaluated by popular vote in short order. This makes one pause and wonder if the modern lexicographer might not eventually be relegated to soliciting definitions and seeking approval on-line rather than assuming personal responsibility with possible limited peer review for what is then put in print.

In addition to meanings, judgmental definitions are also found. The third definition in the Urban Dictionary is, "A grammatically incorrect way of acknowledging (facetiously) a wrongdoing." This received 183 thumbs up vs. 120 thumbs down votes. Of course, comments on the grammatical 'acceptability' are not usually considered part of a definition, although reference to social attitudes toward the use of an expression, e.g. "slang," are at least considered relevant. For the historical linguist interested in accounting for change, such data can be quite interesting and this kind of commentary is now readily available in contrast to records up to the very recent past.

Finally, it is only fair to speculate as to what might come of innovative uses of English. No good lexicographer can refrain from doing so. We have noted that the expression 'My bad' is self defining, novel, fresh, appealing and catchy. From the Zen Haiku blog mentioned above, Josh, Thursday, July 23,

2003 says, "I'm from Australia and myself and many of my friends have been using "MY BAD" for many months now. It cracks everyone up!" Hence we can see that the expression has spread from the basketball court across the oceans and also that this could be in part because of its freshness and appeal. It could fade from use just as easily, as many catchy expressions have done. On the other hand, we might be seeing the beginning of adoption and spread, even the beginning of a new construction through grammaticalization.

In the Phrase Finder mentioned above, Gary Martin observes that "'My bad' is gaining unequivocal accolade — imitation." First he observes that REM use the expression 'my proud' in their 2004 song 'Leaving New York.' The lines are: "It's easier to leave than to be left behind Leaving was never my proud. Leaving New York, never easy. I saw the light fading out." Then in a Doonesbury cartoon strip, (14th June 2006) he finds "Okay, I'm bitter that I have to support myself! There I said it! My brave." Nevertheless, there is scant evidence that a new construct is on the way to full grammaticalization and we have yet to see if 'my bad' is on its way to becoming an established construction in the language or if it will fade from use as many passing popular expressions do.

Be that as it may, I hope that in this note I have been able to point up recent technological changes that are bound to influence the way we study lexicalization and language change . We are only beginning to see the effects of technology on the old art of lexicography. No only do we have easier access to traditional data bases, but texts of all sorts, even the texts of text messaging and daily chatter over the Internet constitute huge banks of data open to lexical studies. Not only that, but the very content of exchanges on the Internet constitute new kinds of data in the form of commentary on word usage, informal dictionaries and etymologies including everything from folk etymologies to well researched etymologies and word studies as well.

The tools of the trade are rapidly changing for the lexicographer, but even more, dare I say, it is likely that even the end-product of lexicographic studies will be irreversibly changed in form. The dictionary as we know it, in printed form, is already on its way out and the paperless dictionary is in. Electronic, hand-held dictionaries are now the norm in Japanese universities and even these are giving way, in part, to the almighty cellular phone. This opens up possibilities for an entirely different, more dynamic and interactive non-localizable format than was ever imagined by the fathers of the OED. Might we call it "the dictionary of the air?" We are a far cry from the days when Charles Carpenter Fries (*The Structure of English*, Harcourt Brace, 1952) made use of government transcripts of recorded telephone conversations as a basis for his study of the sentence patterns of English and we are only seeing the beginnings of a new age of communication and the remarkable explosion of information technology and technologies for the use and the analysis of language. The work of the lexicographer will never be the same. My excited!

Note

1   Professor Akimoto has spent much of his academic career working closely with linguistic data, first in the traditional manner of painstaking page by page searches through texts for constructs that interested him and more recently with automated searches through corpora making use of various computerized concordances and digitalized data bases. He has been very active in promoting modern approaches to corpus linguistics in the study of language change and the mechanisms of language change. Hence, it seems appropriate that in his festschrift we should add commentary on recent trends and challenges to the lexicographer in this age of rapid development in computer applications for linguistic research and changing modes of communication.

第 5 部

言語習得・英語教育・異文化間教育

沈黙は何を語るか

英国に学ぶ日本人留学生の事例を中心に[*]

平賀正子

1. はじめに

　教育の国際化が加速し、日本からも多くの学生が海外留学を果たすようになってきている。短期留学、交換留学、学位取得の留学など、その種類も長さも多様化している。このような時代にあって、日本人留学生らが異国の教育機関においてその環境に適応しつつも己のアイデンティティを保持し、自らの目的を果たすためには、どのようなコミュニケーション上の問題を克服しなければならないのかを理論的にも実践的にも考察すべき時がきている。本研究はこうした問題意識を背景に、英国に留学した美術専攻の日本人学生が英国人教師と一対一で行う個人指導(チュートリアル)の参与観察とビデオ録画をデータとして始められた(Hiraga and Turner(1996), Turner and Hiraga (1996, 2003), Hiraga, Turner and Fujii(2004)などを参照)。
　さて国際語としての英語の地位が確立した今日、教育の国際化という脈絡では英語力の獲得は必然的に主要な問題となっている。しかしながら本研究においては外国語(第二言語)としての英語という語学教育上の課題として留学生の問題を位置付けるのではなく、むしろ教育制度の異なる文化社会との接触・葛藤・相克というコミュニケーション上の課題として位置付ける。このような視座に立ち、留学先の環境の中で留学生が行うコミュニケーションの相互行為を観察、記述、分析することによって、彼らの言語運用や非運用を、価値観、信条、イデオロギーを含む多様な社会文化的前提を反映したものとして浮き彫りにすることが可能となる。対人コミュニケーションにおいて生ずる様々な選択(言うか言わないか、何を言うか、どのように言うか、どのぐらい言うかなど)への志向性が拮抗する場面では、そこに無意識のう

ちに働いている教育文化の前提が露呈されることが多い。本論では日英という異なる教育文化における言語化に対する態度や価値に焦点をあて、特に日本人留学生に特徴的にみられる非言語化(沈黙や間の取り方)[1]の持つ多様な機能について論ずる。

2. データについて

　従来、沈黙をはじめとする非言語化については、[2]主として英語を母語とする社会(或いは教育現場)への非母語話者の適応という脈略から、沈黙がコミュニケーション上の「障害」になっているという問題意識のもとに研究されてきている。

　しかしながら本論では、限られた事例ではあるが、できるだけデータにより添う形で、日本人留学生が沈黙するときそこで何がおきていたのかについて、留学生による回顧的な語りを中心に記述・分析を試みたい。主たるデータは、美術教育で有名なロンドンのある大学に留学している日本人学生と英国人教師間で行われたチュートリアルのビデオ録画にもとづき、同じ日本人学生に対して行った回顧インタビューである。[3]

　チュートリアルのビデオ録画に協力してくれた日本人留学生20名の内、7名に回顧インタビューを行った。[4]回顧インタビューは筆者の物理的な事情によりビデオ録画の1年～1年半後に行われた。この時間のギャップが期せずしてこれらの学生の発達や気づきに関する自発的コメントを促す結果となった。チュートリアル録画を再視聴しながら、母語である日本語を使用し、くだけた雰囲気の中で彼らの本音が現れやすいように工夫した。留学生たちは、英国の教育における言語化の重要性について話してくれたばかりでなく、非言語化についてもその価値や役割について雄弁に語ったのである。本論では回顧インタビューによって得られたデータから非言語化のはたす役割について分析を試みる。

3. 沈黙への意味づけ

　日本人留学生のチュートリアルの相互行為に頻出する非言語化は大別すると、消極的実践としての沈黙と積極的実践としての沈黙に分けられる。消極的実践というのは、英国のチュートリアルという教育文化への未適応、英語力の欠如などからやむを得ず生じていると解釈できる沈黙であり、積極的実践としての沈黙は、一種の自己実現あるいは文化的実践として留学生自らが選び取った沈黙である。ただし、刻一刻と推移するチュートリアルという相互行為では両者を厳密に峻別することはできず、彼らのインタビューにおける語りの中でまさに回顧的に解釈されているにすぎない。回顧インタビューでの語りからは、留学生らがこれらをある程度明示的に区別していることがわかる場合もあるが、両面がともに内包されている場合が多々みられる。このような相克する側面を孕む非言語化の有り様を認めた上で以下の分析を進めることとする。

3.1. チュートリアル事例

　例1は、日本人留学生の第1回目のチュートリアルである。この学生は夏休み中には入学準備コースに在籍し、学業のための英語（EAP）および美術の基礎などの授業を8週間にわたって履修した。例1は、9月末に収録され、学生が実際に美術の教師と行う初めてのチュートリアルであった。

（例1）[5]
British Tutor(BT): How do you see your studio work developing?
Japanese Student Naomi: Em.. [6-second pause, student looks confused] ... this term?
BT: This term. [7-second pause]
BT: Have you been thinking about it? [Another 7-second pause]
（中略、この間にもターンの度に長いポーズが観察される）
BT: Do you have any ideas? I mean, are you waiting for me to tell you what to paint or do you have ideas?

(中略)

BT: But … . You must understand that being an art student isn't like being a machine, I switch on and off. Becoming a student of art, switch on Naomi who now becomes an art student for three hours. It's not like that. You should be thinking about the first thing in the morning and the last thing at night, and your dreams. All the time.

　夏休み明けの初回チュートリアルでは、新学期になって作品をどのように発展させたいかについて、今まで考えてきたことをことばやスケッチなどを使って説明するということが英国の美術教育では前提となっている。まずウオームアップとして夏休みの思い出などを聞いた後で、英国人教師(男性)は先の前提に従って、"How do you see your studio work developing?" という本題を切り出している。この学生は、こういう質問を予想していなかったのか、教師の言っている意味がよくわからなかったのか、かなり長いポーズをとってからやっと "this term?" という一種の確認の質問で受け答えている。一応、教師の質問の字義通りの意味は理解しているようだが、何か言わなくてはという態度がうかがわれる。しかしながらそれに続くやりとりでは、教師の度重なる質問に対して執拗なまでに言語化を躊躇しているように見える。6秒、7秒という長いポーズをおくことによって教師は学生から何かを引き出そうと待っているかのようだ。学生からの反応は、視線をやや落とし何か困ったような態度で黙っているのみである。最後に教師は学生に対して、芸術家であることは確固としたコミットメントが必要であるということをかなり厳しい口調で強調する結果となっている。
　さてチュートリアルのビデオ録画から約1年半後に、このNaomiという留学生は次のように自分の異文化体験を振り返った。

(例2)

Naomi：あたしの場合は、… 日本の大学、美大に行こうと思ったんですけれど、…(中略)… 大学にはいるためには、こうするんだっていう、ある、なんか一種の固定観念みたいなのを植え付けられてたから、こっち[イ

ギリス］で自分のやりたいことをいざやれ、って言われたときに、すごいなんか、え、よくわからない、っていう。
Interviewer：これは、割とそういう段階のときのインタビューなんですね。
Naomi：うんうん。かなりもう思い始めてたと思います。そういうのは、もう、すごく、なんていうの、想像はしてたんですけど、最初のインタビュー［日本でうけた準備のためのもの］でもそういうふうに言われてたんですね、だから、何か、あ、こういうことだったのかな、ってちょっと思い始めてきたときだと思うんですよ。ただ、それが英語がそれについていかなくて。

　この学生は日本を離れる前に美術教育についての日英の違いを指導されていたにもかかわらず、実際にはチュートリアルではどのような状況になるのかということを想像出来ずにいた。例2では、知識と実践の違いの問題を英語力の問題として彼女が認識していることが分かる。下記の例3に示す通り、この学生は1年半後の回顧インタビューでは、英国の教育システムにおける沈黙のうける評価について理解ができてきていたことが読み取れる。

（例3）
Naomi：そうですね。何か、言わないと、むこうのなんていうのかな、態度っていうか、私に対する接し方とかが、どうでもいいや、この子は、っていう感じになってくるっていうのを、すごく感じ始めて、で、なんかもっと、いやなものは、いやだとか、今何も考えていない、とか。そういうことは、うん。言うようになったと思います。

　この事例は、日本人留学生の呈する非言語化に示される典型的な態度や意味づけを示している。つまり留学準備などである程度は言語化が必要だということを知識としてはわかって留学したのだが、実際それは学生が考えていたのとは違っており、この知識と実践のギャップのために沈黙せざるを得なかった。そしてこのような沈黙に対して、学生は英語力の欠如を理由に納得しようとしているということである。

この傾向は英語熟達度の低い学生ほど強い。つまり教育文化の差異は一応括弧でくくっておき、すべてを語学力のせいだとしてしまいがちなのである。回顧インタビューでも英語力の不足についての言及は多い。確かに英語圏の大学へ留学する場合、授業についていかれるだけの英語力は必要である。しかしながら、英語力だけが問題なのだろうか。というのは、ある程度英語が熟達している留学生のチュートリアルにも沈黙や長目のポーズが頻出することがあるからである。また回顧インタビューを細かく見ると、英語力への言及といわばだきあわせの形で、教育文化や日本的コミュニケーションに起因する沈黙が語られていることに気づく。以下に、日本人留学生に特徴的にみられる4つの沈黙について例を挙げて説明する。

3.2. 混乱が助長するのを避ける沈黙

英語力が不足していると自覚している場合、留学生にとっては今何が起こっているのかを充分に把握できていないことが間々ある。そのような状況では、学生が何かを言うこと自体が教師からの更なるコメントや質問を導き出してしまい、それによって益々混迷の度合いを深めてしまうことがある。つまり、学生の側から見るとこうした一種の悪循環を避ける方略として沈黙を選ぶ場合が見られる。

(例4)
Kei：［先生は発言を待っているなと］感じてましたけれども、こ、また、これをこういう風にいっちゃったら、あ、またこういう質問来るからやめとこ、っていうふうに。あんまり、先生から強い質問こられても、答えられる力はなかったと思うんですよね。だから、ここは黙っておこう。

日本人留学生は、うわべだけでもチュートリアルが出来るだけスムーズに行ったように見えるように何とかしようと考えている。次の例でこの学生は、日常生活では英語でいろいろなことが言えるようになっておりチュートリアルにおいても英国人教師の発言は理解していたと述べている。しかしな

がら彼女が自分の作品について明確な方針や考えが確立できていないという状況においては先生からの質問は建設的というよりは、かえって困惑を与えるものとして受け取っていたと回述している。

(例5)
Kei：ただ、日常会話的なことは、あれなんですよ。それとなくできるんですけど、まだ自分が確かじゃないときに、先生に作品について、聞かれたりすると、答えられなくなってしまったりすることは、まあ、あるんですよね。で、こちらの先生はあの、生徒がだまってしまうと、やっぱり会話を続けようとしますよね。で、色々なこと、とにかく、色々な方面から話しをもってきて、また、考え、私の考えをごちゃごちゃにしたりするんで、またそこで、自分自身がたしか、自分の作品に自信がなくなってしまったり、するときもある。

英国のチュートリアルでは、学生が不確かに感じていることこそ話し合いによって明確化しようという前提がある。不安要因や不確かなことを分析し、どのようにしたら先に進めるのかを学生と一緒に考えようというわけである。そのための言語化である。回顧インタビューでKeiがはからずも表出しているのは、そのような前提とは大きく隔たった理解である。

3.3. 弱みを見せたくないときの沈黙

チュートリアルにおいて学生が自分の弱みを見せたがらないという心理は理解できることである。しかしながら英国のチュートリアルでは、学生が自らの弱点を言語化することによって、教師も学生もより良くその状況を把握することになり、状況を改善するための効果的な指導や助言がもたらされると考えられている。一方、日本人留学生は弱点を認め助言を請うというよりは、弱点を沈黙によって開示しないという方を選ぶことが多い。

(例5)

Interviewer：これ何か、たたみかけるように、先生がしかっているみたいな感じがするでしょ。(中略)あそこまで言われるまえに、たとえば、こう、迷っているとかね、こういうことが問題なんで、先生に助けてほしいとか。たとえば。

Naomi：っていうか、なんか。うんうん。なんか、そういうところは、すごいあったと思うんですよ、自分で。だけど、そういう面は見せたくないって、すごい思って。今でもそういうところあるんですけど、だから、何か、強がっているっていうか、そこまで言われても、自分の弱い面っていうか、そういう本当のところを知られたくないっていうか。うん。っていうのがあったと思うんです。

　この留学生は、「何も考えていませんでした」とか「迷っています」ということを表現する英語力は持っていたのだが、それが弱点を露呈すると捉えていたのである。弱い面を教師に知られたくない、本当の弱い自分は知られたくない、そのために沈黙を保持したのである。
　次の例6では、別の留学生が、弱みをみせないというのは日本的なやりかたであり、弱みを教師に相談するというのが自分が英国で経験してきたチュートリアルだという気づきについて語っている。

(例6)

Yasuo：一度あのぉ、一度でも、何度でもあるんですけど、あの、ぼくが何かこう、スランプに陥ってて、できないときに。で、日本だとそれが悪いことで、で、先生に相談とかできるんだけれども、ぼくはあんまりやらなかった。で、それは悪いことだと思っていたし、それは自分で解決しなくちゃいけないと、思っていたけれども、で、こちらの先生に調子はどう？ってきかれて、で、あんまりよくないって、正直にいうと、じゃあ、チュートリアルをしようとか、それをどう解決するのか、その問題を解決するために、じゃあ話し合おうと思うっていうのはよくありますね。

3.4. 照れ笑いやごまかし笑いとしてあらわれる非言語化

　日本人が小さな失敗をしたときに照れ笑いをするということは広く観察される現象である。この現象は教育という場面でも繰り返して観察される。作品の進捗があまりなかった時にそれについて教師から指摘された場合にどうするかと問われて、ある留学生は次のように答えた。

(例7)
Naomi：なんとなく、何かごまかす。
Interviewer：はっきりノーって言わないで、
Naomi：そうそう。イエス、やってあっても、たぶん、イエスって言わないと思うんですよ、日本人だと。なんとなく。で、やってなくても、なんていうのか、笑ってごまかす、っていったら、変ですけど。

　しばしば日本人学生は、自分の知識、研究や作品制作について否定的なことを言う代わりに照れ笑い（ごまかし笑い）をする。これは日本においてはある程度容認されている行動パターンであり、無知（や失敗）をあからさまに認める代わりに、それを非言語的に伝える方法である。笑うという一種の非言語化を行うことによって、批判を認めはするが、その先にある分析を回避し、態度を曖昧に保留していることになる。このようなごまかし笑いは、英国のアカデミック談話では容認されているわけではない。ただし、英国人教師は経験からこのような日本人の笑いの意味を把握しており、コミュニケーション上の齟齬が生じているとは言えない。

3.5. 日本人らしさの表明としての沈黙

　日本人留学生らは、英国のチュートリアルを経験することによって、日本の教育文化や言語文化を相対化し、比較の上で再構築していくことになる。そのようなプロセスの中で、前掲した例6と同様、例8にもみられるように、日本人らしさの表明としての非言語化をとらえていることが分かる。Yasuo は英語でのやりとりにポーズが頻出することに関連し、以下のように述べた。

(例 8)

Yasuo：ぼくは、日本語のなかででも、そうです。間があります。それから、うーん、英国人とか、こっちの人は、自分のことを、こう、これでもか、これでもか、っていう、あの、説明しようとするけれど、どうでしょう。日本人は、そういうなんていうんですか、方法っていうのかな、たとえば、緊張したりなんかすると、日本人の場合はひっこんでしまうんだけれども、こっちの場合、こっちの人の場合は、緊張すると余計こう、出てしまうみたいな。あるんじゃないかな。

4. 結び

　本論では、日本人留学生に顕著にみられる沈黙や長目のポーズに対して、彼/彼女らがどのような意味づけをしているのかという点に焦点をあて、主として回顧インタビューを中心に分析を試みた。日本人留学生は、英国のチュートリアルではことばに出して説明したり批判したりすることが非常に大切だということを経験的に理解するに至る。しかしながら日本の教育システムの中でいわば無意識のうちに身につけた文化的行為としての沈黙もまた捨てがたく、混乱が助長したり、自分の弱みが露呈したりするのを避けるため、不利な状況をごまかすため、日本人らしさを表明するためなど、多様な意味づけを孕みながら沈黙を選び取っている風に見える。

　ビデオ録画から1年〜1年半を経て実施した回顧インタビューは、留学生の発達や気づきをはかる上で有効なデータ収集の方法であった。回顧インタビューという相互作用はまた、一種の価値観や教育観の再構築の場として機能し、日本人留学生が気づき始めていた英国の教育文化についての認識を言語化して表すことに貢献したと考えられる。

　一対一のチュートリアルという非対称的な力関係を含む制度的談話にデータを限定し、日英の比較を行うというジャンル分析を通じて、コミュニケーションの背後にあってその成否を支配していると思われる社会文化的前提を描き出し、ますます国際化する高等教育の当事者である留学生や教育従事者の気づきを高め、そのような異文化接触の現場での障壁や問題に対して臨床

的な貢献が出来れば幸いである。

注

* 本研究は平成 17 ～ 19 年度科学研究費「異文化語用論の方法論的研究：ジャンル分析による認知モデルの構築と検証」(基盤研究 C17520280) の助成を受けて行われたものである。共同研究者の Joan Turner (Goldsmiths, University of London) に感謝の意を表する。

1 厳密には、「非言語化」(non-verbalization) と「非音声化」(non-vocalization) は区別されるべき問題であるが、本論では「書き言葉」によるコミュニケーションという「非音声化」については扱わない。但し、日本人留学生にとって「話し言葉」と「書き言葉」の違いが「言語化」に影響することについては、Hiraga (2008) を参照。

2 誌面の制約上、コミュニケーションの問題としての「沈黙」に関する先行研究については論じられないが、代表的研究としては、Tannen and Saville-Troike (1985)、Jaworski (1997) などがある。Nakane (2007) は、アカデミック談話を相互行為という視点から分析し、特に英語圏における日本人学生の沈黙について論じているすぐれた研究である。

3 補完データ収集として、1) 日英の教育観の違いについての半構造化インタビュー (日本人留学生) および 2) 談話完結テストによる質問紙調査 (英国人母語、日本人母語、日本人 ESL、日本人 EFL) を実施した。

4 日本人留学生と筆者とは回顧インタビューが初対面であった。インタビューを行う筆者が、日本の大学教員であることは、彼らに知らせてあった。回顧インタビューは、ビデオ録画したチュートリアルについて「何が行われていると思ったか」について、場面場面で自由に語ってもらうという趣旨のもとに、彼らが通う大学キャンパス内にある共同研究者の研究室で行われた。

5 誌面の制約のため、例の表記はイントネーション・ユニットごとに区切らず、1 つのターンを続けて記述する形式を採用する。

参考文献

Hiraga, Masako K. (2008) "Tao of Talk in Educational Pragmatics: A Case of Intercultural Tutorials in Britain." Keynote lecture given at the 1st International Conference on Cultural and Linguistic Practices in the International University, Roskilde, Denmark.

Hiraga, Masako K., and Joan Turner (1996) "Differing Perceptions of Face in British and Japanese Academic Settings." *Language Sciences*, Vol. 18, Nos. 3–4, 605–627.

Hiraga, Masako K., Joan Turner, and Yoko Fujii (2004) "L2 Pragmatics in Academic Discourse: A Case Study of Tutorials in Britain." *Intercultural Communication Studies, XII(3)*, 19–36.

Jaworski, Adam (ed.) (1997) *Silence: Interdisciplinary Perspectives*. Berlin: Mouton de Gruyter.

Nakane, Ikukko (2007) *Silence in Intercultural Communication*. Amsterdam: John Benjamins.

Tannen, Deborah, and Muriel Saville-Troike (eds.) (1985) *Perspectives on Silence*. Norwood, NJ: Ablex.

Turner, Joan, and Masako K. Hiraga (1996) "Elaborating Elaboration in Academic Tutorials: Changing Cultural Assumptions." In Hywel Coleman and Lynne Cameron (eds.), *Change and Language*, 131–140. Clevedon: Multilingual Matters.

Turner, Joan, and Masako K. Hiraga (2003) "Misunderstanding Teaching and Learning." In Juliane House, Gabriele Kasper, and Steven Ross (eds.), *Misunderstanding in Social Life*, 154–172. London: Longman.

Temporal cognition, grammaticization and language development in the individual and the species

Peter Robinson

1. Introduction

Although operating over a smaller time-scale than historically documented changes in a language across generations (see Brinton & Akimoto, 1999), changes within any individual's life-time during first (L1) and second (L2) language learning reveal interesting ontogenetic parallels to their historical, phylogenetic counterparts. This is not completely surprising since historically documented changes are the fossil record of changes in how living people use and understand language. We can call the processes that give rise to historical changes in language 'grammaticalization' processes (Hopper & Traugott, 2003), and use a closely related, and similar sounding term 'grammaticization' (Slobin, 1973) to refer to processes that give rise to changes in learner language over a life-time. They are closely related sets of processes, for the reason I have given, but they cannot be the same for another obvious reason: if ontogeny simply recapitulated phylogeny, languages wouldn't evolve, and there would be no process of historical change to record. Languages adapt to pressures to use them, and perform communicatively within an individual and community of users, in ways that are not always with historical precedent (Geary, 2005). Given this, I am concerned in this paper not with exaptive, ahistorical innovation in language use, but with a developmental process of change in the L2 acquisition of tense and aspect systems in English, which bears some similarity to how we think tense and aspect systems evolved historically (Brinton, 1988). I am concerned, also with how increasing the demands on communicative use of language by L2 learners causes, and hastens such change.

2. Task Complexity, the Aspect Hypothesis and Reference to Time

With my colleague Yasuhiro Shirai I have been interested, recently, in how the claim of the Cognition Hypothesis (Robinson, 2003, 2005), that L2 languages become increasingly grammaticized and complex in response to the increasing cognitive demands of L2 tasks, can be measured and tested linguistically. Reference to time, like reference to mind, involves a mapping from conceptual categories to L1, L2 and other linguistic categories (see e.g., Dietrich, Klein & Noyau, 1995). One widely invoked explanation of how this mapping process occurs in development is the Aspect Hypothesis. The Aspect Hypothesis (AH) predicts specific sequences of the development of tense-aspect markers in relation to lexical aspect categories (see Andersen & Shirai, 1996; Bardovi-Harlig, 2000; Li & Shirai, 2000). The AH assumes there are four categories of lexical aspect -- state, activity, accomplishment, and achievement. State terms (e.g., *love*) describe a situation that is viewed as continuing to exist unless some outside situation makes it change. Activity terms (e.g., *run*) describe a dynamic and durative situation that has an arbitrary endpoint (i.e., it can be terminated at any time). In contrast, Accomplishment terms (e.g., *make a chair*) describe a situation that is dynamic and durative, but has a natural endpoint after which the particular action cannot continue (i.e., it is telic). Finally, Achievement terms (e.g., *arrive*) describe an instantaneous and punctual situation, one that can be reduced to a point on a time axis.

The predictions of the AH, which are based on the comprehensive review of L1 and L2 acquisition of tense-aspect markers, are as follows (Shirai, 1991, p. 9–10, Andersen & Shirai, 1996):

(1) (Perfective) past marking first appears on achievement/accomplishment verbs, and is eventually extended to activity and stative verbs.
(2) In languages that encode the perfective/imperfective distinction, imperfective past appears later than perfective past, and imperfective past marking begins with stative verbs, extending next to activity verbs, then to accomplishment verbs, and finally to achievement verbs.
(3) In languages that have progressive aspect, progressive marking begins with activity verbs, then extends to accomplishment/achievement verbs.
(4) Progressive markings are not incorrectly overextended to stative verbs.

The study reported here is a reanalysis (completed with Yasuhiro Shirai) of data from an earlier study of mine (Robinson, 1995) which examined the effects of manipulating the cognitive complexity of L2 task demands along the Here-and-Now, There-and-Then dimension of task complexity. A Here-and-Now task involves communicatively reporting an event taking place now, in a shared context. Child-directed language is, initially, overwhelmingly in the Here-and-Now (Cromer, 1973). Only as children develop cognitively and conceptually do caretakers begin to refer to events dislocated in time and space (the There-and-Then). A There-and-Then task involves reporting from memory, without the benefit of shared context to support efforts to meet communicative demands. Robinson (1995) focused on the effects of this dimension of task complexity on L2 production, as coded using general measures of syntactic complexity (multipropositional utterances, and S-nodes per T-unit), lexical complexity (% of lexical words used—excluding grammatical function words), fluency (amount of pausing per narrative, and mean words between pauses) and one specific measure of accuracy (target-like use of articles). These general measures were adopted following earlier rationales for their use in studying the effects of task performance on L2 production by, e.g., Sato (1990). Results showed significant differences between production under the two conditions only for % lexical words used, and so greater lexical density (df 1/29, F = 4.28, p = .047, Cohen's d = .68) and an effect approaching significance for greater accuracy (df 1/29, F = 3.9, p = .057, Cohen's d = .58) on the complex There-and-Then tasks.

However, Robinson (1995) did not address the use of specific measures of tense-aspect marking in relation to the AH on the dimension of task complexity he studied. But following Robinson's later claim (2003, 2005; Robinson & Ellis, 2008) that specific conceptual-linguistic units of analysis are most appropriate to capturing the effects of tasks made complex on the different resource-directing dimensions of complexity we adopted such specific measures in reanalyzing the data from the original study. Referring to events that require narration in the Here-and-Now and There-and-Then clearly requires use of temporal morphology and the specific means for encoding it in the L2 to meet less and more complex task demands (cf. Berman & Slobin, 1994). The reanalysis of the Robinson (1995) data reported here consequently focuses on generalizations (1) and (3) of the AH, described above, which are most relevant to the acquisition of tense-aspect morphology in L2 English. These generalizations have been repeatedly confirmed and are now acknowledged as an accepted finding in SLA research. An idealized pattern of development, for both L1 and L2 acquisition, is summarized in Figure 1 (Shirai, 1999), although overgeneralization of progressive marking to stative verbs appears to be more frequent in L2 than in L1 acquisition.

Figure 1. Predicted order of development of morphology from prototypes to non prototypes

	State	Activity	Accomplishment	Achievement
(Perfective) Past	4 ⇐	3 ⇐	2 ⇐	1
Progressive	? ⇐	1 ⇒	2 ⇒	3
Imperfective past	1 ⇒	2 ⇒	3 ⇒	4

In Figure 1, the cell numbered '1' is the earliest in development, and the acquisition of the morphological marking spreads from this prototype to the peripherals ('2' through '4'). In terms of form-meaning connections, if the aspect hypothesis is supported, it can be assumed that L2 learners initially invoke for linguistic expression semantic representations that are restricted compared to L1 native-speaker norms, and then later expand their semantic boundaries. Therefore, in relation to the Cognition Hypothesis, it is predicted that L2 learners will produce more past tense and progressive markings that are developmentally more difficult (i.e. non-prototypes) on complex There-and-Then tasks than on simple tasks:

Hypothesis 1. On complex There-and-Then tasks, learners will produce past tense more on verbs other than achievements, when compared to performance on simple Here-and-Now tasks.

Hypothesis 2. On complex There-and-Then tasks, learners will produce progressive marking more on verbs other than activities, when compared to performance on simple Here-and-Now tasks.

3. Participants, Design, Procedure and Results

Participants producing data for the original study (Robinson, 1995), which is reanalyzed here were, 12 intermediate level students of English as a second language who volunteered to participate. They were enrolled in an academic English reading course at the University of Hawaii, and included five Japanese L1, five Korean L1 and one Indonesian and one Tagalog L1 speaking students, aged between 19 and 25 years.

Participants were randomly assigned to perform one of six sequences of three narratives. The sequences and picture strips were counterbalanced to control for possible sequencing effects or the effects of the picture strips on performance under the Here-and-Now and There-and-Then conditions. As a result 36 narratives were performed, with 18 narratives for each condition. The three picture strips used to elicit narratives were wordless cartoons illustrating stories involving two characters (see Robinson, 1995, pp.138–139). Each participant, under each condition was allowed to look at the strips for 1 minute before beginning their narrative. Participants read short written prompts when beginning the narratives (see Robinson, 1995, p.140) before continuing in their own words. In the Here-and-Now condition the prompts were written in the present tense, and participants were able to view the picture strip while telling the story it illustrated. In the There-and-Then condition, after reading out the prompt written in the past tense, participants continued to tell the story from memory, without being able to view the picture strip.

All past tense and progressive forms produced by the participants were coded for their lexical aspect, applying operational tests used by Shirai and Andersen (1995). Then, in order to capture the developmental profile, Yasuhiro Shirai and I plotted implicational tables for progressive and past marking separately (see Tables 1 and 2). Table 1 represents the pattern of past tense marking by 12 participants in each condition. The symbol '+' indicates that the participant used past tense at least once for the verb with particular lexical aspect. For example, in the simple Here-and-Now condition, participant 2 used past tense at least once for activity, accomplishment, and achievement verbs, but not for state verbs.

The general trend here is consistent with the AH in that in both conditions, achievements are most frequently produced, followed by accomplishments, and then atelic verbs (states and activities). For both Here-

and-Now and There-and-Then conditions, the coefficient of reproducibility (Crep) is higher than 90%, indicating the existence of an implicational relationship. The difference between the two conditions generally supports the Cognition Hypothesis in that under the complex There-and-Then condition learners produce more non-prototypical past tense forms. In the simple Here-and-Now condition, only three learners produced past tense for atelic verbs, while in the complex condition, six learners did so. Past accomplishments are produced in the simple condition only by three learners, while in the complex condition, seven participants produced them.

The results for progressive marking are summarized in Table 2. For both conditions, activity is used with progressive marking, consistent with the Aspect Hypothesis. However, for the simple Here-and-Now condition, the Crep is 85.4%, so we cannot be sure if there is an implicational relationship. In contrast, the complex There-and-Then condition had a Crep of 95.8% . What is interesting here is that in the simple Here-and-Now condition, progressive marking is mostly restricted to activity verbs, while in the complex condition, more learners used progressive marking with non-activity verbs, consistent with the claim of the Cognition Hypothesis that complex task demands promote grammaticization of interlanguage and the use of developmentally advanced morphology, compared to cognitively simpler task demands.

Table 3 presents the analysis focusing on the difference between simple and complex conditions. We counted the number of the learners who only produced the developmentally earliest, prototypical marking (i.e. achievements for past, activities for progressive) among those who produced the target form. The table shows that for both past and progressive markers more learners produce non-prototypical use of the tense-aspect marking in the complex There-and-Then condition, which is consistent with the Cognition Hypothesis. About 55% of the participants only produced the most basic types of past and progressive marking in the simple condition, while only 18.2% (past tense) and 33.3% (progressive) restricted their use to basic ones in the complex There-and-Then condition.

Table 1. Implicational scaling matrix for past tense marking in relation to lexical aspect under simple and complex task conditions

Simple Here-and-Now Condition

participant	activity	state	accomplishment	achievement
2	+	−	+	+
5	−	+	+	+
3	−	−	+	+
11	−	+	−	−
8	−	−	−	+
9	−	−	−	+
10	−	−	−	+
4	−	−	−	+
1	−	−	−	+
6	−	−	−	−
7	−	−	−	−
12	−	−	−	−

Crep=93.75%

Complex There-and-Then Condition

participant	state	activity	accomplishment	achievement
8	+	+	−	+
7	+	−	+	+
3	−	+	+	+
12	−	+	+	+
2	−	+	+	+
5	−	+	−	+
1	−	−	+	+
4	−	−	+	+
10	−	−	+	+
11	−	−	−	+
9	−	−	−	+
6	−	−	−	−

Crep=93.75%

Note: Crep= coefficient of reproducibility

Table 2. Implicational scaling matrix for progressive marking in relation to lexical aspect under simple and complex task conditions

Simple Here-and-Now Condition

participant	accomplishment	state	achievement	activity
11	+	−	−	+
3	−	+	−	+
8	−	−	+	+
7	−	+	−	−
4	−	−	+	−
1	−	−	−	+
5	−	−	−	+
6	−	−	−	+
9	−	−	−	+
10	−	−	−	+
12	−	−	−	+
2	−	−	−	−

Crep=85.4%

Complex There-and-Then Condition

participant	state	accomplishment	achievement	activity
11	+	−	+	+
12	−	+	+	+
8	−	+	+	+
5	−	−	+	−
2	−	−	−	+
3	−	−	−	+
1	−	−	−	−
4	−	−	−	−
6	−	−	−	−
7	−	−	−	−
9	−	−	−	−
10	−	−	−	−

Crep=95.8%

Note: Crep= coefficient of reproducibility

Table 3. Percentage of learners who only produced prototypical past and progressive marking on simple and complex tasks (token count in parenthesis)

	simple Here-and-Now	complex There-and-Then
past	55.6% (5/9)	18.2% (2/11)
progressive	54.5% (6/11)	33.3% (2/6)

We also calculated raw frequencies of tense-aspect forms produced, and found that the percentages of prototypical uses are lower in the complex There-and-Then condition for both past and progressive markers than in the Here-and-Now condition (see Table 4). As can be seen in Table 4, typical % uses of the progressive to mark activity (ACT), and past to mark achievements (ACH), decline on complex tasks, and atypical % uses increase on complex tasks.

Table 4. Percentages and raw numbers for typical/atypical uses on simple versus complex conditions for each morpheme

Condition	Progressive		
	typical- (ACT)	atypical	total uses
simple (H/N)	19 (68%)	9 (32%)	28
complex (T/T)	12 (48%)	13 (52%)	25

Condition	Past		
	typical- (ACH)	atypical	total uses
simple (H/N)	28 (70%)	12 (30%)	40
complex (T/T)	26 (57%)	20 (43%)	46

Note: ACT = Activity; ACH= Achievement; H/N - Here-and Now condition; T/T = There-and-Then condition.

There is no essential difference in the raw numbers of past/progressive morphemes produced under Here-and-Now and There-and-Then conditions. Overall, therefore, these results support the predictions of the Cognition Hypothesis: there is more later developed, semantically complex use of past and progressive morphology in the cognitively complex There-and-Then condition than in the Here-and-Now condition.

4. Summary and Conclusion

The study I have summarized reanalyzed data from a study that showed no effects of increasing task complexity along the Here-and-Now, There-and-Then dimension on general measures of complex syntax such as multipropositional utterances, or S-nodes per T-unit (Robinson, 1995). But since the narrative tasks we used to operationalise this condition also require the ability to construe and relate a temporal sequence of events we hypothesized that the more conceptually demanding and cognitively effortful There-and-Then condition would promote the use of more developmentally advanced, non-prototypical uses of past tense and progressive morphology, and this hypothesis was confirmed—a finding that could not have been revealed by the use of general measures of speech production, and important in itself since it demonstrates how increasing the cognitive and conceptual demands of tasks promotes the use, and perhaps representational redescription of morphological L2 forms for expressing semantic distinctions essential to successful communication and task completion. These processes of L2 development and grammaticization, then, are what give rise, in communities of language learners and users, to historical changes in how languages 'grammaticalize' tense and aspectual systems in order to meet the cognitive and communicative challenges they face in their everyday lives. It is important to root historical language change in these psychologically adaptive individual grammaticization processes, and to do so properly we will need a reconstructive 'ecology' of historically situated, individual efforts at communicative language use (cf. Geary, 2005). A question a historical ecology of language use could begin to consider, if not answer, is when in the evolution of language and the species did the ecological niche for temporal decentering and reference to the There-and-Then emerge, and how did it deepen and become entrenched in communicative practices of language users, so as to promote the gathering pace of development of the tense aspect systems that all languages have? A large question indeed. But we have time.

References

Andersen, R., and Shirai, Y. (1996). The primacy of aspect in first and second language acquisition: the pidgin-creole connection. In W. Ritchie and V.J. Bhatia (Eds.), *Handbook of Second Language Acquisition*, pp. 527–570. New York: Academic.

Bardovi-Harlig, K. (2000). *Tense and Aspect in Second Language Acquisition: Form, Meaning and Use.* Oxford: Blackwell.

Berman, R., and Slobin, D. (1994). (Eds.), *Relating Events in Narrative: A Cross Linguistic Study.* Mahwah, NJ: Erlbaum.

Brinton, L. (1988). *The Development of English Aspectual Systems: Aspectualizers and Post-verbal Particles.* Cambridge: Cambridge University Press.

Brinton, L., and Akimoto, M. (1999). (Eds.), *Collocational and Idiomatic Aspects of Composite Predicates in the History of English.* Philadelphia: John Benjamins.

Cromer, R. (1973). The development of language and cognition: the cognition hypothesis. In B. Foss (Ed.), *New Perspectives in Child Development,* pp. 184–252. Harmondsworth: Penguin.

Dietrich, R., Klein, W. and Noyau, C. (1995). *The Acquisition of Temporality in a Second Language.* Amsterdam: Benjamins.

Geary, D. (2005). *The Origin of Mind: Evolution of Brain, Cognition and General Intelligence.* Washington, DC: APA Press.

Hopper, P. and Traugot, E. (2003). *Grammaticalization* (2nd edition). Cambridge: Cambridge University Press.

Li, P., and Shirai, Y. (2000). *The Acquisition of Lexical and Grammatical Aspect.* Berlin: Mouton de Gruyter.

Robinson, P. (1995). Task complexity and second language narrative discourse. *Language Learning, 45,* 99–140.

Robinson, P. (2003). Attention and memory during SLA. In C. Doughty and M.H.Long (Eds.), *The Handbook of Second Language Acquisition,* pp.631–678. Oxford: Blackwell.

Robinson, P. (2005). Cognitive complexity and task sequencing: A review of studies in a Componential Framework for second language task design. *International Review of Applied Linguistics in Language Teaching, 43,* 1–32.

Robinson, P. and Ellis, N.C. (2008). (Eds.), *Handbook of Cognitive Linguistics and Second Language Acquisition.* New York: Routledge.

Sato, C. (1990). *The Syntax of Conversation in Interlanguage Development.* Tubingen: Gunter Narr.

Shirai, Y. (1991). *Primacy of aspect in language acquisition: simplified input and prototype.* Unpublished Ph.D. dissertation, University of California at Los Angeles, U.S.A.

Shirai, Y. (1999). The prototype hypothesis of tense aspect acquisition. In P. Robinson (Ed.), *Representation and Process: Proceedings of the 3rd Second Language Acquisition research*

Forum, Vol.1., pp, 66–79. Tokyo: PacSLRF.

Shirai, Y., and Andersen, R. (1995). The acquisition of tense and aspect morphology: A prototype account. *Language, 71,* 743–762.

Slobin, D. (1973). Cognitive prerequisites for the development of grammar. In C. Ferguson and D. Slobin (Eds.), *Studies of Child Language Development,* (pp. 175–208). New York: Holt, Rhinehart and Winston.

英和辞典と英語教科書の語法と用例
日本の英語教育再考

八木克正

1. はじめに—研究成果と教材化の問題

　筆者は、30年近くにわたって学校で教えられる英語の文法を「学習文法」または「教室英語」と呼んで、その問題点を点検し八木(2006, 2007a, b)などで発表してきた。言うまでもなく、筆者の研究成果は研究者の間でそのまま認められてきたわけでなく、反論がある。例えば、筆者は八木(2007a)で、長い間当たり前のように日本で出されている参考書や文法書、問題集で使われてきた(1)の用例が実は検討を要する事例であることを明らかにした。

（1）　She is not *what* she was ten years ago.

筆者の主張は、(1)においては what よりは who の方がふさわしいというものであった。また、類似の構文でも what と who の使い分けがあることを明らかにしてきた。特に(1)においては who を選ぶ人が多いという筆者の調査結果に対する反論があり(安藤貞雄「(she is not what she was という表現)『英語教育』2007年12月号 FORUM)、伝統的にわが国の英語教育の中で教えられてきた通り who よりは what が正しいという考えが表明された。その後『英語教育』誌上(2008年5月号「語彙と表現のフォーラム」)でもいろいろな研究報告がなされたが、総合的に(1)においては who の方が一般的であること、また、who と what には意味的な違いがあるという結論になっている。

　このように、日本の英語教育の将来を考えるならば、100年ほど前の英語学者が言ったことが日本での長い英語教育の歴史の中で受け継がれ教えられてきた英語の表現が、実は本来的な英語ではなかったという問題は今後とも

真剣に取り組むべき問題である。

　一方で、変化してゆく英語の姿に対応した英語教育の中身を作ってゆくことも必要である。日本の英語教育の研究者や現実に中高などの教壇に立って英語の授業を行う人は、まず英語が変化するという簡単な事実に気づかねばならない。過去に自分が学んだ英語や語法的説明をそのまま何の反省もなく次世代を担う学習者に教え続けると、思いがけない落とし穴があることに気付かねばならない。また、英語の学習参考書や問題集、あるいは入試問題や教員採用試験問題の作成者もその変化を認識し対応することが求められる。

　英語を学問的に研究する人たちも、研究成果を利用し学習参考書や英和辞典などに盛り込む著作者・編集者たちも、それらを利用して授業したり、入試問題を作成する現場の教育者たちも、それぞれに協力して日本の英語教育の中身をどうするのかを研究しなければならない。

　学問的な英語研究者と英和辞典の編集者・参考書の著者とは重なる場合が多いが、国内外ともに英語についての研究成果が発表されていく中で、その研究成果のどの部分を英和辞典や学習参考書などに反映させていくかという問題を考えなければならないという警告をするのが本稿の目的である。特に英和辞典が「新しい知見」の記述を競うかのような競合関係の中で、十分に検討されないまま辞書の記述の一部になるような脆弱さが気になる。そのような例具体的を検証しておきたいと思う。

2.　新しい変化の例

　新しい傾向をいくつかあげてみよう。これらはまだ学習文法には採り入れられていないが、いずれはその時がくると思われる事例ばかりである。

2.1.　graduate

　「卒業する」という基本的な表現でもゆれがある。

(2) a.　She *graduated from* Harvard in 2003.
　　b.　She *graduated* Harvard in 2003.

c.　She *was graduated from* Harvard in 2003.

　筆者は『ユースプログレッシブ英和辞典』(2004、小学館)の中で、BNCを中心とした調査をもとに、今でもまだ(2a)が普通であり、他動詞用法の(2b)を認めることは時期尚早であること、そして、時に受験参考書などで使われる(2c)は古い表現であることを述べた。(2b)はいずれ一般的になるであろう。実際に特にアメリカ英語にその傾向がある。

2.2.　there's の呼応関係
　(3a)(3c)のようにThere is ＋ 単数名詞句、There are ＋ 複数名詞句はが決まりであるが、時に(3b)のように、単数名詞句・複数名詞句のいずれも従えるという汎用的なthere'sの形が一般的になりつつある。これは八木(2002)、Leech&Svartvik(2002)などで明らかにされた。

(3)a.　*There is* a person waiting for you.
　　b.　*There's* a lot of people waiting for the book to come out.
　　c.　*There are* a lot of people waiting for the book to come out.

しかし、現時点で日本の英語教育の中でこのような傾向を示すことができるのは大学レベルであろう。

2.3.　成句としての but also
　筆者は八木(2006: 223)で、not only A but also B の構文の前半部が明示的には省かれて、not only A but also B では A は並列的でなければならず、意味的には both A and B と同じ機能をはたすが、but also が独立して機能し並列的な接続機能ばかりでなく、逆説的な機能を果たすことも明らかにした。このような事実はいずれ辞書でも明らかにされなければならないと考えるが、日本の英語教育の中での実現は果てしなく遠い未来のように思える。
　次例のうち(4)は並列的、(5)(6)は逆説的である。

（4） KING: Most of it genetically traced?
CARTER: Well, scientists have found that, of course, genetics play [sic.] a large part, *but also* the environment. ［LKL, Aug. 1998］

「遺伝が重要な働きをするのは当然だが、そればかりではなくて、環境も大きな役割をする」の意味で、not only に代わって of course がその働きをしている。遺伝と環境が並列的に役割その役割を肯定されている。

（5） SCHIEFFER: I was there for six months, and I came back, you know, very disillusioned about the war.
KING: You changed?
SCHIEFFER: Yes, and changed, *but also* I was a great admirer of the guys who went over there and I still admire them very much.
［LKL, June 1999］

話し手の Schieffer はイラク戦争の中で戦争に幻滅したが、だからといって戦闘に加わっている兵士に対する賞賛の気持ちは変わらないという。幻滅はしたが、賞賛は変わらないという逆説的に2つのことを述べている。

（6） GORE: And I specifically would like to know whether Governor Bush will support the Dingell-Norwood bill, which is the main one pending.
LEHRER: Governor Bush, you may answer that if you'd like, *but also* I'd like to know how you see the differences between the two of you. And we need to move on. ［LKL, Oct. 2000］

この例においては、Lehrer は Bush に対して Gore の問いかけに答えてもいいが、それよりは、2人がどう違うのかということを知りたいと言う。問いかけに答えるという命題と2人の違いを知るということは並列ではなく、相反する命題である。

　一般に not only A but also B として覚える成句であるが、実は not only の

代わりに多様な語句がきたり、まったく表現されない場合もある。まったく表現されない場合は、逆説的になることがあることは注意してよい。

2.4. 新しい構文 it looks that

It looks は(7)に見るように、as if, as though, like をとる用法が認められる（八木 2006: 207f.）。辞書も記述に大差はない。

(7) a. *It looks as if* it will rain.
　　b. *It looks as though* it will rain.
　　c. *It looks like* a pear.

ところが、筆者の調査では(8)(9)のような it looks that…が見られる。今のところ、it looks と that の間には何かの副詞的要素が介在している例しかないようである。いずれにしろ、look と類似の意味をもつ seem の類推から生じて広まりつつある用法であると思われる。

(8) The IB meeting in March considers all proposals discussed at the interim meeting, but *it looks very much that* this is the road we will tread.
　　　　　　　　　　　　　　　　　　　　　　　　　　　［WordBanks*Online*］

(9) Or not so big, maybe, for *it looks to me that* even covered in shelves of wool and parka hood and blanket though he is, my father is smaller, even diminished beneath.　　　　　　　　　　　［WordBanks*Online*］

これの言語変化の自然な流れのひとつであるが、これが辞書や学習文法に登場するのはまだ先のことであろう。

　以上、いくつかの新しい変化の傾向をみてきた。これらが今後どのようにして新しい英語の用法として確立してゆくかはしばらく待たねばならない。

3.　method to do——類推による意味と用法の拡大

　さて、新しい傾向と思える例をどのように扱うかを考えてみよう。『英語教育』誌 2008 年 4 月号 QB 2 に、(10) としてあげた例のように method to do が使われていることについて質問と回答があった。

(10)　I've heard from my uncle that the best *method to acquire* a foreign language is to go to the country where it is spoken.

[*Teacher's Manual* for *Unicorn English Writing*]

　(10) は、*Unicorn English Writing* という教科書の教師用資料に掲げられた英作文問題の解答例である。質問は、英和辞典は伝統的に method of/for の collocation をあげて method to do を不可としているが、(10) で使われた method to do は正しいか、というものである。

　回答の要点は以下の通り：「BNC に 20 例ほど実例があるので、『ジーニアス英和辞典』の記述を to do 補部を認めた記述に修正する」。BNC の用例については後で考察するが、私はこのような考え方には賛成できない。

　そもそも (10) は成り立つのだろうか。筆者が調べた 4 人の英米人の限りでは (10) の例をそのまま正しいと認める人はない。method ではなく way にすべきであるというのが一致した見解である。

　OED^2 は「方法」の語義を次のように定義している：In wider sense: A way of doing anything, esp. according to a defined and regular plan; a mode of procedure in any activity, business, etc. [3a]（下線は引用者）

　引用部が示すように、method は「明確に規定されたいつもの計画に従って行うやり方」の意味である。このように語義の一部として way と method は重なることは間違いないが、一般的にはやはりその区別は生きていると考える方がいい。(10) の文では、「外国語を学ぶ方法として、その外国語が話されている国に行く」ことを言っているが、「外国に行く」ことが「組織的、体系的な学習手段」と言えるかどうかという点を考えねばならない。インフォーマントの反応はその点に関わっている。

wayとmethodは類義語には違いないが、wayはto不定詞をとることができる。だが、methodは前置詞句をとることが英々辞典では明示されている。

(11) a. The pill is one of the safest *methods of* birth control. [*LAAD*²]
b. a new *method for* the early detection of cancer [*LAAD*²]
(12) a. The students are learning new *ways to* communicate in writing. [*MED*²]
b. What's the best *way to* lose weight? [*LAAD*²]

また、英和辞典でもその趣旨の説明を与えるものが多い。その記述はおそらく小西(1976)によるもので、さらにその記述はWood(1967)の次の記述にさかのぼる：" The *method of* doing something, not the *method to do* it. (But *the way of doing it* and *the way to do it* are equally idiomatic.)"。

またこれと軌を一にして、筆者が調べた限りmethod to do を認める英々辞典や語法書はないようである。ただひとつ、methodの一用法として、Francis *et al.*(1998: 245)は、her method is to do のような、methodが主語になった場合、補語としてto do が来る可能性を示しているが、用例はない。

この用法が本当に一般に認められるまでに至っているかどうかは、辞書や語法書の記述、インフォーマント調査などいろいろな調査の結果を総合的に判断するべきところである。単にコーパスにある、ということは、それが正用法であるということにはならないことは重要なところである。

それでは、BNCに見られる次のような例はどのように考えればいいのだろうか。

(13) He had neither the patience nor *method to understand* properly how they worked and he would not bow to any instruction other than his own perusal of certain manuals and textbooks.

(14) Now he has commercialised a *method to recover* the drugs, first developed by Dr Chris Lowe of Cambridge University.

結局は、method は way と似た意味を持っているから、本来的な用法からずれて、way と同じような意味で使う傾向が英語母語話者にも広がってきているということが考えられる。このずれた意味になると way と同じだから to 不定詞をとるという可能性を開く。

そもそも way は to 不定詞をとるが method はなぜ to 不定詞をとらないのだろうか。それに対する答は、方法・手段・道具の意味を表す名詞に後続する to 不定詞の意味的な特徴にあるように思われる。すなわち、これらの名詞が to 不定詞をとる場合、ひとつひとつの事例についての対応手段である。そのような名詞には、device, funds, instrument, job, law, legislation, magic, manpower, means, measure, money, power, skill, task, technique, theory, ticket, tool, way, words がある（八木 1987: 168）。それに対して、method, research, study, examination などの、体系性、継続性をもった方法・手段の名詞は to 不定詞をとらず、of, for、などの前置詞句を伴う。

to 不定詞という形式と「一般性」と「個別性」という意味特徴との関係は、今後さらに深めていかねばならないが、おそらく上記のような対応関係があるものと思われる。

4. unlike in the United States の unlike の性質

本節の問題意識の発端は Matsui (2009) にある。『英語教育』2001 年 10 月号 QB 40 に「次のような例の unlike in の unlike は接続詞として扱ったらどうか」という投稿があり、回答者がその提案をそのまま受け入れた事例があるという。

(15) *Unlike in Europe and America*, it wasn't good manners in Japan to have a pleasant talk during a meal a long time ago.

（『進研［センター入試］直前演習』1998. ベネッセ）

(16) With books, *unlike with friends*, no sense of obligation exists.

［京都大学 1997 年後期日程］

(17) Moreover, in sumo, *unlike in American football*, the contest begins even before opponents clash, in the shikiri-naoshi, a subtle psychological duel, ...

[大阪府立大 1997]

(18) The tradition of collectivism and conformity is obviously so strong among Anglo-Saxon, where eccentricity is by means uncommon, and is up to a point, accepted; *unlike in Japan* where, at home in the school, or at work. 'The protruding nail is hammered down. [岩手大学 1997 年前期日程]

回答者はさらに、「おかげで内外ともに一般辞書としては初めて(?)、この接続詞用法を採り上げさせていただくことができました」とし、実際に、『ジーニアス英和大辞典』(sv. UNLIKE)の記述は以下のようになっている。

【接】［通例～ in/with で］((主に米略式))(... における / 対するのと)違って（⇔ as in, ((主に米略式))like in) // In sumo, ～ in American Football, the contest begins even before opponents clash. 相撲はアメリカンフットボールとは違って両者が激突する前からもう競技は始まっているのである /With books, ～ with friends, no obligation exists. 書物に対しては、友人に対するのとは異なり義務感は存在しない。

この記述をそっくりそのまま受け入れた別の学習英和辞典もある。しかし、私にはこの分析には次のような問題点があるように思われる。

第一に、unlike の後には in, with 以外の前置詞や副詞句も可能である。BNC の 3000 例から、in, with 以外の前置詞・副詞句をあげると以下のようになる。数字は検出数である：at 4/ in 36/ last year 5/ later 1/ now 2/ today 1/ with 4/ yesterday 1。

WordBanks *Online* にはさらに次のような例がある：unlike at 5/ during 2/ elsewhere 2/ five years ago 1/ for a degree exam 1/ former times 1/ in 25/ into 1/ last year, week など 13/ now 4/ under 1/ weekdays 1/ yesterday 1。これらの例と数字はそれ自体大きな問題ではなく、unlike の後に来る要素には実際には in, with に限るというような制限がないと考えねばならない。

第二に、(15)–(18)の unlike は前置詞とも接続詞とも解釈できる。次の website からの例をみてみよう。

(19)　Remaining federal land west of the 100th Meridian, *except in Washington and Alaska*, was withdrawn from homesteading when the Taylor Grazing Act became law in 1934.
(20)　It's free everywhere except *at Starbucks*.

except は一般に前置詞として扱われ、前置詞句を目的語にとることができる。だから、ただ単に前置詞句をとるからといって unlike を接続詞とする理由にはならない。
　一方で接続詞としての解釈も可能である。現に Garner(1998, 2000)は今問題にしている unlike を接続詞としている。第一に、unlike in/with は、but not in/with と意味的に極めて近い。すなわち unlike は but と同じ機能を果たしていると考えると unlike も接続詞ととらえることができる。
　第二に、(21)(22)に見るように、while, when 節の主節を省略して、時や場所の副詞を残す用法はごく普通の用法である。

(21)　The two ministers have yet to meet, but may do so *while in NewYork* ... [*COB*[5]]
(22)　*When in Rome*, do as the Romans do. [諺]

but や while, when の用法と同様の用法があるとしても、これらは接続詞としての機能が確立しているが、unlike は節をとった(23)(24)のような用法はまだ確立はしていない。

(23)　In sumo, *unlike they do in American Football*, the contest begins even before opponents clash.
(24)　With books, *unlike it is with friends*, no obligation exists.

when in Rome は主節の省略と考えることができるが、unlike in Rome は unlike it is in Rome という節の形をとらないから it is の省略というわけにはいかない。

そのように考えると、unlike in ... / with ... / unlike last year などは、前置詞と考えざると得ないであろう。

いずれにしろ、上記の英和辞典の記述は、in と with しかとらないような記述になっていること、接続詞扱いにしていることなど、今後十分な検討を要するものである。

5. look a fool/ look like a fool/ look to be a fool

英和辞典に次のような記述がある。

(25) a. I feel (like) a complete fool. われながらまったくばかだなあと思う（◆like の省略は((主に英))）
 b. She looks (like) an able woman. 彼女はやり手のようだ（◆like を省くのは((英))）
 c. That sounds like an excellent idea.（◆((英))では like 略す）
(26) a. I feel (like) a fool ［an idiot］．自分がバカみたいだ（!like の省略は((主に英))）
 b. This looks (like) an interesting novel.（!like の省略は((主に英))）

(25)(26)の記述は酷似しているが別々の英和辞典である。これらの記述はおそらく Quirk et al. (1985: 1172–1273) によるもので、そこには次のようなことが書かれている：名詞句の主格補語をとる動詞のうち CURRENT（現在の状態）の意味を持つものには be, appear, feel, look, seem, sound, remain がある。ただし、特にアメリカ英語では動詞によってはこの構文を避ける傾向がある。この構文の代わりに、英米とも、to be を伴った構文が好まれる。

(27) a.　It *appears* the only solution.
　　 b.　It *appears to be* the only solution.

また、くだけたアメリカ英語(informal AmE)では like を伴う傾向がある。

(28)　It *seems like* the only solution.

さらに、appear, feel, look, seem, sound は名詞句を伴うことはまれであり、特にアメリカ英語では to be, like をとった構文が好まれる。
　筆者が調べた限り、このような記述をするのは Quirk *et al.*(1985)だけであり、実際のコーパスの検証では、必ずしもその傾向を見ることはできない(八木 2009)。ここで詳述する余裕はないが、(29)と(30)を比べると、look like + NP と look + NP とは明らかな意味的相違があり、従って使い分けがあると考えるべきである。

(29)　She barely has time to recover before Nina Myskow breezes in with a smile that makes her *look like a 10-year-old*(a ten-year-old Stilton, that is), hurls her customary, "Hello, you old bag" and her reflection kisses the air beside my cheek.
(30)　But the eight-time Wimbledon champion lost the first set as the Czechoslovak brought her down with her huge serve and she *looked a bag of nerves.*

look like は事実そうでないものを比喩的に「まるで…のように見える」の意味であり、look は見たそのままの印象を述べる。詳述は八木(2009)を参照されたい。

6. 結語

　以上、英和辞典の最近の新しい「発見」として記述されていることについてはいろいろと問題が多い。先進性よりも、地道な検証が先決であることを述べて、締めくくりとする。

　　使用したコーパス
　　BNC: British National Corpus
　　WordBanks*Online*

参考文献

Francis. G., S. Hunston and E. Manning (eds.) (1998) *Collins COBUILD Grammar Patterns 2: Nouns and Adjectives*. 1998. London: HarperCollins.

Garner, B. A. (1998) *A Dictionary of Modern English Usage*. Oxford: Oxford University Press.

Garnen, B. A. (2000) *The Oxford Dictionary of American Usage and Style*. Oxford: Oxford University Press.

小西友七（編）(1976)『英語前置詞活用辞典』東京：大修館書店.

Leech, G. and J. Svartvik (2002) *Communicative Grammar of English*, 3rd ed. London: Pearson Education.

Matsui, R. (2009) "A Study on the So-called Conjunctive Use of *Unlike*." MA Thesis Graduate School of Language, Communication and Culyure, Kuansei Gakuin University.

Quirk, R., S. Greenbaum, G. Leech and J. Svartvik (1985) *A Comprehensive Grammar of the English Language*. London: Longman.

Wood, F. T (1967) *English Prepositional Idioms*. London: Macmillan.

八木克正(2002)「口語英語の文法特徴—LKL Corpus を使って(1)」『言語と文化』（関西学院大学言語教育研究センター紀要）第 5 号(1–16)

八木克正(2006)『英和辞典の研究—英語認識の改善のために』東京：開拓社

八木克正(2007a)「「教室英語」を見直す—who と which, who と what の用法から」『英語教育』2007 年 9 月号(31–35).

八木克正(2007b)『世界に通用しない英語—あなたの教室英語、大丈夫？』東京：開拓

社.
八木克正(2009)「連結動詞の意味解釈―印象・判断・比喩」西川盛雄教授退官記念論
　　文・随想集刊行会編『言語理論の展開と応用』東京：英宝社. 51-66.

通訳者に対する英語発音指導

米山明日香

1. はじめに

　バブル経済が破綻した1990年代、通訳需要は頭打ちの状態にあったが、21世紀に入り、通訳業界は再び活気を取り戻し、このところ通訳者[1]は多忙である(小松 2005)。こうした状況のもと、以前にも増して、通訳志望者が最近増えている。しかし、その数が増えれば増えるほど、解決すべき問題も多くなる。

　現在、通訳者・通訳志望者(以下、通訳(志望)者)の多くが抱えている最も深刻な問題の一つは、英語発音(以下、発音)である。なぜなら、通訳者の発音に問題がある場合、通訳する相手と聞き手との間のコミュニケーションを通訳者自身が阻害することがあるからだ。実際、海外在住経験のない、または、ほとんどない通訳者から、発音が原因で、相手に理解の上での誤解を与えたり、コミュニケーションが円滑に進まなかったり、時には通訳内容に関して信頼性が低いと受け取られることもあるといった声をしばしば耳にする。

　しかし、そういう状況がありながら、これまで通訳(志望)者に対する英語発音指導(以下、発音指導)とその調査・研究はほとんど行われなかった。

　本論文の目的は、通訳(志望)者に対する発音指導の歴史と現状に焦点をあて、そこから浮かび上がった問題の一解決策を提示し、今後、通訳(志望)者に発音指導を行う際には、どのような点に留意すればよいかを検討することである。

　次項では、通訳(志望)者に対する発音指導の歴史を簡潔に振り返る。第3項では、通訳(志望)者に対して行ったアンケート調査の結果をまとめる。第

4項では、実験とその分析結果を通して、実際の通訳(志望)者の発音上の問題を明らかにし、発音指導の際の留意点について述べる。

2. 通訳者への発音指導 ―過去から現在―

2.1. 第1世代の通訳者

　日本における通訳者の歴史は、ラナルド・マクドナルド氏 Ronald MacDonald(1824–94)が日本人に初めて英語を教えた19世紀に遡ることができる。従って、日本における通訳者の歴史は150年位に及ぶと言えよう。

　しかし、日本において、通訳者が本格的に活躍したのは、第2次世界大戦後、すなわち日本が敗戦を喫した後のことである。特に、村松増美氏、小松達也氏、國弘正雄氏といった、いわゆる「第1世代」の通訳者の目覚ましい活躍があった。その多くは、1950年代半ばから60年代に渡米、米国国務省と日本生産性本部の合同プログラムに参加し、現地で通訳訓練を受けた。小松(2005)や鳥飼(2007)によると、彼らは訓練として数日間「リプロダクション」[2]を行った直後に、実地訓練(OJT)が行われたと述べている。従って、OJTが当時の主な訓練であったことがわかる。これは、当時、日本人に対する通訳の教授法自体が存在しなかったことにより、実地中心の訓練とならざるを得なかったことによる。

2.2. 第2世代の通訳者

　現在、第1線で活躍している通訳者のことを「第2世代」の通訳者と呼ぶことがある。では、第1世代との相違は何であろうか。まず、第1世代の通訳者が中心となって通訳学校を設立し、そこで通訳技術を学べるようになった点である。たとえば、1966年に日本初の同時通訳養成学校ISSが設立され、その後、1975年に、前述の村松氏や小松氏がサイマル通訳学校(現、サイマルアカデミー)を立ち上げた。

　次に、第1世代のほとんどの通訳者と違い、海外在住経験のある者、いわゆる「帰国子女」の数が飛躍的に増えたという違いがある。文部省(1980)の調べによると、1970年に帰国子女数は約1千5百人だったのに対して、

77年には約6千人と3倍以上に増加している。ただし、この数字は、英語圏以外の国に居住していた数も含んでいる。具体的には、小松(2005)の調査によると、通訳エージェント最大手の「サイマルインターナショナル」に在籍している250名のA・Bクラス(上級)通訳者のうち、15歳まで3年以上英語圏に在住していた者は27%だった。この条件を1年以上にまで拡大すると、その割合がより高くなることは明らかである。

従って、第2世代の通訳者の中には、海外在住経験のある者とない者とが混在し、他の職業と比べると前者の割合がかなり高いため、英語発音に関しては、第1世代・第2世代ともに、個人的な問題ととらえられていた。このことが通訳者への発音指導の促進を妨げた主たる要因だと考えられる。

2.3. 第3世代の通訳者

現在、「第3世代」と呼ばれる、比較的若い通訳者の活躍が目覚ましい。これは、グローバル化により海外在住経験のある、または、留学経験の豊富な通訳者の数が、第2世代と比べても格段に増えたことや職業の認知が進んだことなどがその要因であろう。文部科学省(2006)の調べでは、1985年以降、毎年1万人が海外から帰国する。

2.3.1. 通訳者になるには

先にも述べたが、通訳者の需要は年々増加基調にある。こうした傾向を背景に、通訳志望者の数も増えている。では、通訳者になるにはどうすればよいのだろうか。日本においては、主に2つの選択肢がある。1つは、通訳者養成学校(以下、通訳学校)に通う方法で、もう1つは、通訳コースのある大学・大学院に進学する、あるいは、通訳関連の授業が設置されている大学・大学院で関連科目を履修するという方法である。

まず、前者の場合、多くの通訳志望者は、通訳エージェントが付設している大手の通訳学校に入学することが多い。通常、そこで数年にわたって訓練を受け、その後、成績優秀者は付設のエージェント所属の通訳者となったり、別のエージェントに登録したりする。

一方、後者の場合であるが、染谷他(2005)の調査によると、現在、105以

上の大学・大学院で通訳関連の授業が開校されている。また、鳥飼 (2007) によると、現在、10 数校の大学・大学院には通訳コースが設置されている。しかし、田中他 (2007) が通訳関連の授業を履修している学生を対象に、履修理由を調査したところによると、80% は「英語力向上のため」、45% は「通訳・通訳技術に関心を持っているから」と答えている。また、将来の夢に関して、同調査は、52% が「英語を使用する職業」、19% が「通訳者」を希望していると報告している。従って、日本における通訳者への主な道は、依然として前者であると言える。

2.3.2. 通訳学校における発音指導

では、通訳学校に通う生徒に対して、通訳学校ではどのような発音指導が行われているのだろうか。実際、通訳学校では、発音に関する指導は、ほとんど行われていないと言えよう。筆者は実際、2003 年から 07 年にかけて、某大手通訳学校に 3 年半通ったが、発音に関しての指導は皆無であった。時折、講師から発音に関する指摘があるのみであった。第 3 項のアンケート調査においても同意見が多数寄せられた。

2.3.3. CAIS の設立と「英語発音矯正講座」

前項で見たように、通訳 (志望) 者に対する発音指導は、現在に至るまで、ほとんど行われてこなかった。これは、通訳学校には時間的制約があることや、他の職業と比べると、通訳者は海外在住経験者の割合がかなり高いことなどから、発音指導はそれほど重要ではないと考える向きがあったことは否めない。しかし、通訳 (志望) 者に対する本格的な発音指導の必要性が今後更に高まることは、市場における需要の拡大や志望者数の増加を見れば明らかであるし、語学のプロである通訳者にとって、コミュニケーションを最低限阻害しない程度の発音で通訳することは必要不可欠な要素である。実際、発音に深刻な問題や悩みを抱えている通訳 (志望) 者は数多い。

こうした中、通訳 (志望) 者に対する発音指導が行われつつある。たとえば、小松達也氏と鳥飼久美子氏を中心として、2005 年設立された NPO 団体、通訳技能向上センター (CAIS)[3] が通訳技能を向上させることを主眼と

して、随時、様々なワークショップを開催している。その一つに英語発音向上を目的とした「英語発音矯正講座」がある。これは多くの通訳(志望)者が自分の発音を向上させたいという声に応えて、東京と大阪において、年に数回不定期に開催されており、筆者がその講座を設立以来、担当している。

そこで、どのような参加者がどのような発音上の問題を抱えているのかに関しての調査をするために、事前アンケートを行ったが、その結果を次項で簡潔にまとめる。

3. アンケートに見る通訳(志望)者の英語発音上の問題

3.1. アンケートに関して

「英語発音矯正講座」は講座の性質上、毎回少人数に対して指導を行っていることから、アンケートは以下の3回にわたって行われた。第1回は2008年1月23日東京にて、第2回は2008年2月10日大阪にて、第3回は2008年7月26日東京にてアンケート調査を行った。

3.2. 参加者に関して

アンケートの対象者は合計40名であり、職業とその割合、人数は図1のとおりである。参加者の約半数は現役の通訳者で、「その他」は通訳学校に通っている通訳志望者が大半である。

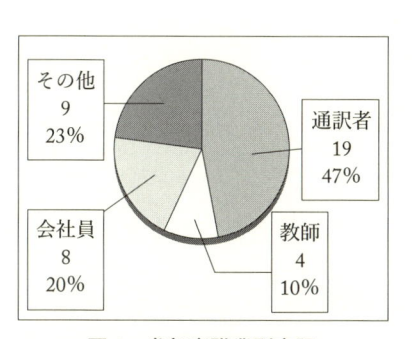

図1 参加者職業別内訳

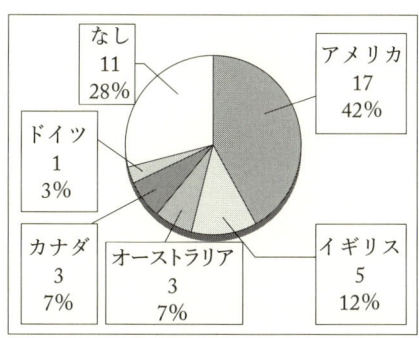

- 通訳者 19 47%
- 教師 4 10%
- 会社員 8 20%
- その他 9 23%

図2 海外在住経験の有無・滞在国

- アメリカ 17 42%
- イギリス 5 12%
- オーストラリア 3 7%
- カナダ 3 7%
- ドイツ 1 3%
- なし 11 28%

次に、海外在住経験の有無(半年以上のみを対象)、滞在国、人数、割合を調査した(図2)。その結果、参加者の約3割は海外在住経験がないが、残りの7割は海外在住経験があり、その滞在年数の平均は約2年半である。また、発音に悩みを抱えている通訳(志望)者の多くは、海外在住経験はあるものの、15歳以降、特に成人してから海外に在住したため、発音に苦手意識を持っている者が多いことがわかった。

3.3. 参加者自身が考える発音上の問題

図3は、参加者自身が考える発音上の問題をグラフにまとめたものである。同図が示しているように、参加者の半数以上が「子音」に問題があると考えているが、それ以外の項目に関しても約半数の参加者が問題を抱えていると思っている。更に半数以上の参加者が、「自分の発音上の問題点を具体的に知りたい」と考えている。この結果から、多くの参加者は、自分の発音上の問題点を詳細には理解していないことがわかる。

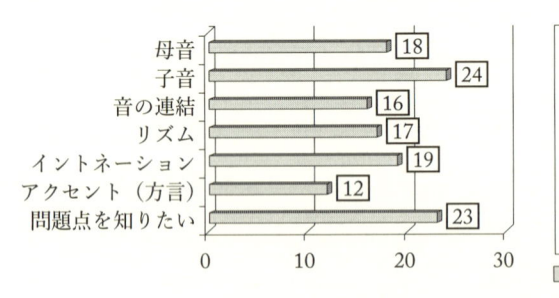

項目	回答数
母音	18
子音	24
音の連結	16
リズム	17
イントネーション	19
アクセント(方言)	12
問題点を知りたい	23

図3における「アクセント(方言)」とは「アメリカ英語」や「イギリス英語」といった国別のアクセントや「アメリカ南部英語」といった地方別のアクセントのことを指す。

図3 参加者自身が考える発音上の問題

では、参加者に見られる実際の発音上の問題点は何だろうか。

4. 実験と分析に見る実際の通訳(志望)者の発音上の問題

通訳(志望)者の発音上の問題を明らかにする際に、まず音読時と通訳時の発音上の相違を比較する必要があるし、この点に注目することが重要である。

そもそも「発音指導」と言うと、通常、学校現場などでは、音読時の発音を向上させることを指すことが多いが、通訳者に対する発音指導となると、音読時の発音指導とともに、通訳時の発音を音読時の発音のレベルにまで引き上げるための発音指導のことをも含む。なぜなら、音読時と通訳時では、一般的に前者の方が発音の質が高いからである。これは、課題を音読する場合、与えられた文章をそのまま読めばよいが、目標言語への通訳時は、話者の発言を理解し、それを目標言語に素早く置き換えるという、負荷のかかるいくつかの作業を、非常に短時間のうちに処理しなくてはならないため、通訳時の方が当然、発音の質が下がる。

従って、以下では、通訳時の発音を音読時の発音にまで近づけるには、特にどの点に留意すれば良いか、ということに焦点を当てて、議論を進めてゆく。これは、発音上の問題を抱える通訳（志望）者の場合、もともとの英語力がTOEIC 940点以上と高く（Yamagishi-Yoneyama 2008）、前項で述べたように、海外在住経験のある者が多いため、「音読時の発音が極めて悪く、コミュニケーションが完全に阻害される」ということは稀だからだ。ゆえに、通訳者に対して発音矯正・訓練を行う場合には、可能な限り、音読時にまで発音を戻すことが重要な鍵となる。

では、通訳時と音読時の発音を比べると、どのような特徴において相違が顕著に見られるのだろうか。スペクトログラム[4]を使用した講座参加者の事前課題の分析結果とCAISでの指導経験を通して、特に、イントネーションにおいて、その差が顕著であることがわかった。また、母音や子音を矯正するには、ある程度の長い時間がかかるが、イントネーションのある部分に関しては、指導時に指摘をすれば、比較的容易に矯正が可能であることもわかった。イントネーションのある部分とは、すなわち、「イントネーションの起伏」である。音読時より通訳時のほうが、イントネーションは平坦になり、聞き手の意味理解を妨げる要因となることから、イントネーションを大げさにつけることによって、通訳（志望）者の通訳パフォーマンスの質が向上し、聞き手も理解しやすくなるのだ。

以下の項目では、実験を通して、通訳時と音読時ではイントネーションにどれくらいの差が見られるのかという点について考察してみたい。

4.1. 実験対象者

　音読時と通訳時の録音に協力してくれたのは、2008年7月26日に参加してくれた表1の7名である。7名中5名が現役通訳者として活躍しており、残り2名のうち1名は、会社員として時折通訳業務を兼務し、もう1名は通訳者を目指し勉強をしている。平均海外在住期間は約2年で、平均通訳経験は約6年である。

表1　実験対象者

話者	職業	性別	海外在住経験	通訳経験
1	会社員	女	イギリス・2年	1～2年
2	通訳者	女	イギリス・2年	1年
3	通訳者	女	なし	3～4年
4	通訳学校学生	女	アメリカ・6年	1年
5	通訳者	女	アメリカ・2.5年	9年
6	通訳者	女	アメリカ・2.5年	3～4年
7	通訳者	男	なし	20年

4.2. 実験の課題と分析方法

　4.1.で示した実験対象者には、以下の二つの課題をこなしてもらった。
　一つ目は、事前課題として以下の文(表2)を音読し、それをPCまたはICレコーダーに録音してもらった。

表2　事前課題

I would like to announce that a product-development team has been formed to review new product ideas for personal-care products. We strongly encourage you to submit any ideas you have for new products. One advantage of submitting your ideas through the team is that we make your participation in the development of the product possible, giving you valuable insights into the development process as a whole.

TOEICテスト「新公式問題集」2006

　二つ目の課題は、講座当日、参加者に逐次通訳をしてもらった。教材は「地上デジタル放送対応テレビを普及する」という設定の作成教材で、サイマルアカデミーより拝借した。一度に行う通訳の長さは20秒から40秒位と短く、通訳のレベルは、サイマルアカデミーの入門科(全4レベル中、下から

2番目のレベル）で使用されているもので、内容・レベルともにビジネス通訳では一般的なものを選択した。参加者には、連続して2、3分通訳をしてもらい、それを筆者がPC接続可能のICレコーダーに録音した。

　実験の分析は、上記で示した二つの課題におけるイントネーションの変化の上下の幅、すなわち基本周波数の帯域幅を比較した。分析するにあたり、まず、音読時と通訳時それぞれのスペクトログラフを参加者7名全員について制作し、各人の基本周波数の最高点(Hz)と最低点(Hz)を調べた。ただし、図4と図5の一番下の基本周波数を示す表において、所々、基本周波数を示す線が極端に上部に突き出たり、下部に突き出たりしているが、この場合の数値は録音時のノイズであると思われるので、対象外とした。

　図4は、表1の話者6が発話した音読時のスペクトログラフである。同図が示すように、音読時の周波数は約150Hzから370Hzの間で推移している。一方、図5は同じ話者が、通訳した際のスペクトログラフであり、周波数は約160Hzから290Hzの間を推移していることがわかる。

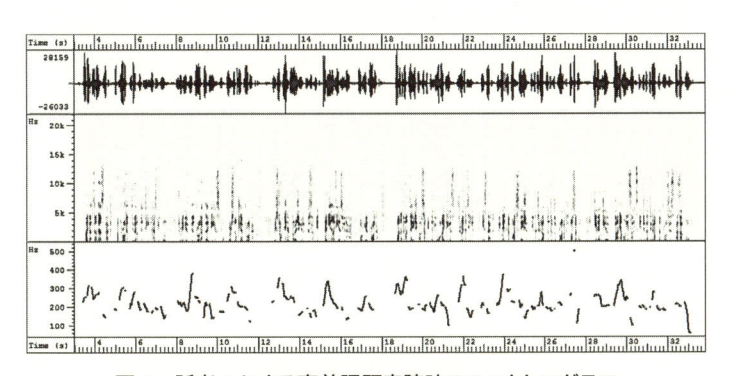

図4　話者6による事前課題音読時のスペクトログラフ

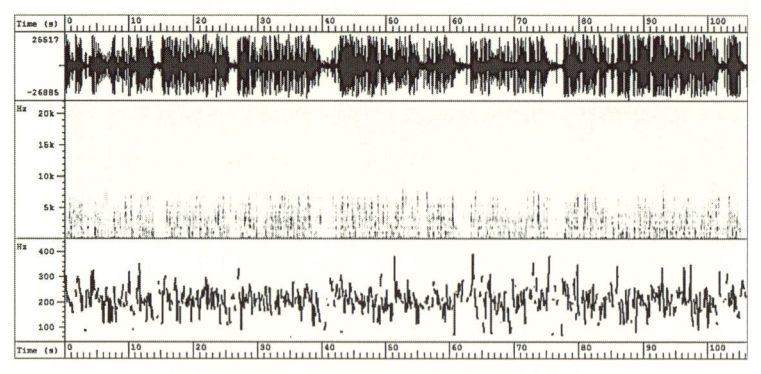

図5　話者6による通訳時のスペクトログラフ

4.3. 実験結果

前項で示した方法で実験を行った結果は、表3にまとめることができる。表3が示すとおり、音読時における基本周波数の帯域幅の平均値は171Hzであった。音読時に最も差があったのは話者6で、220Hzであったが、差がなかったのは話者7の140Hzであった。

一方、通訳時における基本周波数の帯域幅の平均値は141Hzであった。通訳時に最も差があったのは、話者3で180Hzであったが、差がなかったのは話者2で100Hzであった。

また、音読時と通訳時の差を話者ごとに比較すると、最も差が大きかった

表3　実験結果

話者	音読			通訳			音読－通訳
	最高(Hz)	最低(Hz)	差(最高－最低(Hz))	最高(Hz)	最低(Hz)	差(最高－最低(Hz))	差(最高－最低(Hz))
1	360	150	210	330	170	160	50
2	310	160	150	280	180	100	50
3	350	170	180	360	180	180	0
4	340	180	160	290	170	120	40
5	330	190	140	310	180	130	10
6	370	150	220	290	160	130	90
7	280	140	140	300	130	170	－30
平均			171			141	30

のは、話者6の90Hzだったが、話者7に関しては、音読時よりも通訳時の差が大きく－30Hzとなった。

分析の結果から、音読時と通訳時では、平均して基本周波数の帯域幅が30Hz狭まることがわかった。

4.4. 実験の結果から見る発音指導の際の留意点

4.3. で見たように、音読時と通訳時における基本周波数の平均差は30Hzあり、前者の方の振幅が狭い。すなわち、通訳時には、イントネーションが平坦になり、聞き手にとって理解を妨げる大きな要因となることがあると推測できる。その一つの原因として考えられることは、通訳経験の差だと思われる。分析の結果から、個人差もあるが、通訳経験が長い者ほど、その差が小さい傾向があることもわかった（表4）。

表4　通訳経験と基本周波数の最高値と最小値の差

通訳経験：話者7＞話者5＞話者3＝話者6＞話者1＞話者2＝話者4 基本周波数の最高値と最小値の差：話者7＜話者3＜話者5＜話者4＜話者1＝話者2＜話者6

従って、通訳者への発音を指導する場合、以下の点に留意することが大切である。

(1) 通訳（志望）者に対して発音矯正・指導をする場合、可能な限り、音読時の発音にまで戻すことが求められる。
(2) そのためには、イントネーションの起伏（上下の振幅）に留意する。
(3) 通訳経験の浅い者は、イントネーションの幅が特に狭まる傾向にあるため、通訳時にイントネーションをやや大げさにつけるよう指導する。

5. 結語

通訳（志望）者に対する本格的な発音指導とその研究は、まだ始まったばかりである。従って、今後、通訳時の発話と、通訳時と音読時の発話の相違に関する科学的な研究・分析をより多く、かつ積極的に行ってゆく必要があ

る。イントネーションといったプロソディーに関する更なる研究を進めるのみならず、母音と子音に関する音読時と通訳時における相違について詳細な研究を行い、それをもとに、通訳者のための体系的な発音指導法を確立してゆきたい。

注
1　通訳者とは本論文では日英、英日通訳を行う通訳者のことを言う。
2　リプロダクションとは、通訳訓練法の一つで、訓練担当者が英文のテキストを短く切って読み上げ、それを生徒が一語一語間違えずに復唱(reproduce)することである(小松 2005)。
3　通訳技能向上センター(CAIS)の HP http://www.cais/or.jp/index.html
4　本論文において使用したスペクトログラフは、ロンドン大学 University College London の音声学科で開発された SFS(Speech Filing System)WIN Version 4 というスペクトログラムを使用して作成した。

参考文献
〈単著・編著〉
小松達也 (2005)『通訳の技術』研究社.
TOEIC 運営委員会 (2006)『TOEIC テスト新公式問題集』国際ビジネスコミュニケーション協会.
鳥飼久美子 (2007)『通訳者と戦後の日米外交』みすず書房.
村松増美 (1999)『新編　私も英語が話せなかった』日本経済新聞社.

〈論文〉
染谷泰正他 (2005)「わが国の大学・大学院における通訳教育の実態調査」『通訳研究』No.5, 285–310. 日本通訳学会.
田中深雪他 (2007)「通訳クラス受講生たちの意識調査～ 2007 年度実施・通訳教育分科会アンケートより～」『通訳研究』No.7, 253–263. 日本通訳学会.

〈白書〉
文部科学省 (2006)『学校基本調査報告書』.
文部省 (1980)『我が国の教育水準　昭和 55 年度』.

〈口頭発表〉

Yamagishi-Yoneyama, Asuka (2008) "English Pronunciation Teaching to Interpreters: Past, Present and Future" 日本英語音声学会関東支部第9回研究大会　口頭発表.

第 6 部

文法化・歴史語用論

Shakespeare における命令文主語と文法化 *

福元広二

1. はじめに

　初期近代英語における命令文は、現代英語よりも 2 人称代名詞主語を伴うことが多いと言われている (Rissanen1999)。命令文におけるこの代名詞は、(1)〜(4) のように、*you* ばかりでなく、*thou, thee, ye* など様々な数・格の代名詞が動詞の後に現れる。

(1)　Come you to me at night.　　　　　　(Shakespeare MWW 2.2.237)
(2)　Go thou to Juliet　　　　　　　　　　(Shakespeare RJ 4.2.41)
(3)　But hark thee, I will go to her alone.　(Shakespeare TGV 3.1.127)
(4)　Here is a water, look ye.　　　　　　 (Shakespeare Tim.1.1.18)

　本論文では、*look, hark, hear, mark* といった知覚的な意味を持つ動詞を取りあげ、これらの動詞の命令文とどのような 2 人称代名詞が共起しているかを調査し、この代名詞のバリエーションが初期近代英語、特に Shakespeare における命令文の文法化とどのような関係にあるかを考察する。[1] さらに、社会言語学的な観点から、話し手と聞き手との社会的な関係が、このような命令文と 2 人称代名詞とのコロケーションとどのように関連しているかを分析する。

2. 初期近代英語における 2 人称代名詞

　まず初期近代英語期における 2 人称代名詞をみてみよう。表 1 は、当時の

2人称単数と複数の主格と目的格の代名詞である。

表1　初期近代英語期における2人称代名詞の体系

Person/ Number	Subjective Case	Objective Case
2nd sing.	thou ～	thee ～ you
	ye → you	
2nd pl.	ye → you	you

（Nevalainen 2006: 77）

この表から、2人称単数の場合、主格は *thou* と *ye* があり、*ye* は次第に *you* に取って代わられていくことがわかる。同様に、目的格においても、*thee* から *you* に代わっていく。また、複数においては、主格は、*ye* が *you* に取って代わっていき、目的格では、*you* が使われている。当時におけるこれらのバリエーションは、文法的な違いだけではなく、*thou* と *thee* は、目下や親しい間柄で用いられる親称形であり、一方 *you* は目上の人に対して用いられる敬称形であるという文体的な違いもある。また、この表から、初期近代英語では、単数においても複数においても、また両方の格において、2人称代名詞は次第に *you* に統一されていくことがわかる。

3.　Shakespeareにおける知覚動詞と代名詞主語との共起

本節では、Shakespeareにおけるすべての劇作品を取り上げ、4つの知覚動詞と代名詞とのバリエーションについてみていく。それぞれの動詞と代名詞の共起した例をまとめると表2のようになる。

表2　代名詞付き知覚動詞の命令文の頻度

Look you	83	Hark you	22	Hear you	17	Mark you	11
Look ye	4	Hark ye	9	Hear ye	2	Mark ye	1
Look thou	1	Hark thou	0	Hear thou	1	Mark thou	1
Look thee	6	Hark thee	6	Hear thee	1	Mark thee	1

(based on Spevack 1973)

この表から、知覚的な意味を表す動詞のなかで、*look* が最も多く用いられ、特に *look you* というコロケーションの頻度が目立つ。その上、ほとんどの動

詞が、頻度の差はあるものの、ほとんど全ての人称代名詞と共起していることが注目に値する。

以下、それぞれの動詞毎に、2人称代名詞と共起した場合における統語的・意味的特徴についてみていく。

3.1. Look ＋人称代名詞

最初に *look* が人称代名詞と共起している例からみていこう。Shakespeare において、命令文 *look* が人称代名詞を従えている例は全部で 94 例ある。これらの中で、*look you* は最も多く使われ、全体の約 88% を占めており、それ以外の代名詞とのコロケーションは少ない。

3.1.1. Look thou

Shakespeare において *look* の命令文が代名詞主語 *thou* を従える *look thou* の例は、(5) の用例のようにただ 1 例のみである。[2]

(5) Jul.　If they do see thee, they will murther thee.
　　 Rom.　Alack, there lies more peril in thine eye
　　　　　 Than twenty of their swords! Look thou but sweet,
　　　　　 And I am proof against their enmity.

(RJ 2.2.70–73)

この場面では、ロミオとジュリエットがお互いに *thou*-forms を使って話している。そのためこの文脈では、*look you* となることは不自然である。また、*look thou* の後に、副詞句がついていることも重要である。Rissanen(1999: 279) は、命令文の後に副詞句が後続する場合、代名詞は主格になりやすいと述べている。したがって、この例においても、この副詞句の存在によって、主格である *thou* が選択されたと考えることもできる。

また、意味的な観点から見ると、この *thou* を従える例において、*look* は「見る」という知覚的な意味を持っており、談話標識にはなっていないことも重要である。

3.1.2. Look thee

次に単数目的格 *thee* と共起する例に移ろう。人称代名詞は命令文の主語であるので、*look* は、主格の人称代名詞を従えるはずであるが、目的格である *thee* と共起している例が6例も見られる。この点に関して、Brook(1976: 72)は、以下のように、再帰動詞の影響があると述べている。

> The use of *thee* for *thou* is especially common after an imperative.... This usage may be due to the influence of reflexive verbs as in: *Hast thee for thy life.* (Lear V.3.251)

Shakespeare に見られる *look thee* の特徴のひとつは、ほとんど下層階級の登場人物によって用いられていることが挙げられる。全部で6例のうち、3例は、以下の(6)の例において、Shepherd によって用いられている。ここでは、Shepherd が息子の Clown に話しかけている場面であり、彼は下層階級に属している。

（6） *Shepherd*: But look thee here, boy. Now bless thyself: thou met'st with things dying, I with things new-born. Here's a sight for thee; look thee, a bearing-cloth for a squire's child! Look thee here, take up, take up, boy; open't　　　　　　　　　　(WT 3.3.114–6)[Shepherd → Clown]

同様に、以下の(7)の例でも、召使 Launce が、同じく召使である Speed に話しかける場面において *look thee* が現れる。

（7） *Speed*:　What an ass art thou! I understand thee not!
　　　Launce:　What a block art thou, that thou canst not! My staff understands me.
　　　Speed:　What thou say'st?
　　　Launce:　Ay, and what I do too. Look thee, I'll but lean, and my staff understands me.　　　(TGV 2.5.25–30)[Launce → Speed]

これらの例から、*look thee* は、下層階級の台詞に多く見られ、彼らの無教養さを表していると言える。

Look thee のもうひとつの特徴は、*look thee* の直前の文脈において、すでに *thee* が見られるということである。そして、この直前の *thee* につられて *look thee* となっている例が多い。(7)においても、2人は *thou*-forms を使って話しており、*I understand thee* が前の文脈にあり、これにつられて *look thee* が選択されたと考えられる。特に *look thou* の頻度がかなり少ないことから、*look thou* は当時すでに一般的でなかったと考えられ、*thou*-forms の中で、*thee* が選択されやすかったとみなすことができる。

意味的な観点からは、*look thee* の場合も、*look thou* と同じように知覚的な意味を保持しており、談話標識として使われることはない。

3.1.3. Look ye

人称代名詞 *ye* は本来、2人称複数主格代名詞であり、Shakespeare においても、複数の人物に対してしばしば用いられている。*Look ye* のタイプは、4例しか見られず、この場合における、*look* の意味は、「見る」という知覚的な意味であり、完全な談話標識の例はない。また、*look ye* の場合は、聞き手が単数、複数に関わらず、聞き手に対して敬意を表している場合が多い。

（8）　*Mer.*:　[Looking on the jewel.] 'Tis a good form.
　　　　Jew.:　And rich. Here is a water, look ye.　　（TIM 1.1.17–18）
（9）　*Buck.*:　Well, well, he was the covert'st shelt'red traitor
　　　　　　　That ever liv'd. [Look ye, my Lord Mayor,]　（R3 3.5.33–34）

3.1.4. Look you

Shakespeare における *look you* の用法は、意味的に大きく2つに分けることができる。一つは、*look* が「見る」という知覚的な意味を持つ場合である。もうひとつは、特に見る対象が明示されておらず、ただ相手の注意を喚起するような談話標識としての用法である。Shakespeare におけるこれらの頻度を表にすると、次のようになる。

表3 *look you* における *look* の用法別頻度

知覚的意味	23 (27.7%)
談話標識	60 (72.3%)

この表から、談話標識としての用法は、知覚を表す意味よりも圧倒的に多く使われていることがわかる。従って、*look you* は、Shakespeareにおいて、ほぼ談話標識として使われていると言える。Blake (2002: 295) もすでに、Shakespeareにおいて、*look you* は談話標識として使われ、人称代名詞を伴わない命令文 *look* は、知覚的な意味で使われるということを述べている。

次に、この2つの用法をそれぞれの用法別にどのような特徴が見られるかを見ていくことにする。まず、*look you* が知覚的な意味で用いられている場合から見ていく。この知覚的な意味を表す場合は、Shakespeareでは頻度が少なく23例しかない。

(10) Why, look you there, look how it steals away! (HAM 3.4.134)
(11) Look you here, Here is himself, marr'd as you see with traitors. (JC 3.2. 196–97)
(12) Look you, sir, here is the hand and seal of the Duke (MM 4.2.191–92)

上の例から明らかなように、このタイプの特徴は、*look you* の後に、*there* や *here* といった場所を表す副詞を伴うことが多い。命令文において *look* が使用される場合は、聞き手の視線をどこかに向けさせることが目的であるので、この意味で用いられる場合には、場所を指し示す語が伴われるのは自然なことと考えられる。

一方、談話標識として用いられる場合は、*look* に知覚的な意味はほとんどなく、聞き手の注意を引くために使われている。この *look you* の談話標識としての例を、韻文・散文別に区別してみると表4のようになる。

表4　談話標識 *look you* の現れる韻文・散文別の頻度

韻文	散文	計
5(8.3%)	55(91.7%)	60

　この表から談話標識としての *look you* は、圧倒的に散文(全体の約92%)で用いられていることがわかる。これは、韻文とは異なり、散文の場合は、談話標識のようなほとんど意味を持たない要素を、韻律やリズムの制限を受けずに、自由に挿入できるという特徴があるからである。

　また、談話標識としての *look you* は、下層階級に属する登場人物や滑稽な登場人物の台詞に多く見られる。このことは、散文中にこの談話標識としての用例が多いことからも明らかである。さらに、Shakespeare の劇において、この談話標識は、文体的な観点から、一種のキャラクタライゼーションとして、ある特定の下層階級の人物の特徴として使われている。[3]

(13) 　Launce: A Jew would have wept to have seen our parting; why, my grandma, having no eyes, look you, wept herself blind at my parting.　　　　　　　　　　　　　　　　(TGV 2.3.11–13)

(14)　Evans: I tell you for good will, look you. You are wise and full of gibes and vlouting-stocks, and 'tis not convenient you should be cozen'd.

(MWW 4.5.79–82)

(15)　Fluellen: Tell you the Duke, it is not so good to come to the mines; for look you, the mines is not according to the disciplines of the war; the concavities of it is not sufficient. For look you, th' athversary—you may discuss unto the Duke, look you—is digt himself four yard under the counter-mines.　(H5 3.2.57–63)

　上の(13)から(15)の用例における話し手は、それぞれの劇において、この談話標識を多用する。特に、(15)の Fluellen は『ヘンリー5世』の中で談話

標識としての *look you* を 22 回も用いている。これらの例から、*look you* は当時すでに、口語的な特徴を示す談話標識として挿入的に使われていたということがわかる。

3.2. Hark ＋人称代名詞

OED(s.v. *hark*, 2. *intr*.c.)によると、*hark* の命令文は、主格の人称代名詞 *ye* を伴うことが多いとあり、また *fare thee well* との混同により *hark thee* も見られるとある。

Shakespeare において、*hark* の後に続く最も一般的な人称代名詞は *you* であり、22 回も見られる。下の(16)と(17)のように、*hark you* のあとに、*sir* や固有名詞といった呼びかけ語が続くことが多い。

(16) Hark you, sir, I'll have them very fairly bound　　　(SHR 1.2.145)
(17) But hark you, Kate, I must not have you henceforth question me Whither I go,　　　(1H4 2.3.102–104)

Hark thee の場合は、*look thee* と同様に、下層階級の人物の台詞によく見られる。また、その直前に *thee* がすでにある場合に見られ、(18)では *pray thee* が、(19)では、*sit thee down* が *hark thee* の前に見られる。

(18) *Bard.* Pray thee go down, good ancient.
　　　Fal. Hark thee hither, Mistress Doll.　　　(2H4 2.4.151–52)
(19) Sit thee down, Clitus; slaying is the word, It is a deed in fashion.
　　　Hark thee, Clitus.　　　(JC 5.5.4–5)

Hark ye の場合は、(20)(21)の例からわかるように、目上に向かって使われており、*look ye* と同様に、話し手の敬意を表していると言える。

(20) Hark ye, Master Slender would speak a word with you.　(WIV3.4.29–30)
(21) Hark ye, lords, you see I have given her physic,　　　(TIT 4.2.162)

3.3. Hear ＋人称代名詞

Hear の命令文は、すべての人称代名詞を従えているという点で、*look* の命令文と共通している。その中でも *hear you* が最も多いパターンであるが、その一方で、*hear ye* はわずか 2 回しか見られず、*hear thee* と *hear thou* の場合は 1 回しか用いられていない。

Hear you は、*hark you* と同様に呼びかけ語が続くことが多い。また、(24) のように、*hear* が他動詞として使われ、目的語を従えている例もある。

(22) Hear you, Master Steward, where's our master? (TIM 4.2.1)
(23) Nay, hear you, Kate, In sooth you scape not so. (SHR 2.1.240)
(24) Hear you me, Jessica: Lock up my doors, (MV 2.5.28–29)

Hear ye の例においても、呼びかけ語とともにしばしば使われており、(25) と (26) において、*ye* は単数として使われている。

(25) Hear ye, Yedward, if I tarry at home and go not, I'll hang you for going.
 (1H4 1.2.134–35)
(26) Hear ye, captain? Are you not at leisure? (1H6 5.3.97)

Hear thou は、Shakespeare で 1 度しか使われていない。3.1.1. でも述べたように Rissanen(1999: 279) は、下の (27) の例を引用して、*thou* が使われているのは、長い副詞句を伴っているからであると述べている。

(27) And hear thou there how many fruitless pranks
 This ruffian hath botch'd up. (TN 4.1.55–56)

Hear thee の用例も、1 回しか見られないが、この例は興味深い。なぜなら、話し手である Bassanio は、この命令文の箇所で、人称代名詞を *you* 形から *thee* へと変える。2 人の対話の中で、彼の感情の高まりが感じられ、親称形である *thee* を使ったと考えられる。

(28) Gratiano: You must not deny me; I must go with you
　　　　　　　　To Belmont.
　　　Bassanio: Why then you must. But hear thee,
　　　Gratiano: Thou art too wild, too rude and bold of voice--

(MV 2.2.178–181)

3.4. Mark ＋人称代名詞

　Mark もすべての代名詞を従えるが、Shakespeare では、*mark you* の命令文が最も多く、それ以外の代名詞を伴う例は、わずか 1 例ずつしかない。

(29) Mark you this, Bassanio. 　　　　　　　　　　(MV 1.3.97)
(30) Mark you but that! 　　　　　　　　　　　　　(MV 5.1.243)

　(29)と(30)のように、Shakespeare における *mark you* は、指示詞である *this* や *that* を伴う。これは、*mark* が他動詞として使われているのであり、現代英語のように *mark you* が単独で、何も目的語を伴わず、談話標識のように用いられている例はない。従って、すべての命令文において、*mark* は目的語を伴っているので、*mark* とその代名詞とのコロケーションは、まだ Shakespeare の時代には、文法化していないことがわかる。
　それ以外の代名詞との組み合わせにおいても、以下のようにすべて目的語を伴っている。

(31) mark ye me, 　　　　　　　　　　　　　　　　(1H4 3.1.137)
(32) Mark thou my words. 　　　　　　　　　　　　(WT 4.4.431)

4. おわりに

　本稿では、Shakespeare の 4 つの知覚動詞を取り上げて、命令文主語としての代名詞のコロケーションについて文法化の観点から考察した。その結果、命令文と共起する代名詞のなかで、*you* がどの動詞でも最も多く共起

し、中でも、*look you* の場合は、ほとんど、談話標識として使われていた。一方で、それ以外の代名詞とのコロケーションにおいては、動詞はまだ知覚的な意味をかなり保持しており、談話標識として使われていないことが明らかになった。

また、*hear* や *mark* のような他動詞の場合は、まだ目的語を従えている例も見られ、動詞は命題的な意味を保持しており、完全な談話標識となっていないことがわかった。

注

* 本稿は、2008年7月24日に Sheffield 大学で開催された第28回 Poetics and Linguistics Association (PALA2008) において発表した内容に加筆修正を行ったものである。

1　これらの動詞における文法化については、Brinton (2001, 2006) が詳しい。
2　Shakespeare において *look thou* の命令文は全部で9例あるが、そのうちの8例は、次の例にみられるように、原形不定詞を従えている。

　　　And look thou meet me ere the first cock crow　　　(MND 2.1.267)

この場合、*thou* は、命令文の主語というよりも、次の従属節の主語と考えられるので、本稿では、これらの例は除外する。また、このような不定詞が続くタイプは、*look thou* ばかりでなく、*look you* や *look ye* にも見られたがすべて除くことにする。

3　Blake (2002: 295) は、この談話標識は、ウェールズ地方の特徴であると述べており、確かに Evans と Fluellen は、劇の中でウェールズ出身となっている。

テクスト

Evans, G. B ed. (1997) *The Riverside Shakespeare*. 2nd ed., Boston: Houghton Mifflin Company.

参考文献

Blake, Norman. F (2002) *A Grammar of Shakespeare's Language*. New York: Palgrave.

Brinton, Laurel (2001) "From matrix clause to pragmatic marker: The history of *look*-forms," *Journal of Historical Pragmatics* 2: 2, 177–199.

Brinton, Laurel (2006) "Pathways in the Development of Pragmatic Markers in English" In Kemenade, A.V. and L. Bettelou (eds.), *The Handbook of The History of English*. 307–

334. Oxford: Blackwell.
Brook, George. L (1976) *The Language of Shakespeare*. London: André Deutsch.
Nevalainen, Terttu (2006) *An Introduction to Early Modern English*. Edinburgh: Edinburgh University Press
Rissanen, Matti (1999) "Syntax" In Lass, R. (ed.) *The Cambridge History of the English Language. Vol. III 1476–1776*. 187–331. Cambridge: Cambridge University Press.
Spevack, Marvin ed. (1973) *The Harvard Concordance to Shakespeare*. Hildesheim: Georg Olms.

理由節の接続構造の歴史的考察
because 節を一例に *

東泉裕子

1. はじめに

　現代英語の because 節は、主に原因・理由を表わす従属節と言われている。しかし、その用法は更にきめ細かく分類できることが指摘されている。本稿では、because 節の共時的側面と通時的側面について、文法化 (grammaticalization) の観点から考察する。そして、その過程には、節の接続構造の変化、主観化 (subjectification)・間主観化 (intersubjectification) の過程が観察できることを指摘したい。

　データは、英国南イングランド方言の 1590 年から 2000 年までの「話しことばの書いた記録」、1950 年から 2000 年までの話しことばである。[1]

2. 先行研究

　まず、because 節の歴史的発達についてごく簡単に触れる。[2] 現代英語の従属接続詞 because は古フランス語 par cause de の翻訳借用 by cause that から発達したと言われている。14 世紀には様々な語形で使われ、15 世紀から that の使用が減り、16 世紀から主に because という形で使用されるようになったという。

　次に、現代英語における because 節に関する先行研究を概観する。[3] 現代英語の because 節は原因・理由を表わす従属節に分類されることが多い。例えば、(1) の because 節は話者の所属する組織がロサンゼルスを拠点とする理由を表わす従属節である。[4]

（ 1 ） ［Subordinate (or hypotactic) *because*-clause with content conjunction interpretation］
　　 We base ourselves mainly in LA *because* at least over there you can get products done.
　　　　　　　　　　　　(1993 Liverpool Echo & Daily Post ［BNC K97 2665］)

しかし、現代英語の because 節の中には、厳密には原因・理由を表わすとも従属節であるとも言いがたい用例もある。(2)の because 節は推論の根拠を表わしており、(3)の because 節は直前の節の発話行為をなぜ行うのか説明するものである。また、(2)や(3)のような場合、because 節は従属節ではなく並立節だと指摘されている。このことは、(2)と(3)の because 節の直前に、記号「#」が示す音調の境界があることからも支持される。

（ 2 ） ［Non-subordinate (or paratactic) *because*-clause with epistemic conjunction interpretation］
　　 B: I know it is Innocent the Fourth# I'm sure# *because* I((you know#)) I've seen the portrait in lectures on Velasques#((4 sylls illustrate#))
　　　　　　　　　　　　(1963 ［LLC 1 4 40 6040–6080］)
（ 3 ） ［Non-subordinate (or paratactic) *because*-clause with speech-act conjunction interpretation］
　　 A: if there's no heat# and also# that I'm there((and))over the weekends# and so
　　 B: yeah#
　　 A: do you want somewhere to warm to work# at the weekends# *because* there's my place you can
　　 B: I go to AC# fine# thanks　　　(1970 ［LLC 2 4a 42 4380–4470］)

さらに、(4)のように、because 節の直前にも直後にも主節に相当する節が現われない場合もある。(4)の because 節は独立節と分析することができる。また、発話の冒頭の because は従属接続詞ではなく、Brinton(1996)の定義

による語用論標識(pragmatic marker)とみなすことができる。

（4） [Independent *because*-clause where *because* can be counted as a clause-initial pragmatic marker]
　　a: *how *soon do you want **these((back))**
　　A: ((don't know# doesn't really* 2 sylls))*
　　a: *[@m] *[@m] *because* it <u>may</u> take us a month or so to sort of sort through them and and decide [@m] you know whether we wish to approach you to ask if we could make use of them
　　A: yeah#　　　　　　　　　(1969 [LLC 2 2a 36 2090–37 2130])

本稿では because 節の用法を接続構造と意味の 2 つの観点から以下のように分け、次節ではその用法の歴史的変遷を観察する。[5]

表 1　現代英語の because 節の用法

例	(1)	(2)(3)	(4)
接続構造 because 節	[CL1 [*because* CL2]] 従属節	[CL1] [*because* CL2] 並立節	[*because* CL] 独立節
意味	原因・理由	(2)推論の根拠 (3)発話行為の説明	推論の根拠、発話行為の説明

3.　Because 節の歴史的変遷

　本節では、紙幅の関係により、Higashiizumi(2006)から次の 2 点について大まかに報告したい。

（5）　because 節の独立節としての用法は 19 世紀後半から徐々に増加している(表 2 参照)。
（6）　推論の根拠、発話行為の説明という意味を明示する表現(上の例(2)(3)(4)の下線部分のような表現)が現代英語で増加している(表 3、4 参照)。

3.1. 接続構造の歴史的変遷

初めに、接続構造の歴史的変遷を観察する。表2はbecause節の現われる位置を調査したものである。because節が、(a)主節及び並立節の後に現われる(上の例(1)–(3)のような節の順番)、(b)その前に現われる、(c)単独で現われる、(d)その他の位置に現われる、の4つに分けた。ここで注目したいのは、(c)の独立節としての用法の割合が19世紀後半から徐々に増加していることである。そして、現代語では、BNCのwritten part(wr)で約16%、spoken part(sp)で約10%、LLCで約13%を占めている。

表2 Because節の位置の歴史的変遷

	–1650	–1750	–1850	–1950	–2000 (BNC) (wr)	–2000 (BNC) (sp)	–2000 (LLC) (sp)
(a) CL1 *because* CL2	30	22	61	86	46	44	115
	(63.8%)	(66.7%)	(69.3%)	(59.3%)	(75.4%)	(69.8%)	(79.9%)
(b) *Because* CL1, CL2	2	4	3	5	2	7	5
	(4.3%)	(12.1%)	(3.4%)	(3.5%)	(3.3%)	(11.1%)	(3.5%)
(c) *Because* CL	1	0	3	7	10	6	18
	(2.1%)	(0%)	(3.4%)	(4.8%)	(16.4%)	(9.5%)	(12.5%)
(d) その他	14	7	21	47	3	6	6
	(29.8%)	(21.2%)	(23.9%)	(32.6%)	(4.9%)	(9.5%)	(4.2%)
小計	47	33	88	145	61	63	144
合計				313			268

3.2. 意味の歴史的変遷

次に、because節がどのような意味を表わすために使われてきたかを歴史的に考察する。先行研究から、because節は原因・理由だけでなく、推論の根拠を示したり、なぜ当該の発話行為をするのかを説明したりするためにも使われることが分かった。本稿では、より客観的な記述を目指して、推論の根拠、発話行為の説明を明示する表現(例えば、(2)のwould be、(3)の疑問文、(4)のmayなど)の分布を調査した。

表3は「CL1 *because* CL2」という接続構造の場合である。CL 1(主節、並立節)においても、because 節においても、推論の根拠、発話行為の説明を明示する表現が現代英語で増えていることが分かる。

また、表4はbecause節が単独で現われた場合である。本稿で使用したデータにおいては、推論の根拠、発話行為の説明を明示する表現は現代英語にしか現われなかった。

表3　「CL1 *because* CL2」の場合の意味明示表現の分布

	Main clause (CL1)		*Because*-clause (CL2)	
	Diachronic (1590–1949)	PDE (1950–2000)	Diachronic (1590–1949)	PDE (1950–2000)
(a) 推論の根拠	35 (17.6%)	50 (24.4%)	29 (14.6%)	38 (18.5%)
(b) 発話行為の説明	31 (15.6%)	43 (21.0%)	5 (2.5%)	15 (7.3%)
(c) その他	133 (66.8%)	112 (54.6%)	165 (82.9%)	152 (74.1%)
合計	199	205	199	205

表4　「Because CL」の場合の意味明示表現の分布

	Because-clause (CL)	
	Diachronic (1590–1949)	PDE (1950–2000)
(a) 推論の根拠	0 (0%)	10 (29.4%)
(b) 発話行為の説明	0 (0%)	5 (14.7%)
(c) その他	11 (100%)	19 (55.96%)
合計	11	34

以上、本節ではbecause節の歴史的変遷を接続構造と意味の2つの観点から観察し、because節の独立節としての用法は19世紀後半から徐々に増加していること、推論の根拠、発話行為の説明という意味を明示する表現が現代

英語で増加していることを指摘した。

4. 文法化研究から見た because 節の歴史的変遷

前節までは because 節の共時的側面と通時的側面を見てきたが、本節では because 節の歴史的変遷に基づき、文法化研究における節の接続構造の変化、主観化・間主観化についてごく簡単に触れておきたい。[6]

文法化研究においては、変化は段階的に進むこと、その方向には一定の傾向があることが指摘されている。because 節の接続構造についても、節の表わす意味についても、徐々に変化してきており、段階性が確認できる。[7] また、because 節の接続構造については、従属節から並列節、さらに独立節の方向へと用法が拡張しており、方向性が観察できる。[8] 意味についても、原因・理由だけでなく、推論の根拠、発話行為の説明のために使われる方向へと用法が拡張しており、より主観的な意味へという方向性が認められる。

さらに、because 節が歴史的により主観的な意味へと拡張していく過程においては、Traugott の提唱する主観化・間主観化の過程が観察できる。Traugott(2003)は主観化を(8)、間主観化を(9)のように定義している。

（8） a mechanism whereby meanings come over time to encode or externalize the SP/W's perspectives and attitudes as constrained by the communicative world of the speech event, rather than by the so-called "real-world" characteristics of the event or situation referred to(Traugott 2003: 126)

（9） a mechanism whereby meanings become more centered on the addressee (Traugott 2003: 129)

本稿で扱った because 節の歴史的変遷は主観化・間主観化を伴う文法化の一例として扱うことができる。

5. おわりに

本稿においては、because 節の共時的側面と通時的側面を、節の接続構造の変化と、節の表す意味を明示する表現の変化の 2 つの観点から観察した。そして、because 節の歴史的変遷は主観化・間主観化を伴う文法化の一例であることを論じた。

最後に、理由節が非従属節 (並立節や独立節) として現われ、その場合にはより主観的な意味を表わすという現象は、英語だけでなく他の言語にも見られることが報告されている。[9] 今後、様々な言語の共時的・通時的側面に関する研究を持ち寄り、言語変化の普遍的側面についても検討すると興味深いであろう。

注

* 秋元実治先生には、ご著書やご研究の成果だけでなく、学会や研究会などを通して多くのことを教えていただきました。また、Higashiizumi(2006) の草稿をお読みくださり、貴重なご助言もたくさん頂戴いたしました。心より感謝申し上げます。
本稿は近代英語協会第 25 回大会 (2008 年 5 月) で発表した内容に加筆・修正を施したものです。大会関係者の皆様、示唆に富むご意見をくださった方々に御礼申し上げます。なお、本稿に残る不備は全て筆者の責任です。

1 本稿で用いたデータについては Higashiizumi(2006) 参照。現代英語のデータは、'cause や 'cos などと表記されたものも含む。なお、「話しことばの書いた記録」の有効性については、例えば、小野寺(2006) を参照。また、「話しことばの書いた記録」をデータとして活用する研究分野の一つに歴史語用論がある。この分野については、Jucker(1995)、*Journal of Historical Pragmatics* (John Benjamin 社刊)、椎名(2005)、『語用論研究』第 8 号 (2006) など参照。

2 主に、Kortmann(1997)、Rissanen(1999)、*The Oxford English Dictionary* (Second Edition) on CD-ROM (Version 3.1) など参照。

3 例えば、Jespersen(1909–1946)、Quirk et al.(1972, 1985)、Schiffrin(1987)、Sweetser(1990)、Schleppegrell(1991)、Ford(1993)、中右(1994)、Couper-Kuhlen(1996)、Stenström and Andersen(1996)、Stenström(1998)、Kanetani(2007) など参照。なお、because 節の意味の分類については Sweetser(1990) の用語を用いる。

4 (1)–(4) は、British National Corpus (BNC)、London-Lund Corpus of Spoken

English (LLC) より収集したものである。下線、斜体は筆者による。なお、読みやすさを考慮して、LLC の記号は極力省略した。「#」は tone unit boundary を示す。
5　表1-4のCLは「節」を表す。
6　文法化については、Heine et al.(1991)、Hopper and Traugott(2003)、秋元編(2001)、秋元他(2004)、秋元・保坂編(2005)など参照。
7　段階性(gradience)については、Aarts(2007)も参照。
8　文法化研究では、節と節の結びつきがより強まるような一方向性が提示されている(Hopper and Traugott 2003: 175-211)。ただし、because節の歴史的変遷はこれとは逆向きである。
9　例えば、ドイツ語のweil節についてはKeller(1995)、Günthner(1996)など、オランダ語のwant節についてはVerhagen(2005)、Degand et al.(2008)など参照。日本語のカラ節については白川(1991)、Ohori(1995)、Iguchi(1998)、Higashiizumi(2006)、本多(2001, 2005)など参照。韓国語・朝鮮語nikka節についてはSohn(1993, 1996, 2003)など参照。

参考文献

Aarts, Bas (2007) *Syntactic Gradience: The Nature of Grammatical Indeterminacy.* Oxford: Oxford University Press.
秋元実治編(2001)『文法化―研究と課題―』英潮社.
秋元実治他(2004)『コーパスに基づく言語研究　文法化を中心に』ひつじ書房.
秋元実治・保坂道雄編(2005)『文法化―新たな展開―』英潮社.
Brinton, Laurel J. (1996) *Pragmatic Markers in English: Grammaticalization and Discourse Functions.* Berlin: Mouton de Gruyter.
Couper-Kuhlen, Elizabeth (1996) "Intonation and Clause Combining in Discourse: the Case of *Because.*" *Pragmatics* 6.3, 389–426.
Diegand, Liesbeth, Jacqueline Evers-Vermeul, Benjamin Fagard, and Liesbeth Mortier (2008) "Historical and Comparative Perspective on the Grammaticalization and Subjectification of Causal Discourse Markers." A paper presented at New Reflections on Grammticalization 4, Leuven, Belgium, July 16–19, 2008.
Ford, Cecilia E. (1993) *Grammar in Interaction: Adverbial Clauses in American English Conversations.* Cambridge: Cambridge University Press.
Günthner, Susanne (1996) "From Subordination to Coordination?: Verb-Second Position in German Causal and Concessive Constructions." *Pragmatics* 6.3, 323–356.
Heine, Bernd, Ulrike Claudi, and Friederike Hünnemeyer (1991) *Grammaticalization: A Conceptual Framework.* Chicago: The University of Chicago Press.
Higashiizumi, Yuko (2006) *From a Subordinate Clause to an Independent Clause: A History of English Because-clause and Japanese Kara-Clause.* ひつじ書房.

本多啓(2001)「文構築の相互行為性と文法化—接続表現から終助詞への転化をめぐって—」『認知言語学論考』1号, 143–183. ひつじ書房.

本多啓(2005)『アフォーダンスの認知意味論　生態心理学から見た文法現象』東京大学出版会.

Hopper, Paul J., and Elizabeth C. Traugott(2003²) *Grammaticalization*. Cambridge: Cambridge University Press.

Iguchi(Higashiizumi), Yuko. 1998. "Functional variety in the Japanese conjunctive particle *kara* 'because'". In Toshio Ohori(ed.), *Studies in Japanese grammaticalization: Cognitive and Discourse Perspectives*, 99–128. くろしお出版.

Jespersen, Otto(1909–1946) *A Modern English Grammar: on Historical Principles, Part V (Syntax)*. London: George Allen & Unwin Ltd.

Jucker, Andreas H.(ed.)(1995) *Historical Pragmatics: Pragmatic Developments in the History of English*. Amsterdam and Philadelphia: John Benjamins.

Kanetani, Masaru(2007) Causation and Reasoning: A Construction Grammar Approach to Conjunctions of Reason. Ph.D. Dissertation. Ibaraki: Tsukuba University.

Keller, Rudi(1995)"The epistemic *weil*." In Dieter Stein and Susan Wright(eds.), *Subjectivity and Subjectivisation: Linguistic Perspectives*, 16–30. Cambridge: Cambridge University Press.

Kortmann, Bernd(1997) *Adverbial Subordination: A Typology and History of Adverbial Subordinators based on European Languages*. Berlin: Mouton de Gruyter.

中右実(1994)『認知意味論の原理』大修館書店.

Ohori, Toshio(1995)"Remarks on Suspended Clauses: A Contribution to Japanese Phraseology." In Masayoshi Shibatani and Sandra A. Thompson(eds.), *Essays in Semantics and Pragmatics: In Honor of Charles J. Fillmore*, 201–218. Amsterdam and Philadelphia: John Benjamins.

小野寺典子(2006)「歴史語用論の成立と射程」『語用論研究』第8号, 69–81.

Quirk, Randolph, Sidney Greenbaum, Geoffrey Leech, and Jan Svartvik.(1972) *A Grammar of contemporary English*. London: Longman.

Quirk, Randolph, Sidney Greenbaum, Geoffrey Leech, and Jan Svartvik.(1985) *A Comprehensive Grammar of the English Language*. London: Longman.

Rissanen, Matti(1999)"Syntax." In Roger Lass(ed.), *The Cambridge History of the English Language*, vol. III, 187–331. Cambridge: Cambridge University Press.

Schiffrin, Deborah(1987) *Discourse Markers*. Cambridge: Cambridge University Press.

Schleppegrell, Mary J.(1991)"Paratactic *Because*." *Journal of Pragmatics* 16, 323–337.

白川博之(1991)「「カラ」で言いさす文」『広島大学教育学部紀要　第2部』39号, 249–255.

Sohn, Sung-Ock S.(1993)"Cognition, Affect, and Topicality of the Causal Particle *-nikka*

in Korean." *Japanese/Korean Linguistics* 2, 82–97.
Sohn, Sung-Ock S. (1996) On the Development of Sentence-Final Particles in Korean." *Japanese/Korean Linguistics* 5, 219–234.
Sohn, Sung-Ock S. (2003) "On the Emergence of Intersubjectivity: An Analysis of the Sentence-Final *Nikka* in Korean." *Japanese/Korean Linguistics* 12, 52–63.
椎名美智(2005).「歴史語用論における文法化と語用化」秋元実治・保坂道雄編『文法化―新たな展開―』, 59–74. 英潮社.
Stenström, Anna-Brita. (1998) "From Sentence to Discourse: *Cos (Because)* in Teenage Talk." In Andreas H. Jucker and Yael Ziv, (eds.), *Discourse Markers: Descriptions and Theory*, 127–146. Amsterdam and Philadelphia: John Benjamins.
Stenström, Anna-Brita, and Gisle Andersen (1996) "More Trends in Teenage Talk: A Corpus-Based Investigation of the Discourse Items *Cos* and *Innit.*" In Carol E. Percy, Charles F. Meyer, and Ian Lancashire (eds.) *Synchronic Corpus Linguistics: Papers from the Sixteenth International Conference on English Language Research on Computerized Corpora (ICAME 16)*, 189–203. Amsterdam-Atlanta: Radopi.
Sweetser, Eve (1990) *From etymology to pragmatics: Metaphorical and Cultural Aspects of Semantic Structure*. Cambridge: Cambridge University Press.
Traugott, Elizabeth Closs (2003) "From Subjectification to Intersubjectification." In Raymond Hickey (ed.), *Motives for Language Change*, 124–139. Cambridge: Cambridge University Press.
Verhagen, Arie (2005) *Constructions of Intersubjectivity: Discourse, Syntax, and Cognition*. Oxford: Oxford University Press.

Granted の談話標識用法

川端朋広

1. はじめに

　動詞が分詞用法などを経て前置詞や接続詞へと変化を起こすことは、これまでの文献においても数多く指摘されてきている。Kortmann(1997)では、中英語期から近代英語期にかけての二次的接続詞の増加について詳細に述べられている。Kortmann and König(1992)は英語を含むヨーロッパ言語を対象として動詞の分詞的用法から前置詞へと発達する例を分析し、こうした現象が広範に観察されることを示した。Fukaya(1997)は、主に現代英語コーパスからの例を主体として、ing 形の前置詞用法（および副詞用法）を文法化の観点から分析している。児馬(2001)は save/saving の前置詞・接続詞用法に至る発達過程を検証し、動詞だけでなく形容詞 safu からの発達経路と動詞 save からの発達経路が影響を及ぼし合う複合的な変化の例を示した。川端(2001)は provided/providing の接続詞用法の発達過程を調査し、法律文書等に限定された表現が一般的な genre へと使用範囲を広げてきたことを示した。Brinton and Traugott(2005: 122)では、このような例について "a short-lived case of grammaticalization" とし、文法化の例として取り上げている。

　しかしながら、このような変化を起こすものの中で、少数ではあるが、更に談話標識へと至る例があることについては、まだそれほど十分な分析がなされてはいない。本稿では、そのような発達過程をたどった例として granted の談話標識用法を取り上げたい。

(1) a. Carling, *granted* a testimonial by his former club Harlequins, tried to stage it at Twickenham but was turned down.

(WBO: sunnow0025)[1]

b. *Granted*, he made a mistake last night, but Jayson was just as much to blame for that. (WBO: ukbooks0070)

(1)aではgranted節が主節に挿入されているが、意味的には主語である有名スポーツ選手が「引退記念試合の機会を与えられて」という内容であり、grantedの意味上の主語は主節の主語と同一であると考えられる。典型的な分詞構文の例である。これに対して、(1)bにおいては、後続する節は等位接続詞butで区切られており、従属節を形成してはいない。また、granted節は譲歩的(concessive)な意味を持ち、「なるほど、たしかに彼は過ちを犯したが」という解釈となる。ここでのgrantedは節全体を作用域とする文副詞であり、命題内容にコメントを加えるという機能からすると、談話標識としてとらえることもできる。

次節ではまず、grantedのこうした談話標識用法について、現代英語コーパスから得られた用例を分析し、その語法上の特徴を明らかにしたい。[2]

2. 現代英語における用例

2.1. That をとる例(タイプ I)

まずは、granted が that を伴う場合の例を以下に挙げる。

(2) a. *Granted that* hindsight is always twenty-twenty, still it is surprising that the nation's business and political leaders did not recognize the symptoms. (WBO: usbooks0043)

b. *Granted, that* even one person betraying the trust of religious office is one too many, we should acknowledge the good work done so faithfully and so well by the great majority of those who are, or who have been, members of religious orders.

(WBO: oznews0039, *Issues of the Courier Mail and Sunday Mail*)

　こうした例は全体で 30 例ほど観察された。このようなタイプを総称してタイプ Ia とする。

　形式上は、granted の後にカンマを挿入する場合と、そうでない場合がある。また、これらの例すべてに共通するのは、granted that 節と主節の間には接続詞が用いられていないということであり、このことから判断すると、granted that 自体が従属接続詞として機能していると考えられる。

　また、二つの節の間の意味関係をみてみると、(2)a においては、主節中において still という譲歩的な副詞が用いられている。他の例では nonetheless が用いられているものも見られた。(2)b においては譲歩的副詞の使用はないが、granted 節において、「一人でも悪い宗教家がいたら、それだけで十分悪いことだ」としつつ、主節においては、「善良な宗教家による善行に目を向けるべきである」というように、主節で述べた内容に対立する主張が提示されている。

　このように、granted that 節は、明示的な副詞使用の有無に関わらず、主節との間に譲歩的な意味関係が観察されることが大きな特徴である。このことを図示すると以下のようになる。

(3)　　　............ CONCESSIVE ....

subordinate clause	main clause
Granted(,) that Proposition A,	Proposition B.

　　　granted that = subordinator

　なお、granted that が接続詞として機能するもうひとつのパターンとしては、以下のように疑問文が後に続くものがある。このタイプを今後タイプ Ib とする。

(4)　*Granted that* the expansion of lending may be profitable, how does it affect the money supply?　　　(BNC: H8E, *Financial markets and institutions*)

全体では 9 例が観察されている。(2)の例とは異なり、(4)の主節は疑問文である以上、明確な対立内容の提示ということにはならない。しかしながら、前節において profitable という語で示されている肯定的内容を、主節において別の角度から疑問を呈しているということは、言語行為的な意味合いにおいて対立に近いものであるとも言えるだろう。

2.2. That をとらない例（タイプ II）

次に、granted の後に that が用いられないタイプをいくつか提示したい。まず、以下の例においては、ともに granted 節とその後に続く節が等位接続詞の but で連結されている。（今後、こうした例をタイプ IIa とする。）

(5) a. Oh, *granted*, he's impossible, *but* working for him gives me the chance to learn from one of the best legal minds in the city.

(FLOB: P P07: 50)

b. I thought to myself: this was extreme, *granted*, *but*, actually, yeah - they always argue like that. (Frown: K K26: 39)

このタイプは 30 例が観察された。カンマの有無という違いはあるが、いずれの場合も granted の前後に修飾語が共起する例は観察されなかった。Granted の生起する位置としては文頭がほとんどであるが、(5)b のように節の末尾に置かれる場合もある。ただしそのような事例の数は非常に少なく、上記(5)b を含めて 2 例のみが観察された。これらはいずれも口語的なデータであり、そういったジャンル上の特性が位置の柔軟性と関連しているとも考えられるだろう。なお、次節との連結が等位接続詞の but を用いて行われているため、統語的には granted が副詞（談話標識）となっている。しかしながら、後述するように、granted 節はそれのみで存在するわけではなく、後続する but 節と相関的に用いられていると考えるべきである。

意味的には、例えば(5)a においては、「彼が不愉快な人物である」ことを認めつつも、but 節において、「彼と働くことで町一番の法律家から学ぶ機会が得られた」と賞賛している。やはりここでも granted 節は譲歩節として

機能していると言ってよいだろう。

　このタイプを図示すると以下のようになる。

（6）　　　　　·············· CONCESSIVE ··············
　　　　　┌─── clause 1 ──────── clause 2 ───┐
　　　　　│ *Granted(,)* Proposition A,　*but*　Proposition B. │
　　　　　│ Proposition A, *granted*, │
　　　　　└─────────────────────────────┘
　　　　　　granted = adverb（discourse marker）* correlative with *but*

次に、granted 節のみで一旦文を閉じ、But やその他の合接詞で次の節を開始するタイプは以下の通りである。

（7）a.　*Granted* it's tough on isolated missionaries and aid personnel who long to be able to contact friends and colleagues. *But* most of those I met were so enchanted by Cameroon that its technological limitations left them only mildly irritated.　　　　　　　　　　（FLOB: E E22: 4）
　　　b.　*Granted*, this case is an extreme. *However*, I've interviewed hundreds of women and I'm always amazed at how many of them, even older women with dry skin, have had a breakout that they associated with using a cosmetic product that was too oily.
　　　　　　　　　　　　　　　　　（WBO: usbooks0008, *Take Care of Your Skin*）

全体では But を用いる例が最も多く、14 例であったが、(7)b のように However を用いる例もあった。このタイプを今後、タイプ IIb と呼ぶ。
　形式上は granted 節と but(however) 節がそれぞれ独立しており、その結果、granted の文副詞（談話標識）としての機能がより明確になっている。また、二つの節の意味的なつながりも、(5) と同様、granted 節で述べられた内容に対して but 節が対立的な主張を述べるものとなっている。節の間は区切られているとしても、談話上のつながりにおいては、やはりこれまでのタイプと同様、後続節との間に譲歩的な意味関係が成立していると言えるだろ

う。構造は以下のようになっている。

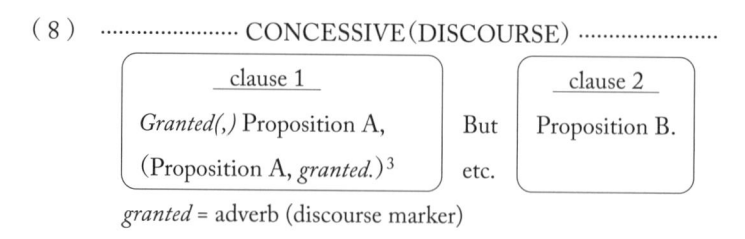

(8) ·················· CONCESSIVE(DISCOURSE) ··················

```
┌─── clause 1 ──────────┐         ┌─── clause 2 ───┐
│ Granted(,) Proposition A, │  But  │ Proposition B. │
│ (Proposition A, granted.)³ │  etc. │                │
└────────────────────────┘         └────────────────┘
```
　　　　granted = adverb (discourse marker)

次節では、他の談話標識との比較検討を通して、granted 節の談話構造における特徴を明らかにしたい。

2.3. 他の談話標識との相違点

　動詞の分詞的用法から接続詞・前置詞用法を経て談話標識へと至ったという点で、比較的近い発達経路をたどった語彙項目としては文末の considering (Kawabata(2003))がある。また、従属接続詞から談話標識へと変化した例としては文末の though(Barth-Weingarten and Couper-Kuhen(2002)、Quirk et al.(1985))が挙げられる。

(9) a. The Evening was pleasant, and also warm, *considering* we were amongst Ice. 　　　(*OED*, 1749 F. Smith *Voy. Discov. N.-W. Pass.* III. 237)
　　b. I think you're pretty safe, *considering*. 　　　(COBUILD)

これらの例を図示すると以下のようになる。

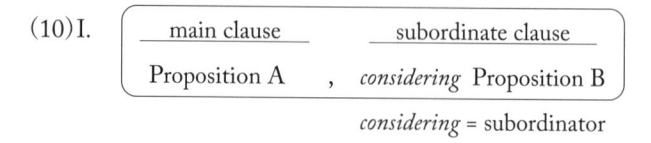

(10) I.
```
┌── main clause ──── subordinate clause ──┐
│ Proposition A  ,  considering Proposition B │
└─────────────────────────────────────────┘
```
　　　　　　　　　considering = subordinator

II.
```
┌─────────────────────────┐
│         clause          │
│ Proposition A(,) considering. │
└─────────────────────────┘
```
considering = discourse marker

　すなわち、Iの段階(接続詞的用法 = (10)a)では従属節中のProposition Bで明示的に表現されていた内容が、IIの段階(談話標識的用法 = (10)b)では、明示的、あるいは具体的には表示されず、consideringという一語に集約されているのである。結果としては、主節であったものが残り、そこに本来は接続詞であったものが談話標識として付加される形となる。

　しかしながら、granted節の場合は、上記の(6)、(8)に明らかなように、本来は従属節であったはずのgranted節自体が省略されることなく、そのまま残っている。本来の主節であったはずの部分は、譲歩という意味的な関連性は有しつつも、形式上はbut節として分離、独立しているのである。従属接続詞から談話標識へという流れ自体は共通のものであっても、その成立過程は大きく異なっている。次節では、OEDからの例を参照し、この用法の発達過程について考察したい。[4]

3.　歴史的発達

　OED(grant, v. 7. a)においては、17世紀から以下のような例が見られる。

(11) a.　*Grant* they never used drinking and bezling before they came to Sea .. they will soon finde out the art.　　(*OED*, 1659 D. Pell *Impr. Sea* 73)
　　 b.　*Granting* there were antiently such names .. it remaines doubtfull [etc.].
　　　　　　　　　　　　　　　　　　(*OED*, 1674 tr.*Scheffer's Lapland* 4)

　興味深いことに、thatはこの段階ですでに用いられない例も多く、動詞grantの形も命令形や現在分詞形、過去分詞形と様々である。また、OED全体を対象とした引用文検索からは以下の例が見つかった。

(12) *Granted that* duties may clash, or that general rules may be modified by special circumstances, it is surely most important to determine beforehand, as far as we can, what those circumstances are, and, in the case of clashing duties, which should yield to the other.

(*OED*, 1887 Fowler *Princ. Morals* ii. vi. 247)

これは現代英語データ中のタイプ Ia(=(2)a、b)に相当するものである。タイプ II にあたるような例は、OED 中には存在しなかった。実際の用例数が極端に少ないため、断定的な主張はできないが、上記のような例から推測すると、タイプ I が最初に現れ、その後 20 世紀になってタイプ II へと発達していった可能性が高い。

3.2. 文法化の観点から

上記の発達過程を文法化の観点からみてみると、いくつかの疑問や問題点が生じてくる。それらを列挙すると、以下の通りである。

a) that の有無に関わる相違点
b) 過去分詞形が主に採用されていく理由
c) 従属接続から等位接続を経て談話上の連鎖へと至る流れ

まず、a)についてであるが、通常の文法化の流れにおいては形式上の簡略化が想定されるところである。しかしながら、that の有無が必ずしも「that 有り→that 無し」の方向性に進むわけではないということは、すでに多く指摘されるところである。後期中英語から初期近代英語にかけて、多くの語が that の付加によって新規に接続詞となったことは事実である(Kortmann 1997)。しかし、少なくとも現代英語に関する限り、that の使用は機能的な意味合いを持っているという分析もある(Thompson and Mulac 1991)。本例においても、最も初期の(11)の例ですでに 17 世紀であり、剰余的な that については、必ずしも必要とされないケースもあったことが考えられる。

次に、b)についてであるが、現代英語においては過去分詞形の granted を

用いることが多く、コーパス中にも granting の例はまれであった。[5] また、命令形(あるいは irrialis mode)の例は確認されなかった。種々の形態の中で過去分詞形が主流になっていく理由はどこにあるのだろうか。ひとつの可能性としては、連語表現の take 〜 for granted の発達が挙げられるだろう。この表現は、OED 上では同じく 17 世紀から継続して使用されている。

(13) We will *take* it *for granted* that it pertaineth not to that rank or order.
(*OED*: 1607 Topsell *Four-f. Beasts*(1658)388)

現在分詞形や命令形を用いた同様の表現は存在しないため、この表現がひとつのインプットとなり、省略によって過去分詞形の発生と定着に貢献したと考えられるだろう。

最後に c)についてであるが、Hopper and Traugott(2003[2] [1993]: 176–84)においては、複数の節の連結形式(clause linkage)について、文法化の観点からは等位接続から従属接続へ至る方向性が示されている。しかしながら、本例の発達過程はむしろ逆であり、17 世紀の初期段階から 19 世紀の例までが従属接続の例であり、but を用いた等位接続構文の例や、二つの独立節が連結されている例は、むしろ現代英語にのみ観察されるものである。節の独立性という観点からすると、時間の経過とともに増大していることになる。これは一方向性への反例として解釈すべきなのだろうか。

ひとつの代案としては、本例をひとつの構文(construction)ととらえることが挙げられる。Quirk et al.(1985)においても granted は、Certainly/Yes/True/Of course/Indeed 〜, but ... のような、相関的構文の一例として挙げられている。また、Kay(1997)においても、構文文法(construction grammar)の観点から以下の例が提示されている。

(14) a. He may be a professor, but he is an idiot.
　　 b. Although he's a professor he's an idiot.　　　　　　Kay(1997: 51)

(14)a では may が but と相関的に用いられることによって、本来の modal な

意味を失い、譲歩的な意味で用いられている。従って、むしろ意味的には(14)b に近いものとなっている。こうした解釈は、個々の語彙項目の総和からではなく、構文そのものの持つ意味であると構文文法では考えるのである。Traugott(2007)では、構文文法の考え方を応用し、構文文法的な意味合いにおける構文の発達を文法化の例としてみなす方向が示されている。本例についても、granted という語彙のみに注目するのではなく、複数の節の連携で成立するひとつの構文として発達してきたと考えるなら、上記のような新しい文法化の解釈に沿った例とみなすことが可能であろう。

　また、例えば Barth(2000: 417–20)においては、会話データにおける譲歩関係は though や although よりも but によって示されることが多く、その割合は 80% 以上に上ることが示されている。これは、会話が基本的に on-line production であることによる制約から、長い従属接続よりも等位構造が話し手と聞き手の双方にとって処理しやすいためである。また、意味的には等位構造をあえて用いることによって、二つの節の間の重要性についてバランスをとることが可能である。それによって、話者だけでなく聞き手の面子も保つことになるという。相手の面子を保つという意味では、相互主観化の方向に意味変化が起きたとも考えられる。主観化は、文法化における主要な意味変化として Traugott(1995)以降は定説として位置づけられている感があるが、それが上記の通り、「従属接続→等位接続」という変化の中で観察されるのだとすると、やはり Hopper and Traugott(2003^2 [1993])における clause linkage に関する仮説は再検討が必要であると言えるだろう。

4. おわりに

　本稿では granted が that とともに従属接続詞として用いられる用法(タイプ I)を経て、Granted 〜, but 〜. という形の構文を発達させ(タイプ IIa)、更にはそれぞれが独立した節として談話上で用いられ、結果的に granted が談話標識として機能している用法(タイプ IIb)まで発達したことをみてきた。動詞 grant が接続詞や談話標識として用いられているという点では、文法化の一例として考えることが可能であろう。

しかし、その発達過程は considering や though の文末用法と比べると大きく異なっており、複数の節を結合した状態で譲歩の意味関係が保持されたひとつの構文としての発達を経てきたと考えられる。しかしながら、従属接続から等位接続という発達経路は、従来の文法化の分析で提唱されてきたものとは逆であり、かつまた、タイプ IIa からタイプ IIb への発達については、construction の概念を談話上の連鎖まで拡張できるか否かという点について、検討を要する部分がある。こうした点については、本稿の紙幅の制限を越えるものであるため、稿を改めて取り組みたい。

注

1. 本稿で使用した現代英語コーパスは、Frown Corpus(Frown とする)、FLOB Corpus(FLOB とする)、British National Corpus(BNC とする)、Wordbanks Online(WBO とする)の4つである。BNC 及び WBO については、「小学館コーパスネットワーク」にて利用可能な版を使用した。
2. Granting にも同様な用法は観察されるが、コーパスから得られる用例数は非常に少ない。紙幅の制約もあり、本稿では granted のみを対象とした。
3. このタイプで granted が後置される例はコーパス上では観察されなかったが、アメリカ人インフォーマントの Laura Lee Kusaka 氏に確認したところ、(5)b から granted を文末に移動した以下の文は問題ないという。
   This case is an extreme, granted. However, I've interviewed ...
   また、(5)a については、関係代名詞節を除いた部分で granted を後置する以下のような文なら可能であるという判断を得られた。
   It's tough on isolated missionaries and aid personnel, granted. But most of ...
4. Helsinki Corpus of English Texts からは、本稿で研究対象とする例は観察されなかった。
5. イギリス人インフォーマントの Simon Sanada 氏によると、granting の場合は節の内容について「あまり認めていない」というニュアンスになるという。

参考文献

秋元実治(2002)『文法化とイディオム化』ひつじ書房.
Barth, Dogmar(2000) "*that's true, although not really, but still*": Expressing Concession in Spoken English." In Elizabeth Couper-Kuhlen and Bernd Kortmann(eds.), *Cause, Condition, Concession, Contrast: Cognitive and Discourse Perspectives*, 411–437. Berlin

and New York: Mouton de Gruyter.

Barth-Weingarten, Dagmar and Elizabeth Couper-Kuhen(2002) "On the Development of Final *Though*: A Case of Grammaticalization?," In Ilse Wischer and Gabriele Diewald, (eds.), *New reflections on grammaticalization* (Typological Studies in Language 49), Amsterdam and Philadelphia: John Benjamins.

Brinton, Laurel J. and Elizabeth C. Traugott(2005) *Lexicalization and Language Change*. Cambridge: Cambridge University Press.

Fukaya, Teruhiko(1997) "The Emergence of *-ing* Prepositions in English: a Corpus Based Study," In M. Ukaji, T. Nakao, M. Kajita and S. Chiba, (eds.), *Studies in English Linguistics: A Festschrift for Akira Ota on the Occasion of His Eightieth Birthday*, Tokyo: Taishukan.

Hopper, Paul J. and Elizabeth C. Traugott(2003^2 [1993]) *Grammaticalization*. Cambridge: Cambridge University Press.

児馬修(2001)「周辺的前置詞(接続詞)save, saving の文法化」秋元実治編『文法化―研究と課題』73–95. 英潮社.

川端朋広(2001)「英語における動詞派生接続詞の発達と文法化：provided/providing の接続詞用法」秋元実治編『文法化―研究と課題』97–119. 英潮社.

Kawabata, Tomohiro(2003) "On the Development of *Considering*: The Prepositional, Conjunctive and Adverbial Usages." In *Studies in Modern English: The Twentieth Anniversary Publication of the Modern English Association*. 139–152. Tokyo: Eichosha.

Kay, Paul(1997) *Words and the Grammar of Context*. Stanford: CSLI Publications.

Kortmann, Bernd(1997) *Adverbial Subordination: A Typology and History of Adverbial Subordinators Based on European Languages*. Berlin and New York: Mouton de Gruyter.

Kortmann, B. and E. König(1992) "Categorial Reanalysis: The Case of Deverbal Prepositions." *Linguistics* 30, 671–697.

Quirk, Randolph, Sidney Greenbaum, Geoffrey Leech and Jan Svartvik(1985) *A Comprehensive Grammar of the English Language*. London: Longman.

Simpson, John A. and Edmund S. C. Weiner, (eds.) (1989) *Oxford English Dictionary*, 2nd Edition on CD-ROM Version3.0(2002), Clarendon Press, Oxford. [*OED*]

Sinclair, John, ed. (2001) *Collins Cobuild English Dictionary for Advanced Learners*, 3rd Edition, Harper Collins Publisher, London. [*COBUILD*]

Thompson, Sandra A. and Anthony Mulac(1991) "The Discourse Conditions for the Use of the Complementizer *That* in Conversational English." *Journal of Pragmatics* 15, 237–251.

Traugott, Elizabeth C. (1995) "Subjectification in Grammaticalisation," In Dieter Stein and Susan Wright(eds.), *Subjectivity and Subjectivisation*. Cambridge: Cambridge

University Press.
Traugott, Elizabeth C. (2007) "Constructional Emergence from the Perspective of Grammaticalization: The Case of Pseudo-Clefts." Paper Presented at the 8th Conference of the Japanese Cognitive Linguistics Association, Tokyo.
Traugott Elizabeth C. and Richard B. Dasher (2002) *Regularity in Semantic Change*. Cambridge: Cambridge University Press.

The Development of Interrogative Exclamatives

A Case Study of Constructionalization

Mitsuru Maeda

1. Introduction

In English, as in other languages of the world, there are a number of constructions that are used in performing exclamation.[1] Of these the most remarkable would be the following types:

(1) a. What a gorgeous day this is!
   b. How wonderful it is to see you!

I will call sentences like (1) "interrogative exclamatives" ("I-EX's" for short). Though the two types of I-EX's should in principle be treated together, however, I will only discuss those like (1a) for limited space.[2] I-EX's resemble *wh*-questions in that they both have a fronted *wh*-phrase in the clause-initial position, while they are different as to whether Subject-Aux Inversion (SAI) is applied or not. Mainly due to the latter property, I-EX's and *wh*-questions are usually considered to represent different sentence types. But the formal similarity between them seems so impressive that one might ask if there is some "hidden" relationship between them. I will try to cast a fresh light on this relationship from a diachronic point of view.

Specifically, the objective of this brief study is to investigate how I-EX's like that in (1a) developed out of *wh*-questions. In doing this, I will especially focus on what kind of discourse strategy led to their emergence. It will be argued that they started as a strategy of indirect speech act, i.e. that of performing exclamation by means of questioning. Another issue of equal importance is the process by which I-EX's came to be "constructionalized," i.e. grammatically specialized for a specific speech act. I will also discuss, albeit in passing, what type of semantic change was involved in the development of

I-EX's.

This paper is organized as follows. Section 2 is allotted to outlining two important properties of I-EX's in Present-day English (PrE). In section 3, we turn to the investigation of the syntactic development of I-EX's out of a specific type of *wh*-questions. I will make a survey of various texts from the Modern English period, and try to reconstruct the process of the constructionalization of I-EX's. In section 4, I will turn to the issue of what kind of discourse strategy led to the adoption of questions with the <*what a* +N> structure as a means of performing exclamation. Section 5 is a short summary of this article.

2. I-EX's in PrE

In this section, I will discuss two relevant properties of I-EX's, constructionality and performativeness, and argue that they suggest that I-EX's constitute an independent "grammatical construction" in the sense of Fillmore et al. (1988).

2.1. Constructionality

Note first that I-EX's constitute one of the oddest constructions in PrE. The <*what a* +N> structure characteristic of them cannot be used in asking questions, though it includes the interrogative pronoun *what*; that is, there is no such questions like **What a boy is he?* Moreover, the structure is not found in any other part of the English grammar. It should, then, be conceived as an idiosyncratic structural property of I-EX's.

In this respect, I-EX's are similar to what Fillmore et al. (1988: 511) call "grammatical constructions" (GC's), i.e. those utterance patterns whose compositionality is partly lost due to conventionalization. They are usually specialized for a particular discourse function or speech act. Consider the following instances of GC's:

(2) a. The bigger they come, the harder they fall.
    b. Me babysit?
    c. One more and I'll leave.

All of these sentences are, in some respects, "ungrammatical" in that each of them "violates" at least one of the current syntactic rules of PrE. In other words, they often have certain otherwise impermissible structures. Fillmore et al. refer to such deviation from the norms as "extragrammatical" (p. 505). For example, the use of the definite article *the* in (2a) and the objective marking of the subject pronoun *me* in (2b) clearly go against the current syntactic norms, and hence "extragrammatical."

Likewise, the intended readings of these sentences cannot also be easily predicted from their sentence forms. For example, (2c) is construed as a kind of conditional (interpreted, for example, as something like"If I take one more cup of coffee, then I'll leave"). This conditional reading cannot in any way be predicted from its sentence structure. This is also true of (2b). One cannot predict its overtone of surprise from its surface structure.

What is important here is that I-EX's are very similar to GC's like those in (2) in that they also have an "extragrammatical" structure, that is, the <*what a* +N> structure, and also in that one cannot predict their exclamative readings from their sentence forms alone. One would instead expect a reading more similar to *wh*-questions, given their formal similarity to the latter.[3] This kind of "mismatch" between meaning and form is typical of idiomatic expressions and is usually suggestive of specialization due to conventionalization. In fact, this is a result of semantic change, and is one of the processes that usually occur when a new GC comes into being. Another important process that leads to the emergence of a GC is "syntactic fossilization," by which part of an utterance pattern develops a strong "immunity" to syntactic computation, so that it would be"invisible" (i.e. not amenable) to syntactic rules and principles. This is probably why "extragrammatical" structures are accepted, though they violate syntactic and semantic norms. I will henceforth refer to these processes as "constructionalization."

2.2. Performativeness

Another salient property of I-EX's is that they are exclusively used as performatives in the sense of Austin (1975), that is, utterance of them almost automatically leads to the performance of exclamation (when they occur in main clauses).[4] In other words, they are not used in describing specific situations. To make my point clearer, it is instructive to compare the sentences in (3a) and (3b):

(3) a. What a gorgeous day this is!
    b. I'm surprised it's such a gorgeous day.

Both of these sentences could be used to perform exclamation, but they differ in that (3b), but not (3a), can also be used to describe the emotional state of the speaker (i.e. "I'm in the state of being surprised"). In short, "I'm surprised" is only sometimes used as a performative expression. The same thing can be said about "I'm sorry" in *I'm sorry I'm late*.

Generally speaking, performative verbs like *promise* used with a first-person pronoun subject and in the present tense almost automatically have an illocutionary force, so they are also high-ranking with respect to performativeness. As is often pointed out, however, even these expressions can have non-performative readings, such as habitual ones (one can say *I always promise you to …*). Now consider again expressions like "I'm surprised." As mentioned above, these expressions are much less automatically construed as performatives than those like "I promise" are, so they are much lower in the ranking of performativeness.

Given this, I-EX's can be said to be the highest with respect to performativeness, since utterance of them necessarily leads to the performance of exclamation, and can hardly be used for description (at least in main clauses). The only expressions comparable to them as to the degree of performativeness are various kinds of interjection, such as "Gosh" or "Holy cow," or conventional formulae like "Excuse me" or "Good morning," which can only be used to perform specific types of speech act. As such, the characterization of the discourse function of interjections by Bodor (1997: 201) also seems to hold true of I-EX's: unlike those elements whose primary function is to describe something, *those designed for emotional expression are inherently performatives*. This is because the linguistic expression of emotions is conceived of as "linguistically coded expressive[5] reaction, or *emotional display*" (ibid.; italics added). Recall that GC's are typically specialized for a specific type of speech act. Therefore, the high degree of performativeness of I-EX's indicates that I-EX's is an instance of GCs.

3. I-EX's in Modern English

Having seen the two properties of I-EX's that identify them as a GC, let us now turn to their development in the course of the Modern English (ModE) Period. In Shakespeare's time (the second half of the 16th century and the first half of the 17th century), the precursors of I-EX's (pre-I-EX's) were bona-fide *wh*-questions. As shown in (4), most of them exhibited SAI as other *wh*-questions did, and they were sometimes punctuated with a question mark:

(4) a. O what a rogue and pesant slaue am I. (*Hamlet*, 2.2, 1481)
    b. O what a beast was I to chide at him?
                                    (*Romeo and Juliet*, 3.2, 1677)

In fact, there was nothing special about pre-I-EX's as *wh*-questions, except that they were not uttered to elicit specific answers. In other words, they were used as rhetorical questions.

In PrE, what signals the constructionality of I-EX's is the <*what a* +N> structure, which is patently "extragrammatical." However, it was perfectly regular in Shakespeare's time. Let us now consider the origin of the <*what a* +N> structure. According to Nakao (1972: 190–191), the "restrictive" use of *what* occurred around the 10th century under the influence of Old Norse. Among its meanings was "what kind of":

(5) a. It was a common piece of railway in the Court, upon the death of any Prince, to ask *what a person* his widow was.
                            (a1715 Burnet, *Own Time* I, II. 318; *OED*)
    b. Let it command a Mirror hither straight, that it may shew me *what a Face I haue*, ...   (*Richard II*, 4.1, 2087)

In short, the <*what a* +N> structure originally denoted "what kind of," and it was not in any way "extragrammatical" at that time. It eventually became obsolete under the pressure of more analytical *what kind of* presumably during the 19th century.[6] After the demise of the structure, it survives only in I-EX's as if it were a relic in an isolated niche (e.g. grouses in Japan as a relic from the Last Ice Age). This suggests that the constructionalization of I-EX's had completed before the <*what a* +N> structure disappeared in other environments. In anyway, it was the demise of the structure that concealed the link between I-EX's and *wh*-questions.

When, then, did pre-I-EX's "become" I-EX's? If we assume that the complete loss of SAI indicates the completion of the change, it most likely occurred during the 19th century when I-EX's with SAI substantially disappeared from the texts.

In Shakespeare's time, the uncontroversial examples of pre-I-EX's without SAI, as in (6), were rather infrequent:

(6) a. What an Arme he has, … (*Coriolanus*, 4.5, 2415)
　　b. What an eye she has? (*Othello*, 2.3, 1026)

I found 183 examples of pre-I-EX's in 37 Shakespeare's works,[7] of which only 19 (about 10%) do not exhibit SAI. Given this statistics, we can safely conclude that pre-I-EX's were generally recognized as questions at least in Shakespeare's time. In other words, pre-I-EX's at that time still served as a (conventional) means of an indirect speech act, i.e. they were still considered as rhetorical questions.

However, in the course of Late Modern English (LModE), the ratio of pre-I-EX's with SAI to those without SAI decreased, and the former substantially ceased to exist in the last quarter of the 19th century. According to written records, until the 18th century, pre-I-EX's with SAI had been rather frequent.[8] For instance, I found 576 examples of I-EX's in Samuel Richardson's 3 works, of which 531 (about 92%) exhibit SAI. However, the frequency of usage rapidly dropped at the beginning of 19th century. In Austen's 7 works (mainly written in the first quarter of the 19th century), only 13% of pre-I-EX's exhibit SAI. I also made a thorough survey of 47 novels written during the 19th century. It turned out that only 84 (about 9.6%) out of 876 pre-I-EX's exhibit SAI. From the beginning of the 20th century onward, those I-EX's with SAI substantially disappeared from the written record.[9] Therefore, it can be concluded from these statistics that the critical turning point in the constructionalization of I-EX's was presumably around the turn of the 18th century, when pre-I-EX's with SAI rapidly decreased in number, and the process eventually completed in the last quarter of the 19th century.

4. Discourse strategy

In this section, I will consider the motivation behind the adoption of questions with the <*what a* +N> structure for performing exclamation.

To make a dent in the problem, it would be appropriate to start the investigation by recalling what was meant by the <*what a* +N> structure. As we saw above, it originally meant "what kind of." Therefore, the pre-I-EX's in (4b) above, for example, would have literally meant "What kind of beast was I to chide at him?"

The problem posited above, then, can be rephrased as: why could asking what kind of *x* serve as a means of performing exclamation? At first glance, it seems very difficult to semantically relate the former action to the latter. In fact, with ordinary questions like *What kind of food do you like the best?*, it seems very difficult to construe them as exclamatives. Nevertheless, questions with *what kind of* are often used as some sort of exclamative. Consider (7):

(7) a.   What kind of nonsense is this?
      b.   What kind of a crown are you?

These questions are obviously not meant to elicit any definite answer but rather uttered as exclamations, so they can be approximately paraphrased with I-EX's: (7b), for example, is close to *What a crown you are!* The existence of examples like (7) indicates that asking what kind of *x* could be very useful for performing exclamation. Moreover, it seems possible to understand why the <*what a* +N> structure was adopted for expressing exclamation by asking why questions like (7) *can* be construed as exclamations.

It seems that there are two readings of *what kind of*. The first one is concerned with its most prototypical usage (e.g. *What kind of food do you like the best?*). Here it simply means something like "what variety of *x*," where it is presupposed that something exists which belongs to the category of *x*. Another reading is mainly found in situations where there is something that is in some way similar to *x*, but not exactly so. Suppose we have never seen a plane before and one day we find one in the sky. In such a situation, we might come to believe that the plane is an extremely large bird, and be surprised at its incredible size for a bird. Then we might express our surprise by asking what kind of bird it is, because the plane seems so extraordinary that we do not know how to identify it with specific varieties of birds we know. Here *what kind of x* means more than "what variety of *x*": it also implies that if something is an instance of *x*, it is so extraordinary that the speaker does not know how to identify it with one of the known varieties of *x*. This in turn implies that it is quite surprising as an instance of *x*. This chain of implicatures, in my opinion, invites the speaker to exploit *what kind of* as a means for performing exclamation. In short, asking what kind of *x* may imply in certain contexts "something has a certain surprising property as an instance of *x*". Asking what kind of *x* it is, then, can be rhetorically utilized to effusively display one's surprise.

If this analysis is correct, the same chain of implicatures may well have occurred with the <*what a* +N> structure, because it exactly meant "what kind of" in the ModE period. As Levinson (1983) notes, we often find a high degree of universality with respect to the creation process of implicatures. That is, given a similar context and semantic structure, we usually obtain the same type of implicature across languages. It would, then, not be far-fetched that the <*what a* +N> structure also sometimes implied "something has a certain surprising property as an instance of *x*," and it was also used in the same way as *what kind of* in (7). Then, as in the case of the sentences in (7), they could have become one of the means for performing exclamation. This was presumably the first step toward the constructionalization of I-EX's.

If the practice of performing exclamation by using questions with the <*what a* +N> structure was further conventionalized, it must have come to be what Morgan (1978) calls a "convention of usage," i.e. a strong conventional pairing between an utterance pattern and a specific speech act. In other words, at a certain point pre-I-EX's were so frequently used to perform exclamation that they were regarded as a regular or even normative way of doing this. The ultimate cause of this development should, however, be attributed to the speakers' strong preference for them among several ways of performing exclamation.

Now pre-I-EX's were fully established as a specialized utterance pattern for the act of exclamation, and at this stage, the "constructionalization" of I-EX's completed. As noted above, "constructionalization" is a diachronic process thereby an utterance pattern gradually gains idiosyncratic properties and is getting more and more specialized for a very limited discourse purpose and thus deviating from the ordinary usage of that utterance pattern. The path of development pursued by I-EX's is exactly this type. They stem from a specific type of rhetorical question, and they got specialized as a means of performing exclamation. In the course of development, they obtained a number of idiosyncrasies, one of which is the loss of SAI. Another is the retainment of the now obsolete <*what a* +N> structure.

Let us finally consider what kind of semantic change was involved in the development of I-EX's. I argued that I-EX's had emerged as a result of a discourse strategy thereby the speaker performed exclamation by asking what kind of *x*. This may have implied that something was quite surprising as an instance of *x*. Then the emotional meaning of I-EX's can be considered to have emerged as a result of the implicature having become entrenched in the utterance pattern. Croft (2000) calls this type of semantic change "hypoanalysis." According to him, it is a process by which the hearer reanalyzes a certain contextual meaning, including an implicature, as an inherent property of the syntactic unit (p. 126). This is one of the most common types of semantic change (cf. Traugott and Dasher (2002: 79–80) and the references therein). Incidentally, the semantic change I-EX's underwent can also be thought of as an instance of subjectification, since expressing one's emotions is obviously more subjective than simply asking what kind of *x*.[10]

5. Conclusion

In this paper, I have investigated how I-EX's like that in (1a) developed out of questions with the <*what a* +N> structure. I have shown that I-EX's in PrE constitute a GC in the sense of Fillmore et al. (1988), and that the completion of their constructionalization can be located in the last quarter of the 19th century. It was also claimed that the questions with the <*what a* +N> structure was adopted as a means for exclamation because it meant "what kind of." In doing this, I considered why sentences like (7) are used like I-EX's, and concluded that asking what kind of *x* sometimes implies that "something is surprising as an instance of *x*." Since the <*what a* +N> structure in pre-I-EX's meant nearly the same thing as *what kind of* does today, the former would have induced the same kind of implicature.

Notes

1   Note that I will use the term "exclamation" as a name of speech act throughout this article.
2   It should be kept in mind that from now on, "I-EX's" will only stand for I-EX's like (1a).

Those like (1b) will not be treated in this study.
3 As Bolinger (1977) argues, similarity in form usually serves as an iconic sign of conceptual similarity.
4 Here I am not taking into account embedded exclamatives like *You won't believe what a wonderful surprise party it was*, since basically only main clauses can be used performatively. In this study, limited space does not allow me to discuss them in details.
5 Here "expressive" should be understood as "emotional."
6 The latest example of the restrictive *what* I know is from the last quarter of that century.
7 Examples whose <*what a* +N> structure originates from the subject position were removed from the figure in advance, because a subject *wh*-phrase does not trigger SAI (cf. *Who did that?*).
8 In the survey presented in what follows, I used the computerized editions of ModE novels provided by the Electoric Text Center at University of Virginia (http://etext.virginia.edu/) and the Project Gutenberg (http://www.gutenberg.org/), because I wanted to take as many novels and plays as possible into consideration to get a larger picture.
9 Strictly speaking, I occasionally came across a few isolated examples of I-EX's with SAI in texts written in the first quarter of the 20th century.
10 See Traugott and Dasher (2002) for subjectification.

References

Austin, James L. (1975) *How to Do with Words* (2nd ed.). Cambridge, Massachusetts: Harvard University Press.
Bodor, Péter (1997) "On the Usage of Emotional Language: A Developmental View of the Tip of an Iceberg." In Susanne Niemeier and René Dirven (eds.), *The language of Emotions*, 195–208. Amsterdam: John Benjamins Publishing Company.
Bolinger, Dwight L. (1977) *Meaning and Form*. London: Longman.
Croft, William (2000) *Explaining Language Change: An Evolutionary Approach*. London: Longman.
Fillmore, Charles J., Paul Kay, and Mary C. O'Conner (1988) "Regularity and Idiomaticity in Grammatical Constructions." *Language* 64, 508–538.
Levinson, Charles S. (1983) *Pragmatics*. Cambridge: Cambridge University Press.
Morgan, J. L. (1978) "Two Types of Convention in Indirect Speech Acts." In Peter Cole (ed.), *Syntax and Semantics* 9: *Pragmatics*, 216–280. New York: Academic Press.
Nakao, Toshio (1972) *Eigoshi* II. Tokyo: Taishukan.
Wells, Stanley and Gary Taylor (eds.) (1986) *William Shakespeare: The Complete Works* (original-spelling edition). Oxford: Clarendon Press.

Traugott, Elizabeth C. and Richard B. Dasher (2002) *Regularity in Semantic Change*. Cambridge: Cambridge University Press.

「呼びかけ語」の機能

歴史語用論的アプローチ

椎名美智

1. はじめに

　Leech(1999)は、現代英語においては特別な場合を除き、呼びかけ語のデフォルト形はファーストネームだとしている。しかし歴史的データをみると、必ずしもそうではない。初期近代英語を見ると、当時の階級社会や複層的な人間関係を反映しているためか、呼びかけ語の語彙選択の幅が広い。

　本稿では、Brown and Levinson(1987)のポライトネス理論、Brown and Gilman(1960)のアドレス・ターム研究に基づき、Leech(1999)とRaumolin-Brunberg(1996)の枠組みを使い、Busse(2006)やNevala(2004)の事例研究をふまえつつ、年齢、性別、社会的役割などの人々の属性や文脈の中での人間関係の変化が、呼びかけ語の選択にどのような影響を与えているのかを考察する。歴史的データに関する方法論的議論はTaavitsainen and Fitzmaurice (2007)に譲り、本稿では17, 18世紀のドラマを集めたコーパスデータを使用し、歴史語用論、社会言語学、文体論的視点からのテキスト分析に焦点を絞って、呼びかけ語の語用論的機能を論じていく。

　最初にコーパス全体の分布を調べ、マクロ語用論的文脈で初期近代英語期後期における呼びかけ語の全体像を捉える。次に、こうした一般的傾向から外れた例外的な使用例に注目する。ドラマ、特にコメディの場合は、日常会話での言語使用よりも誇張されている場合がある。しかし、誇張された言語使用、逸脱がコメディの要因になる背景を細かく分析することによって、その背景にある当時の慣用的な言語使用、コミュニケーションの様態が浮かびあがるのではないかと考えられる。

2. 理論的枠組み

Brown and Levinson (1987) は「面子」という人々の自己イメージを中心にポライトネス理論を展開している。様々な批判はあるが、ポライトネス研究のほとんどはこの理論から発しているので、本稿でもポジティヴ・ポライトネス (以下 PP と略記)、ネガティヴ・ポライトネス (NG) の概念を使用する。簡単にいうと、人間にはポジティヴ・フェイス (PF) とネガティヴ・フェイス (NF)、つまり人との距離を縮めたい、保ちたいとう相反する二つの欲求があり、これを調整する装置として言語が使用されていると考える。「呼びかけ語」も談話標識の一つのとしてこの機能を果たし、人間関係の距離の調整に役だっているといえる。

呼びかけ語には様々な種類があるが、それらをポライトネスの座標軸上に並べると、以下のように示すことができる。呼びかけ語は、NF への指向の強い「敬称型」(deferential type)、PF への指向の強い「愛称型」(familiar type)、どちらでもない「中立型」(neutral type) の三つに大きく分けられる。

Negative face ←		→ Positive face
Honorific T+SN	Generic Occupational	SN FN Familiariser Kin Endearment
Deferential type	Neutral type	Familiar type

図1 「呼びかけ語」が構成するポライトネス座標軸 (cf. Raumolin-Brunberg 1996)

「敬称型」には *Sir, Madam* などの honorific と、名字に肩書きを付した Title + Surname (T + SN) がある。「愛称型」には surname (SN)、first name (FN)、省略形の FN、*friend* などの familiariser、親族関係を示す kinship term や *Dear* などの愛称がある。「中立型」には *child* といった総称や *Captain* などの職名がある。

英語史では二人称代名詞 (thou/you) の変遷の様子が多く研究されているが、それらを呼びかけ語に応用すると、以下のような二項対立ができあがる (cf. Wales 1983)。

	Deferential type		Familiar type
Power relationship	to social superiors	⟷	to social inferiors
Solidarity relationship	to social equals in upper class	⟷	to social equals in lower class
Situational condition	in public/formal or neutral situaton	⟷	in private/familiar or intimate situation
Emotional condition	respect, admiration	⟷	contempt, scorn

図2　「呼びかけ語」の使い分け

　ここから以下の四つの仮説を導き出し、実際のデータをみて検証していくのが本稿の目的である。(1)権力関係がある場合、下から上の身分へは「敬称型」、上から下の身分へは「愛称型」が使われるのではないか。(2)友好関係のある平等な立場の話者同士場合、上層階級では「敬称型」、下層階級では「愛称型」が使用されるのではないか。(3)「敬称型」は公的、あるいは友好関係のない場面で、「愛称型」は私的、あるいは友好関係のある場面で使用されるのではないか。(4)「敬称型」は敬意や賞賛を、「愛称型」は「軽蔑」「嘲り」を表現するために使用されるのではないか。

3. マクロとミクロの語用論的分析

　最初の三節でコーパス全体の呼びかけ語使用分布をマクロ的に観察し、それをふまえて特定の文脈における実際の使用例をミクロ的に観察していくことにする。

3.1. 権力関係と呼びかけ語使用

　まず、上下関係のある人間関係で使われる呼びかけ語をみていきたい。ここで使用するコーパスでは、すべての対話者に社会的・語用論的標識がつけられている。社会階層は6つのランクに識別されている。貴族階級、ジェントリー、専門職、中流階級、平民、下層階級である。これら六つの社会的階層にそって呼びかけ語の使用の分布をみると、以下の通りである。

表1　上下関係と呼びかけ語の使用分布

	From Higher to Lower	From Lower to Higher
Familiar type	33.5(82)	1.5(5)
Neutral type	12.2(30)	3.0(10)
Deferential type	49.0(120)	93.9(309)
Others	5.3(13)	1.5(5)
Total	100(245)	100(329)

Note: The numbers indicate the percentages and those in brackets show the raw numbers of tokens throughout the paper. $\chi^2(6) = 264.90$, $p < .01$ The distribution is significant.

　表1にはいくつかのパターンがみられる。タイプ毎にみると、愛称型は下から上の身分に対してよりも上から下の身分に対しての方が多く使われており、敬称型ではその逆の傾向がみられる。しかし、これら二つの使用頻度は対称形を成しているとはいえない。全体の使用頻度をみると、上の階級から下の階級に対しても、愛称型より敬称型の使用頻度が多いからである。このことから、仮説(1)は必ずしも全面的に正しいとはいえないということがわかる。この現象を理解するためには、おそらく当時の歴史的な文脈を考慮に入れるべきだろう。つまり、初期近代英語期の社会では話者や聞き手の身分の上下に関わらず、常に礼儀正しい言語使用が重んじられていたのではないかということである。

　しかしながら、丁寧な言葉遣いが多くみられるということは、必ずしも人々が礼儀正しかったことを意味するわけではない。Watts(1992)はそうした現象を politic behaviour と呼んでいる。上下関係に関係なく疎遠な人に対して敬意表現が使われる社会では、そうした言語使用が社会的慣例、つまり無標の行為であり、必ずしも本当の「敬意」を表しているとは限らないというのだ。呼びかけ語の使用と関連づけると、階級差がある場合にはとくに敬称型の使用が社会的慣習であるとすると、社会的に下の階級に対する愛称型の使用が例外的な現象だということができる。換言すると、愛称型の使用は、上流階級だけに許された特権的な事柄だったかもしれないということである。一方、社会的に上の階級に対する敬称型の使用は、権力構造と社会的慣習のどちらの概念でも説明できる言語現象といえる。

3.2. 社会的地位と呼びかけ語使用

次に、社会的地位に関連する二番目の仮説にそってデータを分析する。統計処理を有効にするために、六つの社会階層を二つにまとめて使用分布をみていく。

表2　社会的地位と呼びかけ語使用

	Higher status (Nobility/Gentry)	Lower status (Middling/Ordinary/Lowest)
Familiar type	40.7(444)	85.4(70)
Deferential type	51.2(558)	9.8(8)
Neither	8.1(88)	4.9(4)
Total	100(1090)	100.1(82)

Note: As the neutral vocative occurs only once in lower status, a new category, 'Neither', is made to include 'neutral vocatives' and 'others'. $\chi^2 (2) = 62.75, p < .01$ The distribution is significant.

二つのパターンが認められる。上層階級に属する話者と下層階級に属する話者を比較すると、前者は敬称型を愛称型より多く使用しており、後者は主に愛称型を使用しているということだ。ここで社会的地位と呼びかけ語使用に関する第二仮説が正しいことがわかる。

3.3. 友好関係と呼びかけ語使用

人間関係は親密な場合もあれば、疎遠な場合もある。本コーパスにおいては、人間関係をいくつかのグループ分けているが、ここでは他人、知人、友人という三つの関係と呼びかけ語の使用分布をみていくことにする。ジェントリー階級でしか統計処理が可能な数のデータが集まらないので、この階級のみに注目すると、次のような使用分布が得られる。

表3　親疎関係と呼びかけ語使用（ジェントリーの場合）

	Strangers	Acquaintances	Friends
Familiar type		15.2(21)	58.6(214)
Deferential type	100(26)	79.0(109)	35.6(130)
Neither		5.8(8)	5.8(21)
Total	100(26)	100(138)	100(365)

Note: As strangers only use the deferential type, a chi-square test was only conducted for acquaintances and friends. $\chi^2(2) = 80.04, p < .01$. The distribution is significant.

呼びかけ語の使用が親疎関係と密接に関連していることがわかる。他人、知人、友人と親しさが増すにつれて、敬称型が減少し、愛称型が増加しているからだ。この結果は第三仮説が正しいことを示している。

3.4. 社会的ダイナミックスと呼びかけ語使用

第四の仮説を検証するために、呼びかけ語使用を文脈のなかでみていくことにする。例として、*A Mad Couple Well Match' d*(Richard Brome)から、以下の三組の話者の対話場面を取り出して調べていきたい。(1)Lady Thrivewell and Alicia Saleware、(2)Alicia and Bellamy、(3)Alicia and Thomas の三組である。

次の例(1)では、店の女主人(Alicia Saleware)と上流階級の顧客(Lady Thrivewell)の関係を示す典型的な呼びかけ語使用がみられる。

Example(1): Lady Thrivewell and Alicia Saleware

1. Alicia　**Madam** your Beere.
2. Lady　I'le pledge you **Mistris Saleware**.
3. Alicia　I shall presume then **Madam** - [Drinks.]
4. Lady　This was right cast, was it not **friend**?
5. Alicia　Your Ladyship will finde it so - [La. Drinks.]
…
6. Alicia　And I hope you will finde your money so well bestowd
7. 　　　　**Madam**, that you will vouchsafe always to know the Shop.

8.	Lady	Ever upon the like occasion, **Mistris Saleware**, so most
9.		kindly farwell sweet **Mistris Saleware**.
10.	Alicia	The humblest of your servants **Madam**.

…

11.	Lady	… but beware of old Knights that have young Ladies of their
12.		owne. Once more adieu **sweet Mistris Saleware**.
13.	Alicia	**Most courteous Madam**.

　ここでは相互に敬称型が使われているが、顧客から店主に対してはT＋SNが、店主は顧客に対しては、よりポライトネスの度合いの高いhonorificが使われている。この微妙な選択の差は、社会的地位の差と社会的役割の違いの両方で説明できる。しかしながら、二人の対話をより詳しく分析するためには、あらすじを概説しておく必要があるだろう。Lady Thrivewellは夫のSir Oliverが服地屋の女主人Mrs. Alicia Salewareと不貞を働いたことを知り、アリシアの店に赴く。レディー・スライヴェル（以下レディーT）は高価なレースを買うが、支払う場面になると「あなたは夫からすでにお金を受け取っているでしょう」と、その分を差し引いた額しか支払わずに店を出て行く。この例は、その直後に交わされた対話である。

　最初の三行では、店主と顧客間で当然予想されるデフォルト形が使われているが、実はここは、レディーTは復讐に成功したばかりのところで意気揚々としており、対するアリシアは憤慨している場面なのである。つづく4行目で、レディーTは *Mistris Saleware.* という敬称型から *friend* という愛称型へと呼びかけ語を変換させている。これは会話が進む中での心情の変化、嫉妬から「してやったり」という心情への変化を表現している。これは親しさを表わすためではなく、相手を見下す気持ちを表すための呼びかけ語変換といえる。9行目ではデフォルトに本来は友好的な感情を表す *sweet* という形容詞が付加されているが、上の場合と同様、ここでは会話の皮肉さの度合を高める効果をもっている。レディーTは元々社会的・役割的にアリシアよりも上位に位置しているが、この女同士の感情的な決闘場面で、レディーTはアリシアを打ち負かし過去の雪辱を晴らすことができたという意味でも

上位に位置している。11〜12 行目では、*old knights, young Ladies of their owne* と複数形が使われており、一般的な忠告、人生訓とも解釈できるが、明らかに前者はサー・オリバー、後者はレディー T を指している。これはレディー T からアリシアへの捨て台詞なのだ。非常に丁寧な敬意表現が使われているが、慇懃無礼としか解釈できないレベルの丁寧すぎる表現で、皮肉と軽蔑的なメッセージが込められている。

アリシアの返答も 10 行目や 13 行目で、表面上は最上級の丁寧表現がみられる。自分を謙ることによって、相対的に相手を上位につける敬意表現である。ただし、表されているのは敬意ではなく敬遠、つまり相手を近づけたくないための NP 戦略といえる。ここでも慇懃無礼としか解釈できない必要以上の丁寧表現が使われている。ポライトネスの方向性は反対だが、戦略的には両者の目指すところは同じだといえる。以下に二人の呼びかけ語使用をまとめておく。

表4　レディー・スライヴウェルとアリシアの呼びかけ語使用

Speaker → Addressee	Default form	Shift to
Alicia → Lady T.	Honorific: *Madam*	Default + modifier with positive value: *Most courteous Madam*
Lady T. → Alicia	T + SN: *Mistris Saleware*	Default + modifier of endearment: *sweet Mistris Saleware*; familiariser: *friend*

語用論的には、デフォルトから異なる形へのシフトは人間関係の変化と平行していると考えられる。コーパス全体では *sweet* という修飾語は一般に男性から女性に使用されることが多いが、ここでは女性間で使われており、過剰な丁寧表現と相まって前景化され、特殊な意味合いを帯びている。呼びかけ語のデフォルト形に PF/NF へのシフトが加わるのは両者の間の嫌悪や軽蔑といったネガティヴな感情がことに激化する瞬間であり、期待されるポリティックなレベルを超えたとき、対話者の間には確実にインポライトなメッセージが伝わっている (Bousfield 2008)。観客の立場からみると、儀礼的で丁寧に思われる文字通りの意味の奥に複雑な人間関係を読み込んだとき、初めてアイロニカルな意味が読み取れるし、コメディの効果が発生するのである。

「呼びかけ語」の機能　417

次に、アリシアとお使いにやってきた若くて美しい召使いベラミーの対話を見てみよう。二人は非常に仲がよく、アリシアはベラミーを誘惑しようとさえしている。

Example(2): Alicia and Bellamy

1.	Alicia	Come **sir**, I'le dally w'ye no longer, I know what
2.		you would have with me.
3.	Bellamy	And now you will betray me, I am sham'd then
4.		and Undone.
5.	Alicia	No, but I have you o' the hip. 'Tis plaine you
6.		woule lie with me: deny it if you can.
7.	Bellamy	O deare, did I say so now?
8.	Alicia	What need you when I know it, you would lie
9.		with me, and you shall. Take courage **man**.
10.	Bellamy	But, in good earnest, shall I? shall I?.
11.	Alicia	Yes, in good earnest, you'l finde it no trifling
12.		business, when you come to't once. But **sir**, upon
13.		condition.

年齢と社会的地位において上位に立つアリシアが会話の主導権を握っている。ここで注目したいのは、sir(1行目) man(9行目) sir(12行目)と、呼びかけ語がシフトしていることである。敬称型から中立型へと変わり、最後に敬称型に戻っている。9行目の man は決まり文句とも、命令の発話内力を強めるものとも取れる。アリシアが12行目でデフルトへ変換させることで、不貞行為をまるで商談のように語っている点もコメディ的である。またこの man への呼びかけ語シフトは、観客にはドラマティック・アイロニーの効果をもつ。なぜならこの若い美少年のベラミーは、実は男装した若いメイドなのだが、そのことを、観客は知っていても舞台の登場人物は知らないからである。以下にアリシアとベラミーの間の呼びかけ語をまとめる。

表5　アリシアとベラミーの呼びかけ語使用

Speaker → Addressee	Default form	Shift to
Alicia → Bellamy	Honorific: *Sir*	Generic: *child, man*; T + SN: *Mr. Bellamine*
Bellamy → Alicia	Honorific: *Lady*	

　ふつうの顧客と商店主の関係と異なり、両者ともhonorificをデフォルトとして使っている。アリシアの顧客に対するT + SN使用は例(1)と逆だが、これは年齢と社会的地位においてアリシアが上位にあるためと考えられる。またシフトがアリシア側でしか起こっていないことも同じ理由によるものといえるだろう。会話のポライトネスレベルは、上位者の側からしか変えられないからである。

　例(3)はアリシアと夫トマスの対話で、例(2)の直後からの引用である。アリシアとベラミーが仲良く話をしているところにトマスが帰宅する。トマスはベラミーにお世辞を言うが期待する返答がないので気分を害し、ベラミーが出て行くやいなや、マナーの悪さを批判する。例(3)はアリシアが夫に反論する場面である。興味深い呼びかけ語シフトが多く見られるので、長いが略さずに引用する。

Example(3): Alicia Saleware and Thomas Saleware

1. Alicia　　**Thomas** your hopes are vaine, **Thomas** in seating
2. 　　　　　mee here to overreach, or underreach any body. I am
3. 　　　　　weary of this Mechanick course **Thomas**; and of this
4. 　　　　　courser habit, as I have told you divers and sundry times
5. 　　　　　Thomas, and indeed of you **Thomas** that confine me to't,,
6. 　　　　　but the bound must obey.
7. Saleware　Never the sooner for a hasty word, I hope **sweete**
8. 　　　　　**Ally**; Not of me nor of my shop I prethee at seasonable
9. 　　　　　times **Love**. But for thy habit(though this be decent on
10. 　　　　　a Citizens wife)use thine owne fancy, let it be as
11. 　　　　　Courtly, or as Lady-like as thou pleasest, or my Lords
12. 　　　　　desires.

13.	Alicia	Then I am friends agen.
14.	Saleware	Troth, and I'le call thee friend, and I prethee, let
15.		that be our familiar and common compellation: friend
16.		it will sound daintily, especially when thou shalt appeare
17.		too gallant to be my Wife.
18.	Alicia	Then let it be so **friend**.
19.	Saleware	Intruth it shall, and I am very much taken with
20.		it. **Friend** I have found a Customer to day that will
21.		take off my rich parcell of broad Bed-lace, that my
22.		Lord Paylate bespoke, and left on my hands, for lack of
23.		money.
24.	Alicia	I have sold it already **friend**, with other Laces at
25.		a good rate.
26.	Saleware	And all for ready money **friend**?
27.	Alicia	Yes, **friend**, a hundred pounds, and somewhat more.
28.	Saleware	Who would be, or who could live without such
29.		a friend, in such a shop? This money comes so pat for a
30.		present occasion, to stop a gap. It has stopt a gap already
31.		**friend**.
32.	Alicia	I have dispos'd of the money, the odd hundred
33.		pound for apparrell, **friend**, and other accommodations
34.		for my selfe.
35.	Saleware	Never the sooner for a hasty word I hope
36.		**friend**.
37.	Alicia	I have done it **friend**, whereby to appeare more
38.		Courtly, and Ladilike as you say, to gaine you more
39.		custome to your Shop.
40.	Saleware	Uuch **friend** - Is it so?
41.	Alicia	And **friend** you must not be angry, or thinke much
42.		of it, if you respect your profit **friend**.

43.	Saleware	I were no friend but a wretch if I would. No let
44.		it goe **friend**, and - *Sapientia mea mihi* is my word, I
45.		must not grudge at my friend in any thing.
46.	Alicia	Then **friend**, let your shop be your own care for
47.		the rest of this day, I have some busines abroad.
48.	Saleware	Whither **sweet friend**?
49.	Alicia	Is that a friendly question?
50.	Saleware	I am corrected **friend**, but will you not take a
51.		Man to wait upon you?
52.	Alicia	To watch me, shall I? and give you account of my
53.		actions? was that spoke like a friend?
54.	Saleware	I am agen corrected **friend**.
55.		Doe your own pleasure, you'l returne to supper.
56.	Alicia	Yet againe?
57.	Saleware	And agen, I am corrected **friend**.
58.	Alicia	Neither to supper, nor to bed perhaps.
59.	Saleware	Never the sooner for a hasty word I hope.
60.	Alicia	But if I chance to stay, you cannot be a faithfull
61.		friend and aske mee where, or in what company,,
62.		friendship you know allowes all liberty.

マナーが悪いとベラミーを批判するトマスに対して、アリシアは反撃に出る。アリシアのトマスへの呼びかけ語は *Thomas* という夫婦間のデフォルト形である。しかし、この呼びかけ語は甚だしい頻度で使用されることによって、談話に攻撃力とコミカルな効果を与えている。機関銃のように呼びかけ語を使うことによって、夫は口を差し挟めなくなっている。逆に、夫の妻へ使用する呼びかけ語は、彼が妻に対して従順で、決して強い態度をとれない弱気の夫であることを示している。

表6 アリシアとトマスの呼びかけ語使用

Speaker → Addressee	Default form	Shift to
Alicia → Thomas	FN: *Thomas*	familiariser: *friend*
Thomas → Alicia	Shortened FN: *Ally, sweet Ally, my sweet Ally*; Endearment: *Love, sweet heart*	familiariser: *friend, sweet friend*

　デフォルトを見る限り、二人の呼びかけ語使用は彼らが属する階級に期待されているパターンから外れてはいない。だが、呼びかけ語のシフトによって夫婦の権力関係は完全に逆転している。最初の6行を詳しく見てみよう。ここでは *I am weary of* の目的語が同じ形式で三回繰り返されている。アリシアが *Thomas* と呼びかける度に彼女の憤懣は高まり、三回目の「あなたには本当にうんざりだわ、トマス」というところで頂点に達する。形はデフォルトだが、明らかに攻撃的な用法だ。コメディに典型的な「じゃじゃ馬」と「寝取られ夫」の姿として描かれている。

　14〜17行目で夫は新しい呼びかけ語 *friend* の使用を提案する。上昇志向の強い夫は洗練された呼びかけ語だと考えているが、語用論的、歴史・社会的に見るといくつかの解釈が可能だ。夫婦間ではふつう使われない新呼びかけ語の導入によって、夫＞妻という上下関係が夫＝妻という対等関係へと変わってしまっている。妻は「友人」同士は互いにプライバシーを守るべきだと提案し、新呼びかけ語導入の提案者である夫は反論できずに、妻の不貞を許さざるを得ない立場に追い込まれる。

　Busse(2006)によると、シェイクスピアの戯曲において *friend* は女性に対しては使われておらず、社会的距離のある上位者から下位者へと使われている。近代英語期の手紙を分析した Nevala(2004)は、*friend* は善意や友情を表すためにも使われるが、ふつうは明らかな権力関係がある場合に上から下へと使われるとしている。

　この見解を踏まえて改めて例を見てみよう。32〜34行目、37〜39行目でアリシアは「レースの代金はすでに使った」と嘘をつくが、友人だからそれ以上の質問は受けられないと夫の質問を遮る。41行目、46行目の呼びかけ語は、「命令」の発話内力を強めてもいる。48行目で夫は *sweet* という形容詞で呼びかけ語を和らげようとするが、49行目、53行目でわかるよう

に、その試みも無駄に終わる。この修辞学的疑問文は、強い主張を表すために使われている (Quirk *et al.* 1985: 825)。この後、友人関係によって自由を得た妻は、夫に対して何の負い目を感じることもなくベラミーとの密会に出かける。

　この夫婦の対話例では、選択された呼びかけ語の形そのものだけではなく、それが発話内で語用論的にどのように使われるか（この場合は頻度）によって、対話者の権力関係が変わり、発話内力が調整されている。またポライトネスの観点からみると、形そのものよりもむしろその使用方によって伝わるメッセージが変わっている。ポライトか否かは、呼びかけ語の文字通りの意味だけでなく、その文脈でどのようにも変化するのである。その意味では、第四仮説に対しては簡単に答えを出すことはできない。答えは一様ではなく、文脈次第だからである。

4.　結語

　本論ではまず 17 〜 18 世紀のコメディを集めたコーパスにおける呼びかけ語データを量的に分析することによって、一般的な使用分布を観察し、使用傾向の全体像を捉えた。次にいくつかの対話者の使用例を文脈のなかで詳細に見ることによって、呼びかけ語の語用論的機能を考察した。とくにデフォルト形から別の形にシフトした場合、人間関係が変化しているのかどうかに注目した。本コーパスを見る限り、呼びかけ語の形と意味は一致しない。必ずしも敬称型が敬意を、愛称形が愛情を表すわけではない。しかし、呼びかけ語シフトが起こる時、話者の感情は、ポジティヴであれネガティヴであれ、必ず変化していることがわかった。人間関係もそれに関連して変化していた。また、ポライトネス座標軸上でポリティックな期待値から外れて軸の両側に極端に移動したものは、PF と NF のどちら側であっても、軽蔑的、無礼な意味合いを持つということも読み取れた。

　特定の人間関係におけるコニュニケーションおいて何が期待されているか、ノームという観点からも考える必要がある。選択された形や使用頻度が標準値を外れた場合、必ずなんらかの語用論的意味やインプリカチャーが生

じる。劇作家は当時の観客の期待値をふまえ、その期待値を遵守したり逸脱したりすることによって、登場人物のキャラクターを創造し、人間関係を構築し、喜劇的効果を生み出している。呼びかけ語は、まず観客に登場人物が誰かを紹介し、その周辺の人間関係を示す。その上で、呼びかけ語をシフトさせることによって、人間関係の変化を描き出すのである。その意味では、呼びかけ語は会話の枠組みを設定したり、再構築したりするための有効な言語的装置だということができる。

データとして使用したコーパス
Kytö, Merja and Jonathan Culpeper, (2006) (eds.) *A Corpus of English Dialogues 1560–1760.* (Kytö, Merja and Terry Walker (2006) *Guide to A Corpus of English Dialogues 1560–1760,* Uppsala: Uppsala Universitet.

参考文献
Bousfield, Derek (2008) *Impoliteness in Interaction.* Amsterdam: John Benjamins.
Brown, Roger and Albert Gilman (1960) "The Pronouns of Power and Solidarity". In Sebeok, Thomas A. (ed.) (1969), *Style in Language,* 253–276. New York: The Technology Press of Massachusetts Institute of Technology and John Wiley & Sons, Inc.
Brown, Penelope and Stephen C. Levinson (1987) *Politeness: Some Universals in Language Usage.* Cambridge: Cambridge University Press.
Busse, Beatrix (2006) *Vocative Constructions in the Language of Shakespeare.* Amsterdam: John Benjamins.
Leech, Geoffrey (1999) "The Distribution and Function of Vocatives in American and British English Conversation". In Hasselgård, Hilde and Signe Oksefjell (eds.), *Out of Corpora: Studies in Honour of Stig Johansson,* 107–118. Amsterdam: Rodopi.
Nevala, Minna (2004) *Address in Early English Correspondence; Its Forms and Socio-Pragmatic Functions.* Helsinki: Société Néophilologique.
Quirk, Randolph, S. Greenbaum, G. Leech, and J. Svartvik (1985) *A Comprehensive Grammar of the English Language.* London: Longman.
Raumolin-Brunberg, Helena (1996) "Forms of Address in Early English Correspondence". In Nevalainen, Terttu and Helena Raumolin-Brunberg (eds.) *Sociolinguistics and Language History: Studies Based on the Corpus of Early English Correspondence,* 167–

182. Amsterdam: Rodopi.
Taavitsainen, Irma and Susan M. Fitzmaurice (eds.) (2007) *Methods in Historical Pragmatics.* Berlin: Mouton de Gruyter.
Wales, Kathleen (1983) "*Thou* and *You* in Early Modern English: Brown and Gilman Re-Appraised". *Studia Lingustica* 37, 2, 107–125.
Watts, Richard J. (1992) "Linguistic Politeness and Politic Verbal Behaviour: Reconsidering Claims for Universality". In Watts, Richard J., Sachiko Ide, and Konrad Ehlich (eds.), *Politeness in Language: Studies in its History, Theory and Practice. Trends in Linguistics: Studies and Monographs 59*, 43–70. Berlin: Mouton de Gruyter.

that 節をとる動詞の変容
その偏流と伏流*

住吉　誠

1. はじめに

　言語を通時的な視点で眺めると、同じような統語環境で使用されるいくつかの異形が、ある一定の流れに沿ってひとつの形へと収斂していく変化が観察されることがある。この変化の流れを、Sapir(1921)は「偏流(drift)」と呼んだ。例えば、whom/who の両方が可能な環境で、whom が who にとって代わられるような、主格と目的格の差をならそうとする流れが、そのひとつの例である。また、Sinclair(1991: 68)は、語に代わって句表現が使用される歴史的な流れについて触れている(the whole drift of the historical development of English has been towards the replacement of words by phrases)。程度の差はあろうが、これも偏流のひとつと考えてよいであろう。

　このような流れは、動詞のとる補文構造にも観察される。英語の歴史を見ると、ある特定の意味範疇に属する動詞が目的語としてとる that 節が to 不定詞節にとって代わられる流れが確認される。この傾向は多くの文献で指摘されるところである。

(1)　[I]nfinitival clauses replaced finite ones at a fast rate in Middle English. ... In Middle English the *to*-infinitive became more and more usual after these verbs [= verbs expressing purpose or intention—筆者注], and in some cases it even replaced the *that*-clause altogether so that with a number of these verbs, *that*-clauses sound distinctly odd in present-day English.　　　　　　　　　　　　　　　(Fischer et al. 2000: 211)

このような、現代英語では that 節と共起すると不自然に響くが、かつては自由にそれをとっていた動詞の例は、Denison(1993: 179ff.)に多く挙げられている。時代を遡ると、多くの動詞が驚くほど柔軟に that 節をとっていたことがわかる。

　本稿の目的は、従来のこのような議論を、that 節をとる(またはとっていた)動詞の実例に基づいて、改めて現代英語の観点から見直してみることにある。それにより、that 節が to 不定詞節にとって代わられるという大きな通時的潮流の中に、ある動詞は that 節をとるように変化するという現代英語の伏流が確認できる。変化の流れは決して一方向だけではなく、大きな流れのなかに、いくつかの小さな流れが重層的に観察される。

　第 2 節では、先行研究を概観しながら、従来指摘されてきた、that 節補文が to 不定詞にとって代わられるようになった動詞をいくつか見る。第 3 節では、現代英語において that 節を従えるようになった動詞を実例で実証し、その動詞の意味的な特徴が that 節をとる典型的な動詞のそれに合致することを見てみたい。

2. 先行研究

2.1. Complexity Principle

　Rohdenburg(1995)は、機能的な観点から、動詞に後続する that 節と to 不定詞の交替現象について論じている。彼の議論の出発点になるのは、「対象に対し動詞の表す行為が与える影響が強ければ強いほど、主節と従属節の統語的な結びつきも強い形式で表現される」という機能主義的な立場からの主張である。この考えにもとづけば、(2b)は John が Susan に与えた影響がより直接的である(実際に Susan が行く意志を持つに至った)ので、統語的にはより主節と強い結びつきを持つ目的語 + to 不定詞が使われ、(2a)では、単に John が Susan を説得したに留まるので、統語的にはより独立した that 定形節が選択されると説明される。

(2) a. John *persuaded Susan that she should go.*
    b. John *persuaded Susan to go.*

しかし、that 節と to 不定詞節の交替現象をこれだけですべて説明できるわけではない。そこで、Rohdenburg はもうひとつの原則、complexity principle を導入する。

(3) [C]omplexity principle...says that any factors complicating the processing of the structural relationships involved will tend to favour a more explicit rendering of the relevant complement clause.(p.384)

換言すれば、構造が複雑になるとその文解析を容易にするため、従属節は文形式にするほうが好まれる傾向にあるということである。Rohdenburg(1995)では、構造を複雑にする要因として、統語的に複雑な目的語、副詞句や節の挿入、否定辞の存在などが指摘されている。この complexity principle によって、17 世紀から 18 世紀にかけて to 不定詞にとって代わられるべきであった that 節が残存する場合があると主張されている([T]he finite clause is largely supplanted by the infinitive in the course of the 17th and 18th centuries. However, in accordance with the complexity principle, finite clauses manage to survive for a long time in certain functional niches.(p.384))。

「命令する」の意味を表す order は、現代英語では基本的に order NP to do/order that 節の形をとるのが一般的である。次の近代英語の例では order NP that 節という形をとっている。確かに that 節内に否定が生じており、to 不定詞の代わりに that 節が使用される原因として、この complexity principle が関与している可能性も否定できない。

(4) ...he *ordered the seamen that* none *should offer to touch anything I had;*... (D. Defoe, *Robinson Crusoe*(1719)[例文典拠 Dover Thrift Editions (1998)p.24])[以下、例文中の斜体はすべて筆者]

しかしながら、この complexity principle は、次で見る forbid や cannot bear などの場合にそのまま適用できるものではない。これは、本稿に挙げる実例を仔細に検討すれば明らかになる。[1] また、そもそもこの原理は that 節と to 不定詞の両方をとり、ふたつの形が競合する可能性のある動詞において有効な考え方であり、第3節で見るような that 節をとる多種多様な動詞では、また別の観点からの見方が必要であることは認めなくてはならない。

2.2. forbid のとる that 節構文

　forbid が (that) 節と共起していたという歴史的事実は、Visser (1973: 2237)、Denison (1993: 181) で指摘されている。また、家入 (2005) でも実例が報告されている。

（5）　We know that Sixtus Quintus expressly *forbiddeth, that* any varietie of readings of their vulgar edition, should be put in the margine...
　　　　　　　　　　　　　（King James Bible (1611)、前書き部分 (家入 2005: 21)）

現代英語においては、このような形は極めてまれで、Dixon (2005: 149) ではこれを認めていない。Iyeiri (2003)、家入 (2005) では、forbid に後続する that 節が不定詞節に変化したことを定量的に考察し、(6) に挙げるような結論を得ている。

（6）　中英語の第3期 (ME3、すなわち 1350–1420 年) になると、不定詞が that 節を凌ぐようになり、この傾向は中英語の第4期 (ME4、すなわち 1420–1500 年) には、いっそう明確になる。OED と Helsinki Corpus の二つのグラフから、近代英語以降は forbid が that 節をとることは、極めて珍しくなるということができる。(家入 2005: 23)

また、現代英語において God forbid という成句表現にのみ that 節が後続する形が残存している特異性についても興味深い考察がなされている。これについての詳細な議論にはここでは深く立ち入らない。上掲の Iyeiri (2003) な

らびに家入(2005)を参照されたい。急いで付け加えるなら、近代英語以降、forbid が that 節を後続させる形が皆無であるというわけではなく、(6)で指摘されているように、「極めて珍し」くなったということである。事実、近代英語以降も実例が観察される。[2]

(7) a. ...but because all the cherished memories of her father *forbade that* she should adopt a mode of life which was associated with his deepest griefs and bitterest dislike.(G. Eliot, *Romala*(1863)[例文典拠 Oxford World's Classics(1994), p.443. Oxford Univ. Press])
   b. I suppose vanity *forbids that* he says it.　　　(Herbst et al. 2004: 325)

(7b)の出典である Herbst et al.(2004)は、the Bank of English のデータに基づいて、動詞・形容詞・名詞がとる補部構造をリストしたものである。このような実例は、現代英語においても forbid が that 節をとることの証左ではあるが、この forbid に that 節が残存した例は、2.1. で見た complexity principle では説明が難しい。構造的に複雑な名詞句、副詞などの挿入、否定辞の存在などはどれも関与していない。いずれにせよ、現代英語では forbid は to 不定詞と共起するのが一般的であり、to 不定詞が that 節にとって代わるという通時的に観察される流れはこの動詞の補文においても例外ではない。

2.3. cannot bear のとる that 節構文

住吉(2009)では、「定形節は非定形節にとって代われる傾向があり、近代英語期に that 節を従えていた cannot bear は、現代英語では to 不定詞か it that 節をとるのがふつうである」という Denison(1998: 257)の記述を受けて、後期近代英語コーパスである CLMETEV と現代英語コーパスである BNC を利用し、cannot bear がとる補文構造の変化を調査している。その結果、(i)that 定形節衰退の流れは近代英語期にすでに明瞭であったこと、(ii)現代英語では cannot bear の後に続くのは to 不定詞節が圧倒的であり、Quirk et al.(1985: 1189f.)が動名詞をとる代表的な動詞のリストに cannot bear を含めているのは修正の余地があること、(iii) it that 節の構造は、僅少ではあるが、現代英語になってから見られるようになり、cannot bear は that 節をとる動詞がとってきた parataxis → hypotaxis → subordination という歴史的な発達とは逆の動きをしていること、(iv) さらにまれに見られる that 節の構造と it that 節の構造は、叙実性の点で違いが見られることなどを論じている。

以下は、BNC に見られる例である。

(8) a. She *couldn't bear him to think* she was so selfish.
   b. I *could not bear that* he should be out of my sight.
   c. I find her so sweet and I *can't bear it that* she's blind.

詳細な議論は拙論に譲るが、(8a)は「自分のことをそんなに自己中心的であると彼が考えるのに彼女は耐えられない」(8b)は「彼が視界から消えてしまうなんて耐えられない」ということであり、このふたつの文はそのような想定に耐えられないという意味を表す。一方、紙幅の関係で前後の文脈を引用できないが、(8c)では「彼女が盲目である」ということが文脈から事実であると示されており、そのような事実に耐えられないという意味を表す。現代英語で cannot bear に続く補文構造はどのような形かという単純な問題ではなく、これらは意味的相違のある交替現象なのである。cannot bear の後でも that 節が to 不定詞にとって代わられたという事実は否定しないが、that 節が残存する場合は意味的な違いを示すためであり、上でみた complexity principle で説明できるような要素は関与していない。

to 不定詞と that 節の交替現象を含め、このような補文構造の多様性は、that 節が to 不定詞節にとって代わられるという大きな流れの他にいくつかの要因が重なった結果生じる現象であり、さまざまな角度からの検証が必要なことを示している。本節でとり上げた forbid や cannot bear などの補文構造が示すことは、マクロ的な視点で見れば、確かに英語の歴史の流れの中には that 節が to 不定詞にとって代わられる傾向が認められる一方で、ミクロ的な視点で見れば、個々の表現はこの流れの中に漂いながらも、独自の「個

性」を見せるということである。その「個性」ゆえに、ある場合には that 節を残存させ、また別の場合には他の構造を選択するということが起こる。

3. 現代英語における that 節補文をとる動詞の増加傾向

　ある意味範疇に属する動詞が that 節から不定詞へと補文構造を変容させる（例えば使役動詞 make（家入(2007)））一方で、古英語から現代英語まで、that 節をとる動詞の意味範疇として最も典型的であるのが、発話や思考・認識に関わる一群の動詞である (cf. Fischer et al. 2000: 62; Rissanen 1999: 282 など)。say や know といった最も基本的な動詞がこの意味範疇に属するが、人間社会の発展の過程で生まれる新しい動詞もこの意味範疇に包含できるものがある。例えば、cable や e-mail という語ができ、それが動詞として使われるようになると、that 節と共起して伝達内容を示すことがある。

（9）　Heather cabled (to Susan) that the party would be tonight.
　　　　　　　　　　　　　　　　　　　　　　　　　　　(Levin 1993: 207)

このような動詞が増加すれば、that 節が to 不定詞節にとって代わられる一方で、that 節と共起するようになる動詞が増えるという流れが生まれる。

（10）　They [= *that*-clauses functioning as a subject predicative and as a direct object — 筆者注] are frequent in PDE and, if anything, even more frequent in earlier English.　　(Hogg and Denison 2006: 171)

Hogg and Denison が指摘する、目的語として機能する that 節の頻度の増加は、新しく生まれた動詞が that 節をとる意味範疇を表すものであるということとも関係するであろう。一方で、既存の動詞が現代英語で that 節をとるようになる場合もある。これにはそれぞれの動詞の意味が大きく関与していると考えられる。次節でこのような動詞を実例で検証してみよう。

3.1. 認識に関わる動詞

(11) Girls, on the other hand, *absorb* early on *that* in the most profound sense they must rely on themselves as there is no-one to take care of them emotionally. (1986/Oct./07, *Today*, 15/4) (Algeo 2006: 250)

(12) I *get that* you guys really want the definitive answer, and so do we. The difference is that that takes understanding facts, and we have tried to uncover facts over the last week, at a point after which many people thought they had the definitive answer, and we simply do not.

(*The Washington Post*, 29/Oct./2004)

　absorb や get は、that 節をとる動詞として従来指摘のなかったものである。(11)(12)に挙げるような使い方は最近の用法であると考えてよい。
　これらはそれぞれ「吸収する」「得る」が基本義であり、前者は「液体」を、後者は「物」を目的語にとるのが元来の用法である。現在では両者ともに、情報などの抽象物を表す名詞句と共起するまで意味的な拡張を起こしている。さらに、「吸収する」、「得る」という行為の特質から、that 節を目的語にとり、ある内容を「理解する、知る」の意味になるのになんら不思議はない。know への意味的な接近が後続する that 節を動機付ける要因になっているのであろう。これらの動詞は、that 節と典型的に共起する思考・認識を表す動詞が属する意味範疇へその意味領域を広げたのである。

3.2. 情報伝達に関わる動詞

　確かに、発話に関わる動詞に that 節をとる動詞が多い。上で見た、absorb や get が人間内部への情報の動きを表して that 節と共起し、結果「…を理解する、知る」という意味を持つようになると考えるなら、発話動詞は外部への情報の動きを表して that 節と共起すると言える。しかし、これは「発話」という意味特徴が that 節と密接に関係しているということではない。「発話」に関係する動詞でも that 節と共起しないものがあることは、例えば発話様態動詞の振る舞いを見ればわかる(住吉(2001))。発話に関係する動詞に that 節をとるものが多いのは、人間が行う情報伝達の行為としては「発話」が最

も原初的・典型的なもので、その情報伝達という特質が that 節と大きく関係しているからである。that 節をとるかどうかは、動詞の表す意味内容をどこまで情報の授受手段または伝達手段と考えられるかで決まる。

absorb や get が情報獲得の手段となる行為としてその意味領域を広げ、that 節を従えるようになるのと同様に、動詞の表す行為が情報伝達のための行為と考えられる場合は問題なく that 節と使用することができる。

(12) a. ...she pushed him back from her, and *waved that* they should leave her to herself.(C. Doyle, *The Last Galley*(1911)［例文典拠 Wildside Classic p. 110. Pennsylvania: Wildside Press］)

b. "Directly, a bristling top-notch of 'morning hair' attached to the pounding, throbbing, hung-over head of lawyer Sparky popped up above the windowsill. He *waved that* he'd be along.(*The Washington Post*, 06/Jan./2005)

(13) "They off? Huh? Huh? They off me, Gordie?" His eyes kept going past me, as wide and white as the eyes of a plaster horse on a merry-go-round. I *nodded that* they were and just kept on crying.

(S. King, *The Body*. In *Different Seasons*(1982)p.398. New York: Signet)

(14) But would you gentlemen who have *flagged that* you want to speak leave those flags up?(BNC: HVJ 623)

(15) I don't know if this is the reason you don't remember it, but you have *expressed to us that* you feel some guilt about Vernon Jordan.(*The Starr Evidence*(1998)p. 194. New York: Public Affairs.)

(12)(13)では、「手を振る」「うなずく」という行為が、(14)では「旗を揚げる」という行為が、それぞれ情報伝達の手段であり、that 節は伝達される情報を表している。(15)の express that 節については、規範的・理論的な立場からは認められない形であると主張されている(例えば Jackendoff(2002: 140, 176)が、実例が存在する。これも express の「表現する」という意味を伝達手段と捉えるかどうかが関係していると考えられる(住吉(2003))。

4. おわりに

　以上、やや総花的になったが、英語の歴史を鳥瞰すると、確かに to 不定詞によって that 定形節がとって代わられる偏流が存在する。しかしながら、一方で、that 節をとる典型的な意味特徴に合致するような動詞や、情報伝達行為と解釈できる意味を持つ動詞は that 節と共起する場合があることがわかった。

　かつては、確かに多くの動詞が柔軟に that 節をとることができた。that 節が to 不定詞にとって代わられるという主張は、that 節をとる動詞も同時に減っていくという印象を与えやすい。しかし、歴史の流れを正しく解釈するなら、「that 節と親和性を持つ意味特徴がより限定されるようになった」と考えるほうが妥当であろう。その意味特徴に合致する動詞は、現代英語でも that 節を従え、場合によっては、それまでは that 節を従えなかった動詞がこれを新しくとるようになる事例も存在する。これらは、to 不定詞が that 節にとって代わるという偏流の中の伏流となり、英語の新しい表現を生むダイナミックな力となるのである。

注

* 本稿は、2007 年 5 月 18 日(金)に行われた近代英語協会第 24 回大会(於：青山学院大学)で「cannot bear 補文構造の過去・現在—The Corpus of Late Modern English と The British National Corpus を利用して—」というタイトルで発表した原稿の前半部分に大幅な加筆・修正を施したものである。出版の都合上順番が前後したが、発表原稿の後半部分は住吉(2009)で公刊済みである。

1　Rohdenburg(1995)は、この complexity principle が適用されるものを V NP to do/ V NP that 節という構造に現れる、manipulative と representative act を表す動詞に限定して議論を展開している。forbid はいわば否定の manipulative verb と考えることができる。cannot bear がどのような意味範疇に属するのかを決定するのはなかなか難しい問題がある。

2　(7)の例はどちらとも、主語が抽象名詞であることに注意されたい。人が主語になる場合とは分けて考える必要があるかもしれない。

参考文献

Algeo, John. (2006) *British or American English?: A handbook of word and grammar patterns.* Cambridge: Cambridge Univ. Press.
Denison, David (1993) *English Historical Syntax: Verbal Constructions.* London: Longman.
Denison, David (1998) "Syntax." In Susan Romaine (ed.), *The Cambridge History of the English Language* vol. IV *1776–1997*, 92–326. Cambridge: Cambridge University Press.
Dixon, M. W. Robert (2005) *A Semantic Approach to English Grammar.* Oxford: Oxford Univ. Press.
Fischer, Olga, Ans van Kemenade, Willem Koopman, Wim van der Wurff (2000) *The Syntax of Early English.* Cambridge: Cambridge Univ. Press.
Herbst, Thomas, David Heath, Ian F. Roe and Dieter Götz (2004) *A Valency Dictionary of English: A Corpus-Based Analysis of the Complementation Patterns of English Verbs, Nouns and Adjectives.* Berlin: Mouton.
Hogg, Richard and David Denison. (2006) *A History of the English Language.* Cambridge: Cambridge Univ. Press.
Iyeiri, Yoko (2003) ""God forbid!": A Historical Study of the Verb *forbid* in Different Versions of the English Bible." *Journal of English Linguistics* 31.2, 149–162.
家入葉子 (2005)「ことばと歴史—動詞 forbid の用法の変化」菅山謙正(編)『変容する英語』15–36. 世界思想社.
家入葉子 (2007)「使役動詞 make の史的発達に関する一考察— Caxton の *Reynard the Fox* を中心に」『英語史研究会会報　研究ノート』18–24. 英語史研究会.
Jackendoff, Ray (2002) *Foundations of Language.* Oxford: Oxford Univ. Press.
Levin, Beth (1993) *English Verb Classes and Alternations.* Chicago: Chicago Univ. Press.
Quirk, Randolph, Sidney Greenbaum, Geoffrey Leech and Jan Svartvik (1985) *A Comprehensive Grammar of the English Language.* London: Longman.
Rissanen, M. (1999) "Syntax." In R. Lass (ed.), *The Cambridge History of the English Language*, vol. III, *1476–1776*, 187–326. Cambridge: Cambridge University Press.
Rohdenburg, Günter (1995) "On the Replacement of Finite Complement Clauses by Infinitives in English." *English Studies* 76, 367–388.
Sapir, Edward (1921) *Language: An Introduction to the Study of Speech.* New York: Harcourt Brace & Company.
Sinclair, John (1991) *Corpus, Concordance, Collocation.* Oxford: Oxford Univ. Press.
住吉誠 (2001)「発話様態動詞と that 節の適格性について」『英語語法文法研究』第 8 号, 126–140. 東京：開拓社.
住吉誠 (2003)「That 節をとる動詞の理論と実際—apologize, express, depend と that 節—」『英語語法文法研究』第 10 号, 102–116. 東京：開拓社.

住吉誠(2009)「cannot bear の補文構造とその変容」*Setsunan Journal of English Education* 3, 摂南大学外国語学部英語教室.

Visser, Frederik Th. (1973) *An Historical Syntax of the English Language* III, second half. Leiden: E. J. Brill.

英語法助動詞の意味変化と
ポライトネス*

寺澤　盾

1. ポライトネス

　日常のコミュニケーションにおいては、伝達内容だけでなく、相手との円滑な人間関係を確立・維持することが重要である。例えば、部屋が暑くなり窓をあけてもらいたい場合、Open the window. というよりも Would you mind opening the window? と言う方が無難である。これは、命令文を用いた前者では、相手に選択の余地を与えない—Brown and Levinson (1987) の用語を使うと相手の消極的面子 (negative face) を脅かす—ことになり、丁寧度が低くなるのに対して、後者では mind ～ ing（～するのを嫌だと思う）という語句を用いることによって、相手が断ることも想定しており、聞き手の意向を尊重した丁寧表現となるからである。[1] さらに、It's getting hot in here. と言って、窓を開けてほしいという希望を言外にほのめかす—オフレコ (off record) の言い方をする—こともあるが、相手に窓を開けてもらうという依頼が全く言語化されていないので、さらに丁寧度が増している。

　一方、夕食に招いたお客に料理をほめられた場合、命令形を用いて Have some more. と言ったとすると、相手に好ましいということを勧めているので、好意的関心を示してもらいたいという相手の願望—積極的面子 (positive face)—を満たすことになり、丁寧な表現となる。このように、円滑なコミュニケーションを行うために話者が相手に示す配慮はポライトネス (politeness) と呼ばれる。話者が相手の積極的面子を守るために示す配慮は、積極的ポライトネス (positive politeness) と呼ばれ、相手の消極的面子を守るための配慮は消極的ポライトネス (negative politeness) と呼ばれる。そして、話者は、場面に応じて、相手の面子を守るため、様々な丁寧表現を用いる。

2. 英語2人称代名詞の発達とポライトネス

　英語史において、よく知られた丁寧表現として中英語から初期近代英語にかけて用いられた2人称代名詞 ye が挙げられる。現代英語では、2人称代名詞は単数複数の区別が無く、一律に you が用いられるが、古英語や中英語では二人称単数(þu, þ(o)u, thou など)と複数(ge, ye など)で異なる形態で表されていた。[2]

　古英語の ge とそれから発達した中英語の ye は、複数形として用いられていたが、13世紀頃からフランス語などの影響で、自分よりも目上の単数の人に対する敬称としても用いられるようになった。したがって、中英語(後)期から近代英語期にかけて、thou と ye には以下のような使い分けがあったと考えられる。

　　thou　：二人称単数親称
　　ye　　：二人称単数敬称および二人称複数

　二人称複数形を単数の敬称として用いる用法は、「尊敬の複数」(plural of respect)と呼ばれ、現代フランス語の vous や現代ドイツ語の Sie にも見られる。親称の thou は、身分の高い人から低い人に対して、親から子に対して用いられ、また恋人同士のような親しい関係にある者の間でも見られる。敬称の ye は、身分の低い人が高い人に対して、子が親に対して用いたり、見知らぬ者同士の会話などに見られる。しかし、英語では、次第に単数 ye(後に本来目的格であった you に取って代わられる)が敬意の意味を失い一般的な二人称単数代名詞として用いられるようになり、一方、本来の単数形の thou はぞんざいな言い方として避けられるようになり衰退していった。[3]

　なお、2人称の代名詞において、複数形が敬称の単数形として用いられるのは、ヨーロッパの言語だけでなく、南米のケチュア語やインド南部のタミール語などにも見られる(Aitchison(2001)参照)。複数形が敬意と結び付き易いのは、目の前にいる相手の人(単数)に言及する場合、なるべく相手のことを間接的にぼやかして指す表現(代名詞)を用いるほうが丁寧な言い方に

なるからである。たとえば、相手に何かを頼む場合、2人称単数代名詞を用いると相手を直接的に指示して依頼することになり、(他人に邪魔されたり、立ち入られたくないという)消極的面子を脅かすおそれがある。それに対して、2人称複数代名詞を用いるとあたかも相手の人を含めた複数の集団に依頼しているようになり、間接・婉曲性が増し、丁寧なニュアンスが生じると考えられる。

3. 英語法助動詞の意味変化とポライトネス

　ポライトネスが英語の史的発達に関与していると考えられるほかの領域として英語の法助動詞が挙げられる。以下では、英語の法助動詞のうち、can, may, must の3つについて、その歴史的発達、とりわけ意味の変化を見ていきたい。なお、これらの法助動詞にはそれぞれ〈能力・可能〉、〈許可〉、〈義務・命令〉を表わすいわゆる根源 (root) 用法の他に、「文の内容に対する話し手の確信の度合い」を表わす用法 (認識的 (epistemic) 用法) があるが、本論では、話し手の推論を含まない根源用法の方を主に扱う。

　〈能力・可能〉を表わす法助動詞 can (古英語の形は cunnan) は本来「知る」という意味をもつ本動詞であった。She can speak English. はもともと「彼女は英語の話し方を知っている」といった意味であったが、英語の話し方を知っている人は普通、英語を話す能力があることから、「彼女は英語が話せる」という意味が生じたと考えられる。can は、14世紀末のチョーサーの頃まで目的語を伴う本動詞の用法が数多く残っており、may, must などの法助動詞の中で、最も遅くまで本動詞的な性格を保持していた。

　OED (s.v. *can*, v.¹, 6.b.) によると、can は19世紀末頃から、You can stay here. (ここにいてもよい) のように〈許可〉の意味も持つようになった。なお、〈能力・可能〉の意味から〈許可〉の意味への変化は、日本語でも「ここに車をとめることは出来ますか」という〈能力・可能〉の表現で〈許可〉を求める際に見られる。

　さらに興味深いことに、現代英語では、〈許可〉の意味をもつようになった can が時に、You can go with us. (一緒に来たらいい = You must go with us.)のように〈軽い義務・命令〉を表わすこともある。can の意味変化をまとめると以下のようになる。下図について一つ注記しておくと、古い意味はすぐに新たな意味に置き換えられてしまうのではなく、両者は共存していることが多い。したがって、現代英語の can には〈能力・可能〉、〈許可〉、〈軽い義務・命令〉の3つの意義がある。†が付いているのは廃義。

　　　can〈†知っている〉→〈能力・可能〉→〈許可〉→〈軽い義務・命令〉

　一方、現代英語で〈許可〉を表わす may(古英語の形は magan)は、本来は「強い、力がある」(古英語から15世紀まで)という意味の本動詞であった。古英語では、既に大部分の例において不定詞をしたがえ、〈能力・可能〉の意味を表わす助動詞として用いられた。[4] can が〈知的能力〉を表わしたのに対して、may は〈肉体的能力〉を表わしたと考えられ、can はラテン語の scire 'know how to, have the (intellectual) power'、may はラテン語の posse 'have the (physical) power' の訳語として用いられた(小野 1969: 176)。ただし、古英語の段階で、すでにこうした区別が曖昧になっている例も見られる。
　can と同様に、may においても、〈能力・可能〉の意味から〈許可〉の意味が生じたが、can よりもずっと早く、〈許可〉の意味は古英語から見られる。ただし、この意味が中心的になるのは中英語以降である。学校文法などでは、〈許可〉を表わす場合、may の使用を奨励しているが、Quirk et al. (1985)は、"As a permission auxiliary, *may* is more formal and less common than *can*."(4.53)と述べている(Biber et al. 1999: 6.6.4.1 も参照)。したがって、現代英語では、〈許可〉の意味では may はやや堅苦しくあるいは尊大な感じがするので、「後発の」can の方が〈許可〉を表わす助動詞として頻度が高い。
　さらに、may は、Students may pick up the application forms tomorrow.(明日応募用紙を受け取るように)に見られるように、公文書や法律文書などで〈義務・命令〉で用いられることがある。

　　　may〈†力のある〉→〈†能力・可能〉→〈許可〉→〈義務・命令〉

最後に、mustは語源的には、'to have room'という意味の本動詞に由来するが、古英語の段階ではほとんど助動詞化が済んでいる。mustは古英語のmotanに遡れるが、より厳密に言うと、motanの過去形mosteがその起源である。mustの現在用法は仮定法過去形に由来し、15世紀の間に本来の現在形moteを滅ぼした。

　*OED*によるとmustの〈義務・命令〉の意味の初例は古英語の*Beowulf*に遡れるとしているが、この英雄詩では、33例起こるmotanのうち30例が〈許可〉を表わし、〈義務・命令〉の用法は3例に過ぎない（小野(1955, 1969)）。初期中英語期から〈義務・命令〉の意味が徐々に多くなり、チョーサーでは大部分が〈義務・命令〉となるが、まだ〈許可〉の例も残る。[5] 15世紀以降、〈義務・命令〉用法に収斂され現代英語と同じになる（小野(1955, 1969)）。

　　must〈†空き・余裕がある〉→〈†許可〉→〈義務・命令〉

　以上、3つの法助動詞の歴史的発達について意味を中心に見てきたが、この3つの助動詞の意味変化をまとめてみよう。もともと〈許可〉を意味していたmust(motan)は〈義務・命令〉の方に意味をシフトさせた。一方、〈許可〉の意味は、古英語の頃〈能力・可能〉を意味していたmayが表わすようになる。〈能力・可能〉の意味の方は、本来「知る」を意味した本動詞であったcanが助動詞化して担うようになる。現代英語では、canは、〈許可〉の意味も表わすようになり、mayは〈許可〉を表わす助動詞の座を奪われつつある。さらに、〈許可〉の意味をもつようになったcanが時に〈軽い義務、命令〉を表わすこともある。前に述べたように、mayも公文書などで〈義務・命令〉の意味で用いられることがある。〈能力・可能〉、〈許可〉、〈義務・命令〉を表わす法助動詞の史的変遷をまとめると図のようになる。

	古英語	中英語	近代・現代英語
〈能力・可能〉	may	(may)	
	(can)	can	can
〈許可〉	mote/must	(mote/must)	
	(may)	may	may
			can
〈義務・命令〉	(mote/must)	mote/must	must
			may
			can

図 〈能力・可能〉、〈許可〉、〈義務・命令〉を表わす法助動詞の史的変遷
（括弧付きのものはその用法が、未発達または衰退したこと示す。便宜上、古英語・中英語の欄でも現代英語形を用いる。）

　3つの法助動詞の意味の変化には一定の方向が見られる。つまり、〈能力・可能〉を表わしていたものが、しだいに〈許可〉の意味で使われるようになり、さらに、〈許可〉を表わす法助動詞は〈義務・命令〉へと意味をシフトさせていく傾向が見られる。図で言うと、3つの法助動詞はいずれも図の下の方へ向かって用法を移行させている。法助動詞の一連の意味変化に、このような変化の方向性があるのは何故だろうか。[6]

　そのことを見る前に、〈義務・命令〉を表わす助動詞の変遷について見てみたい。古英語で〈義務・命令〉を表わしていた法助動詞は shall であったが、must に取って代わられ、shall 自身は〈未来〉の意味に移行している。Biber et al.（以下の引用参照）によると、現代英語で〈義務・命令〉を表わす must は、特に会話ではその命令的口調のため避けられる傾向があり、より丁寧な表現 (hedge) として仮定法の should が用いられる傾向があるといっている。

（1） The relative rarity of *must* marking personal obligation in conversation is probably due to the strong directive force this modal has when used in face-to-face interaction. The modal *should* provides a hedged expression of obligation that is typically regarded as more polite.
（Biber et al. 1999: 6.6.4.2）

また、Biber らの調査によると、特に会話では、〈義務・命令〉を課しているのが話し手自身ではなく第 3 者であるというニュアンスを持つ must よりも口調が柔らかい have to が最も好まれているという（引用(2)参照）。

（2） *Have to* in conversation is the most common form used to mark personal obligation. （Biber et al. 1999: 6.6.4.2）

　can, may, must は、いずれも人に何か依頼したり要請したりする場合に用いられることがあるが、相手に何か依頼・要請する場合、丁寧さの度合いの異なる様々な表現形式がある。相手に依頼・要請するときに、You must do it.(それをしなければならない)のように、〈義務・命令〉を表わす法助動詞を用いると、相手の意向を無視して何かをさせる、つまり相手の消極的面子を侵害することになり、丁寧さが最も低くなる。一方、You may do it.(それをしてもよい)のように、〈許可〉を表わす法助動詞を用いると、前もって相手が何かをすることに許可を求めてきたというニュアンスがあり、ある程度相手の意向を尊重したことになり、〈義務・命令〉表現を用いるよりは丁寧になる。また、Can you do it?(それを出来ますか)のように〈能力・可能〉の表現を用いると、相手がそれを出来るかどうかを尋ねるだけなので、さらに一層相手の面子を尊重した丁寧な依頼表現となる。依頼・要請の表現と丁寧さの相関関係を図式化すると下のようになる。

less polite ◄──────────────► more polite
〈義務・命令〉　　　〈許可〉　　　〈能力・可能〉

　以上を踏まえると、法助動詞における一連の意味変化は、依頼・要請の表

現において相手の意向を無視した強い命令口調によって、相手の面子を脅かす危険を避けるため婉曲的な丁寧表現——例えば〈命令・義務〉を表わすのに少し穏やかな〈許可〉表現を使う、または〈許可〉を表わすのに〈能力・可能〉表現を使うなど——を代わりに当てたために連鎖的に起こったのではないかと推定される。法助動詞 must は、本来〈許可〉を意味し、はじめはおそらく一時的に婉曲な〈義務・命令〉表現として用いられたが、そうした語用論的解釈が慣習化された結果、次第に強い〈義務・命令〉を表わすようになったと考えられる。

　一般に、婉曲表現は使われていくうちに、次第に婉曲性・丁寧さが薄れていくので、つぎつぎに新たな婉曲表現が必要となる。その結果、特に婉曲表現を要する〈義務・命令〉の領域に様々な表現——先にふれた should や have to の他にも ought to, have got to, be supposed to など——が「堆積」することになる。must や ought(to)がもともと過去形に由来することも、現代英語の婉曲的な should と同様、その命令的口調を和らげるため、丁寧な仮定法過去を用いたことが一般化したと思われる。

　can, may, must といった法助動詞に見られた一連の意味変化は、英語の2人称代名詞における形態変化と同様、ポライトネスへの要請が、言語変化の要因となっていると考えられる。

注

* 本稿は、拙書『英語の歴史——過去から未来への物語——』(2008年、中央公論新社)の第4章英語法助動詞に関する論考を語用論的見地から書き改めたものである。

1　ポライトネスに関する代表的な研究としては、Lakoff(1975)や Leech(1983)も挙げられるが、本論では最も包括的で広く知られた Brown and Levinson(1987)の概念・用語などを用いる。

2　もともとの二人称単数形である thou は、現在でも、古語法として聖書などの翻訳や宗教言語に残る。キリスト教の一派であるクエーカー教でも、thou が信徒同士の間で比較的最近まで使われていた。

3　二人称代名詞に関する研究しては、親称(T)と敬称(V)の使い分けを power と

solidarity という概念を用いて考察した Brown and Gilman(1960)、語用論の観点からチョーサーにおける thou と ye の使い分けについて考察した Shimonomoto (2001) と Jucker(2006a, 2006b) などを参照。

4 なお、may の本来の意味「強い、力がある」は、現代英語でもその派生語 might「能力、力」、mighty《文語》「力のある」に見られる。

5 〈許可〉と〈義務・命令〉は一見関連性が見えにくいが、〈許可〉を与えないこと、つまり〈～することが許されない〉ということは、事実上〈禁止〉を表わす(e.g. You *may not* go. = You *must not* go.)。このことから、〈許可〉から〈義務・命令〉への意味変化は否定構文から始まったと考えられる。*OED*(s.v. *must*, v.^{1}, 1. a.)によると、〈許可〉の意味の must は否定の文脈で用いられたことが多かったという。あるいは、〈許可〉も〈義務・命令〉も上位の権威ある存在から与えられるという点で共通していることから、意味の転移が起こったのかも知れない。

6 こうした法助動詞に見られる体系的・連鎖的な意味変化については、小野(1969)および Visser(1963–73)による詳細な研究を参照。ただし、小野や Visser は、そうした連鎖的な意味変化がそもそもなぜ起こったかについてふれていない。

参考文献

Aitchison, Jean(2001)*Language Change: Progress or Decay?* 3rd ed. Cambridge: Cambridge University Press.

Biber, Douglas, Stig Johansson, Geoffrey Leech, Susan Conrad, and Edward Finegan(1999) *Longman Grammar of Spoken and Written English*. Harlow: Longman.

Brown, Penelope and Stephen C. Levinson(1987)*Politeness: Some Universals in Language Usage.* Cambridge: Cambridge University Press.

Brown, Roger and Albert Gilman(1960)"The Pronouns of Power and Solidarity." In Thomas A. Sebeok(ed.), *Style in Language*, 253–276. Cambridge, Mass.: MIT Press.

Jucker, Andreas H.(2006a)"Thou art so loothly and so oold also: The Use of *ye* and *thou* in Chaucer's *Canterbury Tales*." *Anglistik* 17: 2, 57–72.

Jucker, Andreas H.(2006b)"Politeness in the History of English." In Richard Dury, Maurizio Gotti and Marina Dossena(eds.), *English Historical Linguistics 2006. Volume II: Lexical and Semantic Change*, 3–29. Amsterdam and Philadelphia: John Benjamins.

Lakoff, Robin(1975)*Language and Woman's Place*. New York: Harper and Row.

Leech, Geoffrey(1983)*Principles of Pragmatics*. New York: Longman.

小野茂(1955)「Motan の意味とその変遷」『学習院大学文学部研究年報』第3集, 117–192.

小野茂(1969)『英語法助動詞の発達』研究社.

Quirk, Randolph, Sidney Greenbaum, Geoffrey Leech, and Jan Svartvik(1985)*A*

Comprehensive Grammar of the English Language. London and New York: Longman.

Shimonomoto, Keiko (2001) *The Language of Politeness in Chaucer: an Analysis of the Use of Linguistic Features Reflecting Social and Interpersonal Relationships.* Gifu: K. Shimonomoto.

Simpson, John and Edmond Weiner (1989) *The Oxford English Dictionary.* 2nd ed. 20 vols. Oxford: Clarendon Press. (= *OED*)

Visser, F. Th. (1963–73) *An Historical Syntax of the English Language.* 3 parts in 4 volumes. Leiden: E.J. Brill.

Hinderなどの動詞補部に見る競合について

遠峯伸一郎
児馬　修

1. はじめに

　現代英語(以下 PE)では、「…が〜しないようにする」という意味の否定的な使役の動詞(Negative Causative Verbs、以下 NCV)は(1)のように動名詞を従えるが、過去の英語[1]では、(2)のように不定詞や定形節も従えたことが知られている(宇賀治正朋(私信)、遠峯(1996))。

(1)　　The car accident *hindered* me from *attending* the meeting.
(2)a.　What cause *withholds you then to mourn for him*?
　　　　　　　　　　　(1601 Shakes. *Jul. C.* iii. ii. 108) [*OED*][2]
　b.　No wordely drede schall me *withdrawe That I schall with þe leue and dye*.
　　　no worldly dread shall myself withdraw that I shall with you live and die
　　　　　　　　　　　(a1450 *Yk. Pl.* (Add 35290) 237/128) [*MED*]

　本論文では、NCV の従える不定詞や定形節には補部(complement)と解釈されるものと目的や結果を表す副詞句・副詞節(adverbial)と解釈されるものの両方があることを示し、さらに、この多義が不定詞を補部に取る用法の消失を招いたと主張する。

　本論文の構成は次の通りである。第2節では、本論文で調査対象とした動詞とコーパスを示し、不定詞や定形節を従える例を ne, not などの否定語の現れ方に着目して観察する。第3節では定形節や不定詞を従える例で多義があることを示す。第4節は結語と今後の課題である。

2. 事実

2.1. 調査対象とした動詞

本論文では次に挙げる動詞を調査対象とした。いずれの動詞も PE で「名詞句 + (from) doing ...」を取り、不定詞を取らない。[3]

（3） bar, debar, deter, discourage, dissuade, excuse, hinder, inhibit, prevent, prohibit, restrain, withdraw, withhold

(3)の動詞を、*OED, MED, HC*, Wells and Taylor(1986)から検索した。この検索結果に加えて、さらに Jespersen(1909–49), Curme(1931), Visser(1969–1973), Tomine(1995)から資料を採取した。

2.2. 不定詞や定形節を従える用法について

NCV が不定詞や定形節を従える例は表1に示されるように、14世紀から19世紀にかけて分布し、特に15世紀から17世紀に多数の例が観察される。[4] また、不定詞を従える例の数は定形節を従える例の約3倍ある。表2は動詞ごとの例の数を示す。

表1 通時的な分布

時代	＋不定詞	＋定形節
14世紀	6	3
15世紀	34	9
16世紀	30	11
17世紀	37	12
18世紀	14	3
19世紀	9	3
計	130	41

表 2　動詞ごとの例の数

従える要素	+不定詞			+定形節		
動詞	ME	ModE	計	ME	ModE	計
bar	4	6	10	2	0	2
debar	1	3	4	0	0	0
deter	0	1	1	0	0	0
discourage	4	2	6	1	0	1
dissuade	0	2	2	0	0	0
excuse	10	1	11	1	0	1
hinder	1	30	31	0	10	10
inhibit	2	9	11	2	3	5
prevent	0	4	4	0	5	5
prohibit	3	26	29	0	9	9
restrain	8	4	12	3	1	4
withdraw	5	0	5	2	0	2
withhold	2	2	4	1	1	2
計	40	90	130	12	29	41

まず、定形節を従える例を見る。ME は、12 例中 11 例(92%)で(4)のように定形節中に「余剰な」否定語(ここでは nam)が現れる。(5)はそのような否定語が現れない例である。

（4）I mai *miselve* noght *restreigne,* That I nam　　evere　in　loves　paine.
　　　I may myself　not　　restrain　that I not-am　ever　in　love's　pain
　　　　　　　　　　　　　　　　　　　　　　　　(a1393 Gower *CA* 7.5413)［*OED*］
（5）No man *may* ... *restreyne* That vpon　on　platly　of　this　tweyne　The　soort
　　　No man may ... restrain　that　upon one platly　of　this two　　the　sort
　　　mot falle
　　　mot fall
　　　"No man can prevent the destiny from falling upon one of these two"
　　　　　　　　　　　　　　　　　　　　(?c1421 Lydg. *ST* 3683)［*MED*］

ModE は、29 例中 23 例(79%)で従属節に否定が現れる。まず、否定文や

修辞疑問文の例には、従属節が 'that ... not' に相当する but(that) で導かれるものがある。

(6) What *hinders* then, *but that* thou find her out?
(1713 Addison *Cato* iii. vii. 18)［OED］

今回の調査では but(that) が使われている例は 10 例あった。動詞ごとの内訳は、hinder が 6 例、prevent, prohibit, restrain, withhold が各 1 例である。

But(that) が使われない場合、従属節内に「余剰的に」否定語(ここではnot)が現れることがある。

(7) Helyas through the power of God, did *prohibit* that it should *not* rayne.
(1561 J. Daus tr. *Bullinger on Apoc.* (1573) 145 b)［OED］

(7)のように従属節が否定を含む例は 12 例ある。[5] また、(8)のように従属節が否定対極表現の any を含むものが 3 例(inhibit が 2 例、prohibit が 1 例)ある。

(8) The Turkes ... have inhibited that *any* Christian shall come neare to it.
(1632 Lithgow *Trav.* iv. 149)［OED］

従属節中に「余剰的な」否定語が現れない例は 6 例あった(hinder と prevent が各 1 例、inhibit と prohibit が各 2 例である)。次にその 1 例を挙げる。

(9) What, forsooth, *prevents That* ... I fulfill of her intents One she had the most at heart? (1878 Browning *La Saisiaz* 135)［OED］

次に不定詞を従える例について簡単に見よう。不定詞が「余剰的に」否定されるのは ModE の 3 例のみである。(10)にそのうちの 1 例を挙げる。

(10) The earle had *diswadyd* the king *not to place* his syster Margaret in maryage unto Charles.

(c1540 *Pol. Verg. Eng. Hist.* (Camden) 118) [*OED*]

3. 考察

　Jespersen(1909–49: Part V, 455)は、英語史において deny, forbid, hinder など否定的な意味の動詞に続く従属節は独立性が高く、あたかも主節が無いかのようにその中で否定が生じると述べている。また *OED*(s.v. *restrain* 1b)は(4)の定形節が restrain と構文を成さないとしている。ここでは Jespersen と *OED* に従い、(4)の定形節が目的を表す副詞節であると分析する。次の例はこの分析を支持する。

(11) Þe ape ... *is restreigned* wiþ a clogge *so þat* he may nouȝt rennen
　　 the ape   is restrained   with a clog   so that he may not   run
　　 aboute   freliche.
　　 about   freely   ((a1398) Trev. *Barth.*(Add 27944) 298b/a) [*MED*]

(11)では、定形節が so þat 'so that' で導かれ、目的や結果を表す節であることが形態的に明示されている。ME では þat 'that' が PE の 'so that' に相当する用法も持っており、(4)の定形節も目的を表す副詞節と判断される。そのような分析を取った場合、定形節内の否定は「余剰的」ではないことになる。(12)の定形節も目的を表す副詞節である。

(12) these plaits and folds the sound *restraine, That it the organ may more gently touch.*　　　　(1592 Davies *Immort. Soul Poems*(1869)106) [*OED*]

(12)は「これらのひだは音を抑制してその器官により優しく触れるようにする」の意味であり、定形節は目的を表す副詞節である。もし定形節が補部であるなら「音がその器官により優しく触れないようにする」の意味になるで

あろう。

　これまでの例では定形節が目的を表す副詞節と考えられたが、定形節が補部であると考えられるものもある。(5)は「命運がこのいずれかに決するのを誰も止められない」の意味であり、定形節は restrain の補部であると考えられる。

(5)　No man *may ... restreyne* That vpon on platly of this tweyne The soort mot falle　　　　　　　　　　(?c1421 Lydg. *ST* 3683) [*MED*]

　以上 restrain について見たが、withhold においても定形節が副詞節と解釈される例と、補部であると解釈される例が見られる。(13a)が補部、(13b)が副詞節の例である。[6]

(13)a.　Nowwhat *withholdith*, ȝe　witen, *that* he be schewid in his tyme?
　　　　now what withholds　you know　that he be shown　in his time
　　　　"now you know, what is preventing him from being revealed at the proper time?"　　((c1384) *WBible*(1) (Dc 369(2)) 2 *Thes.* 2.6) [*MED*]
　　b.　Than myght I not *withholde* me　　That I *ne*　wente inne
　　　　then　might I not withhold myself that　I not went　in
　　　　　　　　　(a1366 Chaucer, *The Romaunt of the Rose,* 723) [Tomine (1995)]

　定形節を従える例で見られた構造的な多義は不定詞を従える例でも見られる。Dissuade の従える不定詞では(14)のように否定辞 not が随意的に現れる。

(14)a.　The earle had *diswadyd* the king *not to place* his syster Margaret in maryage unto Charles.
　　　　　　　　(c1540 *Pol. Verg. Eng. Hist.* (Camden) 118) [*OED*]　[= (10)]
　　b.　Some *disswaded* him *to hunt* that day; but he resolved to the contrary.
　　　　　　　　　　　　　　(1605 Camden *Rem.* (1637) 246) [*OED*]

英語史の大きな流れとして定形節が不定詞によって置き換えられるという現象がある。もし NCV の従える不定詞が定形節を置換して現れたとすれば、(13)で withhold の従える定形節を補部であるか副詞節であるか判定したのと同じ基準で(14a)の不定詞を副詞句、(14b)を補部と見ることができる。

さて、2.2 の(8)で見たように、ModE では、inhibit, prohibit が従える定形節に否定対極表現の any が現れることがある。一般に、doubt などの否定的な意味を内包する述語はその補文にある any を認可するので、(15b), (16b, d)では定形節や不定詞が補部になっていると判断される。[7] そして(15a), (16a, c)の定形節や不定詞は副詞的要素であろう。

(15) a. In the same time were the Jewis inhibite, that thei schul *no* more lend *no* silver to *no* Christen man.　　(1460 J. Capgrave *Chron.* 164) [*MED*]
 b. The Turkes ... have inhibited that *any* Christian shall come neare to it.
　　　　　　　　　　　　　　　　　　　　　　　　　　　　　　　[= (8)]
(16) a. Helyas through the power of God, did *prohibit* that it should *not* rayne.
　　　　　　　　　　　　　　　　　　　　　　　　　　　　　　　[= (7)]
 b. He also prohibited that *any* thinge shuld be radde or spoken, reprocheable or blasphemous to god.　　(1531 Elyot *Gov.* iii. ii) [*OED*]
 c. It cannot effectually *prohibit* the Heart *not to move*, or the Blood *not* to circulate.　　(a1677 Hale *Prim. Orig. Man.* i. i. 41) [*OED*]
 d. The founder of Queen's College ... *prohibits* his scholars to grant to *any* perendinating stranger a chamber for life.
　　　　　　　　　　　　　(1656 Willis & Clark *Cambridge* I introd. 89) [*OED*]

(15a), (16a, c)の定形節や不定詞が含む否定語の not, no は文の意味解釈に影響を与えず、余剰的な否定とされているものである。余剰的な否定は時代が進むにつれて否定対極表現の any に置換される傾向がある(家入(2005))。

以上、NCV の従える定形節や不定詞には、副詞句・副詞節と解釈されるものと補部と解釈されるものの両方があることを示した。なお、両者の比率は、ME, ModE を通して補部が約80％、副詞句・副詞節が約20％である。

(17), (18)の各例では否定語や any は含まれないが、補部と副詞句・副詞節との違いが観察される。(17)では不定詞が副詞的で結果を表すのに対して、(18)の各例では補部になっている。

(17) a. How Goddes Sone in this world *was withholde To doon* mankynde
　　　　How God's　Son in this world was withheld　to do　　mankind
　　　　pleyn remissioun
　　　　plain remission
　　　　　　　　　((c1380) Chaucer *CT.SN.* (Manly-Rickert) G.345) [*MED*]
　　b. Vnnethis　his felows myght *restren hym to spare it*.
　　　　barely　　his fellows could　restrain him to spare it
　　　　"Barely his fellows made him spare it." (c1440 *Alph. Tales* 253) [*MED*]
　　c. and then *were* you *hindered* by the sergeant *to tarry* for the hoy Delay.
　　　　　　　　　(1590 Shakespeare, *The Comedy of Errors*, IV. iv. 39)
　　d. The Judges were not to be *deterred* [either by the people or by mighty men,][8] *to pronounce a false judgment*.
　　　　　　　　　(1696 Bp. Patrick *Comm. Exod.* xxiii. (1697) 437) [*OED*]

(18) a. Yit myght I not mysilf *withholde* The faire roser *to biholde*
　　　　　　　　　(a1366 Chaucer, *The Romaunt of the Rose*, 1825) [Tomine (1995)]
　　b. Pandare mighte not *restreyne* The teeris from his eighen *for to reyne*.
　　　　　　　　　(c1385 Chaucer *TC.* IV.873) [*MED*]
　　c. What *hyndereth me to be baptysed*?
　　　　　　　　　(1535 Coverdale, *Acts of the Apost.* 8, 36) [*OED*]
　　d. Whereby other *may be deterred to doe* the like, and vertuous men encouraged to proceed in honest attempts.
　　　　　　　　　(1599 Hakluyt *Voy.* II ii. 9) [*OED*]

PE では NCV は動名詞を従えるので補部は動名詞で具現し、目的や結果を表す副詞的の要素は不定詞で具現する。ME, ModE では補部も不定詞で具現し得たので、NCV に後続する不定詞が補部であるか副詞句・副詞節である

かは文脈を見て判断する必要がある。

　これまで見たように、NCV が従える定形節や不定詞は構造的に多義であった。これは「NCV + NP + 不定詞 / 定形節」の連鎖が多義であったことを意味する。本論文では、この構造的な多義が、NCV の不定詞補部を従える用法を消失させた一要因であると主張する。Visser(1963–73: vol. 4, 2295) は、let(= 'prevent') の不定詞補部を従える用法が衰退した理由として使役動詞の let との同音異義を挙げている。文脈から「～させない」の解釈が明らかでない場合に混乱が生じて、let(= 'prevent') の不定詞を従える用法が衰退したのではないかと示唆しているのである。Let の場合、語の多義を解消させる変化が起きたのであるが、本論文で取り上げた NCV の不定詞を従える用法では、構造的な多義を解消する圧力が作用し、不定詞が補部になる用法が衰退したのではないかと考えたい。[9]

　Visser(ibid.) は、let(= 'prevent') が不定詞補部を従える場合は、文脈が解釈上の混乱を生じさせない働きを持つとするが、hinder が不定詞を補部に取る用法でも文脈に解釈の手がかりが与えられていることを示す事実がある。

(19) a.　& this, as too apparent by the tretchery of the Jesuites, *who hindred the Emperor to make a most advantagious peace,* by which France would have ben forc'd to abate of his so insolent progresse　　　(cediar3b)［*HC*］

　　b.　[The Lords allowed trial to be taken of the time of his being apprehended, and the manner how he was detained, or] if he offered to go back to the Abbey, and was enticed to stay and *hindered to go.*
　　　　　　　　　　　　　　　(1709 Fountainhall *Decisions* II. 518)［*OED*］

　　c.　[A heroic Wallace, quartered on the scaffold, cannnot hinder that his Scotland become, one day, a part of England: but] he does *hinder that* it become [on tyrannous unfair terms,] a part of it.
　　　　　　　　　　　　　　　(1843 Carlyle *Past & Pr.* i. ii)［*OED*］

(19a) は日記からの引用で、1690 年 10 月 26 日のエントリである。先行する同年同月 12 日のエントリに (19a) の関係節の内容が次のように述べられてい

る。"The Emperor Indescreetely ingag'd by the Monks and & Jesuites, to pursue the Warr against the Turkes, neglected to make peace"(de Beer(1955: 35))関係節は旧情報を担う機能があるので、"who hindred the Emperor to make a most advantagious peace"がどのように解釈されるかが先行文脈に示されていることになる。(19b)では先行する文脈でheが食事に招かれた先で引き留められたとの記述がある。またwas hindered to goの直前にwas enticed to stayとあり、同一内容の表現が等位接続されることで解釈に混乱が生じにくくなっている。(19c)ではHe does hinder it become ... a part of itがブラケットに示された先行文脈のA heroic Wallace ... cannot hinder that his Scotland become, one day, a part of Englandと対照されており、He does hinder ... a part of itの解釈は明らかである。Hinderの補部の用法では、let(='prevent')と同じく文脈に解釈の手がかりが与えられるようである。

4. おわりに

　ME, ModEでNCVが不定詞や定形節を従える場合、それらの定形節、不定詞には目的や結果を表す副詞節であるものと補部であるものが混在し、その結果、「NCV＋NP＋不定詞／定形節」に多義が生じた。Visserはlet(='prevent')の不定詞を従える用法が衰退したのは使役動詞のletとの同音異義による混乱が要因ではないかと示唆しているが、NCVにおける構造的な多義もletの語彙的な多義と同様に混乱を引き起こしたと思われる。この多義がNCVの不定詞を従える用法が廃れた一要因なのであろう。
　今後は、NCVの動名詞を従える用法の発達について検討し、不定詞や定形節を従える用法が動名詞を従える用法となぜ500年間併存したのか、そしてなぜ後期ModEに動名詞補部が定着して、定形節や不定詞を従える用法が廃れたのか、考察を深めてゆきたい。

注

1. 本論文では、1100年から1500年までの英語を中英語（以下ME）とし、1500年から1900年までの英語を近代英語（以下ModE）、1900年以降の英語をPEとする。
2. (2)は宇賀治正朋先生のご教示による。例文中の斜字体は筆者による。以下も同様。*The Oxford English Dictionary*（以下*OED*）、*Middle English Dictionary*（以下*MED*）、Visser(1963–73)からの用例については原則としてそれぞれの書式を踏襲する。なお*OED*と*MED*は、当該の動詞について異綴りを含め全文検索を行った。*OED, MED*の例でc1500などとなっているものは推定年代を採用して1500と見なした。*The Diachronic Part of the Helsinki Corpus of English Texts*（以下*HC*）からの例は、例を含むファイル名を記して出典を示した。
3. 稲田(1989: 215–216)を参照。
4. 本論文では、(i), (ii)のような、名詞を修飾する形容詞的な過去分詞や、名詞的動名詞が不定詞や定形節を従える例は考察の対象外とした。

    (i) Places *inhibited to fish in*, called Water Friths.
    (1584 in Binnell *Descr. Thames* 63) [*OED*]

    (ii) The *prohibiting of white cloths to come* into these countries.
    (1614 W. Colwall in *Buccleuch MSS.* (Hist. MSS. Comm.) I. 151) [*OED*]

5. But(that)の例は除外して算出した。
6. EModEで見られるbut(that)は 'that ... not ...' に相当し、(4), (13b)などの定形節と類似しているので、(6)の定形節も目的を表す副詞節と見なしうる。
7. 否定的な意味の述語がその補部以外にある否定対極表現のanyを認可するかどうかは不明であり、今後調査が必要である。
8. 例文中のブラケット内は筆者による。以下同じ。
9. Let(='prevent')が目的語のみを従える場合は多義は生じない。なぜなら、使役動詞のletは目的語のみを従える用法を持たないからである。

参考文献

Curme, O. George (1931) *Syntax*. Boston: D. C. Heath and Company.
de Beer, E. S. (ed.) (1955) *The Diary of John Evelyn: now First Printed in Full from the Manuscripts Belonging to Mr. John Evelyn*. Oxford: Clarendon Press.
稲田俊明(1989)『補文の構造』大修館書店.
家入葉子(2005)「ことばと歴史――動詞forbidの用法の変化」菅山謙正(編)『変容する英語』15–35. 世界思想社.
Jespersen, Otto (1909–49) *A Modern English Grammar*, 7 vols. London: Allen.
Kurath, H. et al. (1952–) *Middle English Dictionary*. Ann Arbor: University of Michigan Press. (http://quod.lib.umich.edu/m/med/)
Rissanen, Matti (1991) *The Diachronic Part of the Helsinki Corpus of English Texts*.

Simpson, J. A. and E. S. C. Weiner (eds.) (1989) *The Oxford English Dictionary*, 2nd ed. on CD-ROM Version1.14 (1994). Oxford: Clarendon Press.

Tomine, Shin-ichiro (1995) *Diachronic Changes in the Verbal Complementation in English*. Unpublished Master's Thesis, Tokyo Gakugei University.

遠峯伸一郎 (1996)「英語の動詞の補文について―通時的な観点から」*LEO* 25, 1-18. 東京学芸大学大学院英語研究会.

Visser, F. Th. (1963-73) *An Historical Syntax of the English Language*, 4 vols. Leiden: E. J. Brill.

Wells, Stanley and Gary Taylor (eds.) (1986) *The Oxford Shakespeare: The Complete Works*. Oxford: Clarendon Press.

The *Spectator* における Comment Clause

Interpersonal Comment Clause を中心に

山本史歩子

1. はじめに

　Joseph Addison と Richard Steele らによって18世紀初頭にロンドンで発行された the *Spectator*(1711–12, 1714)は、当時のイギリスの中流階級に属する人々の道徳心・マナーの向上、社会的・文化的教育、自己啓発を第一の目的とした日刊紙であった(Bond 1987: xix–xx; Hayashi 2002: 24)。18世紀当時、the *Spectator* の他にも、Swift の the *Examiner*, Defoe の the *Review* など多くの優れた periodicals が発行されたが、本稿で扱う the *Spectator* は、日刊紙でありながら、当時3000部の部数を誇った(Bond 1987: xiii)。18世紀という時代を考慮すれば、これは破格の発行部数であったと言えるだろう。

　英文学史上、類を見ないこの the *Spectator* の成功は、スタイル・扱うテーマなどが考えられるが、本稿では言語学的な側面から成功の要因を探りたいと思う。特に、話者と聞き手の間で使用される interpersonal comment clauses (e.g., *you know, you see, you say*, etc.) に焦点を当て、これらがどのような機能を果たし、結果多くの読者を魅了したかを明らかにすることを目的とする。分析をするにあたり、本稿では、Bond(1987)版を採用した。

　Addison と Steele は、架空の人物 Mr. Spectator を登場させ、彼の視線から、当時ロンドンで話題となっていた様々な事象について語らせる手法をとった。[1] まず、3000部という成功の要因として、Mr. Spectator と読者との直接の書簡のやりとりという読者参加型スタイル 'audience participation' を適用していることが挙げられよう(Bond 1987: xii)。また、扱うトピックも、科学・音楽・文学・宗教・芸術・哲学・教育・異性間の諸問題など、多岐に渡っていたことも、読者を惹きつける要因であったと言える。

言語学的に、the *Spectator* の英語、すなわち Addison や Steele の英語は、現代英語の基礎となったと言われている(Wright 1994: 252)。例えば、Addison は、関係節で、*which-* 節よりも *that-* 節や *zero-* 節を多く使用し、*do-* 助動詞などを好んでいたことから、当時の同世代の作家である、Swift や Shaftestbury と比較すれば、若者や女性などにも十分アクセス可能な英語であったと考えられる(Wright 1994 参照)。

最後に、'politeness' についても言及しておく必要があるであろう。18世紀当時、向学心の高い中流階級の人々にとって、'politeness' は、文化的・社会的・言語的に拠り所となる重要なお手本であった。Klein(1994: 33)は、'politeness' を道徳心の改善や文化的洗練さを備える上での"a theory of conversational manners"であり、また英語の文法的な正しさ・標準化とも深く関わっていたと述べている。Jucker(2007: 7)は、'politeness' を次のように定義している。

(1) Positive politeness strategies, therefore, show the speaker's approval of the addressee, while negative politeness strategies give the addressee the option of self-determination.

comment clause は、face-saving function、すなわち、対話者の体面を維持しながら、話者は自分の意見や考えを述べることができ、更に相手に強制することなく相手の同意を引き出す、あるいは相手への同意を示す機能も有している(Brinton 1996: 212; Van Bogaert 2006: 132–133)。Jucker の 2つの politeness strategies とよく合致していると言える。従って、読者を魅了した the *Spectator* の成功に comment clause が少なからず貢献していると考えられる。

2. Comment Clause について

comment clause という用語は、Quirk et al.(1985: 1112)によって提唱され、次のように定義をしている。[2]

（2） Comment clauses are either content disjuncts that express the speakers' comments on the content of the matrix clause, or style disjuncts that convey the speakers' views on the way they are speaking.

Quirk et al.(1985: 1115)は、統語的・機能的特徴から comment clause を3つのタイプに分類し更に下位区分しているが、ここでは本稿で扱う interpersonal comment clause についてのみ言及をしておく。[3]

（3） They are used to claim the hearer's attention. Some also call for the hearer's agreement. At the same time, they express the speaker's informality and warmth toward the hearer (e.g., *you know, you see, you say*, etc.)

comment clause には、*as* が付加している形式があるが(e.g., *as you know, as you say, as you suppose*, etc)、*as*-less clause と *as*-clause の間には、大きな意味的違いがある。前者は、命題の真理に関与しないが、後者は、命題の真理に関わっている (Quirk et al, 1985: 1116; Brinton 2008: 99, 136-137)。[4]

Quirk et al.(1985)の他にも、comment clause の定義が次のように提案されている。

（ⅰ） "to remind the hearer of what he or she has said on a previous occasion or to confirm understanding or interpretation"（Brinton 2008: 98-99）, "a marker of empathy or concession, allowing the speaker to attribute certain knowledge or understanding of a proposition (...) to the interlocutor" (Fitzmarice 2004: 435), "confirmation of a previous claim and/or to signal turn switches", "a comprehension-securing function"(Erman 2001: 1340);

（ⅱ） "to allow the speaker to draw attention to a proposition for his or her own communicative ends on the one hand, and for the purpose of engaging the addressee on the other"（Fitzmaurice 2004: 442）, "a strategic device used by the speaker to involve the addressee in the joint construction of a representation" (Jucker and Smith 1998: 196), "to create coherence" (Erman 2001: 1340);

(ⅲ) "encoding and editing" of a previous discourse (Erman 2001: 1340);

(ⅳ) "hedges and approximators", or "a face-saving function" (Erman 2001: 1341), "to claim mutual understanding and thus avoid the face threat" (Brinton 2008: 159);

(ⅴ) "to provide an explanation for or justification of a previous claim" (Brinton 2008: 135).

以上のように、一見様々な機能を有しているが、共通して話者と聞き手の互いの円滑な会話のために、話者は個人的見解を述べながら、聞き手の体面を保ち考慮を示す、言わば politeness marker として機能を果たしていると言える。[5] 特に、the *Spectator* における書簡では、当然読者は Mr. Spectator が自分の個人的な情報を持っていないと知りながら、interpersonal comment clause を使用しあたかも長年の友人のごとく対話することで、自分の意見に賛同を求める状況がしばしば見られる。

3. 分析

表1は、the *Spectator* における interpersonal comment clause の頻度分析をまとめたものである。[6] 最も使用頻度が高いのは、*you must know* で法助動詞 *must* と共起している形式であった。Fitzmaurice(2004)は Archer Corpus を分析した結果、*you know* が最も interpersonal comment clause として使用頻度が高く後期近代英語以降、特に18世紀の終わりから使用頻度が急増していることを指摘している(435,438,442,445)。[7] 18世紀の初めは、まだ発達段階にあったと思われる。法助動詞との共起については、特に言及はしていないが、現代英語では、*you know* の方が一般的であり、当時 *must* は丁寧さを強調するある種の強意詞(emphasizer)として機能していたと思われる。以下に例を見ていくことにする。

表1　The *Spectator* における interpersonal comment clause の頻度

Types	Tokens
you must believe	1
you must know	20
you know	9
you say	1
you will say	1
you see	5
you may be sure	1
you must think	2
you would think	1
you must understand	2
as you say	1
as you may suppose	1
Total	45

(4) a. Why, says he, my Lodgings are opposite to hers, and she is continually at her Window either at work, reading, taking Snuff, or putting her self in some toying Posture on purpose to draw my Eyes that Way. The Confession of the vain Soldier made me reflect on some of my own Actions; for *you must know*, Sir, I am often at a Window which fronts the Apartments of several Gentlemen, who I doubt not have the same Opinion of me. (No. 296)

b. Having lately read your Essays on the Pleasures of Imagination, I was so taken with your Thoughts upon some of our English Gardens, that I cannot forbear troubling you with a Letter upon the Subject. I am one, *you must know*, who am looked upon as an Humorist in Gardening. I have several Acres about my House, which I call my Garden, and which a Skillful Gardner would not know what to call. (No. 477)

例 4(a, b) において、*you must know* は話者が Mr. Spectator に自分の意見や状況に賛同を求めるために使用されている。特に、*Sir* と共起することで、

negative politeness としての機能が一層強化され、お互いに適度な社会的距離(親しいが、厚かましくない関係)を維持することを可能にしている(Jucker 2008: 22–23)。

(5) a. When is it used to help the Afflicted, to rescue the Innocent, to comfort the Stranger? Uncommon Methods, apparently undertaken to attain worthy Ends, would never make Power invidious. *You see*, Sir, I talk to you with the Freedom your noble Nature approves in all whom you admit to your Conversation. (No 480)
b. I was that unfortunate young Fellow, whom you were then so cruel to. Not long after my shifting that unlucky Body, I found my self upon a Hill in *Æthiopia*, where I lived in my present Grotesque Shape, till I was caught by a Servant of the *English* Factory, and sent over into Great Britain: I need not inform you how I came into your Hands. *You see*, Madam, this is not the first time that you have had me in a Chain; I am however very happy in this my Captivity, as you often bestow on me those Kisses and Caresses... (No. 343)

例 5(a)では、*you see* は話者の正当化(justification)を喚起している。5(b)は、単なる justification だけでなく、自分の哀れむべき状況を相手に再認識させることで、相手の自分に対する approbation, compassion を引き出そうとしている。[8]

(6) a. The Coachman took Care to meet, justle, and threaten each other for Way, and be intangled at the end of *Newport*-street and *Long-Acre*. The Fright, *you must believe*, brought down the Lady's Coach Door, and obliged her, with her Mask off, to enquire into the Bustle, when she sees the Man she would avoid. (No. 454)
b. After having given you this Account of *Peter Hush*, I proceed to that vertuous Lady, the old Lady *Blast*, who is communicate to me the

private Transactions of the Crimp Table, with all the *Arcana* of the fair Sex. The Lady Blast, *you must understand*, has such a particular Malignity in her Whisper, that it blights like an Easterly Wind, and withers every Reputation that it breaths upon. (No. 457)

例6(a, b)では、*you must believe, you must understand* ともに、聞き手がすぐには信じないであろう事柄に対して相手を納得させる機能を果たしている。

(7) a. I know a considerable Market-town, in which there was a Club of Fat-Men, that did not come together (*as you may well suppose*) to entertain one another with Sprightliness and Wit, but to keep one another in Countenance: (No. 9)

　b. Your Grace's Displeasure, and my Imprisonment, are things to so strange unto me, as what to write, or what to excuse, I am altogether ignorant. Whereas you send unto me (willing me to confess a Truth, and so obtain your Favour) by such an one, whom you know to be mine ancient professed Enemy, I no sooner receiv'd this Message by him, than I rightly conceiv'd your Meaning; and if, *as you say*, confessing a Truth indeed may procure my Safety, I shall with all Willingness and Duty perform your Command. (No. 397)

例7(a, b)では、*as you may well suppose, as you say* ともに話者が相手の意見に同意を示し、同時に相手の社会的距離を縮めるのに使用されている。*as-* 節は2例しかなかったが、もともとこの形式では数が少ないことは、他の研究でも同様である (Brinton 2008; Fitzmaurice 2004 参照)。

4. 結論

本稿では、interpersonal comment clause が the *Spectator* において読者を巻き込むことに少なからず貢献していることを示した。その理由として、

interpersonal comment clause が、話者が聞き手に同意を求めたり、自分の主張の正当性を示したり、あるいは聞き手を話者の話に巻き込むことを聞き手の体面を傷つけることなく可能にしている、すなわち 'politeness marker' としての機能に因るものと考えられる。

特に comment clause の中でも、interpersonal comment clause は、後期近代英語以降に急速に発達してきたことから(Fitzmaruce 2004)、この時代を代表する市民の読み物であった the *Spectator* を分析したことは意義のあることと言えよう。今後は、登場人物の身分や話者と聞き手の社会的関係などを考慮しながら、ドラマなどのテキストを分析することにより、更に comment clause の機能が明らかになると思われる。

注

1 Addison と Steele は、架空の人物である Mr. Spectator に現実感を持たせるために、初号に Mr. Spectator の歴史背景について、詳細に述べている。
 (1) I was born to a small Hereditary Estate..... Upon the Death of my Father I was resolved to travel into Foreign Countries, and therefore left the University..... I have passed my latter Years in this City, where I am frequently seen in most publick Places, tho' there are not above half a dozen of my select Friends that know me;.....(No. 1).

2 comment clause という用語については、他にも 'parentheticals'(Fischer 2007); 'pragmatic markers'(Van Bogaert 2006); 'epistemic parentheticals'(Thomposn and Mulac 1991) が提示されている。Brinton(2008: 18) は、comment clause を pragmatic marker の下位区分としているが、pragmatic marker と parenthetical の両方の特徴を備えていると述べている。また、Fitzmaurice(2004: 432)は、discourse marker と comment clause について "the lack of a clear distinction between a categories of discourse markers and comment clause that can be consistently applied leads me to treat the two interchangeably in the present account" と述べている。

3 Quirk et al.(1985: 1114–1118)は、他にも次のようなタイプを提示している。
 Type 1(a): They hedge, ie, they express the speaker's tentaiveness over the truth value of the matrix clause.(e.g., *I guess, I think, I expect*, etc.); Type 1(b): They express the speaker's certainty.(e.g., *I know, I see, I claim*, etc.); Type 1(c): They express the speaker's emotional attitude towards the content of the matrix clause.(e.g., *I hope, I fear, I regret*, etc.).

Type 2: They are introduced by *as*(*as you say*, *as I can see*, etc.).

Type 3: They are nominal relative clauses, *to*-infinitives, *-ing* clauses, *-ed* clauses(e.g., *what's more surprising, to be honest, broadly speaking, stated quite simply*, etc.)

4　Quirk et al.(1985: 1116)は、次のような例を挙げて、*as*-clause と *as*-less clause の命題の真理に関与するか否かの違いを指摘している。
  (i)　a.　George is, as you said, a liar (*but I don't believe it).
    b.　George is, you said, a liar (but I don't believe it).

5　Akimoto(2000)は、動詞 pray が courtesy marker へと発達した歴史的プロセスを文法化の観点から論じている。

6　interpersonal comment clause は 45 例しか確認できなかったが、書簡に使用が集中していた。また、the *Spectator* における comment clause の総計は 586 例であり、全体として comment clause が高い頻度で使用されていることが示されている (Yamamoto 2010: forthcoming)。

7　Fitzmarice(2004: 445)は、comment clause の一連の発達を次のように提案している。

Subjective →	Intersubjective →	Interactive
Complement clause	Complement Clause	Discourse marker/comment clause
(Epistemic) stance	(Epistemic) stance	
First person	Second person	Second person/Ø person marking
I see/I say	you know/you see	as you say/you know　see/say

しかしながら、Brinton(2008: 103)では、*as you say* は中英語期すでに一般的であったことからこのプロセスに異を唱えている。

8　*you see* は話者が聞き手を納得あるいは説得させるような付加的機能を持っている (Brinton 2008: 135)。

参考文献

Akimoto, Minoji.(2000)"The Grammaticalization of the Verb 'Pray'." In Olga Fischer, Anette Rosenbach and Dieter Stein(eds.), *Pathways of Change*, 67–84. Amsterdam: Benjamins.

Bond, Donald F.([1]1965, [2]1987) *The Spectator*. Oxford: Oxford University Press.

Brinton, Laurel J.(2008) *The Comment Clause in English*. Oxford: Oxford University Press.

Brinton, Laurel J.(1996) *Pragmatic Markers in English*. Berlin: Mouton de Gruyter.

Erman, Britt.(2001)"Pragmatic Markers Revisited with a Focus on *you know* in Adult and Adolescent Talk." *Journal of Pragmatics* 33, 1337–1359.

Fischer, Olga.(2007) *Morphosyntactic Change: Functional and Formal Perspectives*. Oxford: Oxford University Press.

Fitzmaurice, Susan.(2004)"Subjectivity, Intersubjectivity and the Historical Construction of

Interlocutor Stance: From Stance Markers to Discourse Markers." *Discourse Studies* 6/4, 427–448.

Hayashi, Nozomi. (2002) "Modality in *The Spectator*: Negotiating Interpersonal Meanings." *Studies in Modern English* 18, 23–46.

Jucker, Andrea H. (2008) "Politeness in the History of English." In Dury, Richard et al. (eds.), *English Historical Linguistics 2006* vol. II *Lexical and Semantic Change*, 3–29. Amsterdam: Benjamins,

Jucker, Andrea H. and Smith, Sara W. (1998) "And People Just You Know like 'wow' Discourse Markers as Negotiating Strategies." In Jucker, Andrea H. and Ziv, Yael (eds.), *Discourse Markers: Descriptions and Theory*, 171–201. Amsterdam: Benjamins,

Klein, Lawrence. (1994) ""Politeness" as linguistic ideology in late seventeenth- and eighteenth-century England." In Stein, Dieter and Tieken-Boon van Ostade, Ingrid (eds.), *Towards a Standard English 1600–1800*, 31–50. Berlin: Mouton de Gruyter.

Quirk, Randolph, Greenbaum, Sydney, Leech, Geoffrey and Svartvik, Jan. (1985) *A Comprehensive Grammar of the English Language*. London: Longman.

Thompson, Sandra A. and Mulac, Anthony. (1991) "A Quantitative Perspective on the Grammaticalization of Epistemic Parentheticals in English." In Traugott, Elizabeth C. and Heine Bernd (eds.), *Approaches to Grammaticalization: Focus on Types of Grammatical Markers*. vol 2, 313–329. Amsterdam: Benjamins.

Van Bogaert, Julie. (2006) "*I guess*, *I suppose* and *I believe* as Pragmatic Markers: Grammaticalization and Functions." *BELL* 4, 129–149.

Wright, Susan. (1994) "The Critic and the Grammarians: Joseph Addison and the Prescriptivists." In Stein, Dieter and Tieken-Boon van Ostade, Ingrid (eds.), *Towards a Standard English 1600–1800*, 243–284. Berlin: Mouton de Gruyter.

Yamamoto, Shihoko (2010) "The Comment Clause in the *Spectator*" forthcoming.

NP of NP 句の文法化

No End of の場合

山﨑　聡

1. はじめに

　Denison(2001: 133f.)は、NP1 of NP2(NPN)の部分構造(partitive construction)は、通時的にみると、当初(1a)であったものが、(1a)と(1b)の構造が並立する段階を経て、(1b)へと移行するものが多いとしている。そして、現代英語(PDE)では個々の NPN 句によって、(1b)の近さに段階的な差異が認められると主張する(ibid.: 133)。

（1）a.　[NP1 [of NP2]] NP1 が主要部で、それを [of NP2] が後置修飾
　　 b.　[[NP1 of] NP2]] [NP1 of] が複合決定詞(Complex Determiner)として機能し、それが NP2 を修飾；NP2 が主要部

　Traugott(2007, 2008a, b)は、部分構造が(1a)から(1b)へと再分析される過程をより具体的に考察している。一連の変化の過程は、a lot of については概略(2)のように例示されている(Traugott 2008b: 231f.)。[1]

（2）　**Step I, (expanded) partitive use**
　　　Mrs. *Furnish* at St. *James*'s has order'd *Lots of* Fans, and China, and India Pictures to be set by for her, 'till she can borrow Mony to pay for' em.
　　　　　　（1708 Baker, *Fine Ldady's Airs* [LION, English Prose Drama]）

Step II, complex quantifier [ComQ] use (a), followed by degree adverbial use (b)

a. Sir, there's *a lot of* folks below axing for—are you a Manager, Sir?
(1818 Peake, *Amateurs and Actors* [LION, English Prose Drama])

b. "If Marilla wasn't so stingy with her jam I believe I'd grow *a lot* faster." (1909 Montgomery, *Anne of Avonlea* [UVa])

Step III, free degree adjunct use

My house faces east and is built up against a side-hill, or should I say hillside? Anyway, they had to excavate *quite a lot*.
(1847 Stewart, *Letters of a Woman Homesteader* [UVa])

(2)の Step I では、lots は「集まり」といった名詞的な意味を保持している部分構造の段階である。ところが、この「…の集まり」という概念は、NP2 が Step I の例文のように複数名詞の場合には、「たくさんの…」という数量 (quantity) の概念への推論を招きやすく、19世紀までに a lot of の ComQ としての用法が発達する (Step II の用例 (a))。次に、1900年頃より Step II の (b) のタイプが、さらに遅れて Step III の動詞句修飾の用法が生まれる (Traugott 2008b: 231)。[2]

No end of も a lot of と同様、PDE において大きな数量を表す ComQ として (3)、また、程度が大きいことを表す程度副詞として (4) 用いられる。（以下、用例中のイタリック体・下線は筆者による。）

(3) a. Both of us caused Mother *no end of* anxiety and trouble.
(BNC; BN3)[3]

b. We have had *no end of* calls from people wanting to invest in this project. (WB; oznews0020)

(4) Julian has cheered me up *no end*. (WB; sunnow0034)

本稿の目的は、no end (of) が ComQ へと再分析される動機や過程は a lot of 等とは異なる一方で、その主要部の NP1 が再分析を受けて、ComQ や程度

副詞の用法が派生した点では、no end of は他の ComQ と同様の変化の過程をたどったことを示すことにある。

一見、no end of は形容詞の endless のように、左から右へと線的に解釈され、再分析は起きたことはない、と思われるかもしれない。しかし、no end of の生起環境を通時的に観察すると、この句は以前は存在文に生起することが多かったものが、19世紀の半ば頃を境に急速にその生起環境が拡大することが分かる。つまり、no end of には再分析はないという主張の基では、以前の限られた分布も、その後の(急な)分布の拡大も説明することはできない。以下、2節で再分析が起こる以前の状況を、3節で再分析につながる no end に起きた意味・用法の変化を、4節で再分析の帰結をみる。5節で簡単に程度副詞としての用法の出現をみたのち、no end(of)が受けた変化の過程を鳥瞰する。最後に6節で、当該の変化が文法化の一般的特徴の多くを備えていることを確認する。

2. No end が主要部であった頃：1500–1840 年

ME のコーパス、CMEPV では、no end は、He is grete Lord and michel to praise, & *of* his michelnesses nis *non end*e. 'He is great Lord and much to be praised and of his greatness there is no end.'(CMEPV; *Psalm* 144, The earliest complete English prose Psalter)にみられるように、当該の意味では no end と of NP2 は不連続に用いられていた。UVa、PPCEME、Lampeter、PG からダウンロードした 1701–1900 年が初版の諸作品(イギリスの小説と non-fiction から成る 1,500 万語弱)と、*OED2* の引用文に対する検索では、[4] no end of が当該の意味で連続した句でみられるようになるのは、1500 年代の初めである。上記のコーパスでは、no end of は、その出現から 1840 年までに 48 例が確認されたが、興味深いことに、その内、39 例までが存在文、残りの 9 例が see/find/know/come to の目的語、という極めて限定された環境で用いられていた。[5] これらの用例では、no end of は「…には際限がない」という文字通りの意味で用いられることが多いが、この点については 3 節で改めてみる。本節では、この間、no end は NPN 句の主要部であったことを

みる。

　まず、既に初期近代英語期には、存在文の意味上の主語は不定でなくてはならなかったので(cf. 宇賀治(1984: 518)、Denison(1998: 213))、(5)の NPN 句の主要部は定的な NP2 ではなく、不定の(no)end のはずである。また、仮に no end of が「複合形容詞」などの修飾句であったと仮定すると、それは完全な(full-fledged)NP である NP2 を修飾することになり、この点からも NP2 は主要部とはみなせない。

（5） "When the cardinal saw that there was *no end of* this matter [=argument], he made a sign to the fool to withdraw, turned the discourse another way, and soon after rose from the table, and, dismissing us, went to hear causes.　　　　(1516 UVa; Thomas More, *Utopia*.)

この"(there is)no end of ＋定名詞句"のパターンは 1830 年頃まで頻繁であった。

　次に、この時期では、(6a)のように、NP2 に動詞的動名詞が、(6b)のように、it、them、this のような代名詞がくるがことが時にあった。いずれの場合も NP2 は完全な NP であるので、no end of がそれを前置修飾するとは解釈できず、(no)end の方が主要部のはずである。

（6）a.　There is *no end of* my giving you trouble with packing me up cases: I shall pay the money to your brother. Adieu! Embrace the Chutes, who are heavenly good to you, and must have been of great use in all your illness and disputes.
　　　　(1735 PG; *Letters of Horace Walpole, Earl of Orford, to Sir Horace Mann.*)
　　b.　You don't know the wickedness of the man for whose sake you think it worth while to quarrel with all your friends. You must not answer me. There will be *no end of* that.
　　　　(1748 PG; Samuel Richardson, *The History of Clarissa Harlow*, Vol. 2)

1500–1840 年に観察された 48 例の内 35 例は、上記のように、NP2 が何らかの完全な NP で、no end が主要部であることが形式的に判断できる用例である。残りは、NP2 が冠詞のつかない裸の NP であり、そのうちのおそらく 3 例を除いては、主要部が NP1 であるのか NP2 であるのかを判定する手がかりがない。一例として(7)を検討されたい。

(7) How uneven the ground is! Surely these excavations, now so thoroughly clothed with vegetation, must originally have been huge gravel pits; there is no other way of accounting for the labyrinth, for they do dig gravel in such capricious meanders; but the quantity seems incredible. Well! there [sic] is *no end of* guessing! 　　(1824 PG; Mary Milford, *Our Village*.)

NP2 は裸の NP であるので、これがそれだけで独立した NP を形成しているのか、(no end of に修飾される)N であるのか、形式上判定がつかない。しかし、前述したように、この時期の大方の用例は no end の方が主要部であると判断され、また、(7)のような表面的に判定がつかないものもその分析と矛盾することはない。したがって、この時期では(no)end は常に主要部として用いられており、文法的な再分析はまだ起きていない、と考えられる。[6]

3. 1740–1840 年の頃の no end の意味の変化と再解釈・再分析

　No end は 1840 頃までは依然、NPN 句の主要部として用いられていたが、この後に起こる、no end of の生起環境の急な変化に先立つ 100 年ほどの間に、(no)end に意味・用法上の変化が進行しつつあった。本節では、この変化とそれが no end of の再解釈と文法的な再分析につながったことをみる。

　筆者は、2 名のインフォーマントに、1500 年代の初めから 1900 年までの no end of の用例について、十分な文脈を提示しつつ、no end(of)が次の(A)

～(C)のいずれの意味・用法で用いられているかの判断を依頼した。つまり、(A) – 文字通りの「(…に)際限がない」、(B) – (誇張的に)「途方もなくたくさん」、(C) – (A)(B)であいまい、どちらともとれる、の3つである。[7] その結果は以下のようである。表中のⅠ、Ⅱはそれぞれのインフォーマントを表す。

表1　2名のインフォーマント(Ⅰ、Ⅱ)による no end (of) の解釈

	1500–1740 Ⅰ	1500–1740 Ⅱ	1741–1800 Ⅰ	1741–1800 Ⅱ	1801–1840 Ⅰ	1801–1840 Ⅱ	1841–1900 Ⅰ	1841–1900 Ⅱ
A	18	19	7	4	5	4	7	7
B	4	5	2	5	6	5	91	89
C	2	0	3	3	1	3	7	9
	24	24	12	12	12	12	105	105

　前節でみた用例では、2名とも、(5)は(A)、(6a)は(B)、(7)は(C)とそれぞれ判断した。(6b)は判断が割れ、ひとりは(A)、もうひとりは(B)と判断した。表1から、no end は1500年–1740年(第1期として言及)では(A)の意味で用いられる傾向があるのに対して、1841年以降(第3期として言及)では通例(B)の意味で用いられることが分かる。この2つの時期の間の、1741–1840年(第2期として言及)は、インフォーマントによってやや差があるが、Aに対してBの用法が増えつつあり、また、両者であいまいに取れる(C)の事例も相対的に目立つ、第1期から第3期への移行期と言えよう。移行期であったことは、3つの期間の用例に対するインフォーマントの判断の揺れにも反映されている。つまり、第1期、第3期の用例については、2名のインフォーマントとの間で判断が異なることは少なく、(A)または(C)のいずれかに分類され、あいまいと判定された用例は少なかった。しかし、第2期の用例については、表1にも反映されているように、2名の間で判断が異なる用例も時にあり、(A)と(B)であいまいと判定されるもの(C)も相対的に目立った。

　前節で主張したように、第2期においても NPN 句の主要部は依然 (no) end であったが、no end が文字通りではなく、誇張的に「途方もなくたくさ

ん」のように解釈され(う)る事例が相対的に増えたことで、(there is) no end of NP2 は「NP2 が途方もないほど(たくさん)ある」から「途方もないほど(たくさんの)NP2 がある」と線的に再解釈されつつあったのではないかと考えられる。[8] いずれに解釈しても、結果は実質的に変わらない。このような再解釈は、NP2 が動名詞(6a)や代名詞(6b)である場合には起こりにくかったと思われるが、(7)のように NP2 が語彙的な(特に裸の)NP である場合に再解釈は起こりやすかったと考えられる。そして、この no end of の再解釈とその後の文法的な再分析は、同様の意味をもつ a great/good deal of、a heap/heaps of や当時台頭してきた a lot/lots of 等の ComQ の存在により促進、または確かなものとなったと考えられる。[9]

4. 再分析の帰結：19 世紀後半以降

　No end of は再分析が起こる以前は、存在文をはじめ少数の限られた環境にのみ現れたが、いったん「とてもたくさんの」の意味の(誇張的な)数量詞として確立すると、その分布は爆発的に拡大する。いくつか用例を挙げると、no end of は、(8a)では目的語の NP に、(8b)では PP に、(8c)では主語 NP にそれぞれ生起している。いずれの事例でも、NPN 句の NP2 の方が周辺の要素と主題関係を成し(それぞれの用例中の下線部分を参照)、no end of は NP2 を修飾する ComQ としてしか解釈できない。(例えば、(8a)で動詞に選択されているのは pipes であって、(no)end ではない。)[10]

(8) a. Now if I was to go and leave you and the children, a pretty noise there'd be! You, however, can go and <u>smoke</u> *no end of* <u>pipes</u> and—YOU DIDN'T SMOKE? It's all the same, Mr. Caudle, if you go among smoking people.
　　　　　　　(1846 PG; Douglas Jerrold, *Mrs Caudle's Curtain Lectures.*)
　　b. The fondness of Ruth, which was scarcely disguised, for the company of agreeable young fellows, who talked nothings, gave Alice <u>opportunity for</u> *no end of* <u>banter</u>.　　(1873 UVa; Mark Twain, *The Gilded Age.*)

c. Howe's and Singer's and *no end of* other machines have come since then, and yet there is work for women to do.

（1878 UVa; James Richardson, *Our Patent-System, and What We Owe to It.*）

No end of はその他にも、動詞句の付加部や、Nanny was *no end of* help. のように、be 動詞の補部の位置に現れるなど、要するに、many や much などの数量詞が現れるのと同じ環境に現れるようになったと言える。

No end of が ComQ として再分析されたことの帰結としてもうひとつ顕著なのが、NP2 の形である。3 節でみたように、再分析の前では、多くの NP2 に完全な NP が出現していたが、再分析の後では NP2 は裸の NP が原則となる。NP2 に代名詞や完全な NP が用いられることもごくまれにあるが、それは、(no)end の方が主要部として用いられる古いタイプのパターンが具現したもので、新しい ComQ の no end of とは別ものと理解される。（「おわりに」も参照）

5. 程度副詞用法の確立と no end of の変化の鳥瞰図

（8a）のように、no end of が ComQ として用いられていることがはっきりと分かる用例が継続的に現れるようになったのに少し遅れて、副詞的に形容詞を修飾する用法（9a）と NP2 の程度を強調する用法（9b）が観察されるようになる。そして、さらに少し遅れて、Traugott(2008b)で "free degree adjunct use" として言及されている、動詞句修飾の用例（9c）がみられるようなる。[11]

(9) a. "Oh! so that's why Mary called you back, and you didn't come to supper. You lost something. That beef and pickles was *no end* good."

（1857 PG; Thomas Hughes, *Tom Brown's School Days.*）

b. "Don't you let her [go into the river], Owen. She'll slip in, and then there will be *no end of* a row up at the house."

（1861 PG; Anthony Trollope, *A Castle Richmond.*）

c. The men deserve hanging, *no end*, but at the same time they are human, and entitled to some respect;

（1873 UVa; Ambrose Bierce, *The Fiend's Delight.*）

(9a, b)の用法の成立には、no end of が「途方もないほどたくさんの」という意味の単一の要素として再分析されたことが、前提にあると考えられる。つまり、no end of が当該の意味を獲得すれば、それが「途方もないほど、すごく…」（…は形容詞）や、NP2 が表す尺度の程度を高めて、「途方もないほどの、すごい…」（…は程度の尺度を喚起できる、言い換えれば、非有界的な(unbounded) a(n)N）に適応されるのは、十分にありうる推論であろう。

これまでみてきた no end of に起きた一連の変化は、(10)のように示すことができよう。

(10)　Step I　NPN 構造 There is no end [of NP2] 主に存在文で；end が主要部；no end は主に文字通りの意味で使用
　　　---no end が（誇張的に）解釈され（う）る事例が増加→再解釈と再分析
　　　Step II　（誇張的な）ComQ として [no end of] NP　使用環境の爆発的拡大
　　　Step III　形容詞修飾用法と NP2 の程度を強調する用法
　　　Step IV　動詞句修飾用法

この変化の過程は、Traugott(2008b)に示された(2)の a lot of 等がたどったそれと基本的に同じであることが分かる。No end of が ComQ として再解釈・再分析される動機や過程は、部分構造から派生した a lot of 等の ComQ のそれと異なるものの、ComQ として確立した後は、no end of は a lot of 等の ComQ と基本的に同じ変化を遂げたことが分かる。

6.　おわりに

本稿では、no end of の ComQ 及び程度副詞としての用法の発達の過程

を、他の ComQ のそれと比較しつつ考察した。Traugott(2008b: 234)は、sort/kind of も含めた様々な部分構造が ComQ や程度副詞へと変化する過程には、文法化の諸特徴がみられることを指摘している。そこで挙げられている点のほとんどは、no end of の場合にも当てはまることを最後に確認しておく。(i)No end の end は当初基本的には文字通りの具体的な意味を有していたが、再分析の後はより抽象的な意味を表すようになった(Traugott(ibid.)の(b))。(ii)NPN 句の主要部が交替したことで rebracketing が起きた(同(c))。(iii)もともと NP の no end から、形容詞さらに動詞句を修飾する程度副詞としての用法へと連続的に発達した(同(d, f))。(iv)PDE では、no end of は通例 ComQ または程度副詞として用いられるが、"there is no end of ＋代名詞"のように、end の方が主要部として用いられる古いタイプの構文が、利用されることもまれにはある。これは layering の事例と言える(同(i))。一方で、a lot of の場合とは異なり、no end of が ComQ に再分析されたことで NP2 の種類が抽象的なものにまで拡大するということは、no end of NP2 の場合には当てはまらない(同(e))。No end of NP2 は、end が主要部であった当時から、その意味から、NP2 には具体的なモノだけではなく、misery や pain などの抽象名詞、さらには、(6a)にみるように(動詞的)動名詞のような命題内容もくることがあった。No end of は、ComQ として再分析されたことで、むしろそのような命題とは相容れなくなったことがある。最後に、no end of は誇張的に数量が多いことを表す(表しうる)存在文、という局所的な環境にて再解釈・再分析を受けたと考えられるが、これは一般に文法化は局所的な環境で起こること(cf. Hopper and Traugott 2003: 2f.)と一致している。総合的にみて、no end of が ComQ、程度副詞へと発達した過程には、主要な文法化の特徴が関わっている。

注

1   Traugott(2008b: 230)によれば、a bit/bunch of も同じ変化の過程をたどった。(2)では、Traugott(ibid.)に示された初期の "Step I, limited partitive use" は省略して

ある。また、Traugott(ibid.)では、Step II の ComQ と形容詞を修飾する程度副詞として用法が "degree modifier use" として一括されている。しかしながら、a lot (of)、a bit(of)(Traugott(2008a: 29)を参照)や a heap/heaps(of)（OED2 の引用文に対する検索による）では、数量詞用法は程度副詞の用法に先立って観察される。また、論理的にも、例えば形容詞を修飾する程度副詞の「ずっと」は、まず a lot of が数量詞として単一の要素として確立したことを受けて可能となった、と考えるのが自然であろう。本稿ではこの立場に立ち、(2)では Step II を 2 段階に分けて提示した（実際、Traugott(2008a: 29)では、a bit(of) の当該の 2 つの用法は、CompQ ＞ 程度副詞として別の発達段階として提示されている）。なお、(2)の太字は筆者による。

2 Step III の用例は Step II の(b)よりも古いが、Traugott(2008a: 29)では a lot の後者の用例の出現は前者のそれよりも 100 年早いと述べられている。（実例は挙げられていない。）OED2 の用例検索でも、初出は、Step II の(b)のタイプは 1796 年、Step III のタイプは 1885 年であった。1885 年から副詞用法の a lot の用例が継続的に現れるが、当初は Step II の(b)のタイプの方が目立つ。

3 各コーパス・辞書の名称等は論考の終わりに提示する。

4 PG からとられた 29 例の該当例の内、21 例については、Google Books、Montclair State University の the Spectator Project や書籍を利用し、信頼できるとみなされる版で当該部分に誤りがないことを確認した。

5 調査では、OED2 の引用文については、コーパスで検索された用例が少なかった 1500 年代のものから、その意味・用法が明らかな 1 例のみを対象とした。

6 この分析に問題となるのが、次の OED2(s.v. n end)からの用例である。
　　　(i)　　1623 Bingham Xenophon 143 You.. made no end of promises.
(i)では promises が動詞 made に選択されているので、こちらが NPN 句の主要部で、no end of は ComQ として分析できる。しかしながら、OED2 の 1500–1840 年の引用文で、NP2 が明らかに主要部と分析される用例は、(i)以外に存在しない。(No end of が ComQ と分かる第 2 例は 1848 年のものである。）したがって、(i)はその場限りの(nonce)もので、ComQ の確立を意味するものではないと考えるのが妥当であろう。

7 インフォーマントは 2 名とも 50 歳前後の、MA を取得しているカナダ人男性で、それぞれ首都圏の複数の大学にて教鞭をとる英語教育の専門家である。

8 ここで「(there is)」を加えたのは、第 2 期で(B)または(C)に解釈される用例は、我々のコーパスではすべて存在文に生起していることによる。

9 Traugott(2007: 537)は、a lot/bit(of)などの数量詞や程度副詞の確立に、既存の数量詞の a great/good deal of、程度副詞の quite や all が寄与した可能性を指摘している。なお、no end が文字通りの意味で用いられることが多かった第 1 期の間は再解釈が起こらなかったのは、「際限のない」といった意味をもつモデルになる

ComQ が存在しなかったことがあったかもしれない。
10 (8a)は我々のコーパスにおいて、no end of が ComQ であることがはっきりと判定できる最初の用例である。
11 (9a)は我々のコーパスにおける当該の用法の初例である。(9b)の用法の初例も(9a)と同一の作品からのものである。(9c)は動詞句修飾の初例である。

コーパス・辞書

British National Corpus (BNC): http://www.corpora.jp/~scn2/bnc.html?page=top/
Corpus of Middle English Prose and Verse (CMEPV): http://quod.lib.umich.edu/c/cme/
Lampeter Corpus of Early Modern English Tracts (Lampeter)
Oxford English Dictionary (Second Edition) on CD-ROM (OED2)
Penn-Helsinki Parsed Corpus of Early Modern English (PPCEME)
Project Gutenberg (PG): http://www.gutenberg.org/
University of Virginia Modern English Collection (UVa): http://etext.lib.virginia.edu/etcbin/ot2www-pubeng?specfile=/texts/english/modeng/publicsearch/modengpub.o2w/
WordBanks*Online* (WB): http://www.corpora.jp/~scn2/wordbanks.html?page=top/

参考文献

Denison, David (1998) "Syntax." In Suzanne Romaine (ed.), *The Cambridge History of the English Language*, Volume IV: 1776–1997, 92–326. Cambridge: Cambridge University Press.
Denison, David (2001) "Gradience and Linguistic Change." In Laurel J. Brinton (ed.), *Historical Linguistics 1999*, 119–144. Amsterdam and Philadelphia: John Benjamins.
Hopper, Paul J. and Elizabeth C. Traugott (2003 [1993]) *Grammaticalization*. Cambridge: Cambridge University Press.
Traugott, Elizabeth C. (2007) "The Concept of Constructional Mismatch and Type-shifting from the Perspective of Grammaticalization." *Cognitive Linguistics* 18, 523–557.
Traugott, Elizabeth C. (2008a) "The Grammaticalization of *NP of NP* Patterns." In Alexander Bergs and Gabriele Diewald (eds.), *Constructions and Language Change*, 21–43. Berlin and New York: Mouton de Gruyter.
Traugott, Elizabeth C. (2008b) "Grammaticalization, Constructions and the Incremental Development of Language: Suggestions from the Development of Degree Modifiers in English." In Regine Eckardt, Gerhard Jäger, and Tonjes Veenstra (eds.), *Variation, Selection, Development: Probing the Evolutionary Model of Language Change*, 219–250. Berlin and New York: Mouton de Gruyter.
宇賀治正朋(1984)「統語論」荒木一雄・宇賀治正朋(1984)『英語史ⅢA』「英語学大系

10巻」274-542. 大修館書店.

第 7 部

英語史・文献学

ME 神秘主義散文における Word Pairs

A Revelation of Love * を中心に

片見彰夫

1. はじめに

　ワードペア(word pairs)とは、war and peace, touch and go, up and down 等 and で結合した二項語のことである。この形式は既に *Beowulf* にみられるだけではなく、ラテン語の一語を訳すために OE 二語を and で連結する表現でも既に生じていた。そして今日においても慣用表現等に多く現れているところから、英語散文の伝統を継承する 1 つの特徴と考えられるものである。

　Julian of Norwich によるイギリスの女性最初の散文 *A Revelation of Love* (以下 *Revelation*)[1] においてもワードペアは頻出している。この時代は Geoffrey Chaucer の活躍とほぼ同時期であることから、英語の文学上の価値確立と当散文との関連性からも注目される点である。本稿では Julian が 1373 年、30 歳の時に記したショート・テクスト(ST)と 20 年間の再考後、精神的成熟に伴いほぼ 6 倍の長さに書き直されたロング・テクスト(LT)のワードペアの特徴を考察する。Stone(1970: 29)でも述べられているように、Julian は分析的思考を有した知性的な神秘主義者であり、自己の幻視(vision)とその帰結を注意深く考察した。そして彼女は自らを無学とへり下りながらも、聖書や神学に精通し、諸霊識別の熟練者として人々から尊敬されていたという。[2] 知性的な Julian は教えの効果を高めるためにワードペアをどのように用いていたのであろうか。

　Jespersen(1905: §98)はフランス語を英語と組にした場合、後者が意味解釈の働きを果たすことを述べるが、Chaucer では異なり、意味を強調することが目的であったという文体上の要因をあげている。では、他の ME 作品ではどのようになっているのであろうか。本散文の特徴を浮き立たせるため

に、先行研究を通じ ME での特徴をごく簡単に挙げたい。

　1200 年頃の韻文 *The Owl and the Nightingale* を題材とした Kikuchi（1995）では、ワードペア使用に際して口語的特徴を意図した音調(rhythmical patterns)の重要性を第一に挙げ、韻文か散文かといったジャンルの違いによっても働きが異なることを指摘する。13 世紀初期の The Wooing Group を対象とした谷(2003)ではワードペア使用の主目的は頭韻や理解困難な語の説明ではなく、主題内容の強調である点を結論として示している。1300 年頃に書かれた韻文ロマンス *Amis and Amiloun* を扱った Shimogasa(2001) は、当作品では OE から存在する本来語が大部分を占めており、ワードペアは受け手たる聴衆が話の流れについていく助けとしての働きを果たしていることを述べている。そのため、定型に沿ったペアが用いられており、多くが月並みな紋切り型であったことを明らかにした。これは Chaucer における用法とは異なるものである。一方、Miwa and Li(2003)によれば、15 世紀の Caxton 自身による散文のワードペア中で外来語を起源とする語が多用されており美文調等、英語文体の洗練に一役を担ったと結論で述べている。では、Julian がワードペア使用に込めた創意とは何であったのであろうか。

　Wilson(1956: 97–99)はワードペアの二項間の意味関係に着目し anaphora, antistrophe, antithesis の用例を指摘している。しかし生起例すべてに亘っての傾向を示したものではない。Stone(1970)は繰り返し表現を列挙しているが、ワードペアのみを対象としたものではなく、かつ使用例数には言及していない。本論考では以下、第 2 章で品詞、及び構成要素間の意味関係と語源構成の観点から Julian と思想的交流の深い Margery Kempe の *The Book of Margery Kempe* における Koskenniemi(1975)による生起状況との比較を通して *Revelation* のワードペアの特徴を考察したい。また当時、神秘主義に多大な影響を及ぼした Walter Hilton の著作 *The Scale of Perfection* を Julian も Margery も読んだことは確実であろうことから、その中における生起状況についても適宜言及する。さらに ME 韻散文 54 編を含む Corpus of Middle English Verse and Prose にあたり、ME 全体における状況についても検討する。第 3 章では Julian によるワードペアの文体上の効果を述べ、第 4 章でまとめる。なお、3 語以上を連ねた組については本稿の対象とはしない。

2. *Revelation* に生起する Word Pairs の分析

2.1. 品詞

表1　*Revelation* におけるワードペアの品詞と生起数、比率%

品詞	ST	LT
N and N	63(52.1%)	373(57.9%)
V and V	15(12.4%)	106(16.5%)
Adj and Adj	23(19.0%)	103(16.0%)
Adv and Adv	20(16.5%)	62(9.6%)
Total	191(100%)	644(100%)

　現代英語にも共通する点と思われるが、両テクスト共に名詞のワードペアが最も多く生じている。他品詞での生起率はいずれも 10〜19% である点、そして押韻している例がすべての品詞で少ない点も共通している。各テクストで and をはさむ前後が逆の組み合わせも含め3回以上用いられている頻度の高いワードペアは以下の通りである。

LT

N and N: ioy and blisse / mercy and grace / ioy and liking / rest and pece / worship and ioy / worship and bliss / vertue and grace / will and worship / pite and love / love and grace / understondyng and knowing / (in)hevyn and (in)erth / wele and wo / ruth and pite / good and wisedome

V and V: saw and understode / behold and see / see(saw)and feel(felt)/ sen and known / wetyn and knowen / groundid and rotid / thanking and prayseing / knowen and lovid / tremelyn and quakyn

Adj and Adj: herd and grevous / glad and mery / wide and syde / low and simple / meke and myld / kind and grace / swete and delectable

Adv and Adv: gostly and bodily / mekely and mytyly / merily and gladly

ST

N and N: ioy and blysse

V and V: answered and sayde

Adj and Adj: gladde and mery

　品詞に関わらず、すべて宗教的な内容を含むものであり、ワードペアの用法がテーマと密接に関連していることが分かる。*Revelation* 以前のテクスト The Wooing Group では副詞のワードペアは皆無であり、*Amis and Amiloun* においてもごく稀であることから、副詞どうしの組み合わせが増えている点は現代英語に通じる 1 つの特徴として指摘できよう。

2.2. 構成要素間の意味関係

　ST、LT 両方とも押韻を含む音調効果が出ている例は多くないことから、主に意味上の効果を高めるためにワードペアを用いていることが分かる。

　Koskenniemi は *Margery Kempe* のワードペアの構成要素間の意味関係について、以下の 3 項目に基づき分類している。

 i. 同義あるいは類義(synonymous or nearly-synonymous)
 ii. 換喩、意味の隣接関係によるつながり(metonymic, associated by contiguity of meaning)
 iii. 相補的あるいは反意(complementary or antonymous)

表 2　ST、LT、*Margery Kempe* における生起状況

	syn	met	comp or ant
ST	69(57.0%)	45(37.2%)	7(5.8%)
LT	362(56.2%)	212(32.9%)	70(10.9%)
Margery Kempe	159(60.7%)	77(29.4%)	26(9.9%)

　意味ジャンルごとの *Revelation* に表れるワードペアには以下の例がある。

i.　同義あるいは類義

alle the peynes of cryste as halye kyrke *schewys & techys*, (ST i: 39)[3](キリストの教え)

I was *in al peace and in reste* that there was nothing in erth that should a grevid me.(LT xv: 23)(信仰に裏付けられた心の安寧)

ii. 換喩、意味の隣接関係によるつながり

God has made waterse plenteuouse in erthe *to our service and to owre bodylye eese*, (ST viii: 50)（神からの恩寵）

Thus arn synnes forgoven be *mercy and grace* and our soule worshipfully receivid in ioye, (LT xl: 55)（イエスの崇高さ）

iii. 相補的あるいは反意

God wille that we take hede of his worde and that we be euer myghtty in sekernesse, *in wele and in waa*. (ST xxii: 74)（いかなる時でも神の言葉に耳を傾けることの重要性）

And the Godhede ruleth and gemeth *hevyn and erth* (LT lxvii : 109)（現世とキリストの世界の対比）

構成要素間の意味関係において同義では *Margery Kempe* の割合が若干高い一方、隣接した意味関係では *Revelation* の方が数が多い。特にこの傾向は名詞以外のワードペアに多く表れている。これは意味の隣接関係を用いることで、同義語の繰り返しによる単調さを避けるのみならず、内容の拡張を行うという Julian の意趣が働いたためと考えられる。

2.3. 構成要素間の語源構成

表3　各語の語源

1st word + 2nd word	ST	LT	*Margery Kempe*
Anglo-Saxon + Anglo-Saxon	62(51.2%)	324(50.3%)	86(32.8%)
Romance + Romance	16(13.2%)	68(10.5%)	52(19.8%)
Anglo-Saxon + Romance	17(14.1%)	105(16.3%)	65(24.8%)
Romance + Anglo-Saxon	19(15.7%)	82(12.7%)	47(17.9%)
Romance + Old Norse	1(0.8%)	9(1.4%)	2(0.8%)
Old Norse + Old Norse	0(0%)	1(0.1%)	0(0%)
Old Norse + Anglo-Saxon	0(0%)	25(3.9%)	4(1.5%)
Old Norse + Romance	2(1.7%)	9(1.4%)	3(1.2%)
Anglo-Saxon + Old Norse	4(3.3%)	22(3.4%)	3(1.2%)

比較対象とするために併記した *Margery Kempe* の用例数については、前掲の Koskenniemi を参考とした。なお、ギリシア語由来のラテン語から英語に借入された場合はラテン語(Romance)とみなした。Shimogasa(2001)によれば、*Amis and Amiloun* のワードペアは大部分が親しみ深い本来語を語源としているが、*Revelation* では外来語起源の語も多く、ラテン語からの影響の濃い宗教散文の特徴がうかがえる。

Revelation と *Margery Kempe* では、本来語の割合が前者の方が高く、後者では古フランス語を主に、アングロフランス語、ラテン語を含むロマンス語系の外来語の割合が高めである。そして日常語となっていた古ノルド語を語源とする割合も、用例数は少ないながらも、*Revelation* の方が多い。ここから Julian は親しみがあり、感情移入されやすい本来語や日常語を中心的に用いることを通じて、彼女の教えに耳を傾ける人々の心を掴もうとしていたことが考えられる。では、外来語を含む場合 Julian はワードペアに説明的な組み合わせを意識して取り入れていたのであろうか。本来語とロマンス語系のペアにおける意味関係に目をむけ、ここでは執筆年からあまり隔たりのない 1300 年頃にフランスから借入された、形容詞(副詞)comfortable (comfortably)、名詞 voice と動詞 restore の 3 語を取り上げる。

comfortable は親しみの深い本来語 good の後に位置する *goode and comfortabylle*(ST iv: 43)が、LT では同ペアが存在しながらも(v: 7)、同時に同語が本来語の前に置かれる *comfortably and lively*(x: 16)も生じている。また同じ頃にアングロフランス語から借入された voice は単独に用いられることがありながらも、以下のような説明がワードペアによって添えられている。

withowten voice and withowten openynge of lyppes(ST xxii: 74)
without voice and openyng of lippis(LT xiii: 20)

restore も単独に用いられることがありながらも、以下のように意味の補足としてのワードペアも存在する。

it shall be *restorid and browte ageyn* into him be the salvation(LT lxii: 102)

一方、本来語に意味の補足を行う場合もある。

his derworthy children *be born and forth browte*(LT lxiii: 103)

　以上から Julian は単なる説明的な用法の枠を外れ、文体的な要因からワードペアを用いたことが分かる。この傾向は本稿 1 で紹介した Jespersen が指摘するところの Chaucer だけに留まる特徴ではないことが主張できるであろう。これら文体上からの視点については本論 3 で後述することにする。

2.4. ST と LT との比較

　重複を除いたワードペアの数は、ST では 121 例、LT では 644 例がある。その中で両テクストに現れるペアが 62 例存在する。Julian の神秘主義思想形成に何らかの影響を及ぼしたと考えられる人物として Walter Hilton の名が挙げられる。彼の散文 *The Scale of Perfection* で現れ、また ST と LT 両方で用いられているワードペアには、and をはさむ前後が逆の組み合わせを含めると、以下の 15 例が存在する。なおスペリングは現代綴りに統一して記す。
heart and soul / see and know / highest and worthiest / joy and bliss / love and like / preach and(or)teach / preaching and teaching / mourn and sorrow / reason and discretion / bodily and(or)ghostly / merrily and(or)gladly / pity and compassion / rest and peace / virtue and grace / dread and love

　ST か LT どちらか一方に用いられたワードペアも含めれば、Hilton と重複する組み合わせが更に増すであろうことから、*Revelation* のワードペアには Julian の独創とは限らないものが多く含まれていたことが想定される。では、ME の他作品においてこれらのワードペアは現れているのであろうか。
　Corpus of Middle English verse and prose での結果は表 4 の通りである。

表 4 ST、LT、*The Scale of Perfection* 共通ワードペアの ME 他作品における生起状況

ペア (生起数)	宗教散文	宗教以外の散文	宗教韻文	宗教以外の韻文	翻訳
h & s(2)	1			1	
s & k*(5)	3			1	1
h & w(1)		1			
j & b(32)	7	3	11	11	
p & (or) t(1)	1				
p-ing & t-ing(1)	1				
m & s(1)			1		
r & d(2)				2	
b & (or) g*(38)	21	1		13	3
p & c*(7)	2	4			1
r & p*(48)	13	7	5	18	5
v & g*(14)	10	3		1	
d & l*(7)	3		2	1	1
Total	62	19	19	48	11
Grand Total			159		

注 1：ペアの項目は各ワードペアの単語最初の文字で表記した。
注 2：* のついたペアは and 前後の語が入れ替わる場合も含む数である。
注 3：love and like、merrily and (or) gladly は用例なし。

総数 159 の内、宗教関連の文献に含まれるものが 81 組あった。そこで顕著な点は神秘主義思想の先達 Richard Rolle によって手がけられた文献に既出するペアが多数含まれていることである。8 種類のワードペアに既出しており、その数も 25 を数えた。また Wycliffe 散文や聖書との重複も複数回生じていることから、Julian は自ら文献を読み込むことで神の啓示への理解を深め、同時にその表現形式も血肉として消化していったといえるであろう。その一方では、*The Canterbury Tales* と重なる例も多く、7 種類のワードペアで、35 の用例数がみられる。Chaucer は Julian とほぼ同時代の人物であるため、当時の定型表現と考えることも可能であろう。ST、LT のいずれかに生起するものも含め、網羅的な調査は今後の課題とする。

3. Word Pairs が果たす文体上の効果

　Revelation では頭韻を伴うワードペアが多数でないところから、意味上の効果を高める働きの方が主であったと考えられる。その内容は主題である「神からの啓示」とそれを授かる「人間の恭しさ」を際立たせる働きが多い。神の崇高さを表したワードペアには以下のようなものが挙げられる。
・神の力強さと思慮深さ
　And *as mygty and as wyse* as God is to save man, (LT xl: 56)
・神の慈愛と恩寵
　, be *his mercye & his grace*, for he has made me thereto.(ST iv: 44)

神に対する人間の恭しさを表したものには以下のような例がある。
・神の教えを忠実に信頼して履行することによる祝福を説く
　Take now hede *faithfully and trostily*(LT xxxii: 44)
・神の教えを真摯に受け止める姿勢
　so may and so shulde ylke man do that *sees it & heres it* with *goode wille and trewe menynge*.(ST vi: 47)

　また場面展開においての役割も果たしている。見て感じたことを時系列で示すことで、啓示を得た過程を生き生きと読者に伝えている例である。
　for I *saw and felt* that his mervelous and fulsome goodnes fulfillith al our mytys;(LT xliii: 61)

　反意のペアでは、対義の語を組み合わせることで包括的に全体を意味する働きが目立っている。
・聖職者について
　for himselfe is *nerest and mekest, heyest and lowest*, and doith all(LT lxxx: 129)
・教会の教え
　if I shall levyn here, for knowyng of *good and evill*, wherby I may be reason and grace the more depart hem on sundre, and *loven goodnes and haten evill* as holy

church techyth. (LT 1: 71)

次は相補、反意ペアの連続により、イエスの贖罪を劇的に表現する例である。

he bare for vs *in this lyfe and in his dying*, and alle the *paynes and passyons* of alle his creatures, *gastelye and bodelye*. (ST xiii: 60)

定型的なワードペアを用いながらも、以上述べたような独創的な工夫も現れる。これは、主に大衆を対象とするロマンス *Amis and Amiloun* にはない Julian の文体上の洗練さがみられる点である。*Revelation* のワードペアはその大部分が神の啓示に関するものであることから、生起には中心テーマとの密接な関連があることが指摘できる。

4. おわりに

Wilson (1956: 99) は装飾を廃した Julian の文体が英語散文の明快さの先駆けとなったと述べているが、ワードペアにおいてもその主張は裏付けられている。この点は当散文のワードペアに文体装飾を意図したものは少ないことにも通じている。同じく神秘主義をテーマとしながらも頭韻を多用した Richard Rolle とは対照的である。Julian は彼の著作を読んでいたことは確実であり、思想的にも継承者とされるが、表現スタイルとしての文体面では彼女独自の技巧がワードペアの用法に発揮されている。

本論考と、他作品を扱った先行研究によって明らかになった点は、ロマンス、実用散文、そして韻文等ジャンルの違いによってワードペアの生じる文脈や働きが異なるということである。つまりワードペアは書き手によって用法の背後に異なる動機が存在する、文体的要素が反映された形式であると主張したい。Julian は神の愛の啓示という主題に沿った強調や場面展開において、ワードペアを有効に用いながら、自らの神秘体験を他者へ伝えることを意図したと考えられる。*Revelation* が広く読まれ、その思想が広汎に理解されたのはワードペアによる伝達力が寄与していたといえるであろう。

注

* 本書の意義をご教示下さり、また本稿の内容に関して有益なコメントを下さった宇賀治正朋先生(東京学芸大学名誉教授)に記して感謝申し上げます。

1 テクストのタイトルは Beer が *Revelations of Divine Love* であり、Glasscoe は *A Revelation of Love* としている。Glasscoe のテクスト xiii ページに述べられているその理由によると、当タイトルは Julian が啓示を授かった際の彼女の言葉からとったということである。つまり原典により忠実であると考えられることから本論考における表記も後者に従った。

2 Julian の英語散文史における貢献については久木田(2003: 63-66)に詳しい。本書には Julian の Kempe へ及ぼした影響、並びに Hilton、Rolle からの影響についても言及がある。

3 ローマ数字は各テクストの章、アラビア数字は頁を表す。

テクスト

Beer, Frances. ed (1978) *Julian of Norwich's Revelations of Divine Love*. The Shorter Version. Heidelberg: Carl Winter・Universitätsverlag.

Glasscoe, Marion. ed. (1976) *A Revelation of Love*, Exeter: University of Exeter Press.

Hilton, Walter (2000) *The Scale of Perfection*, Michigan: Medieval Institute Publications.

Corpus of Middle English Verse and Prose. http://quod.lib.umich.edu/c/cme/

参考文献

Jespersen, Otto (1905) (1938^9) *Growth and Structure of the English Language*. Oxford : Basil Blackwell.

Kikuchi, Kiyoaki (1995) "Aspects of Repetitive Word Pairs." *POETICA* 43, 1-15. Tokyo: Shubun International Co. Ltd.

Koskenniemi, Inna (1975) "On the Use of Repetitive Word Pairs and Related Patterns in *The Book of Margery Kempe*." In Rinbom, Hakan et al (eds.) *Style and Text, Studies Presented to Nils Erik Enkvist*, 212-218. Stockholm: Sprakaforlaget Skriptor.

久木田直江(2003)『マージェリー・ケンプ黙想の旅』慶應義塾大学出版会.

Miwa, Nobuharu and Su Dan Li (2003) "On the Repetitive Word-Pairs in English-With Special Reference to W. Caxton."『鹿児島大学法文学部紀要人文学科論集』58巻、49-66.

Shimogasa, Tokuji (2001) "Repetitive Word Pairs in *Amis and Amilloun*."『菅野正彦教授退官記念 独創と冒険―英語英文学論集』、21-39. 英宝社.

Stone, Robert (1970) *Middle English Prose Style*. The Hague・Paris: Mouton.

谷明信(2003)「初期中英語 the 'Wooing Group' の Word Pairs の用法とその特徴」『兵庫教育大学研究紀要』第 23 巻第 2 分冊、19-24.

Wilson, M (1956) "Three Middle English Mystics." *Essays and Studies* N.S.9. 87–112. London: John Murray.

Beowulf における複合語の
文体的効果について *

三木泰弘

1. 序論

　複合語は二語もしくは二語以上の語を結合した形態で、説明的な語句や文章を簡潔に表現できるという特徴がある。例えば、cradlesong「子守り歌」は cradle「揺りかご」と song「歌」から成り、この複合語は "song to lull a child in the cradle to sleep" と言い換えることができる。[1] 同様に、light-year「光年」は "a unit of length equal to the distance that light travels in one year" と説明することができる。[2] このように複合語を用いることで、長い説明や複雑な概念を表す語句を端的に表現することが可能となる。

　複合語は古英語にしばしば現れる。とりわけ詩においては極めて多く用いられ、例えば *Beowulf* においては、全語彙数約 3000 語の三分の一にあたる 964 語が複合語である。[3] これらの複合語は通常その第一要素で頭韻し、頭韻詩を作る際の重要な役割を担っていた。また、ケニングとして用いられることで場面描写をより鮮明にしたり、さらには場面の中で効果的に用いられることにより物語の展開にも重要な役割を果たしていた。

2. *Beowulf* における複合語の先行研究

　Beowulf における複合語の先行研究では、詩人の持つ創造性がしばしば言及される。Brodeur(1959)は、115 もの語が複合語の第二要素として用いられ、第一要素において他の詩よりも多様性がみられるとしている。[4] Niles(1983)は複合語を定型句との関連で分析し、複合語の作詞上の有効性について述べている。[5] Niles の研究により、作品固有にみられる表現の研究から

古英詩全体を視野に入れた研究へとかわっていった。一方で、Brady(1952; 1979; 1983)は複合語の現れる文脈を検証し、複合語の各要素が各場面で持つ語義や含意について詳細に論じている。本稿では、簡潔な表現という観点から複合語をとらえ、文脈や場面の展開との関係において複合語がどのように使われているか考えてみたい。

3. *Beowulf* における形容辞としての複合語

　Beowulf においては、多くの複合語が登場人物の形容辞(epithet)として使われている。民を治める王には「人民の王」を意味する folc-cyning や þeod-cyning が用いられ、また武将としての王は guð-cyning「戦の王」で表現される。その他 eorð-cyning「陸の王」や sæ-cyning「海の王」が用いられ、これらの第一要素においては王が支配する領土や領海が表されている。王が率いる戦士にも多くの複合語が用いられる。第一要素が武具を表すことが多く、gar-wiga「槍の戦士」や sweord-freca「剣の戦士」、lind-wiga「楯の戦士」などがその例として挙げられる。主人公ベオウルフが格闘する怪物にも形容辞としての複合語が使われ、怪物グレンデルは leod-sceaða「人民の敵」、man-scaða「罪の敵、罪深い敵」と呼ばれる。これらの複合語により、グレンデルが人類と敵対する恐ろしい怪物であることが分かる。

　複合語の第一要素である folc や þeod、guð といった語は各詩行で頭韻を踏むため、各場面においては意味の差異がないように思われる。[6] 例えば王を取り上げる場合、前述の複合語が自らの民を守るべく竜に戦いを挑むベオウルフ王を指す一方で、[7] 2733 行の folc-cyning は王の強大な力に脅えて手出しができない隣国の王らを指す。また、戦士を意味する語に関しては、剣で戦いに挑む戦士に gar-wiga が使われている。[8] しかしながら、頭韻のためだけに選択されていると思われる第一要素も、その文脈を検証してみると周囲の描写と関連していることが分かる。

4. *Beowulf* における複合語の文体的効果

　Beowulf における複合語には先行する描写をまとめるはたらきをするものがある。ベオウルフら一行がデネ王国に到着し、沿岸警備が彼らに尋問する場面では、沿岸警備がまず戦士らの上陸を目にする。

  Þa of wealle geseah weard Scildinga,
  se þe holm-clifu healdan scolde
  beran ofer bolcan beorhte randas,
  fyrd-searu fuslicu ...   (*Beowulf*, 229–32a; emphasis added)[9]
  Then the guardian of Scyldings who had to keep watch over the sea-cliffs saw (warriors) carry bright shields or ready military armory from the rampart.

　海辺の崖すなわち沿岸部を監視する者は、光り輝く楯(beorhte randas (231b))が運ばれてくるのを防壁から見たと述べている。231 行の beorhte randas は次行で fyrd-searu fuslicu「準備万端の軍の装備」と言い換えられ、この表現により怪物退治にやってきた戦士たちの意気込みが感じられる。陸地への侵入を続ける戦士らに沿岸警備は詰問すると同時に、勇壮な戦士らに褒め言葉をかける。

  "No her cuðlicor cuman ongunnon
  lind-hæbbende, ne ge leafnes-word
  guð-fremmendra gearwe ne wisson,
  maga gemedu ..."   (Ibid., 244–7a; emphasis added)
  "No shield-warriors came here more boldly. You do not know the password of the war-fighters, or consent among men."

　沿岸警備は「(お前たちほど)大胆に侵入してくる戦士はいなかった。(しかし、)合言葉を知らないだろう。」と述べる。245 行に現れる lind-hæbbende の第一要素 lind は広義で「楯」を指し(以下参照)、第二要素の hæbbende は

動詞 habban "to have" から派生した語で「持つ者」を意味する。この複合語は一般的な戦士を指して用いられている。[10]

　デネ王国から帰国したベオウルフがヒュゲラーク王に冒険談を報告する箇所では、æfen-grom "evening-grim" が先行する語句をまとめている。ベオウルフはグレンデルとの格闘を詳細に語り、2072 行 b-verse から 2075 行にかけて「太陽が地表を滑り終えると、怒りに満ちた霊が戦士らをもとめてやってきた」と述べる。2073 行の gæst yrre「怒りに満ちた霊」は次行の b-verse で eatol æfen-grom「恐ろしく、夕刻に怒りし者」と言い換えられている。複合語 æfen-grom の第一要素はグレンデルが来襲する時間帯を表し、2072 行 b-verse からの Syððan "Since ～" で始まる節を集約している。一方、第二要素の grom は先行する yrre に対応する。[11]

　上で示したものとは反対に、後続する語句が先行する複合語の詳細な説明をする場合がある。沿岸警備が自らの素性を話す箇所(240b-3 行)では、241 行に ende-sæta という複合語が現れる。第一要素の ende は「終わり、端」を表し、第二要素である sæta は「座す者」を意味する。この複合語は 241 行の b-verse で æg-wearde heold「海の見張りをする」と言い換えられている。また 242 行から 243 行においては þe on land Dena laðra nænig / mid scipherge sceðþan ne meahte「敵が舟とともにデネ王国の土地に攻撃を仕掛けることができないように」という関係節によりさらに具体的な説明が加えられ、「端に座す者」とは陸の端すなわち沿岸で警備をする者であると判明する。ベオウルフがフロスガール王と別れ、浜辺へ向かう箇所(1880b-3 行)では、sæ-genga(1882b)が後続する関係節により同様に説明が加えられている。この複合語は sæ "sea" と genga "one that is going" から成るが、各要素の意味のみでは指示対象が「舟」であるのか、「舟乗り」であるのか曖昧である。しかし、後続の se þe on ancre rad「錨につながれたもの」(1883b)により説明がなされることで、「海行くもの」とは「舟」であることが分かる。[12]

　ウィーラーフが物語に登場する場面では、一連の語句が戦士の紹介に用いられる。

>   Wiglaf wæs haten,　　Weoxstanes sunu,
>   leoflic lind-wiga,　　leod Scylfinga,
>   mæg Ælfheres　　...　　　　　　　　(Ibid., 2602–4a; emphasis added)
>   (He) was called Wiglaf, the son of Weohstan, a dear shield-fighter, a man of Scylfings, Ælfhere's kinsman.

まず Wiglaf という名前が述べられ、その後 Weoxstanes sunu「ウェオフスタンの息子」(2602b) や mæg Ælfheres「エルフヘレの親族」(2604a) により親族関係を、leod Scylfinga「シュルフィングの者」(2603b) により出身部族を明らかにしている。2603 行 a-verse に現れる複合語 lind-wiga は lind「(シナの木製の) 楯」と wiga「戦う者、戦士」から成る。複合語を修飾している leoflic「親愛なる」は王に仕える忠実な戦士であることを表す。この箇所では、戦士の名前に始まり、Weoxstanes sunu、mæg Ælfheres といった親族を表す語句など様々な表現を用いることで、始めて言及されるウィーラーフを紹介している。戦士はその後、竜の火に襲われるベオウルフ王を救出すべく、助太刀に馳せ参じようとする。

>   ne mihte ða forhabban,　　hond rond gefeng,
>   geolwe linde,　　gomel swyrd geteah;
>   　　　　　　　　　　　　　(Ibid., 2609–10; emphasis added)
>   (he) could not hold back, his hand took up the shield, the fallow shield, (and) drew the ancient sword.

戦士は急いで楯をとり、古の剣を抜く。戦士が手にする楯は 2609 行 a-verse で rond "shield" と表され、2610 行 a-verse では geolwe linde "fallow shield" と言い換えられている。[13]

　これまでみたように、複合語は先行する語句をまとめたり、また反対に後続の語句により説明がなされている。複合語を用いることで、先行する描写や後続の描写を簡潔にまとめることが可能となるのである。最後に、複合語の第一要素が周囲の描写と調和もしくは対照をなしている例をみてみたい。

ベオウルフらがデネ王国での怪物退治を終え、褒美を携えて帰国する場面では、mere-hrægla という複合語が現れる。

> Gewat him on naca
> drefan deop wæter,　　Dena land ofgeaf.
> Þa wæs be mæste　mere-hrægla sum,
> segl sale fæst;　sund-wudu þunede;
> no þær weg-flotan　wind ofer yðum
> siðes getwæfde　…　　　　　(Ibid., 1903b–8a; emphasis added)
> (Beowulf) went himself to stir up the deep water in the ship and left the land of the Danes. There was a sea-armor near the mast, the sail firm with a rope; the sea-wood (i.e. ship) creaked; the wind did not hinder the wave-floater from the journey across the waves.

舟に乗りこんだ戦士らはデネ王国を後にし、海の上を進んでいく。Deop wæter "deep water"（1904a）や yðum "waves"（1907b）といった語により、大陸を隔てる大海、波立つ海が表現される。また、舟には二つの複合語が用いられ、その第一要素には sund- "sea" や weg- "wave" といった海を表す語が使われる。1905 行に現れる mere-hrægla は mere "sea" と hrægl "garment, armor" から成り、舟に積まれた武具に用いられている。通常、鎧を表す語が複合語の第二要素である場合、第一要素は「戦」や「（鎧の）材質」、「身体の一部」を意味する。[14] この箇所では第一要素にそのような語を用いないことで、怪物退治が終わりデネ王国に平和が戻った後では武具がもはや戦闘用ではないこと、そして第一要素に mere "sea" を選択することで単に海上に浮かぶ物として鎧をとらえていると考えることができる。[15]

　フィン王が殺害されデネの軍隊に略奪される場面では、eorð-cyning の第一要素が周囲と対照的に用いられている。デネ軍の指導者であるヘンゲストは復讐を企み、帰国のための海路 (sæ-lade（1939 行)) を選ぶことなくフィン王のもとに留まる決意をする。その後、部下らとともに王を殺し、略奪を始める。

Sceotend Scyldinga　　to scypon feredon
　　eal ingesteald　　eorð-cyninges,
　　swylce hie æt Finnes ham　　findan meahton
　　sigla searo-gimma.　Hie on sæ-lade
　　drihtlice wif　　to Denum feredon,
　　læddon to leodum.　　　　　　　(Ibid., 1154–9a; emphasis added)
　　The shooters of Scyldings carried all the possession of the earth-king to their ships, as they could find jewels (and) artistic gems at Finn's house. They carried the noble woman on a sea-journey to the Danes, led (her) to the people.

　シュルディング族の弓を射る者がフィン王の宝石類を手当たりしだい舟へと運ぶ。略奪を終えたデネ軍は、王妃を連れて海を渡り帰郷する。1157 行に現れる sæ-lade "sea-journey" はデネ軍の帰路を表し、1139 行の sæ-lade とともにデネ軍を海と関連づけている。一方、略奪されたフィン王には複合語 eorð-cyning が用いられる。第一要素の eorð は「陸地」を意味し、この語を用いることでフィン王が土着の王であると同時に、デネ軍と対立していたことを表しているのである。

5.　結論

　本稿では複合語を簡潔な表現手段としてとらえ、複合語の意味と文脈との関連性を考察した。複合語は先行する語句をまとめ、また後続の説明的な語句に先行することで、簡潔な表現として前後する描写をまとめ、物語の展開に寄与している。さらに、複合語の中には第一要素が周囲の描写と調和をなしたり、対照をなすものがあり、第一要素が必ずしも頭韻のためだけに選択されているわけではないことが分かる。もちろん、全ての複合語がこのような文体上の効果を持つわけではなく、第一要素の意味がとりたてて感じられない複合語、文脈に反する複合語がある。[16] また、Beowulf における文体的効果をさらに明らかにするには、複合語以外の語彙も検討する必要があり、

今後はそのような視点も考慮していきたい。

注

* 本稿は、2008 年 3 月に青山学院大学より受理された博士論文の一部に基づくものである。構想の段階から論文審査にいたるまで、青山学院大学をはじめとする多くの先生方に御世話になりました。ここに感謝の意を記します。

1　Downing(1977: 815).
2　Adams(1973: 88). Cf. Downing(1977: 841).
3　Sæ-Dene "South-Danes"(463b, 1996a) や Freslond "Frisland"(1126b, 2357b) 等の部族名や地名は含んでいない。
4　Brodeur(1959: 9).
5　Niles(1983: 129–45).
6　Cf. Niles(1983: 145).
7　Folc-cyning(2873), þeod-cyning(2579, 2694, 3008).
8　2674 行では竜との格闘に挑むウィーラーフに、2811 行では格闘を終えたウィーラーフに用いられている。5 ページの引用箇所にあるように、ウィーラーフは剣を抜き竜に挑んでいる。
9　引用はすべて Klaeber(ed.)(1950) による。便宜的に複合語の要素間にはハイフンを入れてある。
10　ベオウルフらの素性が明らかとなり、沿岸警備が王との面会を許可する箇所(286–300 行)では scyld-wiga「楯の戦士」(288 行)が現れる。この複合語は沿岸警備を指すと考えられる。
11　第二部の冒頭(2200–10 行)では、複合語を含む eald eþel-weard "aged native land-guardian"(2210a 行)が同様に先行する描写をまとめている。複合語を含むこの表現は、広大な王国がベオウルフの手に渡り(2007–8a 行)、50 年のあいだ国を立派に治めたこと(2008b–9a 行)を指す。また、ウィーラーフが森に逃亡した戦士らを叱責する場面(2884–91 行)では、edwit-lif「不名誉な生」が先行する描写をまとめている。「不名誉な生」とは、宝や剣を(褒美として)受け取ることなく、祖国を奪われることになること(2884–8a 行)を指し、この複合語により戦士らの暗い未来が暗示されている。また、第一要素の edwit は domleasan(dæd)「名誉なき(行為)」(2890a 行)と意味的に関連し、第二要素の lif は Dead「死」(2890a 行)と対照をなしている。
12　同様の例としては、hilde-gicelum "in battle-icicles"(1606b), hioro-dryncum "by sword-drinks"(2358b), sæ-lace "sea-booty"(1624b)が挙げられる。これらの複合語

は、hit eal gemealt ise gelicost "it all melted most like ice" (1607), bille gebeaten "struck with a sword" (2359a), mægen-byrþene "might-burden" (1625a) 及び þara þe he mid hæfde "one which he had with (him)" (1625b) によりそれぞれ説明がなされる。Ende-sæta も含めてこれらの表現は *Beowulf* に固有の表現であるため、頭韻や文のリズムの制約等により複合語が形成され、後続の文で指示対象を具体化していると考えることもできる。

13　Brady (1983; 234). ウィーラーフの楯はシナの木製であるため竜の火で燃える (2672b-7a 行)。一方、ベオウルフの持つ鉄製の楯には lind は用いられない。
14　例としては、beado-hrægl "battle-garment" (552a), iren-byrne "iron corslet" (2986b), breost-net "breast-net" (1548a) を挙げることができる。
15　第一要素が周囲の描写と調和したり関連する他の例としては、beor-sele "beer-hall" (482a), maðþum-sweord "treasure-sword" (1023a), sæ-cyning "sea-king" (2382b), sweord-bealo "sword-bale, bale caused by sword" (1147a) を挙げることができる。
16　Land-waru "land-people" (2321a) では第二要素が「人々」を意味するため、第一要素の必要性があまり感じられない。文脈に反する複合語に関しては、第三節を参照。

参考文献

Adams, Valerie (1973) *An Introduction to Modern English Word-Formation*. Longman.

Brady, Caroline (1952) "The Synonyms for 'Sea' in *Beowulf*" In *Studies in Honor of Albert Morey Sturtevant*, 22–46. Lawrence: University of Kansas Press.

Brady, Caroline (1979) "'Weapons' in *Beowulf*: an analysis of the nominal compounds and an evaluation of the poet's use of them." *Anglo-Saxon England* 8, 79–141.

Brady, Caroline (1983) "'Warriors' in *Beowulf*: an analysis of the nominal compounds and an evaluation of the poet's use of them." *Anglo-Saxon England* 11, 199–246.

Brodeur, Arthur Gilchrist (1959) *The Art of Beowulf*. Berkeley and Los Angeles: University of California Press.

Downing, Pamela (1977) "On the Creation and Use of English Compound Nouns." *Language* 53, 810–42.

Klaeber, Frederick (ed.) (1950) *Beowulf and the Fight at Finnsburg*. 3rd edn. Boston: D.C. Heath.

Niles, John D. (1983) Beowulf: *The Poem and Its Tradition*. Cambridge MA and London: Harvard University Press.

Ælfric とジャンル

Passio Petri et Pauli（*ÆCHom* I, 26）の主題と文体

小川　浩

1. はじめに

　ここで言うジャンルとは homily と hagiography のことである。周知のように、古英語のこの二つのジャンルは実際にはその名の違いほど厳密に区別されるものではなく、Homilies の名で呼ばれる作品群が hagiography を含むことも珍しくない。その代表的な例が Ælfric の *Catholic Homilies* で、全 80 篇のうち 20 篇以上が hagiography である。この数からしても、hagiography の混在が単なる偶然でも例外でもないことは明らかである。第一集のラテン語序文にも窺われるように、Ælfric は意識して hagiography を含めており、二つのジャンルの結合にもっと積極的な意味を与えていたものと思われる。Homilies という大きな枠組みの中で、Ælfric は hagiography をどのように位置づけ、取り込んだか。この問題を標記の作品について、その主題と表現の両面から検討する。この作品は前半が homily で後半が hagiography という二部構成で、しかも *Catholic Homilies* 中のこの種の作品のうちで Ælfric にとって最初の試みとなったものである。その意味で、上記の問題を考える上で一つの手掛かりを与えるものと思われる。

2. 第一部 homily ——主題と方法

　取り上げた作品（*ÆCHom* I, 26）はペテロとパウロの祝日（6 月 29 日）のための説教で、この日に二人が一緒にローマで殉教したと伝えられる。そこから *Passio Apostolorum Petri et Pauli* の名がある。しかし殉教の物語の前に、先ず聖書の章句に基づく説教がついている。この日の聖句は Matthew 16: 13–

19——「汝はキリスト、活ける神の子なり」と信仰を告白したペテロに向って、キリストが「汝は岩なり」云々と答える有名な一節——で、この一節の語る「真の神の認識」を中心主題として説教は展開する。今その内容を逐一追うことは出来ないが、釈義の一部を以下に引用する。[1] 三位一体の神についての説明の部分で、中心主題との関わりの点でも文体の点でも、作品前半を代表する一節であり、しかも Ælfric 的特徴がよく現れている。

> ÆCHom I. 26.46 Nu todælde petrus swutelice þone soðan geleafan. þa ða he cwæð. þu eart crist þæs lifiendan godes sunu: se is lybbende god þe hæfþ lif ꝥ wununge þurh hine sylfne buton anginne. ꝥ se ðe ealle gesceafta þurh his agenum bearne: þæt is his wisdom gesceop: ꝥ him eallum lif forgeaf þurh ðone halgan gast; On þysum þrim hadum is an godcundnyss. ꝥ an gecynd ꝥ an weorc untodæledlice;

この一節が Ælfric 的という所以は、まず内容について言えば、ここに示された三位一体論は、Ælfric がこの説教を書くにあたって典拠とした Bede や Hericus にはない。[2] Ælfric 自身の説明である。しかもその中身は、*Catholic Homilies* 劈頭の一篇（*De Initio Creaturae*）の要約とでも言うべきもので、Ælfric の読者にはお馴染みのものである。まさに Godden が言うように、'A characteristic Ælfrician interjection'[3] である。第二に表現面では、冒頭の todælde に注目したい。この語は一般的には 'to separate, divide' の意であるが、ここでは何を「分ける」かと言えば、「三位一体の真の神」と「それ以外の異教の神々」（それについては直前の一節に詳しい叙述がある）を分ける、つまり真の神を「識別する、区別する」の意味であろう。この点は Bosworth-Toller(s.v. *todælan* X) が指摘している通りである。しかしその Bosworth-Toller も、あるいは EETS 版の注釈者も含めこれまで誰一人として注目していないが重要だと思われるのは、この一節が untodæledlice「分ち難く」という語で終っている点である。勿論、今度は三位一体の不可分性という意味での「分ける」であって、冒頭の意味とは異なる。しかし、意味は違うが語形的に関連する単語を並べて用いるのは一種の「言葉遊び」であ

り、Ælfric が好んで用いた技巧の一つであることはよく知られている。todælde で始まり untodæledlice で終わるこの一節もその例だと考えたい。このように 2 語を所謂 'envelope pattern'[4] に配置することによって、この一節の意味のまとまりに枠を与え、そのまとまりを際立たせている。憶測を交えて言えば、Ælfric はこのような流れを予め意図して、冒頭で「識別する」の意味で余り普通でない todælde を敢えて用いたのかも知れない。いずれにせよ、Ælfric の文章は極めて修辞的である。

3. 第二部 hagiography ——主題と話法

　第一部の説教についてはこれだけにして、むしろそれとの関連で第二部の殉教の物語がどのように構成されているかを詳しく検討したい。物語はラテン語の Passio に基づいているが、それを要約すれば、ペテロがローマで魔術師シモンと、いずれの神が真の神か競い合う。途中からパウロも加わり、ペテロは最後は皇帝ネロの面前でシモンを打ち負かし、民衆を正しい信仰へ導く。そして二人の使徒は殉教を遂げる、という内容である。つまり第一部でキリストに導かれたペテロが正しい信仰を告白したように、ちょうどそのように、この第二部では、民衆がペテロによってシモンの邪教と真の神とを識別する力を与えられる。ここには明らかに、第一部のテーマの発展が見られる。Godden は「前後半ともにペテロが中心であり、その点で前半は殉教の物語の前置きとして相応しい」[5] という意味のことを述べている。それは確かにその通りであるが、ただ単に主人公が共通だというだけではない。テーマの上でも、一貫性があることを見逃してはならない。

　物語はペテロとシモンの間の言葉の応酬を軸に展開する。そのために直接話法と間接話法の両方が用いられている。そのいずれを用いるかについては Ælfric はラテン語版に大体忠実であるが、6 個所で変更を加えている。全て直接話法から間接話法への変更であり、しかも 1 例を除いて[6] 全て、二使徒の言葉の引用である。そのうちの 3 例をラテン語とともに挙げる。

ÆCHom I. 26.132 ac petrus him forwyrnde: cwæð ðæt se hælend him tæhte þone regol þæt hi sceoldon yfel mid gode forgyldan(Latin: ... dicens: 'Magister noster hoc nos docuit, ut pro malis bona reddamus').

ÆCHom I. 26.220 Ic tæhte eallum geleaffullum mannum þæt hi wurðion ænne god ælmihtinne. ꝫ ungesewenlicne(Latin: Docui ecclesias credentium unum et omnipotentem ... colere deum).

ÆCHom I. 26.185 Nero cwæð. sege me petrus on sunderspræce hwæt ðu þence; He þa aleat to þæs cyninges eare. ꝫ het him beran dihlice berene hlaf ꝫ he bletsode þone hlaf ꝫ tobræc: ꝫ bewand on his twam slyfum þus cweþende; Sege nu simon ...(Latin: Petrus dixit: "Iube mihi adferri panem ordeaceum ...").

　第1例では、ペトロは間接話法でキリストの言葉に言及する。その中でラテン語版の「我らの師(magister noster)」の代りに「救世主(se hælend)」を当て、さらに regol と助動詞 sceoldon(いずれも「義務」を含意する)を付け加えているが、それによって、キリストの言葉の持つ直接の文脈を超えた普遍性が強調されている。また第2の例では、パウロが自らの教えをネロに説明するに際して、主節の過去形(tæhte)に続く従節で仮定法現在を用いている。この現在形も教えの普遍性を示しているのであろう。他の2例(*ÆCHom* I. 26.125, 265)も同様である。以上を homiletic な間接話法と呼ぶならば、残りの一例(上掲第3例)は別の一面を示している。ここはペトロがシモンの無力さを暴くために、ネロにある命令を下すようにこっそり耳打ちする場面である。[7] したがって誰にも聞こえない筈なのに、それを直接話法で語るラテン語原文は、まるでペトロが大声で叫んだかのような印象を与えかねない。Ælfric はこの不合理さを避けるために間接話法に直し、語りとして処理することを選んだのかもしれない。とすれば、Ælfric がここで意図したのは普遍性の強調というよりも写実性であり、その他の例と区別して narrative な間接話法とでも呼ぶべきものである。

　話法でもう一つ注目されるのは、Ælfric の直接話法である。Ælfric の直接話法は常にラテン語版に基づいている。しかし直接話法の導入表現において

Ælfric は独自性を見せている。ラテン語も古英語も he said 型と saying 型があり、ラテン語版は両者を区別せず用いる。一方 Ælfric は、分詞構文型(þus cweþende; þus biddende)はペテロの言葉(おもに神への祈り)の引用に限って用い(*ÆCHom* I. 26.124, 141, 188, 239)、一度はキリストの言葉の引用に当てている(224)。明らかに特別な内容のための表現で、シモンや民衆の言葉には一切用いていない。恐らく Ælfric にとっては荘重な、homiletic な響きをもつ表現なのであろう。そして実は作品前半でもこの分詞構文は3度用いられ(*ÆCHom* I. 26.2, 21, 85)、いずれも homiletic な文脈(聖書の引用と注釈者 Bede からの引用)なのである。ここにも第一部と第二部のつながり——テーマの連続性に加えてそれを支える表現の連続性——を見ることが出来よう。

4. hagiography の文体 ——narrative mode と homiletic mode

以上の話法に関する二つの特徴から言えることは、この hagiography には homiletic な側面と narrative な側面があり、Ælfric はその違いに応じて重点の置き方や表現のスタイルを変えているということである。二つの側面については、Godden も次のように指摘している。

> The preaching role of the *Catholic Homilies* is reflected in the Gospel exegesis and in Paul's account to Nero of his own preaching to all ranks of society, in which he demonstrates that his teaching has not been hostile to the concerns of the state and society. At the same time, Ælfric's work on the legend attests to a genuine interest in the narrative aspect, and particularly the miraculous and even the spectacular.[8]

Godden は夫々の例として、hagiography からはパウロの言葉とシモンにまつわる 'miraculous, spectacular' な部分を挙げている。これらの場面の詳細を探ること、そしてこれ以外にどのように二つの側面が展開しているかを検討することが以下の課題である。

いま仮に、二つの側面の文体を homiletic mode と narrative mode と呼ぶなら、まず後者はペテロの敵対者の叙述を特徴づける文体である。ここでは Ælfric はシモンとネロに対して「神の敵」を意味する様々な形容辞を付け加え、さらに彼らの邪悪さ、空虚さ、そして惨めな敗北を一層鮮明にするために、細かな描写を積み重ねる。例えば次の一節は、シモンが自らが神の子であることを立証するために空中を飛んでみせる場面である。

> ÆCHom I. 26.226 Symon cwæð; ... Hat nu aræran ænne heahne tor þæt ic ðone astige for þan ðe mine englas nellað cuman to me on eorðan betwux synfullum mannum. ⁊ ic wylle astigan to minum fæder. ⁊ bebeode minum englum þæt hi ðe to minum rice gefeccon; Nero þa cwæð; Ic wylle geseon gif þu ðas behat mid weorcum gefylst; ⁊ het þa ðone tor mid micclum ofste on smeþum felda aræran: ... Se dry astah ðone tor ætforan eallum folce: ⁊ astrehtum earmum. ongan fleogan on þa lyft; ... ða beseah petrus to þam fleondan dry: þus cweþende; Ic halsige eow awyriede gastas on cristes naman þæt ge forlæton þone dry. þe ge betwux eow feriað; ⁊ þa deoflu þærrihte hine forleton. ⁊ he feallende tobærst on feower sticcum; ða feower sticcu clifodon to feower stanum þa sind to gewitnysse þæs apostolican siges oð ðysne andweardan dæig;

Ælfric はここで原典に細かな、しかし重要な改変を加えている。第一に、ラテン語ではシモンは、彼に仕える 'angeli'（実際は悪霊）が地上に降りて「来れない（non ... possunt）」ので、代わりに自分が高い塔に登るから「天の父」の所へ運ぶように命ずる。Ælfric では、降りて「来ようとしない（nellað）」'englas' に向ってシモンは、ネロを「私の王国」へお連れせよと言う。シモンも 'englas' も一層傲慢に描かれている。第二に、シモンが最後にあえなく空中から墜落する場面では、ラテン語では「手を放されて墜落した」とだけあるのを、Ælfric は「墜落して四つに砕け飛んだ」と拡大している。ラテン語版では「四散した」という記述は、墜落した場所の説明の後に出てくる（... cecidit in locum qui Sacra Via dicitur et in quattuor partes fractus ...）。Ælfric

のほうが直接的で生々しく、sensational な描写になっている。こうして Ælfric はシモンの邪悪さと空虚さを際立たせ、その最後の敗北を一層哀れな、嘲笑に値するものとして描いている。そしてこの描写は明らかに、この直後の注釈の一節に示された解釈——「シモンは暫時空中を浮遊することを許された。それはその転落が一層惨めなものとなるためである」——と呼応している。

  ÆCHom I. 26.244 petres geþyld geþafode þæt ða hellican fynd hine up geond þa lyft sume hwile feredon þæt he on his fylle þe hetelicor hreosan sceolde; ꝫ se þe lytle ær beotlice mid deoflicum fiþerhaman fleon wolde þæt he ða færlice his feþe forlure; Him gedafenode þæt he on heannysse ahafen wurde. þæt he on gesihðe ealles folces hreosende þa eorðan gesohte;

しかもこの一節は Ælfric 自身の説明であり、[9] 並列法 (þæt he on his fylle ... ꝫ þæt he ða færlice ...) や再叙 (se þe ... þæt he ...) などの修辞的技巧を含み、一転して homiletic な響きを持つ。ここにいるのは語り手 Ælfric ではなく、説教者 Ælfric である。この転換が、シモンの墜落の場面とその描写法の意味を如実に示している。つまり、Ælfric はシモンを殆ど戯画化することによって、逆に「真の神」とそれに寄せるペテロの信仰を一層際立たせている。言い換えれば、第一部の主題を発展させる上で narrative mode を用いている。そこにこの作品における文体の意味がある。

 narrative mode のもう一つの顕著な例は、シモンが魔術によって起こす偽りの奇跡の場面に見られる。その奇跡が見せ掛けに過ぎないことを強調するために、Ælfric は二つの構文を繰り返し用いる。即ち、'wearþ geþuht'「...のように見えた」(*ÆCHom* I. 26.173) と使役の dyde に続く拡充形 (26.115)、及びそれらの変形 ('wearþ gesewen' と「worhte ＋目的語＋現在分詞」) である。次の一節ではそれらを組み合わせて立て続けに用いている。

  ÆCHom I. 26.165 Symon se dry worhte ða ærene næddran styriende. swilce heo cucu wære. ꝫ dyde þæt ða anlicnyssa þæra hæþenra hlihende wæron. ꝫ styrigende. ⁊ he sylf wearþ færlice uppon þære lyfte gesewen;

　ラテン語は「1 使役動詞 + 5 不定詞」(faciebat ... movere ... ridere ... movere ... currere ... videri)という単純な構文であるが、Ælfric はこれを 3 文に分解し、その一つ一つに上述の構文を用いているのである。とくに拡充形はしばしば生き生きとした描写に用いられると言われるが、Ælfric はそのニュアンスを、この場面では見せ掛けのリアリティーを強調するための表現として用いているのである。[10] これらの表現の効果は、その直後に来るペテロの行動の描写(ÆCHom I. 26.168-70)における動詞の単純過去形との対比によって一層際立っている。前者がシモンの邪悪で空虚な実体を強調することによって、後者の含意するペテロの真実性は一層際立ったものになる。つまりここでもまた Ælfric は、narrative mode を説教の主題と密接に関連して用いている。

　以上の事件と行動の叙述がシモンとネロの邪悪さと空虚さを描く narrative mode の典型だとすれば、これとは対照的にペテロとパウロの叙述は、主に彼らの言葉を通じて行われる。彼らは奇跡ではなく言葉で教えを説く人であり、その教えはいわばこの hagiography に埋め込まれた小篇の homily である。そこに現れるのがもう一つの文体、homiletic な文体である。

　例としてまず、Godden が上掲の個所で挙げたパウロの言葉(ÆCHom I. 26.206-21)を取り上げる。ネロに問われてパウロが自らの教えを説明する場面であり、「私は…に…するように教えた」という文が 11 続いている(ラテン語版では 13)。その内容はパウロの書簡の諸所の言葉を繋ぎ合わせたもので、[11] Lees の言葉で言えば、身分社会のヒエラルキーを前提とした保守的な社会観であり、それがまた Ælfric 自身の信仰の一部でもあったことを Lees は Catholic Homilies 全般に亘って指摘している。[12] 実際 Ælfric はここでもパウロの言葉をただ語るのではなく、表現し直している。その端的な現れが、「教えた」の意味で用いる動詞とその使い分けである。ラテン語版が 13 項目全て docui で通しているのに対し、Ælfric は 5 つの動詞(beodan, bebeodan, læran, manian, tæcan)を用いる。それは単なるヴァリエーションではない。[13] 教える相手の身分・階層に応じて使い分けている。「金持・中間層─貧者」

「父―子」「主人―召使」という組になって並んでいるが、各組の最初の方、つまり高い身分・階層の相手(þam rican, þam medeman mannum; fæderas; hlafordas)には助言のニュアンスの強い læran, tæcan, manian を当て、低い身分・階層の相手(þearfum; cildum; þeowum mannum)には命令のニュアンスで beodan, bebeodan を用いる。もう一つの組、「夫―妻」で、「夫」の læran に対し「妻」にはより命令の意味に近いと思われる manian を当てているのも、恐らく同じ区別であろう。そのことは、ラテン語の「妻―夫」の順(Docui uxores ... Docui viros ...)を Ælfric は逆にして、「夫」を先にしていることからも窺われる。つまり Ælfric は、夫と妻についても他の三組と同じヒエラルキーの枠を当てはめている。[14] このように Ælfric は、パウロの書簡の言葉を彼自身の解釈を交え、彼自身のアングロサクソン社会の聴衆に説いている。ラテン語版にない「主人も召使も神の前では平等である」という文を追加している(ÆCHom I. 26.218-9)のも、同じ趣旨であろう。古英語の説教散文では、この文言は半ば常套句になっているからである。[15] 同じラテン語作品に基づく古英語の説教がもう一つあり(Blickling Homily XV 185.11-32)、こちらは原文通りである――全て læran で、「妻―夫」の順であり、上記の追加もない――ことを見れば、Ælfric の改変の重要性は明白である。Ælfric は Passio の一節をそのまま語るのではなく、パウロの口を借りて自ら教えを説いているのである。換言すれば、Passio の一節を半ば自分の説教に仕立て直し、使徒たちの信仰の内容を説明する場とすることによって、この説教作品全体のテーマと関連付け、それを発展させている。そこに Ælfric がこの一節に与えた新たな意味がある。

同じことはもう一つの有名な一節――逆磔を望むペテロの言葉――にも読み取ることが出来る。ここでは修辞的な文構造が特徴的である。

ÆCHom I.26.258 Ic bidde eow. wendað min heafod adune. ⁊ astreccað mine fet wið heofenas weard ne eom ic wyrþe þæt ic swa hangie swa min drihten; He astah of heofenum for middaneardes alysednysse. ⁊ wæron for ði his fet nyþer awende· me he clypað nu to his rice· awendað for þi mine fotwelmas to þam heofonlican wege.

特に第2文(3行目以下)では、前半のキリストの磔(He ...:)と後半のペテロの磔(me ... wege)の間の対照を示す次の技巧が含まれている。

（1）　並列法(変形を含む)：節頭の He と me he;
（2）　二組の交差配列：SV(He astah)—VS(wæron ... his fet); ... awende(節末)— awendaþ ...(節頭);
（3）　対照的な前置詞句：of heofenum ... to þam heofonlican wege;
（4）　これらの対比を、前後半共通の副詞句 for þi が際立たせ、繋ぎ合わせる。

以上4点は全て Ælfric 自身の表現である。ラテン語原典には、例えば for þi に当る語はない。またラテン語版は十字架の向きを言うのに3種類の表現を用いているが、Ælfric では一貫して (a)wendan である。これが冒頭の wendað を発展させ、さらに直後のペテロの民衆への言葉(*ÆCHom* I.26.267 mine fet synd nu awende to þam heofonlican life)へと引き継がれ、この一節全体のキーワードとなっている。このような修辞的な文体は Ælfric 独自の説教の文体であり、Blickling Homily 版のこの個所には上記4点を含め、このような修辞は一切ない。Ælfric はここでも、ラテン語の Passio の一場面を半ば自身の小篇の説教に変えている。そしてそれがまた、「ペテロの信仰」という説教全体のテーマの発展として効果的な働きをしているのである。

5.　結び

以上第二部 hagiography に含まれる二つの側面を検討し、第一部 homily とのつながりと作品全体の統一性を考えてきた。その統一性を直接支えるのは言うまでもなく、第二部の中でも homiletic な側面である。しかし narrative な側面も、悪役の邪悪さとそれを描く生彩に富んだ文体によって、homiletic なテーマとその修辞的な文体を際立たせる働きをしている。その二つの側面が一体となって、第一部に示された説教全体のテーマと結びついている。こうして Ælfric は、Passio の題材の随所に homily 的な要素を導入

することによって、hagiography の中で説教のテーマを発展させ、統一のとれた全体を構成することに成功している。

　この成功は Ælfric の説教散文全体の中でどのように位置づけられるか。それ以前に *Catholic Homilies* のために書いた hagiography からどのようにして生まれ、さらにその後 *Catholic Homilies* 第二集を経て *Lives of Saints* へどのように発展を遂げたか。これは大きな問題であり、また別の機会に考えたいと思う。[16]

注

* 本稿は、'Hagiography in Homily——Theme and Style in Ælfric's Two-Part Homily on SS Peter and Paul', *Review of English Studies*, Advance Access published on August 5, 2009; doi: 10.1093/res/hgp003 を日本語で要約したものである。これに先立って、ほぼ同じ内容を日本英文学会第 80 回全国大会（2008 年 5 月 24 日、広島大学）における招待発表として発表した。

1　以下、作品の引用は EETS 版による。
2　この作品のラテン語原典（第一部：Bede, *Homiliae*, I.20; Hericus, *Homiliae in Circulum Anni*, II.23；第二部：*Rescriptum Marcelli*; *Passio Sanctorum Apostolorum Petri et Pauli*）の詳細については、M. R. Godden, *Ælfric's Catholic Homilies: Introduction, Commentary and Glossary* (EETS ss 18. Oxford, 2000), pp. 209–21 を参照。ラテン語の引用も同書による。但し *Passio* の一個所だけ、Lipsius 版によって省略部分を補った。
3　Godden, *Ælfric's Catholic Homilies*, p. 212, note to lines 46–50.
4　この修辞については A. C. Bartlett, *The Larger Rhetorical Patterns in Anglo-Saxon Poetry* (New York, 1935; rep. New York, 1966), p. 9 を参照。
5　M. R. Godden, 'Experiments in Genre: The Saints' Lives in Ælfric's *Catholic Homilies*', *Holy Men and Holy Women: Old English Prose Saints' Lives and Their Contexts*, ed. Paul E. Szarmach (Albany, N.Y., 1996), pp. 261–7, at p. 269.
6　この例外については上述の英文版で詳しく論じた。
7　ラテン語版では命令を下すのはネロ（Petrus dixit: "Iube mihi ..."）であるが、Ælfric はペテロ自身に命令させている（het him beran ...）。この変更についても英文版で詳述した。
8　Godden, 'Experiments', p. 271.
9　Godden, *Ælfric's Catholic Homilies*, p. 219, note to lines 244–9.

10　ただし *ÆCHom* I. 26.190 では dyde の後でも拡充形は用いられていない。いずれにせよ、これは言うまでもなく文脈の問題であって、拡充形自身の意味ではない。別の個所(*ÆCHom* I. 22.146)では Ælfric は同じ構文を聖霊のはたらきについて用いている。

11　詳細については J. E. Cross, 'The Literate Anglo-Saxon──On Sources and Disseminations', *The Proceedings of the British Academy* 58(1972), 67–100, esp. 80–82 を参照。

12　Clare A. Lees, *Tradition and Belief: Religious Writing in Late Anglo-Saxon England* (Minneapolis, 1999), pp. 106–32, esp. pp. 122–32.

13　この点で以前の拙論('Ælfric's Use of *Sculan in Dependent Desires', *Neuphilologische Mitteilungen* 91(1990), 181–93)の分析は不十分だった。

14　Ælfric の女性観については、Lees, *Tradition and Belief*, pp. 133–53 を参照。

15　例えば *ÆCHom* I.19.41–2, *LawEpisc* 13, Napier LVIII 300.5–6 に見られる。

16　これについては、英文版で問題点の概略を述べた。

イギリス初期近代期と Middle English

武内信一

1. はじめに

　初期近代期のイギリス(特にテューダー朝時代)にはラングランド、チョーサー、ガワー、マロリーなど中世後期の作家が盛んに印刷出版されていました。15世紀末にイギリスに印刷術を導入し、チョーサーやマロリーを印刷したカクストン以来、ウィンキン・デ・ウォード、リチャード・ピンソン、トーマス・バースレット、ウィリアム・コップランドなどの印刷業者も英語による作品を中心としてチョーサーやマロリーなど中世の主要な作家の作品を印刷出版しています。[1] また、ウィリアム・シン(William Thynne)もヘンリー8世の命を受けて全国からチョーサーの作品を収集し、全集を出版しています。さらに、ロバート・グラフトン、ロバート・クローリー、オーウェン・ロジャーズはカクストンがついぞ印刷に関心を示すことのなかったラングランドの『農夫ピアズ』を出版しています。[2] しかし同時に初期近代期のイギリスにはすでに同時代的に活躍する人気作家も出現しており、カクストンの時代と較べると社会の知的環境は驚くほどの変貌を遂げていました。このような時代の読者を取り巻く状況を勘案すれば、時間的、言語的に隔たりがあり、古典的で読みにくい中世の作品をあえて印刷出版する必然性はあったのでしょうか。商業的に見合うだけの新しい作家たちの作品は印刷業者にとっては十分入手可能だったはずです。それにも関わらず、ヘンリー8世の時代にはマロリーやチョーサーが、エドワード6世の時代にはラングランドやチョーサーが特別な関心の対象となり出版されたのは何故なのでしょうか。なぜ初期近代期に中世作家の作品が続々と印刷出版されたのでしょうか。本論では特にテューダー朝草創期のヘンリー7世、ヘンリー8世、エド

ワード6世の治世を中心に、それぞれの時代に中世作家たちがどのような背景的理由で印刷出版されたのかを具体的に検証し、イギリス初期近代期の中世観を考えてみたいと思います。[3]

2. プロテスタンティズムの萌芽

　一般にカトリシズムに対抗する概念としてプロテスタントという用語が用いられるのは16世紀の宗教改革以降の時代に対してだろうと考えます。しかし実体としては14世紀後半にジョン・ウィクリフがウルガータ聖書を英語に翻訳した時点ですでに絶対的権威を誇るローマ・カトリック教会に対するプロテスタンティズムは芽生えていたと解することができると思います。ウィクリフの英語翻訳聖書は「旧約」「新約」を英語に全訳したという意味ではイギリス史上初めてのことであり、時代の思潮を反映するものといえます。1382年の初版が出るとすぐに改版が進められ、1395年にようやく第2版が完成します。この間初版の翻訳および2版改訳作業に中心的に関わった人たちはいわゆるウィクリフ信奉者、後にロラードの名で知られることになる原始プロテスタントとでも呼ぶべき人々でした。ローマの戒めを破って翻訳出版されたアンダー・グラウンドの聖書とはいえ、この聖書に対する人気がいかに根強いものであったかは現存する170を超える写本の数からも窺い知ることができます。[4]

　それではロラード派の信頼を集めたウィクリフなる人物は、どのような思想を持ち、どのように行動していたのでしょうか。この点に関してはチョーサーの『カンタベリー物語』の「総序」で描かれる教区司祭にウィクリフ像を重ね見ることができると思います。[5]

　冒頭でチョーサーは「キリストの福音を信じ、十分の一税が払えない者には破門どころか自分の収入の一部を分け与え、教区民が苦難に喘いでいるときはたとえ遠くでも、雨や雷などものともせずに訪ねて話をする 'A good man of religioun'」として教区司祭を描いています。この司祭は「キリストの教えは先ず自ら実行することで教区民に範を示し、そのあとで説き教える」という有言実行の聖なる人であり、「もし金が錆びることになったら、

鉄はどうすればよいのか。平信徒が信頼している司祭が俗の芥に染まれば、彼ら自身が腐っても不思議はない」と教会聖職者の腐敗を批判する人物です。そして最後に「彼以上にりっぱな司祭はどこにもいないと私は思う」とチョーサーは締めるのです。ベンソン・ボブリックによれば、チョーサーの描くこの司祭のモデルはウィクリフであり、実際にチョーサーはオックスフォードでウィクリフから教えを受けたことがあるといいます。[6] チョーサーがウィクリフから思想的感化を受けたのか、二人の感性が偶然に時代の暗部を看取していたのかは定かではありませんが、チョーサーが当時の教会に対してかなり批判的であったことは『カンタベリー物語』のそれぞれの語りを読めば明らかです。そして当時のカトリシズムに対する異議申し立て(プロテスト)の姿がそこはかとなく浮かび上がってくるのを禁じえません。

　ウィクリフ、チョーサーと同時代にもう一人の詩人が活躍していました。『農夫ピアズ(Piers Plowman)』を書いたウィリアム・ラングランド(c.1330-c.1400)です。チョーサーの『カンタベリー物語』の冒頭を想起させるような「牧歌的な夢」を枠として用いた頭韻詩ですが、内容は教会聖職者(特に托鉢修道会)の腐敗を批判し、内部改革を求める寓意詩なのです。[7]

　「荒野の東に聳えるタワーと深い谷間の恐ろしい牢獄棟の間にはあらゆる種類、階層の人間がいた。…そこには4托鉢修道会すべての修道士たちもおり、人々に説教しては私腹を肥やしていた」と歯に衣着せぬ表現でラングランドは聖職者批判を展開します。チョーサーの描く免罪符売り(pardoner)と同じように、ラングランドも免罪符売りがいかに腐敗しているかさらに具体的に描くのです。「司祭であるかのように(偽って)、免罪符売りが説教をして」おり、[8]「ローマ教皇から手に入れたという特許状を見せて無知なる信徒を信用させ、彼らのすべての罪を赦免することができる」と嘘をつくのです。その見返りに指輪やブローチなどの金品を巻き上げるのがラングランドの見た俗の芥に染まった托鉢修道士の姿でした。このように、ウィクリフやチョーサーと同様に、彼らと同時代に生きていたラングランドも『農夫ピアズ』をとおしてローマ・カトリック教会の腐敗に異議申し立てをしていたのが14世紀後半の時代なのです。

3. トーマス・マロリーとアーサー王伝説

　ネンニウスの著作とされる『ブリトン人の歴史(*Historia Brittonum*)』[9]では大陸からの侵略者アングロ・サクソン人と戦うブリトン人武将アーサーの活躍が描かれていますが、これが元となってアーサーのエピソードは中世の様々な歴史家や年代記作家の手により拡大・精緻化されることで一大アーサー王伝説に発展したといわれています。ネンニウスの記述によれば、アーサーという名のブリトン人武将がアングロ・サクソン人と12回戦ってすべてに勝利を収めました。「アーサーはブリトンの諸王たちと共にアングロ・サクソン人たちと戦ったが、戦場においては大将であった．．．．12回目の戦はバドニクスの丘でおこなわれ、アーサー1人の攻撃で一日に960人が殺された。アーサーひとりを除いて他に相手を打ち倒すものはなく、彼はすべての出陣において勝利を収めた。」アーサーという名がイギリスの歴史書に登場するのはこれが最初です。この段階ではrex(王)ではなくdux(大将)となっています。

　しかし、この記述は12世紀になると歴史家ジェフリー・オブ・モンマスによって大幅に敷衍・拡大されアーサー王伝説の骨格が出来上がることになります。その後フランスに渡ったアーサー王伝説はワースによりさらに拡大され、ラハモンによりイギリスに逆輸入されたときにはアーサー王伝説の全体像はほぼ完成していました。そして最終的に民間伝承・口伝的に伝わっていた様々な要素を加え、アーサー王伝説の一大ロマンス群として集大成した人物が15世紀後半の騎士トーマス・マロリーです。

　『ブリトン人の歴史』の記述にあるアングロ・サクソン人と戦って12度の戦に勝利したアーサーは単に武将に過ぎませんでした。ジェフリー以降の作家の手を経ることで、武将アーサーは円卓の騎士を従えるアーサー王となってブリテン島を平定し、さらにフランス、ローマ遠征をも敢行しますが、やがてモードレッドとの戦いで自らも致命傷を負うことになるのです。「名剣エクスキャリバーを湖に投げ返すことを命じ、アーサー王はアヴァロンの島に戻って傷を癒す」というマロリーの記述にはブリトン人のアーサー王に対する復活の期待が込められています。[10]

Yet som men say in many partys of Inglonde that Kynge Arthure ys nat dede, but had by the wyll of Oure Lorde Jesu into another place; and men say that he shall com agayne, and he shall wynne the Holy Crosse. / Yet I woll nat say that hit shall be so; but rather I woulde sey, here in thys worlde he chaunged hys lyff. And many men say that there ys wrytten uppon the tumbe thys: Hic iacet **Arthurus, rex quondam rexque futurus**.（アーサー王は死んだのではなく主イエスのご意思により別の場所に移られたのだ。再び現れてキリスト教圏を支配すると言う者もいるが、私はそうは言いたくない。むしろ王はこの現世において自らの姿をお変えになったのだと私は言いたい。墓石に'過去の王にして未来の王アーサーここに眠る'と書かれているという者も多い）

この引用は『アーサー王の死』の最後の場面に現れる最も重要な記述の一つですが、単にロマンスのセンチメンタルな締めくくりに留まりません。薔薇戦争を制して王位に着いたヘンリー・テューダー(7世)はウェールズに起源をもつブリトンの王家として、復活が予言されるアーサー王の末裔という正統性のイデオロギーと結びつけることになるからです。

ウィクリフ、ラングランド、チョーサー、マロリーをこのように見てくると、大別して宗教問題（ローマ・カトリックの腐敗）とテューダー王家の正統性というテーマを内包する作家たちであることが分かります。以下ではそれぞれの中世作家がどのように初期近代期とかかわりを持つことになるのかを見てゆきたいと思います。

4. 薔薇戦争と王家の正統性

30年に及ぶヨーク・ランカスター両家の王位継承争いである薔薇戦争に終止符を打ったヘンリー・テューダーは国王ヘンリー7世として即位し、テューダー王朝を設立します。しかし、ヘンリー7世自身はヘンリー2世に始まるプランタジネット王家と正統的な関係にはなかったため、その末裔であるヨーク家、ランカスター家とは血統的には何の関係もなく、王位を継承

する直接的な立場にはありませんでした。この事実は王位を手にしたヘンリー7世にとって重圧であり、何らかの方法で自らの王権を正当化する必要があることを示していました。

　ウェールズ出身のテューダー家がランカスター家とかかわりを持つのは、ヘンリー5世王妃キャサリンの納戸係をしていたオーウェン・テューダーからです。ヘンリー5世はアジャンクールでフランス軍に大勝し、歴史に名を残すほどの雄雄しい王でしたが、直後に疫病に罹り35歳で亡くなってしまいます。オーウェン・テューダーは王太后キャサリンと不倫関係にありましたが、その後結婚し、リッチモンド伯エドマンド・テューダーを儲けることになります。この時点でランカスターの家系に入ることになりますが、それでも血統的には何の繋がりもありません。このエドマンド伯がジョン・オブ・ゴーント、ヘンリー4世の直系であるマーガレット・ボーフォートと結婚して生まれたのがヘンリー7世なのです。ですからこの時点で初めてヘンリー7世にはランカスターの血が流れることになるのです。ヘンリー7世には後でゆっくり登場願うとして、話を少し前に戻します。

　ヘンリー5世の急逝を受けて王位についたのが嫡男ヘンリー6世ですが、王位継承時点でわずか9ヶ月でした。そのため摂政問題が起こり、最終的にヨーク家側のヨーク公リチャードの口出しを招くことになります。これがいわゆる薔薇戦争の発端になります。やがてヘンリー6世はマーガレット・オブ・アーンジュと結婚しますが精神に異常をきたすようになり、再びヨーク公リチャードの摂政介入を許してしまいます。ところがまもなくヘンリー6世の病が回復し王位に復帰すると、ヨーク公リチャードは摂政の地位から再び排除され、両者間の軋轢が戦へと発展することになるのです。セント・オールバンズの戦いに始まり幾度となく勝ち負けを繰り返した挙句に、ヘンリー6世はスコットランドに逃亡します。その間ヨーク家のエドワード4世が王位を簒奪し王として即位しますが、マーガレットの反撃で再びランカスター家のヘンリー6世に王冠が戻ってしまいます。しかし、ヘンリー6世と王子エドワードはなぞの死を遂げることとなり、[11] 王位はヨーク家のエドワード4世に再び戻ってしまいます。以後リチャード3世までヨーク家が王家となるのですが、ここまでは直系同士の王位継承争いです。

一方ヘンリー5世の時代にランカスター家に足がかりを得たオーウェン・テューダーの息子エドマンドはリッチモンド伯となり、ジョン・オブ・ゴント（ヘンリー4世の父）の直系にあたるマーガレット・ボーフォートと結婚することでランカスター家との直接的な繋がりを得ることになります。その息子が正式に母方の血統を持つ後のヘンリー7世であり、ランカスター家の血を引く最後の男子であることは上で述べたとおりです。しかしこの時点ではヘンリー7世の王位継承に関する立場はランカスター家の女系の血を引く立場であり、極めて脆弱でした。ボズワースの戦いでヨーク家のグロースター公リチャード（後のリチャード3世）を破り王位を得たものの、ヨーク家との血縁関係はなかったからです。そこで王位を手にいれてから1年後、ヘンリー7世はヨーク家のエドワード4世の長女エリザベスと結婚するわけです。[12] このことでヘンリー7世はヨーク家とランカスター家を一つにすることになりますが、本人自身はあくまでもヨーク家の血は受け継いでいないのです。このように不安定な状況で手にしたイングランド王の地位であったからこそ、ヘンリー7世はテューダー王家の始祖として王位は絶対的なものにしなければならない運命にあったといえるのです。

5. 年代記とアーサー王伝説

テューダー家はもともとウェールズの出身であり、ブリテン島の先住民族であるブリトン人の流れを引くことはすでに述べたとおりです。ここにテューダー家とアーサー王伝説が政治的に結びつく可能性が生まれるわけです。王位を手にしたものの正統な王家の血筋にないことは致命的な欠陥であり、いつ簒奪されても不思議ではありません。その可能性は絶対に排除しなければならないのです。そこでヘンリー7世はテューダー家がブリトン王の正統な流れを汲むものであることを示すため、「神の啓示に従って自らの王国を捨て、ローマで贖罪の生を送った最後のブリトン王カドワラダー」に関するジェフリー・オブ・モンマスの記述をも利用することになります。カドワラダーに褒美として告げられた「ブリトン王復活の予言」は次のように述べられています。[13]

What is more, the Voice added that, as a reward for its faithfulness, the British people would occupy the island again at some time in the future, once the appointed moment should come.「さらに、神の声は信仰の深さに対する報いとして、しかるべき時になったら、ブリトンの人民は未来に再び島を支配することになるともいった。」

この再びブリテン島を支配する王は正にブリトンの流れを汲むヘンリー・テューダーなのです。ジョン・ハーディング(1377?–1464?)の『年代記』の記述にも以下のような文言が見られます。[14]

...he was created kyng the thirtie daie of October, in the yere of our Lorde a thousande foure hundred foure skore and sixe, whiche kyngdome he enioyed as of God apointed for as menne reporte aboute seuen hundred foure skore and seuentene yeres past, it was reueled to Cadwalader laste kyng of Britones that his progeny should beare rule and dominion again.（1486年10月30日ヘンリーは国王となり、神命のとおり王国を治めた。797年の昔にブリトン最後の王カドワラダーに下された「末裔が再びブリテン島を支配する」という神の啓示にあるように。）

リチャード・グラフトンと同時代の年代記作家エドワード・ホールの *The Vnion of the Two Noble and Illustrate Famelies of Lancastre & Yorke*(1548)ではますますテューダー予定論に偏ってゆきます。[15]

...which kyngdome he obteyned & enjoyed as a thyng by God elected & prouided, and by his especiall fauoure & gracious aspecte compassed and acheued. In so muche that men commonly reporte that . Ⅶ . C. xcvii(797) yeres passed it was by a heauenly voyce reueled to Cadwalader last kyng of Brytons that his stocke and progeny should reigne in this land and beare domynion agayn: Wherupon most men were persuaded in their awne opinion that by this heauenly voyce he was prouided & ordeyned longe before to enioye and obteine this kyngdom.... (神に選ばれたものとして、また王の信仰のなせる諸行に対する特別なる恩寵として、彼(ヘンリー7世)はその王国を手にいれ、享受した。世間では「797 年前ブリトン王カドワラダーに神の声が降り、子孫が再びこの国を支配するという啓示を与えたのである」と囁かれており、そのため、ほとんどの民がこの天の声によってはるかずっと以前から(ヘンリーが)王国を手にして支配するということが運命付けられていたことをそれぞれに納得したのである。)

「子孫が再び支配し統治するという 797 年前にブリトンの最後の王カドワラダーに下された啓示」のとおりヘンリー7世はカドワラダー王の子孫としてその王国をいま支配し臣民に支持されているというのです。したがって、ヘンリー7世が国王であることは神の命じたことであり、正統な王家であることを示すものであるという論理が成り立つことになるのです。[16]

マロリーの『アーサー王伝説』、マロリーを元にカクストンが印刷出版した『アーサー王の死』もテューダー王家にとっては最大の関心事でした。「アーサー王は死んではいない。必ずや復活してブリテンの民を救ってくれる」という「Arthurus Rex quondam Rexque futurus(過去の王にして未来の王)」であるアーサー王の伝説は、ヘンリー7世にとって王家の正統性という最大の難問を解決する最良の鍵であり証明書なのです。[17]

さらに大陸からの圧力を封じ、テューダー王家の支配を磐石なものとするためヘンリー7世は長男アーサーをスペインのアラゴン王家の娘キャサリンと結婚させることになります。しかし1年足らずでアーサーは他界してしまい、ヘンリー7世の期待は裏切られてしまいます。その兄嫁を妻として迎え2代目国王として戴冠するのがヘンリー8世です。このヘンリー8世の代になって初めて実質的にヨーク、ランカスター両家の血を受けたプランタジネット王家の正統的世継ぎが王位についたことになります。[18]

テューダー家が政治的に利用したアーサー王伝説はネンニウスに始まりマロリーで集大成を見たものです。[19] その後 1485 年にカクストンがマロリーを印刷出版してほぼ現在の形が確定しますが、テューダー朝期だけでもウィ

ンキン・デ・ウォード(1529)、ウィリアム・コップランド(1557)、トーマス・イースト(1577)が『アーサー王の死』を出版しているのです。

6. ヘンリー8世と宗教改革

　こうして正統性の問題については一応の目的を果たしたかに見えるのですが、今度は世継ぎ問題がヘンリー8世を苦しめることになります。早世した兄アーサーの兄嫁キャサリンを娶ったヘンリー8世には世継ぎとなるべき男子が生まれませんでした。そこで、ヘンリー8世はキリスト教で禁じられている近親婚(Incest)[20]がその原因であるとしてキャサリンとの離婚に踏み切ることを決意します。しかし本当のところはどうだったのでしょうか。離婚裁判の記録を読むと、ヘンリー8世の心の裏と表が見え隠れしているのが分かります。[21]

> ...And partly in dispayer of any Issue male by hir / it drave me at last to consider thestate of this Realme / And the daynger it stode in for lake of Issue male / to succed me in this Emperyall dignyte /I thought it good therfore in the releafe of the waytie borden of scrypulous concience / And the quyet estate of this noble Realme / to attempte the lawe ther in And wether I myght take an other wyfe / in case that my first copulacion with this gentilwoman ware not lawfull....(彼女との間に世継ぎが生まれないことに絶望し、また世継ぎがいないがゆえに危機に立たされている王国のことを思うと、最初の妻との結婚が教会法に反するのであれば、私は良心の重荷から解放されるためにも、この高貴な王国の平和のためにも、別の妻を娶ることは望ましいことと考えるようになりました。)

　こうして、キャサリン王妃の反対にもかかわらず、裁判はヘンリー8世に有利な布陣で始められてします。そのような中、キャサリンはヘンリーに対するそれまでの忠誠と献身を法廷で堂々と披露し立ち去ってしまいます。結果として裁判はヘンリーの一人舞台状態となり、「キャサリンとの結婚が神の

掟に反するものであったかもしれないと思うようになり、新たに妻を娶ることが可能か否か審議してもらうことにした」というヘンリーのレトリックが通ることになってしまいます。[22] 果たして裁判の結論はキャサリンとヘンリーの結婚は無効というものでした。こうして個人的には2人目の妻アン・ブリンとめでたく結婚することになるのですが、対外的にはキャサリンとの離婚問題がやがてローマからの離脱と国教会設立という思いもかけないイギリス宗教改革へと発展することになるのです。

　キャサリンとの結婚が教会法に定める近親婚の禁に触れるものである以上離婚は正当なことであるかもしれません。こうしてローマから離婚の許可を得ようとしたヘンリー8世は案に相違して教皇の拒絶を受けてしまいます。俗物化していた当時の教皇たち[23]は金銭の取引で簡単に離婚許可を与えており、クレメンス7世もその手の輩の一人でした。ヘンリー8世としては簡単に離婚許可を得られるものと考えていました。ところが神聖ローマ皇帝カール5世[24]の睨みに怯えるクレメンス7世は許可を出さなかった、否、出せなかったといったほうが正確かもしれません。ヘンリー8世は直前にルターに対する反駁の書を書いてローマ教皇から「信仰の擁護者(Defensor Fidei)」という称号を得ており、信仰の点では完全なカトリック信徒でしたが、この事件を契機として彼はローマと断絶し、「首長令 the Act of Supremacy(1534)」を制定することで実質的な宗教改革に突入することになります。しかしローマと断絶し、イギリス独自の教会を設立するには国民を納得させる理由付けが必要です。ここで2人の文人が登場することになるのです。

7.　ヘンリー8世とチョーサー

　14世紀以前から教会聖職者の腐敗ぶりは様々な形で表面化していましたが、その実体を文字で表現した作家がいました。一人はラテン語聖書を一般信徒が直接読めるように英語に翻訳しようとしたジョン・ウィクリフ、教会内部の腐敗の様子を夢という形で寓意的に表現したウィリアム・ラングランド、そして様々な階層の人々を描き、暗に教会聖職者を批判したジェフ

リー・チョーサーです。

　ヘンリー8世は先ずウィリアム・シン (William Thynne, d.1546) に命じて全国からチョーサーの作品を集めさせました。[25] シンは全国の修道院の図書館からおよそ25冊のチョーサーの本を収集し、1532年に全集を出版しています。その目的はスパージョンによるとヘンリー8世の宗教改革を正当化することであり、具体的にはローマカトリック教会の聖職者の腐敗を批判することで国教会設立を正当化すると同時にカトリックの禁である離婚をも正当化することでした。[26]

　もうひとりの文人、国王付き故事・古書調査官 (King's Antiquary) に任ぜられたジョン・リーランドも1533年から全国の学寮、修道院図書館をくまなく調査し、詳細な調査資料を残しています。リーランドの友人でありカトリックからプロテスタントに改宗したジョン・ベイルはその模様を次のように書き残しています。[27]

> Not only marked he (Henry VIII) the natural inclinacyon of this Leylande, but also prouoked him to folowe it in effect, to the conseruacion of the landes Antiquitees whyche are a most syngulare bewtye in euery nacyon. He gaue hym out his autorite and commission, in the year of oure Lorde 1533 to serche and peruse the Libraries of hys realme in monasteries, couentes, and college, before their vtter destruccyon, whyche God then appointed for their wyckednesses sake. (ヘンリーはこのリーランドという人物の能力を見抜いていただけではなく、どの国にも残る最もすばらしい美徳である古代の文物の保護のためにその能力を発揮するよう彼を刺激したのである。そして、人間の邪心のために神が完全に破壊しないうちにということで、ヘンリーは1533年、王国にある修道院、学寮の図書館を調査する権限と命令をリーランドに与えたのである。)

　この直後に起こる修道院解散を前提としてこの文章を読むと、「全国の学寮や修道院に残る過去から継承されてきた写本などの貴重な歴史的文物を破壊と消失から守るためにリーランドに調査させた」ということになりますが、

それは単に表向きの理由であり、実際はイギリス内に残るローマの残党である腐敗した修道院を解散させるための口実を作る情報収集であったことが分かります。[28] この教会腐敗が何世紀にもわたってイギリスで続いてきたことを過去の史料で裏付けることで、ローマと断絶して国教会を設立し、同時にカトリックの象徴である修道院を解散させるための正当化が可能となるのです。中世の作家であるチョーサーが初期近代になっても出版され続ける背後には王室のイデオロギー、すなわちローマの腐敗を公に指摘することで国教会の正統性という怪物を擁護する必要があったからなのです。次に引用するリーランドの記述とチョーサーの記述を較べてみましょう。リーランドが調査のためにオックスフォードの托鉢修道会フランシスコ会の図書館を訪れたときの感想です。[29]

> …several asses gawped at me, braying that hardly any mortal man was allowed to approach such a holy precinct and sanctuary to see the mysteries, except the Warden — for so they call their head — and the bachelors of his sacred College. But I pressed them and, armed with the King's letter, more or less forced them to open up their shrines. At last one of the senior donkeys, with much humming and hawing, reluctantly unlocked the doors. Good God! What did I find there? Nothing but dust, cobwebs, bookworms, cockroaches, in short filth and destitution. I did find some books, but I should not willingly have paid three pence for them. So, searching for diamonds I found nothing but cinders. (係りの馬鹿どもが私をじろじろと見て、俗の人間はこのような聖なる場所に入って中をみることはできないと拒む中、国王からの書簡を示して中を見せるよう命ずると、年老いた薄のろが渋々と鍵を開けたのである。何と言うことであろう！そこは埃、コナチャタテ、蜘蛛の巣、ゴキブリ、まさに芥の館であった。過去の文化遺産を探しだしてはみたものの実際見つけたものは何の役にも立たない屑のみであった）

リーランドの驚きと憤慨の様子がここには見事に描かれています。粛々と学

問をしている姿は微塵も感じられない乱れに乱れた修道院の姿がそこにあったのでした。リーランドにとって修道院の図書館はまさに聖なる場所であり、学問を継承発展させる努力がなされているはずの場所だったのです。

次に挙げるチョーサーの『カンタベリー物語』にも同様の記述が随所に見られます。以下は「総序」の免罪符売りの描写です。

With him ther rood a gentil Pardoner / Of Rouncival, his freend and his compeer / That streight was comen fro the court of Rome . ... / But of his craft, from Berwik into Ware, / Ne was ther another pardoner. / For in his male he hadde a pilwe-beer, / Which that he seyde was Oure Lady veil: / He seyde he hadde a gobet of the seil / That Seint Peter hadde, whan that he wente / Upon the see, til Jhesu Crist him hente. / He hadde a crois of latoun ful of stones, / And in a glas he hadde pigges bones. / But with thise relikes, whan that he fond / A povre person dwellinge upon lond, / Upon a day he gat him moore moneye / Than that the person gat in monthes tweye; / And thus, with feyned flaterie and japes, / He made the person and the peple his apes. / But trewely to tellen atte laste, / He was in chirche a noble ecclesiaste. / Wel koude he rede a lessoun or a storie, / But alderbest he song an offertorie; / For wel he wiste, whan that song was songe, / He moste preche and wel affile his tonge / To winne silver, as he ful wel koude; / Therefore he song the murierly and loude. /（彼と一緒に馬に乗っていたのは、友達で仲間のラウンシヴァルの気品高き免罪符売りでした。この男はローマの教皇庁からまっすぐ帰ってきたところでした。…彼はまがいの宝石をちりばめた、真鍮の十字架を持っていました。そしてガラスの器の中に豚の骨を入れておりました。だが彼は遠く田舎に住む貧しい司祭を見つけると、この司祭が2ヶ月かかって得たものより多くの金をこれらのありがたい遺物を使ってたった1日で手に入れたのでした。こんな風に、見せかけのお追従でペテンにかけて司祭や人々を馬鹿にしたものでした。…）

［下線部のみ訳：桝井(1995)］

ローマから特許状を拝領して戻ったばかりというこの免罪符売りはなかなかの曲者で、聖母マリアが身に付けていたヴェールをピローケースとして持ち歩き、聖ペトロが海を渡ろうとして沈みかけイエス・キリストに助けられたときに持っていた帆の切れ端やガラスの入れ物に入った豚の骨も持っていた。これらを使って田舎物の哀れな司祭や民衆を騙したくさんの金をせしめていたのです。これがチョーサーの描く免罪符売りの姿なのです。

　これら二つの史料から、リーランドの時代より 150 年以上も前のチョーサーが描いた教会聖職者の様子とリーランドが直接目にしたフランシスコ会の様子が堕落・腐敗という点でなんら質的相違がないことが浮かび上がってきます。このように見てくるとローマ・カトリック教会の腐敗は着実に進行していたことになります。こうしてカトリック教会の堕落・腐敗を徹底的に公にすることで、ヘンリー 8 世は国教会設立の正当化と国王の絶対化を狙ったのです。

8. エドワード 6 世とラングランド

　ローマ・カトリックと袂を分かったヘンリー 8 世が 1547 年に世を去ると、唯一の嫡男であるエドワード[30]がエドワード 6 世として王位を継承します。若干 9 歳での王位継承でした。父ヘンリー 8 世はローマと断絶して国教会を設立したものの、ヘンリーの信仰は実質的にはほとんど伝統的なカトリックのままでした。これに対抗するかのようにエドワード 6 世はプロテスタント路線を強引に推し進めてゆきます。その理由は何でしょうか。直接の動機は何でしょうか。ダフィ (Eamon Duffy) は次のように簡潔に説明しています。[31]

> The death of Henry VIII in January 1547 freed the reforming party from the restraint of a King who, for all his cynicism and hatred of the papacy, remained attached to much of the traditional framework of Catholicism. (1547 年にヘンリー 8 世が世を去ることで、それまで教皇制に対して冷たく嫌悪の念を抱いていたにもかかわらず伝統的なカトリシズムにこだ

わり続けた国王から、改革派は解放された。）

　ルターに始まる宗教改革思想に触れてプロテスタント改革を推し進めようとしていた改革論者たち (Protestant clique) は、実質的にカトリック信者であるヘンリー 8 世の政権下では思うように行動することができなかったのです。ところがヘンリーの死後王位を継承したエドワード 6 世は 9 歳 9 ヶ月という幼年王 (Minor king) であったことから、彼らはエドワードの相談役 (Council) として取り巻き、過激なプロテスタント改革に突き進むことになったのです。

　ところが、国王が 9 歳という幼年であることがテューダー王家をまたも揺るがす原因となったのです。まだ確たる判断力のない幼い国王を取り巻きたちが自由に操って改革を急進的に進める一方で、立場を利用して自己の利益を貪っている者が現れたからでした。過去における幼年王の辿った運命をみると、必ずしも平和な時代を送ったとはいえません。エドワード 3 世の嫡男ブラック・プリンスが早世したために 10 歳で王位を継いだリチャード 2 世 (d. 1400) の場合は悲劇でした。[32] その治世にはワットタイラーの反乱が起こり、国が乱れました。感性豊かで善良なリチャード 2 世は叔父たちのたくらみに巻き込まれ王位を簒奪されてしまいます。その後いろいろな所に転々と幽閉され、最後にはヨーク南西のポンティクラフト城に幽閉されて餓死という悲劇で一生を終えているのです。[33] さらに 30 年後、ランカスター家のヘンリー 5 世が 35 歳で世を去ると、ヘンリー 6 世がわずか 9 ヶ月で王位を継承することになります。この王もまた幼年王でした。この時代には摂政の権利争いからヨーク家とランカスター家との間に亀裂が入った時代でした。さらにヘンリーが成年王になるとまもなく精神に異常を来たし、王権を争う薔薇戦争の原因にもなりました。聖書の文言のとおり「国が乱れた」のです。[34]

　それから 60 年後、今度は 9 歳 9 ヶ月で即位した王がエドワード 6 世なのです。すでにチョーサーの時代以前から社会風紀は乱れ、聖職者のモラルは低下し腐敗していたことは前に述べましたが、エドワード 6 世の時代になってもこの腐敗現象は聖職者だけに留まらず、社会全般に蔓延していました。

ロバート・クローリーは *An Informacion agaynst the Oppressours of the Pore Commons*(1548)や *The Way to Wealth ... A Remedy for Sedicion*(1550)などのほかに多くのパンフレットを著し、立場を悪用して私腹を肥やす聖と俗の輩を非難しています。[35] こうして幼年王の時代は世の中が乱れるという風評を王室は気にするようになってゆくのです。この時代背景をジョン・キングは次のようにまとめています。[36]

> Crowley felt that the key to social reform lay in reorganization of the church, because a new elite of Protestant clergy and landlords had taken the place of the old Roman clergy in exploiting the commonwealth.... Because the potential of the Reformation had not yet been achieved, Crowley assaulted residual medieval abuses: clerical simony and misappropriation of tithes, as well as enclosure of land, rack-renting, and price-gauging by property owners. These objects of attack differed little from those denounced from the medieval pulpit and in such medieval classics as *Piers Plowman* and Chaucer's *Pardoner's Tale*, topics that were still very much alive in the earlier part of Crowley's own century.(社会を改革する鍵は教会の改革にあるとクローリーは感じていた。プロテスタント聖職者という新しいエリートや大地主がかつてのローマの聖職者たちにかわって王国を搾取するようになっていたからである。宗教改革の本質がまだ達成されてはいなかったために、クローリーは中世の残滓としての(職権)乱用、すなわち聖職売買、十分の一税の着服行為、囲い込み、法外な地代請求、資産家による値切り行為などを強く非難した。このような攻撃の対象は中世の教会の説教台から聞えた教会批判や『農夫ピアズ(*Piers Plowman*)』やチョーサーの「免罪符売りの話(*Pardoner's Tale*)」などの古典作品に見られる教会批判、すなわち、クローリーの時代に問題となっていた乱用となんら異なるところはなかった。)

腐敗したローマ・カトリックと断交して国教会を設立したけれども、それは単に呼び名が変わっただけで、実態はプロテスタントの聖職者や大地主が相

変わらず立場を利用して私腹を肥やしており、ウィクリフ、ラングランド、チョーサーが批判した中世の社会となんら変わらないのがエドワード 6 世の治世であるというわけです。しかもエドワードは幼年王であるため、テューダー王家としては薔薇戦争時代と同じ間違いを犯すわけにはいかないのです。ここで利用されるのがウィリアム・ラングランドとチョーサーでした。冒頭でも述べたとおり、これらの作家がテューダー朝初期に出版されるのは国教会設立とそれに続いた修道院解散を正当化するためでした。では、エドワード 6 世の幼年王という立場を正当化し王国の安定を図るためにはどうすればよいのでしょうか。

　実はエドワードが 6 世として王位についたとき、テューダー王家にとって最大の危機を迎えていたといえるのです。国民の間でエドワードという幼年王の権威が疑問視されていたのに加えて、幼年王を非難する文言が旧約聖書の「コヘレトの言葉（Ecclesiastes）」にはっきりと書かれているという事実があったからです。いわく、'Woe to thee, O land, when thy king is a child, and thy princes eat in the morning (10: 16)' 「いかに不幸なことか／王が召使（a boy）のようで／役人らが朝から食い散らしている国よ。」[37] まさにエドワード 6 世の世の現実を射抜いた内容です。先に述べたロバート・クローリーが、堕落し腐敗したローマを批判するために 1550 年に出版した『農夫ピアズの夢』にある、以下の部分にも同じことが書かれており、取りようによっては両刃の剣になりかねないものでもありました。[38]

> 'For I herde my sire seyn, seven yeer ypassed, / "Ther the cat is a kitoun, the court is ful elenge." / That witnesseth Holy Writ, whoso wole it rede: / Ve terre ubi puer est rex ! (I recall hearing my father tell me seven years ago, "It's a pretty miserable kind of court where the cat is a kitten." (私の父が 7 年前に語って聞かせてくれたのを覚えている。「支配者（猫）が子猫である宮廷はとっても惨めな宮廷なんだ」とね。聖書も読んでみれば父の言ったことが正しいことを示してくれるよ。「王が召使のような国は如何に不幸なことか」

この危機を乗り切るために、エドワード王の取り巻きたちはヘンリー7世、ヘンリー8世の時と同じように、過去の資料を懸命に洗い出し、幼年王ながらすばらしい統治をおこなった国王の例を聖書に見出すのです。その一人がユダ王国の王ヨシア (Josiah, d. ?609 B.C.) です。[39] また、父ダビデ王を若くして継承し、王国の経済的繁栄をもたらすと共にエルサレムに神殿を建設するなど、知者として宮廷を中心とした知恵文化の繁栄にも大きな影響を及ぼしたソロモンもその例とされました。エドワード6世をヨシア王として、また、ソロモン王と同一視することで、立場の正当化を図ろうとしたわけです。

また、旧約聖書の「コヘレトの言葉」にある 'Woe to thee, O land, when thy king is a child, and thy princes eat in the morning' [40] の解釈は言葉巧みにすり抜けを行い、'cuius Rex est puer' (when thy king is a child) の 'puer' (a child) は 'a childish king who is lazy, foolish, incompetent' の意味であり、決して暦年齢のことを指しているのではないと解釈し弁明するのです。現にヨシアもソロモンも暦年齢的には幼年ですが、立派に王国の繁栄をもたらし、真の信仰に導いた幼年王でした。こうしてエドワード6世の問題を処理し、不正や腐敗のない真の信仰に裏打ちされたテューダー・プロテスタンティズムの確立に奔走したのですが、エドワード6世は若干16歳という若さでこの世を去ってしまいます。ヨシア、ソロモンを楯にして薔薇戦争時代に起こった幼年王の悲劇的な例を否定しながらも、結果的にたどり着いた結末はまさに王の夭折という悲劇そのものでした。まさに別の意味で悲劇でした。その結果、次を襲ったメアリー女王によって反動としてのローマ・カトリシズム回帰が過激なまでに推し進められることになるわけですが、いかにカトリック擁護のためとはいえ彼女の残忍さは誰に想像できたでしょうか。

メアリーのカトリック回帰政策はメアリー自身の死によって6年という短命に終わりました。その後彼女を襲ったエリザベス1世によってようやくテューダー王朝は安定路線へと方向転換の目を向けることになるのですが、生涯ヴァージンを通したエリザベスが1603年に亡くなることでテューダー王朝は終焉を迎えます。まさに王家と宗教の正統性という捉えどころのない亡霊に翻弄されたのがテューダー王朝だったと言えましょう。

注

1. ヨーロッパではラテン語による出版が中心であったのに対して、イギリスでは英語による出版を中心として大陸との差別化を図る傾向があった。
2. 'The Prologue' to *Eneydos*(1490)でカクストンはアングロ・サクソン起源の語彙を含む古い本に対して '...certaynly it was wreton in suche wyse that it was more lyke to dutche than englysshe I coude not reduce ne brynge it to be vndertonden' と述べ 'rude で brood' な英語に対する否定的な判断を示している。
3. Tim William Machan in Kuskin(2006: 299–322)は近代期に政治的目的で印刷出版された中世作家の作品を特に "Early Modern 'Middle English'" と呼んでいる。
4. Benson Bobrick,(2001), p.53.
5. Geoffrey Chaucer 'General Prologue', *The Canterbury Tales*, ll. 477–528.
6. Benson Bobrick ,(2001), pp. 29–30. なお 'Parson's Tale' には明らかにウィクリフ派の聖書からのものと思われる訳文が使われている。
7. G. Kane and E. T. Donaldson.(1988).
8. Pardoner は説教することが禁じられていた。
9. 'ネンニウス著作説' は近年否定される傾向にある。
10. Stephen H. Shepherd(2004), p. 689
11. ヘンリー6世とその嫡男エドワードが殺害された経緯についてはモアの『リチャード三世伝』に記述がある。
12. グロースター公リチャード(リチャード3世)がエドワード4世の2人の王子を殺害し、王位を篡奪したとされる背景には、エドワード4世の結婚そのものが非合法的なものであり、従って生まれた子供は王位継承権のない庶子であるとする認識があった。
13. Geoffrey of Monmouth, pp. 282–283.
14. ハーディングの『年代記』は15〜16世紀にかけて人気を誇った年代記の一つである。12の写本が現存しており、マロリーやスペンサーも利用している。リチャード・グラフトンがヘンリー8世までの記述を加筆して改訂版(1543)を出している。引用箇所は1543年のグラフトン版からのものである。
15. Edward Halle,(1548)ページ番号なし。
16. 後のテューダー絶対王政および王権神授説にかかわりをもつ論理である。
17. ヘンリー7世がいかに王家の正統性を意識していたかは息子たちの名前を見れば明らかである。ヨーク家の流れを汲む妻エリザベスとの間に儲けた長男にはアーサーという名をつけ、アーサー王に直結する血筋であることを訴えようとした。次男にはヘンリーという名をつけランカスターの血筋を強調する。2代目国王ヘンリー8世は長男にエドワードという名をつけヨーク家の血筋もあることをいっそう強調する。
18. ヘンリー7世はランカスターの女系の血筋を引くがヨーク家とは関わりがない。

ヨーク家のエリザベスと結婚したことにより生まれたアーサー、ヘンリーの代になって始めてヨークとランカスター両家の血、すなわちプランタジネット王家の血を引く王位継承者がテューダー家に誕生したことになる。

19 アーサー王伝説の成立過程については, 武内信一「アーサー王伝説：その歴史と受容（Ⅰ）（Ⅱ）」,(2006),(2007),『英文会誌』9号、10号、愛知大学英文会、を参照。
20 一度兄のアーサーと結婚した女性を弟が妻とすることは近親婚(incest)に相当すると解釈されていた。
21 George Cavendish, pp.83–84.
22 裁判の時点で2人目の女性アン・ブリンとは実質的に結婚していた。最終的に、計6人の女性と離婚と結婚を繰り返したヘンリー8世はエドワード6世、メアリー1世、エリザベス1世を得ることになる。
23 クレメンス7世に先立つアレクサンドル6世やレオ10世などの俗物教皇は金で離婚許可を与えていた。江村洋(1992)p.88 参照。
24 神聖ローマ皇帝カール五世(スペイン王カルロス1世)はヘンリー8世の妻キャサリンの甥に当たる。
25 Spurgeon(1908–17), p.xvii
26 *Ibid.* p.xvii.
27 John Bale(1549)
28 リーランドの性格と直後の病を考慮すれば、彼がこのことに気がついていたとは考えにくい。彼は純粋に好古家的研究心とヘンリー8世の命に対する忠誠心から行動していたのであろう。
29 Carley(2004), p.98.
30 ヘンリー8世の3人目の妻ジェイン・シーモアとの間にできた唯一の男子であるが、結核のため16歳で死亡。そのあとメアリー1世が即位しカトリック回帰政策を断行することになる。
31 Eamon Duffy(2005)p.448.
32 ブラック・プリンスの長男のエドワードは7歳ですでに死亡していたため, 王位はエドワード3世の孫のリチャード2世に継承された。
33 森　護(1986), p. 169
34 旧約聖書 'Ecclesiastes' 10 : 16
35 例えば *An Informacion* の冒頭でクローリーは 'I thynke ther is no one thynge more nedfull to be spoken of, then the great oppression of the pore communes, by the possessioners as wel of Clergie as of the Laitie.' と述べている。
36 John N. King(1982), p.321.
37 『新共同訳』）
38 A.V. C. Schmidt(ed.)(1978)pp.11, ll. 193–6
39 ユダ王国の王で、王国時代末期の最も優れた王とされる。神殿で発見された「律

法の書」に基づいて異教的な要素を排除し、正統的祭儀をエルサレムの神殿のみに集中させる宗教改革を行った。(『キリスト教事典』岩波書店(2002)より)

40　ラテン語訳では'Vae terre, cuius Rex est puer, cuius principes mane comedunt' である。

参考文献

Bale, John → Leland, John

Benson, Larry D. (ed.) (1987) *The Riverside Chaucer*. Boston, Massachusetts: Oxford University Press.

Bobrick., Benson (2001) *Wide as the Waters: The Story of the English Bible and the Revolution It Inspired*. New York: Simon & Schuster.

Byrne, M. St. Clare (ed.) (1968) *The Letters of King Henry VIII*. New York: Funk & Wagnalls.

Carley, James P. (2004) *The Books of King Henry VIII and his Wives*. London: The British Library.

Chaucer, Geoffrey. (桝井迪夫訳) (1995)『カンタベリー物語』(全3冊)岩波文庫．岩波書店．

Caxton, William. (W. J.B. Crotch, ed.) (1973) *The Prologues and Epilogues of William Caxton*. Millwood, New York: EETS. Kraus Reprint.

Crowly, Robert. (1548) *An Informacion agaynst the Oppressours of the Pore Commons*. S.T.C. No. 6086

Crowly, Robert. (1550) *The Way to Wealth...A Remedy for Sedicion*. S. T. C. No. 6096

Duffy, Eamon. (1992) *The Stripping of the Altars*. New Haven and London: Yale University Press.

江村洋(1992)『カール五世：中世ヨーロッパ最後の栄光』東京書籍．

Geoffrey of Monmouth (1966) *The History of the Kings of Britain*. Penguin Classics. London: Penguin Books.

George Cavendish. *The Life and Death of Cardinal Wolsey*. Oxford: EETS, O.S. 243 (1959)

Halle, Edward. (1548) *The Vnion of the Two Noble and Illustre Famelies of Lancastre & Yorke*. S.T.C. No. 12712

Hardyng, John (1543). *The Chronicle from the Firste Begynnyng of Englande 2 Parts*. The English Experience No. 805. Amsterdam, New Jersey: Theatrum Orbis Terrarum, Ltd.

Kane, G and E. T. Donaldson. (eds.) (1988) *Piers Plowman: the B-Version*. 2nd Edition. London/Los Angeles: The Athlone Press.

Kelen, Sarah A. (2007) *Langland's Early Modern Identities*. New York: Palgrave Macmillan.

King, John N. (1982) *English Reformation Literature: The Tudor Origins of the Protestant Tradition*. New Jersey: Princeton University Press.

Kuskin, William (ed.) (2006) *Caxton's Trace: Studies in the History of English Printing*. Notre

Dame, Indiana: University of Notre Dame Press.

Langland, William. (1992) *Piers Plowman.* Translated with an Introduction and Notes by A. V. C. Schmidt. Oxford World's Classics. Oxford: Oxford University Press.

Langland, William. (1978) *The Vision of Piers Plowman.* Edited by A. V. C. Schmidt. London: Everyman.

Leland, John. (1549) *The Laboryouse Serche for Englandes Antiquites.* Edited by John Bale. S. T. C. No. 15445. London.

森護(1986)『英国王室史話』大修館書店.

Spurgeion, Caroline F. E. (1908–1917) *Five Hundred Years of Chaucer Criticism and Allusion 1357–1900* (3 Vols.) New York: Russel & Russel (1960), originally published by the Chaucer Society.

Stephen H. Shepherd (ed.) (2004) *Le Morte Darthur.* A Norton Critical Edition. London: W.W. Norton & Company, Inc.

武内信一(2006)「アーサー王伝説:その歴史と受容(Ⅰ)」『英文会誌』9号. 愛知大学英文会.

武内信一(2007)「アーサー王伝説:その歴史と受容(Ⅱ)」『英文会誌』10号. 愛知大学英文会

Weir, Alison. (1995) *The Wars of the Roses.* New York: Ballantine Books.

チョーサーの接頭辞についての課題
for- および *to-* を中心に

米倉　綽

1.　はじめに

　Elliott(1974: 161)は、チョーサーは *Boece* の語彙を形成するにあたって、中英語の形態構造(morphemic structure or morphemic pattern)に相応しい語を用いていると指摘している。その一つとして、接頭辞 un- による派生語を挙げている。

　しかし、チョーサーが自らの言語を創造するために、中英語期によく知られている形態構造を活用したのは *Boece* の翻訳に限定されたものとは言えないであろう。

　そこで、小論では接頭辞 *for-* および *to-* に焦点を絞り、これらの接頭辞がチョーサーの英語の形成にどのように貢献しているかを述べるとともに、その問題点を明らかにしたい。

2.　接頭辞 *for-*

　この接頭辞は古英語からみられ、主に場所的・時間的な「～の前に」の意味を表し、動詞および名詞に付加されたが、[1] 中英語になると場所的な意味での「～の前に」を示す *for-* 派生語はほとんど消滅した。[2] しかし、チョーサーではこの接頭辞が他の意味でも用いられている。[3]

（1）'away, off' の意味を表す場合：

    Right as a swerd *forkutteth* and *forkerveth*
    An arm a-two, my deere sone, right so
    A tonge *kutteth* frendshipe al a-two.   (MancT 340–3)
                                                                                                                                                                                             [= cut][4]

最初の行に見られる *forkutteth* と *forkerveth* は 'off' の意味をもつと考えられるが、2行目に *a-two*（= asunder）という副詞が使われている。そして、3行目では単純語の *kutteth* が使われ、その後にやはり副詞の *a-two* がみられる。このことを考慮に入れると、*for-* に明確な 'away, off' の意味が付与されているか決めがたい点もある。同じことは次の例にも言える。

    Her face frounced and forpyned,
    And bothe her hondes lorne, *fordwyned*.   (RomA 365–6)
                                                                                                                                                                                    [= wasted away]

    Cf.: Al woxen was her body unwelde,
    And drie and *dwyned* al for elde.   (RomA 359–60)
                                                                                                                                                                                         [= withered]

これらの例での接頭辞 *for-* の有無については韻律との関連が考えられる。上記の例をそれぞれ律読すると次のようになる。

    Right as a swerd forkutteth and forkerveth
    An arm a-two, mydeere sone, right so
    A tonge kutteth frendshipe al a-two.   (MancT 340–3)
    Her face frounced and forpyned,
    And bothe her hondes loren, fordwyned.   (RomA 365–6)

この律読から明らかなように、*kutteth*（MancT 343）、*dwyned*（RomA 360）それぞれに接頭辞 *for-* を付加すると弱強の韻律パターンが成り立たなくな

る。

（２） 「禁止」(prohibition) または「除外」(exclusion) の意味を表す場合：
"Nay, Crist *forbede* it, for his hooly blood!"　　　　　　(MilT 3508)
　　　　　　　　　　　　　　　　　　　　　　　　　[＝ forbid]

forsothe sche hath *forsaken* the,　　　　　　　　　　(Bo 2. pr.1.72)
　　　　　　　　　　　　　　　　　　　　　　　　　[＝ abandon]

（３） 「控える」,「〜を無視する」の意味を表す場合：
But al that thyng I moot as now *forbere*.　　　　　　　(KnT 885)
　　　　　　　　　　　　　　　　　　　　　　　　　[＝ refrain from]

And thus *forslewthen* wilfully thy tyde,　　　　　　　　(NPT 3096)
　　　　　　　　　　　　　　　　　　　　　　　　　[＝ neglect]

（４） 「破壊、不利、苦痛」の意味を表す場合：
and the moornynge that was set in myn herte, *forbrak* the enencioun of hir that entendede yit to seyn some othere thinges.　　(Bo 4. pr.1-5-7)
　　　　　　　　　　　　　　　　　　　　　　　　　[＝ interrupt]

"That me *forthynketh*," quod this Januarie,　　　　　　(MerT 1906)
　　　　　　　　　　　　　　　　　　　　　　　　　[＝ that grieves me]

（５） 付加する動詞の意味を強める場合：[5]
For to *forcracchen* al hir face,
And for to rent in many place　　　　　　　　　　　　(RomA 323-4)
　　　　　　　　　　　　　　　　　　　　　　　　　[＝ scratch severly]

He was nat pale as a *forpyned* goost.
A fat swan loved he best of any roost.　　　(GP 205-6)[＝ tormented]

これらの例では、意味の点から、単純形とほとんど同じと考えられる例がある。[6]

> To Troye. Allas, the pitee that was ther,
> *Cracchynge* of chekes, rentynge eek of heer.　　　　(KnT 2833–4)
> 　　　　　　　　　　　　　　　　　　　　　　[= scratching]
>
> Hath dampned yow, and I wol it recorde;
> It nedeth noght to *pyne* yow with the corde.(KnT 1745–6)
> 　　　　　　　　　　　　　　　　　　　　　　[= torment]

　また、これらの場合も単純形と意味が変わらないとすれば、接頭辞 *for-* 付加は韻律と関係があるのであろう。

> And for to rent in many place
> For to forcracchen al hir face,　　　　　　　　　　(RomA 323–4)
> He was nat pale as a forpyned goost.
> A fat swan loved he best of any roost.　　　　　　　(GP 205–6)
> To Troye. Allas, the pitee that was ther,
> Cracchynge of chekes, rentynge eek of heer.　　　　(KnT 2833–4)
> Hath dampned yow, and I wol it recorde;
> It nedeth noght to pyne yow with the corde.　　　　(KnT 1745–6)

　このように韻律分析してみると、*Cracchynge* (KnT 2833)、*pyne* (KnT 1746) にそれぞれ接頭辞 *for-* を付加することによって、弱強パターンの韻律構造が成り立たなくなることは明らかである。

（6）*for-* の意味が明確でない場合：

> As man that hath his joies ek *forlore*,
> Was waytyng on his lady evere more　　　　　　　　(Tr 5.23–4)
> 　　　　　　　　　　　　　　　　　　　　　　[= lost]
>
> That he ne shal his lif anon *forlete*;　　　　　　　(PardT 864)
> 　　　　　　　　　　　　　　　　　　　　　　[= lose]

Why artow al *forwrapped* save thy face? (PardT 718)

[= concealed]

これらの例は次の単純形の語と意味は同じと考えられる。

Thanne he exciteth oother folk therto,
To *lesen* hir good as he hymself hath do. (CYT 744–5)

[= lose]

Was ther non other broch yow liste *lete*
To feffe with youre new love," quod he, (Tr 5.1688–9)

[= give up]

It was so *wrapped* under humble cheere, (SqT 507)

[= concealed]

以上のように、チョーサーでは接頭辞 *for-* が5つの意味を表していると考えられる。*for-* 派生語は54例見られるが、次の3例のみが名詞に付加されている。

But sikerly she hadde a fair *forheed*; (GP 154)

[= forehead]

"For certynly, this wot I wel," he seyde,
"That *forsight* of divine purveyaunce (Tr 4.960–1)

[= foresight]

That I was of hir felaweshipe anon,
And made *forward* erly for to ryse, (GP 32–3)

[= agreement]

なお、これら3例の基体の語源的素性は [-latinate]、つまり英語本来の語である。また、付加されている動詞の51語のうち語源的素性が [+ latinate] の場合は次の3例のみである。

forpassinge (Tr 1.101), *forshright* (Tr 4.1147), *forstraught* (ShipT 105)

これまでの派生語はその基体が動詞あるいは名詞の場合であるが、Fisiak (1965)は *for-* が形容詞および副詞に付加された例をいくつか挙げている。[7] また、MED(sv. *for-*(1))は「接頭辞 *for-* ＋過去分詞」の他に「接頭辞 *for-* ＋形容詞」が次のように並行して使われていることがあると述べている。ここで、MED は「過去分詞」と言っているが、これらの過去分詞はほとんど形容詞化していると考えられる。

 for-dulle ——— for-dulled
 for-weri ——— for-wried

中英語では、このような並行した構造をもつ接頭辞とともに、対応する「接頭辞＋過去分詞」の形をもたない *for-cold*(1330)〔＝ very cold〕、*for-couth*(OE)〔＝ infamous, wicked, vile, miserable〕も若干みられる。

 中尾(1972: 407)は *for-cold, for-great, for-old* などでは最初の頃 *for-* は 'extremely, very' の意味をもつ接頭辞であったろうが、やがて形容詞のゼロ派生形(つまり、名詞)と構造をなす 'because of' の意味の前置詞と解釈されたのであろうと説明している。

 以下にチョーサーの場合を検討してみよう。[8]

 As any ravenes fethere it shoon *for blak*; (KnT 2144)
            〔＝ for blackness〕
 his flessh was blak as an Ethiopeen for heete, and ny destroyed
 for coold, (ParsT 345)
            〔＝ for coldness〕
 Amydde a tree, *for drye* as whit as chalk,
 As Canacee was pleyyng in hir walk, (SqT 409)
            〔＝ for dryness〕

Her heed, *for hor*, was whyt as flour: (RomA 356)
[= for grayness]

He hadde a beres skyn, col-blak *for old*. (KnT 2142)
[= for old age]

古英語では *for-* が接頭辞として用いられて、'very' の意味を表している。

þæt wæs *foremærost* foldbuendum (Beowulf 309)
[= it was very famous for earth-dwellers][9]

..... wæs to *foremihtig*
feond on feþe. ..... (Beowulf 969b–970a)
[= the demon was very strong in going]

..... swa hyt weorlicost
foresnotre men findan mihton. (Beowulf 3161b–3162)
[= so that very wise men can find it most splendid]

これらの例では、それぞれ「*fore-* prefix(= very) + *mærost* adj.(= famous)」、「*fore-* prefix(= very) + *mihtig* adj.(= powerful)」、「*fore- prefix*(= very) + *snotre* adj.(= wise)」と分析できる。この *Beowulf* からの例を考慮にいれると、上にあげたチョーサーからの例も「強意を表す接頭辞＋形容詞」と解釈できる。Kerkhof(1982: 489)は「理由を表す前置詞＋なかば名詞化した形容詞」と分析している。Davis(1974: 81)は *for blak、for coold、for old、for hor, for drye* などは、時に理由を示す前置詞とは形態的には区別するのは難しいと述べて、次のような例を挙げている。

And with that thought, *for pure ashamed*, she
Gan in hire hed to pulle, and that as faste, (Tr 656–67)
['for pure ashamed' = for very shame]

> The kinges dowhter, which this syh,
> *For pure abaissht* drowh hire adryh　（Gower Confessio Amantis 4.1329–30）
> ['For pure abaissht' = for amazement][10]

上記の例をふまえて、Davis (1974: 81) は、この接頭辞 *for-* の強意の機能が「原因・理由」のように解釈され、その結果新たな構造（つまり、*for* を前置詞とする構造）が発達したと説明している。また、Mustanoja (1960: 647–8) は転換の項目のなかで、多くの場合は強意の接頭辞 for- であったが、*for pure wood* のように、なかば名詞に転換された形容詞の前に置かれた原因・理由を表す前置詞 *for* と解釈される場合もいくつかある、と説明している。チョーサーにはさらに以下のような例が見出される。

> He was, pardee, an old felawe of youres,
> And sodeynly he was yslayn to-nyght,
> *Fordronke,* as he sat on his bench upright,　　　　　（PardT 672–74）
> The Millere, that for dronken was al pale,　　　　　（MilT 3120）

Benson (1987) は *Fordronke* には 'very drunk' の、そして *for dronken* には 'because of being drunk' の訳を付している。この Benson (1987) の解釈に従えば、*Fordronke* (PardT 674) の *for-* は接頭辞であり、*for dronken* (MilT 3120) の *for* は前置詞と理解されており、Benson (1987) の解釈は揺れていることになる。すでに (5) であげた

> He was nat pale as a *forpyned* goost.　　　　　　　（GP 205）

では、Benson (1987) は *forpyned goost* に 'tormented spirit' という訳を与えている。この場合は *forpyned* の *for-* を接頭辞と分析しているようである。さらに、次の例をみてみよう。

But fynally my spirit at the laste,
For wery of my labour al the day,
Tok reste, that made me to slepe faste;   (PF 92–4)

Benson(1987)は *For wery of* に 'exhausted by' という訳を与えている。しかし、*For wery* には 'for weariness' という解釈も可能である。だとすると、この *for* は前置詞とも分析できる。Mustanoja(1960: 561)は中英語のころ、写字生は *for-* と *of* を離して書くのが普通であったと言っている。この事実は次の例からも明らかである。

I was wery [*of*] wandred [vrr. *of wandred*; *forwandred*] and wente me to reste   (PPl.B P.7)
['wery [of] wandred' = tired out with wandering][11]
Whan thow art wery *forwalked*, wilne me to counseille.'   (PPl.B 13.205)
['wery forwalked' = tired with walking]

このようなことは、すでに中英語において *for-* と *of* が前置詞とみなされる傾向があったことを示していると Mustanoja(1960)は主張している。

先にも述べたように、チョーサーは自らの英語を創造するために形態構造をかなり有効に用いたと考えられる。これらの 52 の *for-* 派生語のうち、チョーサーが最初に英語に導入した語は次の 18 例ある。

forbrusen(MkT 2614), *forcracchen*(RomA 323), *forcutten*(MerT 340) *foreknouing*(Tr 1.79), *forleten* (Bo 1. pr.1.26), *forlosen*(Tr 3.280), *forpampred* (Form Age 5), *forpassinge*(Tr 1.101), *fore-seing*(Tr 4.989), *forsluggen*(ParsT 685), *forsongen*(RomA 664), *forstraught*(Ship 105), *forwaked* (BD 126), *forwelked*(RomA 361), *forewiter*(Bo 5. pr.6.294), *forewiting*(NPT 3243), *forwrappen*(PardT 718), *foryeving*(LGW 1852)

以上のことから、チョーサー以外の作品も調査する必要があるが、中英語の

for- は接頭辞なのか、原因・理由を表す前置詞なのかを決めることは難しいともいえる。[12]

3. 接頭辞 *to-*

　この接頭辞は古英語期に多く使われて、主に動詞に付加して「分離、粉砕」の意味を表していた。同時に強調の意味でも用いられていた。

  þæt hit a mid gemete manna ænig
  betlic ond banfag *tobrecan* meahte,   （Beowulf 779–80）
  ［= that any man might break it apart, excellent with bone-work in any way］
  fif nihta fyrst, oþ þæt unc flod *todraf*, （Beowulf 545）
    ［= during five nights until the flood separated us apart］

しかし、中英語期には急速に減少して、200 語ほどが確認されるだけである。そして 15 世紀にはほとんど用いられなくなった。チョーサーでは 20 例しか見られない。[13]

（1）「分離、粉砕」の意味を表す場合：
  Loo, with the strok the ayr *tobreketh*;
  And ryght so breketh it when men speketh. （HF 779–80）
    ［= break in pieces］
  With myghty maces the bones they *tobreste*. （KnT 2611）
    ［= break in pieces］
  The helmes they *tohewen* and *toshrede*; （KnT 2609）
    ［= hew to pieces and cut into shreds］

　チョーサーでは接頭辞 *to-* を用いたこれらの派生語とともに、次に示すように、単純語が 'asunder' の意味をもつ副詞と共起している場合もある。

> For which this sely Progne hath swich wo
> That nyght hire sorweful herte *brak a-two*.　　　　(LGW 2346–7)
> 　　　　　　　　　　　　　　　　　　　[= break asunder]
>
> It wolde rather *breste a-two* than plye.　　　　(CIT 1169)
> 　　　　　　　　　　　　　　　　　　　[= burst asunder]

これらの例で明らかなように、副詞 atwo [= asunder] と共起して、接頭辞 to- を付加された動詞と同じ意味で用いられている。この上記の 2 例を律読すると次のようになる。

> For which this sely Progne hath swich wo
> That nyght hire sorweful herte brak a-two.　　　　(LGW 2346–7)
> It wolde rather breste a-two than plye.　　　　(CIT 1169)

この韻律分析でわかるように、*brak* (LGW 2367) と *breste* (CIT 1169) に接頭辞 to- を付加すると弱強の韻律構造は成立しなくなる。また、LGW 2346 では前行の *wo* と押韻するために接頭辞の添加された *tobrak* を用いず副詞の *a-two* をチョーサーが選択したとも考えられる。

(2) 強意の意味で使われる場合：

> they as in partye of hir preye *todrowen* me, cryinge and debatyng ther-ayens, and korven and *torente* my clothes　　　　(Bo 1. pr.3.38)
> 　　　　　　　　　　　　　　　　[= tore apart; tear in pieces]
>
> and thurst, [and] grymnesse of develes, that shullen al *totrede* hem withouten respit and withouten ende.　　　　(ParsT 864)
> 　　　　　　　　　　　　　　　　　　　[= trample upon]

ParsT 864 の *totrede* は次の例にみられる単純語とほとんど意味は同じであろう。

"Considereth eek how that the harde stoon
Under oure feet, on which we *trede* and goon,　　　　　(KnT 3021–22)

この例を韻律分析すると次のようになる。

"Cŏnsíderĕth éek hŏw thát thĕ hádĕ stóon
Ŭndĕr óurĕ féet, ŏn whích wĕ trédĕ ănd góon,　　　　(KnT 3021–22)

この場合も接頭辞 *to-* を *trede*(KnT 3022)に付加せずに、弱強の韻律構造を維持するためにチョーサーは単純語を用いたと考えられる。

　チョーサーが用いた 20 例の *to-* 派生語のうち、上に引用した *toshreden* はチョーサーの造語である。また、MED にも OED にも記載されていない *to-* 派生語がみられる。

　　toslitered(RomA 840)［= slashed with decorative cuts］
　　tosterten(Tr 2.980)［= burst apart］
　　toteren(PardT 474)［= tear in pieces］

なお、この接頭辞が付加された動詞の語源的素性はすべて［-latinate］であり、それらの動詞はすべて単音節語(mono-syllabic verb)である。

4. まとめ

　チョーサーに用いられている接頭辞 *for-* と *to-* について論じてきたが、*Boece* にのみ使われている例は *forbreken*(Bo 4. pr.1.6)［= break into］、*fordriven* (Bo 1. pr.3.65)［= driven about］、*foreknouing*(Bo 5. pr.6.271)［= foreknowledge］、*forewiter*(Bo 5. pr.6.294)［= one who knows beforehand］、*todrauen*(Bo 1. pr.3.38)［= draw toward］である。どちらの接頭辞も *Boece* にのみ、特別に多いとは言えない。ただし、Elliott(1974: 161)が指摘しているように、接頭辞 *un-* と接尾辞 *-er* による派生語が *Boece* に多いことは確かで

ある。[14] また、Kallich(1983: 154)は、チョーサーは *Boece* において接頭辞 *a-*, *by-*, *en-*, *for-*, *re-*, *to-* などと動詞を結合させた語形成を頻繁に用いていると述べている。このような接頭辞の使用はチョーサーが *Boece* で独自の英語を創造しようと意図したとも考えられるが、韻文においては韻律構造や脚韻との関係も考慮したのであろう。[15] 従って、チョーサーが自らの英語を作り出すために接頭辞や接尾辞をいかに利用したかは、さらに多くの接辞派生語を調査・分析する必要がある。

注

1 古英語の接頭辞 *for-* の意味・用法については Niwa(1991: 71–98)に詳しく論じられている。
2 MED(sv. *for-*(1)prefix)では *for-* が 'before' を表す語は記載されていない。
3 Marchand(1969: 166)を参照。
4 チョーサーからの引用は Benson(1987)による。また、作品の省略表記は Benson(1987: 779)を参照。なお、*The Romaunt of the Rose* は Fragment A のみを調査対象としている。
5 Sandved(1985: 37)を参照。Fisiak(1965: 61)および OED(sv. *for-* prefix)も参照。
6 Fries(1985: 48)は、チョーサーではしばしば接頭辞のある形態とない形態が同じ意味で並存すると述べている。
7 Fisiak(1965: 61)では 'very' の意味をもつ *for-* 派生語として *for-old*(= very old), *for-blak*(= very black), *for-wery*(= excessively weary), *for-hoor*(= very hoar), *for-ofte*(= very often)を挙げている。
8 チョーサーでは前置詞の後に名詞的用法の形容詞が置かれる場合は、*for* 以外の前置詞でもしばしばみられた。
   Twenty bookes, clad *in blak or reed*, (GP 294)
   With *blak*, unlyk the remenant of his heeris; (NPT 2904)
   Eke whit *by blak*, by shame ek worthinesse (Tr 1.642)
   And eet hey as a beest *in weet and drye* (MkT 2217)
9 引用は Klaeber(1950)による。
10 引用は Macaulay(1969)による。
11 引用は Schmidt(1997)による。
12 Sandved(1985: 37)および Yonekura(2004: 64–7)を参照。
13 Davis(1974: 80)は、チョーサーはこの *to-* 派生語を約 17 例用いているが、そのう

ちのいくつかは作品で 1 回しか使用していないと指摘している。
14 　米倉(1995: 217-34) および米倉(2006: 278-349) を参照。
15 　チョーサーの接頭辞と韻律との関係については、藤原(2006: 249) を参照。

参考文献

Benson, Larry Dean (ed.) (1987) *The Riverside Chaucer*, Third edition, Houghton Mifflin, Boston; Oxford Univ. Press, London, 1988.

Brewer, Derek (ed.) (1974) *Geoffrey Chaucer*, G. Bell & Sons, London.

Davis, Norman (1974) "Chaucer and Fourteenth-Century English", *Geoffrey Chaucer*, ed. by Derek Brewer, 58-84, G. Bell & Sons, London.

Elliott, Ralph Warren Victor (1974) *Chaucer's English*, Andre Deutsch, London.

Fries, Udo (1985) *Einführung in die Sprache Chaucers*, (Anglistische Arbeitshefte 20), Max Niemeyer Verlag, Tübingen.

Fisiak, Jacek (1965) *Morphemic Structure of Chaucer's English*, (Alabama Linguistic and Philological Series, 10), Univ. of Alabama Press, Alabama.

藤原保明 (2006)「古英語の語形成」、米倉綽 (編著)『英語の語形成——通時的・共時的研究の現状と課題』, 210-77, 英潮社, 東京, 2006.

Kallich, Paul Eugene (1983) "Chaucer's Translation Technique", Ph.D. dissertation, Univ. of Pennsylvania.

Kerkhof, J. (1982) *Studies in the Language of Geoffrey Chaucer*, Leiden Univ. Press, Leiden.

Klaeber, Frederick Friedrich (ed.) (1950) *Beowulf and the Fight at Finnsburg*, D.C.Heath & Co., Boston.

Kurath, Hans, Sherman McAlister Kuhn, and Robert E. Lewis (eds.) (1952-2001) *Middle English Dictionary*, Univ. of Michigan Press, Ann Arbor. [MED]

Macaulay, G. C. (ed.) (1969) *The English Works of John Gower*, (EETS ES 81, 82), 2 volumes, Oxford Univ. Press, London & Others.

Marchand, Hans (1969) *The Categories and Types of Present-Day English Word-Formation: Synchronic-Diachronic Approach*, Second completely revised and enlarged edition, C.H.Beck'sche Verlagsbuchhndlung, München.

Mustanoja, T.F. (1960) *A Middle English Syntax*. Part I: Parts of Speech. Société Néophilologique, Helsinki.

Niwa, Yoshinobu (1991) *The Function and Development of Prefixes and Particles in Three Early English Texts*, Volume One, Kinseido, Tokyo.

Sandved, Arthur O. (1985) *Introduction to Chaucerian English*, (Chaucer Studies XI), D.S.Brewer, Cambridge.

Schmidt, A. V. C. (ed.) (1997) *William Langland: The Vision of Piers Plowman*: The B Text, Second edition, Dent, London, 1995. Reprinted, with revisions and corrections, 1997.

Simpson, John A. and Edmund S. C. Weiner (prepared) (1989) *The Oxford English Dictionary,* 2nd edition, Clarendon Press, Oxford, (CD-ROM: 3rd Version). [OED]

米倉綽(1995)「チョーサーにおける *un-* 派生語」, 菊池清明・他(編)『Sententiae: 水鳥喜喬教授還暦記念論文集』, 217–34, 北斗書房, 京都.

米倉綽(2004)「チョーサーにおける語形成の記述的研究」, 博士論文(筑波大学).

米倉綽(編著)(2006)『英語の語形成──通時的・共時的研究の現状と課題』英潮社, 東京.

私の英語学遍歴

秋元実治

　私が英語学を勉強しようと思い始めたのは、まず青山学院大学で牧野勤先生から、3年、4年のゼミで、Jespersen の *Essentials of English Grammar* と Fries の *The Structure of English* を教わった頃からである。実はそのとき東京大学から宮部菊男先生が大学院に非常勤講師として教えにいらしていた。私は先生の著書『英語学：テーマと研究』(1961) を既に読んでいたが、授業を聴講し、あらためて先生の英語学の知識の広さ・深さに驚き、かつ感激し、是非宮部先生の下で英語学を勉強したいと思うようになった。その後首尾よく東大の大学院に入ることが出来、そこで5年間英語学を研究できるようになった。宮部先生からは英語の歴史的研究を、そして長谷川欣佑先生からは生成文法を学んだ。同時に英文学の授業も取り、特に朱牟田夏雄先生と嶺卓二先生からエリザベス朝から18世紀にかけてのテキストを読むことを学び、後に文法化を研究する素地が作られたような気がする(もちろん当時は考えもしなかったが)。

　1970年に青山学院大学英米文学科に就職して、しばらくして留学したくなり、学科内で紆余曲折があったが、British Council Scholar として、1年間イギリスの University College London で英語学を研究する機会が得られた。当時の University College London は Randolph Quirk をはじめ、言語学科には音声学者の J. C. Wells や語彙文法の R. A. Hudson がおり、さらに School of Oriental and African Studies (SOAS) には R. H. Robins や R. M. Kempson らが言語学を教えており、ロンドン大学は言語研究のメッカであった。その頃からイディオムの分析に興味があり、イギリスでは多くのデータを収集することが出来た。その成果は *Idiomaticity* (1983、市河賞受賞) として結実した。後で分かったことだが、市河賞に強力に推薦してくださったのは池上嘉

彦先生であった。先生には引き続きいろいろお世話になっている。その後もイディオム関連の分野に興味があり、2回目の留学も University College London を選び、今は亡き Sidney Greenbaum 教授に教わることができたことは幸せであった。Greenbaum 氏は副詞研究の第一人者で、Quirk 教授の後任として University of Wisconsin (Madison) からロンドンに戻ったばかりであった。氏からは隔週チュートリアルを受けることが出来、博士論文の基礎が出来た。丁度私がいた頃、たまたまチェコから Jan Firbas 教授が来ており、氏から 'centre', 'periphery', 'communicative dynamism' といったプラーグ学派の考え方を学んだ。帰国後は博士論文の作成に取り組んだ。その成果は博士論文、*A Study of Verbo-Nominal Structures in English* (1989) として、文部省の出版助成金を得て、篠崎書林から刊行することができた。当時東京都立大学から松浪有先生が青山学院大学に専任教授としてこられていた。先生は学位を取ることを強く勧められ、先生の主査で私は学位を取得した。なお、副査は池上嘉彦先生にお願いした。

　1990年頃まではもっぱら現代英語の研究が中心であったが、徐々に史的研究に関心が移っていった。3度目の留学は、Laurel Brinton 教授もいることもあり、カナダの University of British Columbia を選んだ。バンクーヴァは Newsweek などの調査で、世界で最も住みやすい都市としてトップにあげられており、実際住んでみて実に健康的で、気持ちの良い所であった。研究の面でもいろいろ得るところがあった。Brinton 氏との共編著 *Collocational and Idiomatic Aspects of Composite Predicates in the History of English* (John Benjamins, 1999) はその成果である。その後は主として文法化・イディオム化の研究をしてきたわけであるが、この研究は文献学的知識とコーパスの利用なくしては不可能である。前にも述べたように、前者に関しては、大学院時代に OE, ME を宮部先生から教わり、初期・後期近代英語に関しては、嶺先生の授業を通して、その頃のテキストを多く読むことができた。実はその後も大学で、手塚喬介先生と佐藤紀子先生と3人で10年以上にわたって、Beowulf, Chaucer, Malory そして Paston Letters を読んだ。これらの読書がその後の私の文法化研究に計りしれない利益をもたらしたことは言うまでもない。

コーパス研究に関して言えば、University College London には Quirk 教授の下での Survey of English Usage があり、私がいた 1985 年頃はまだ電子化されていなかったが、written と spoken のデータが揃っており、後のコーパス言語学の先駆けとなった（The London-Lund Corpus of Spoken English (1981) 参照）。私は 1991 年に一ヶ月ほど British Council Fellow として Birmingham 大学に立ち寄り、そこで故 John Sinclair 教授や Gill Francis 女史から当時最も先端的な電子コーパスである Cobuild data を一寸利用させてもらった（その成果は、'P1 + NP + P2 Phrases in Discourse'（*The Nineteenth LACUS FORUM 1992* に収録）。その後の飛躍的なコーパスの発展は周知の通りである。
　私が関わっている学会について一言。1983 年ごろから、日本では学会が相次いで設立された。日本英語学会、日本中世英語英文学会、近代英語協会そして英語語法文法学会などである。特に後者の 2 つの学会の関わりが深い。近代英語協会に入ったのは、たまたま創立 10 周年の記念大会を青山学院大学で開催させて欲しいという依頼があり、故天野政千代氏が私の研究室に挨拶にこられた時である。その後、私の関心と相まって参加するようになり、そのうちなぜか会長に選ばれて、今日に至っている。英語語法文法学会に関しては、立命館大学名誉教授児玉徳美氏とはロンドン大学留学の頃一緒であったこともあって、学会設立発起人の一人として名を連ねた。私は関西に行くのが好きで、運営委員の一人として、関西での学会に参加するのが楽しみであった。また 2003 年度第 4 回英語語法文法学会賞をいただき、光栄であった。
　私は 1985 年以来毎年海外の学会で発表してきたが、そのきっかけとして、The Linguistic Association of Canada and the United States (LACUS) がある。この学会はアメリカ合衆国とカナダの大学で交互に毎年開かれる。そこでは Pike, Gleason, Lamb といったアメリカ言語学界の長老の方々にお会いすることが出来た。毎年学会誌が出され、*The First LACUS FORUM 1974* (1975) には Halliday や Bolinger の論文が収録されている。LACUS の事務局長だった Adam Makkai (Makkai 氏に関しては『研究社英語学人名辞典』参照) は *Idiom Structure in English* (1972, Mouton) を出しており、彼とイディオム研

究を共有できたことは大きな収穫であった。LACUS にはその後も参加し続けたが、その間 board member にも選ばれた。この学会はカナダの学者とも知り合う貴重な場所であり、ケベック州の名門のラバール大学の Walter Hirtle 氏とも懇意になり、氏から Guillaume の Psychomechanics（心機構論）の理論を学んだ。そういうわけで、最初の 10 年間ほどは現代英語を中心にアメリカやカナダで行われた LACUS に参加し、後の 10 数年間は関心が史的研究に移ったため、ヨーロッパで行われる学会に参加するようになった。そのきっかけも、カナダに留学中に Dieter Stein 氏（彼は British Columbia 大学が大好きであった）と知り合い、彼から 1997 年自分の大学 Heinrich Heine University Düsseldorf で Historical Linguistics の国際大会を開催するので来ないかという誘いを受けたことであった。その学会では 'grammaticalization' に関する発表は 10 数件あり、後に *Pathways of Change—Grammaticalization in English*（John Benjamins, 2000）が出版されたが、そこに収録された論文 'The grammaticalization of the verb *pray*' が私の文法化研究の出発点になった。その後『文法化―研究と課題』(2001)、『文法化とイディオム化』(2003)、『文法化―新たな展開』(共編著、2005) などを出版した。海外の学会で発表するようになったおかげで、たくさんの英語学者と知り合うようになり、私の良い思い出になっている。Laurel Brinton 氏, Elizabeth Traugott 氏, Risto Hiltunen 氏などは日本にも滞在したこともあるし、私の方から訪ねていったこともある方々である。Elizabeth Traugott 氏と初めて会ったのは 1996 年の夏で、LACUS の学会の帰り San Francisco のホテルであった。彼女は今でもそうだが、理知的で、聡明な人である。そのときは車で街を案内してもらった。また、Traugott 氏と Brinton 氏には 2002 年 3 月、青山学院大学英米文学科の招聘で、Aoyama Symposium on Grammaticalization に出席された。

　海外の学会で印象的なことは、英語母語話者よりも圧倒的に非英語母語話者が多いということである。フィンランド、オランダ、ドイツなどをはじめとして、日本人の参加者も年々増えているようである。今や英語は分析対象として共通言語になっており、コーパスの発達のおかげもあって、かつてほど英語母語話者に対してそれほど劣等感を持たないようになったのではない

だろうか。

　余談をひとつ。1994年夏、カナダでのLACUSの帰り、妻の学会（European Society for Japanese Studies）がコペンハーゲンで開催されるので、立ち寄った。そこでコペンハーゲン大学で教えていたArne Juul氏に偶然お会いすることが出来た。実は氏の著書、*On Concord of Number in Modern English*（1975）を求めて本屋を探し回ったがなく、結局コペンハーゲン大学の英文科の事務所にまで行ってしまった。そこで秘書が親切にもJuul氏と連絡を取ってくれて、自宅を訪れた。氏はかの有名なデンマークの英語学者Otto Jespersenの孫弟子にあたる人で、冠詞論で有名なPaul Christophersenが先生である。丁度その時Juul氏は同僚の2人とJespersenの自叙伝を編集中であった。Jespersenが会った日本人に市河三喜先生がおり、市河先生の写真をそこに載せたいということであったので、帰国後すぐに故野上三枝子氏（市河先生のお嬢さん）にお願いして、先生の写真をJuul氏に送ってもらった。*A Linguist's Life*が1995年Odense University Pressから出版されたが、p.296に市河先生の写真が載っている。私はもちろん市河先生には教わらなかったが、市河賞という毎年英語学の優れた著作に送られる委員会の委員長をしており、そこに奇縁を感じた。さらに付け加えると、Juul氏と雑談中電話がかかってきて（多分Christophersen氏で）、氏が突然大笑いした。これは多分、日本人が訪ねてくるなんて、君も有名になったもんだね、とでも言われたのだろう。なお、ついでながら、Juul氏の趣味はピアノで、この点でも私と一致した。概して北欧の英語学者と日本人学者との間には研究分野の点で重なり合うことが多く、北欧の学者に親近感を持つのは私だけではないだろう。そういえば、2007年Lund大学で開かれたThe International Association of University Professors of English（IAUPE）に初めて参加し、そこでも北欧の学者と知り合うことができた。北欧の国々の持つ落ち着き、豊かさが私は好きである。

　今振りかえって思うことは、学んだことで無駄なものは何一つないということである。今思えば、大学院時代勉強したOE, ME、授業で読んだ18世紀やヴィクトリア朝の小説が数10年後の文法化研究の遠因になっているような気もするし、実はこれからSherlock Holmes及び同時代の作品を通して

後期近代英語の文法を書きたいという思いがあるが、これも昔勉強したことと無縁ではないだろう。

　JespersenやVisserとはいかないまでも、すべての知識を動員して、life workを残したいものと願っている。

秋元実治教授略歴

1941 年 7 月 16 日　東京生まれ

学　歴

1961 年 4 月　青山学院大学文学部英米文学科入学
1965 年 3 月　青山学院大学文学部英米文学科卒業
1965 年 4 月　東京大学大学院人文科学研究科英語英文学専攻修士課程入学
1967 年 3 月　東京大学大学院人文科学研究科英語英文学専攻修士課程修了
1967 年 4 月　東京大学大学院人文科学研究科英語英文学専攻博士課程入学
1970 年 3 月　東京大学大学院人文科学研究科英語英文学専攻博士課程単位取得退学
1975 年 9 月　British Council Scholar として 1 年間 University College London に留学
1985 年 4 月　青山学院大学在外研究員として University College London に 1 年間留学
1990 年 3 月　文学博士（青山学院大学　乙第 28 号　論文題目：*A Study of Verbo-Nominal Structures in English*）
1991 年 4 月　British Council Fellow として Birmingham 大学で 1 ヶ月間研究
1995 年 4 月　青山学院大学在外研究員として University of British Columbia に 1 年間留学

職　歴

（専任）
1970 年 4 月　青山学院大学文学部英米文学科専任講師
1975 年 4 月　青山学院大学文学部英米文学科助教授
1986 年 4 月　青山学院大学文学部英米文学科教授（現在に至る）
1992 年 4 月　青山学院大学文学部英米文学科主任（1994 年 3 月まで、1997 年 4 月〜 2000 年 3 月、2002 年 4 月〜 2004 年 3 月）
1992 年 4 月　青山学院大学大学院文学研究科英米文学専攻主任（1994年3月まで、

1997 年 4 月〜 2000 年 3 月、2002 年 4 月〜 2004 年 3 月)
2005 年 4 月　青山学院大学総合研究所所長(2009 年 3 月まで)

(非常勤・集中講義等)
東京大学、聖心女子大学、玉川大学、共立女子大学、立教大学、学習院大学、国際基督教大学、日本大学、桜美林大学、川村女子大学、信州大学、名古屋大学、愛知県立大学

British Council Kyoto Conference(1988 年 10 月)において speaker
第 4 回言語行動学研究会(2006 年 2 月)において講師
英語語法文法学会セミナー(2008 年 7 月)において講師

学会活動及び社会における活動

日本学術振興会	審査委員(1993 年 5 月〜 1995 年 4 月、2001 年 1 月〜 2001 年 12 月)
大学基準協会	相互評価委員会委員(2003 年 4 月〜 2004 年 3 月)
財団法人語学教育研究所	市河賞選考委員会委員長(2002 年〜 2010 年)
	理事(2002 年〜 2010 年)
近代英語協会	会長(2005 年〜 2009 年)
英語語法文法学会	運営委員(1995 年〜 2010 年)
日本英語学会	評議員(1998 年〜 2004 年)
日本中世英語英文学会	評議員(2001 年〜 2007 年)
日本英文学会	評議員(2000 年〜 2002 年)
カナダ・アメリカ言語学会	Board member(1994 年〜 1997 年)

賞　罰

1983 年 11 月　著書 *Idiomaticity*(篠崎書林)により、財団法人語学教育研究所　第 17 回市河賞受賞(於東京大学教養学部)
2003 年 11 月　著書『文法化とイディオム化』(ひつじ書房)により、英語語法文法学会　第 4 回英語語法文法学会賞受賞(於関西外語大学)

秋元実治教授著作一覧

[単著・共著・編著・共編著]

1983 *Idiomaticity.* Tokyo: Shinozaki Shorin.（第 17 回市河賞受賞）
1986 『英語イディオムの研究』篠崎書林.
1986 「近代英語後期」『英語史（松浪有編）』英語学コース第 1 巻、120–153.（共著）大修館.
1988 「形態論」『英文法（松浪有編）』英語学コース〔2〕、9–47.（共著）大修館.
1989 *A Study of Verbo-Nominal Structures in English.* Tokyo: Shinozaki Shorin.
1994 『コロケーションとイディオム』（編）英潮社.
1994 『英語の語順』（共編）学書房.
1998 『英語学の諸相―牧野勤教授定年記念論文集』（共編）英潮社.
1999 *Collocational and Idiomatic Aspects of Composite Predicates in the History of English.* (co-edited with Laurel J. Brinton) Amsterdam and Philadelphia: John Benjamins.
2001 『文法化―研究と課題』（編）英潮社.
2002 『文法化とイディオム化』ひつじ書房.（第 4 回英語語法文法学会賞受賞）
2004 『コーパスに基づく言語研究』（編）ひつじ書房.
2005 『文法化―新たな展開』（共編）英潮社.
2010 『Comment Clause の研究』（編）英潮社.

[論文]

1964 "The Stylistic Comparison between Poe's *Legeia* and Coleridge's *Christabel*." 『英米文学研究』第 10 号、51–66. 青山学院大学英米文学研究部.
1966 「米語の syntax の一考察」『会報』第 9 号、25–26. 青山学院大学英文学会.
1967 "A Study of Sentence Structures in Old English." 修士論文. 東京大学.
1968 「Salinger の言語」『会報』第 11 号、24–26. 青山学院大学英文学会.
1970 「JR. Firth の言語理論」『論集』第 11 号、33–37. 青山学院大学一般教育部会.
1970 「15 世紀英語における形容詞の後位置」『英文学思潮』第 43 巻、103–111.

青山学院大学英文学会.

1971 "The Function of 'To Be' in English."『論集』第 12 号、23–28. 青山学院大学一般教育部会.

1971 「Verb Categories について」『紀要』第 13 号、51–58. 青山学院大学文学部.

1972 「Malory における 'Do' の機能」『論集』第 13 号、107–112. 青山学院大学一般教育部会.

1972 「OE における語順について」『英文学思潮』第 44 巻、48–68. 青山学院大学英文学会.

1972 「OE におけるいわゆる完了について」『英文学思潮』第 45 巻、93–106. 青山学院大学英文学会.

1973 「'After' から 'For' への交替」『英文学思潮』第 46 巻、59–72. 青山学院大学英文学会.

1974 "Modality in English."『論集』第 14 号、113–118. 青山学院大学一般教育部会.

1978 "'Verb + Noun + Preposition' Sequences."『英文学思潮』第 51 巻、27–42. 青山学院大学英文学会.

1980 "The Passivisability of 'Verb + Noun + Preposition' Sequences."『英文学思潮』第 53 巻、11–22. 青山学院大学英文学会.

1981 "Degrees of Idiomaticity in Verb Structures." 宮部菊男教授還暦記念論文集編集委員会(編)『英語の歴史と構造―宮部菊男教授還暦記念論文集』351–372. 研究社.

1981 "An Empirical Investigation of Idiomaticity."『英文学思潮』第 54 巻、47–54. 青山学院大学英文学会.

1981 「イディオムに関して(1)」『紀要』第 23 号、71–84. 青山学院大学文学部.

1982 「イディオムに関して(2)」『紀要』第 24 号、63–74. 青山学院大学文学部.

1982 "The Passivisability of V N Idioms."『英文学思潮』第 55 巻、97–109. 青山学院大学英文学会.

1983 "Fuzziness in Idiom Structure."『英文学思潮』第 56 巻、61–70. 青山学院大学英文学会.

1986 "Idioms and Rules." In Mary C. Mariono and Luis A. Pérez(eds.), *The Twelfth LACUS Forum 1985, Saskatchwan*, 271–288. Lake Bluff, IL: LACUS.

1987 "Countability and Idiomaticity in Deverbal Nouns."『英語青年』第 132 巻 8 号、373. 研究社.

1987 「コロケーション」『学燈』第 84 巻 11 号、32–35. 丸善.

1988 "A View of Idiom Formation." In Fleming Ilah(ed.), *The Thirteenth LACUS*

	Forum 1986, Arlington, 558–569. Lake Bluff, IL: LACUS.
1988	"Idiomaticity and Passivisation." In Shiela Embleton(ed), *The Fourteenth LACUS Forum 1987, Toronto*, 183–188. Lake Bluff, IL: LACUS.
1988	「コロケーションとイディオム」伊東好次郎教授定年記念論文集刊行委員会(編)『黄金の国々をめぐる旅―伊東好次郎教授定年記念論文集』469–477．千城．
1989	"Countability and Idiomaticity in Deverbal Nouns." In Ruth M. Brend and David G. Lockwood(eds.), *The Fifteenth LACUS Forum 1988, East Lansing*, 141–152. Lake Bluff, IL: LACUS.
1990	"How are Past Participles to be Treated Theoretically and/or Pedagogically？" In Michael P. Jordan(ed.), *The Sixteenth LACUS Forum 1989, Kingston*, 133–144. Lake Bluff, IL: LACUS.
1991	"Deverbal Nouns in Gammar and Discourse." In Angela Della Volpe(ed.), *The Seventeenth LACUS Forum 1990, California*, 281–290. Lake Bluff, IL: LACUS.
1992	「日・英語に見られる'Idiomaticity'―プロトタイプとの関係で―」『青山学院大学総合研究所人文学系研究センター研究叢書』第1号、1–28．青山学院大学．
1992	"Prototypicality and Idiomaticity." In Ruth M. Brend(ed.), *The Eighteenth LACUS Forum 1991, Michigan*, 235–245. Lake Bluff, IL: LACUS.
1993	「英語イディオムの変遷」『英語教育』第41巻14号、29–31．大修館．
1993	「イディオム変形と談話」『英語青年』第139巻1号、23．研究社．
1993	"P1 + NP + P2 Phrases in Discourse." In Peter Reich(ed.), *The Nineteenth LACUS Forum 1992, Montreal*, 342–353. Lake Bluff, IL: LACUS.
1994	「イディオムのタイポロジー的研究―日・英・仏・独語を中心に―」『青山学院大学総合研究所人文学系研究センター研究叢書』第4号、1–30．青山学院大学．
1994	"A Typological Approach to Idiomaticity." In Peter Reich(ed.), *The Twentieth LACUS Forum 1993, Illinois*, 459–468. Lake Bluff, IL: LACUS.
1994	「イディオムの文法的研究」『英語教育』第43巻7号、34–36．大修館．
1995	"Grammaticalization and Idiomatization." In Mava J. Powell(ed.), *The Twenty-First LACUS Forum 1994, Vancouver*, 583–591. Lake Bluff, IL: LACUS.
1995	"Noun + Noun Idioms" 長谷川欣佑教授還暦記念論文集刊行会(編)『長谷川欣佑教授還暦記念論文集』351–357．研究社．
1996	「イディオムは増殖するか」『英語教育』第44巻13号、20–22．大修館．
1996	「イディオム化の史的考察―『前置詞＋名詞＋前置詞』句を中心に―」『青山学院大学総合研究所人文学系研究センター研究叢書』第7号、177–197．

青山学院大学.

1996 "Functional Change in P1 + NP + P2 Phrases." In Bates Hoffer(ed.), *The Twenty-Second LACUS Forum 1995, Texas*, 310–319. Lake Bluff, IL: LACUS.

1997 「後期近代英語の句動詞について」『近代英語研究』第 13 号、389–397.

1997 "Some Properties of Deverbal and Deadjectival Nouns in Grammar and Discourse." In K. Yamanaka and T. Ohori(eds.), *The Locus of Meaning: Papers in Honor of Yoshihiko Ikegami*, 227–240. Tokyo: Kuroshio.

1997 「V + NP + P イディオムの受動化」『英語語法文法研究』第 4 号、109–118.

1997 "Idiomatic Properties of Eighteenth Century English." In Alan K. Melby(ed.), *The Twenty-Third LACUS Forum 1995, Utah*, 381–388. Lake Bluff, IL: LACUS.

1998 「イディオムをめぐって」秋元実治他(編)『英語学の諸相―牧野勤教授定年記念論文集―』9–22. 英潮社.

1998 「"end up" 構文について」小西友七先生傘寿記念論文集編集委員会(編)『現代英語の語法と文法』14–19. 大修館書店.

1998 "Some Principles of Idiomatization." 『英文学思潮』第 71 巻、143–154. 青山学院大学英文学会.

1999 "The Idiomatization and Grammaticalization of Complex Prepositions." In Shin Ja J. Hwang and Arle R. Lommel(eds.), *The Twenty-Fifth LACUS Forum, 1998, Fullerton*, 389–397. Lake Bluff, IL: LACUS.

1999 「Take it upon oneself to V イディオム」『英語青年』第 145 巻、6 号、385. 研究社.

1999 "On the Formulaic Expression 'I dare say.'" 『英文学思潮』第 72 巻、143–150. 青山学院大学英文学会.

1999 "Collocations and Idioms in Late Modern English." In Laurel J. Brinton and Minoji Akimoto(eds.), *Collocational and Idiomatic Aspects of Composite Predicates in the History of English*, 207–238. Amsterdam and Philadelphia: John Benjamins.

1999 (with Laurel J. Brinton) "The Origin of the Composite Predicate in Old English." In Laurel J. Brinton and Minoji Akimoto(eds.), *Collocational and Idiomatic Aspects of Composite Predicates in the History of English*, 21–58. Amsterdam and Philadelphia: John Benjamins.

2000 "Deverbal Nouns with Postmodifying Prepositional Phrases." In Alan K. Melby and Arle R. Lommel(eds.), *The Twenty-Sixth LACUS Forum, 1999, California*, 437–444. Lake Bluff, IL: LACUS.

2000 "The Grammaticalization of the Verb 'pray.'" In Olga Fischer, Anette Rosenbach and Dieter Stein(eds.), *Pathways of Change: Grammaticalization in*

	English, 67–84. Amsterdam and Philadelphia: John Benjamins.
2001	"How Far Has *Far From* Become Grammaticalized?" In Laurel J. Brinton(ed.), *Historical Linguistics 1999: Selected Papers from the 14th International Conference on Historical Linguistics, Vancouver*, 1–11. Amsterdam and Philadelphia: John Benjamins.
2002	"On the Grammaticalization of the Parenthetical 'I'm afraid.'" In Jacek Fisiak (ed.), *Studies in English Historical Linguistics and Philology*, 1–9. Frunkfurt am Main: Peter Lang.
2002	「『動詞＋on』句に見られる on の出没」『英語青年』第 148 巻 4 号、238–239. 研究社.
2002	"Two Types of Passivization of 'V + NP + P' Constructions in Relation to Idiomatization." In Teresa Fanego, María José López-Couso and Javier Pérez-Guerra(eds.), *English Historical Syntax and Morphology*, 9–22. Amsterdam and Philadelphia: John Benjamins.
2002	"'Grammaticalization and Idiomatization'：The Case of 'Give' Idioms."『英文学思潮』第 75 巻、17–38. 青山学院大学英文学会.
2003	「文法化・イディオム化の研究」語学教育研究所(編)『市河賞 36 年の軌跡』119–127. 開拓社.
2003	「イディオムと構文」『英語青年』第 149 巻 2 号、118–120. 研究社.
2003	"On the Development of *Turn Out* as a Parenthetical Marker." *Studies in Modern English: The Twentieth Anniversary Publication of the Modern English Association*, 83–94. Tokyo: Eichosha.
2005	「複合前置詞について」『英語語法文法研究』第 12 号 5–18.
2005	「Paston Letters に見られる複合前置詞」『英文学思潮』第 75 巻、1–15. 青山学院大学英文学会.
2006	"On the Decline of 'After' and 'Forth' in Verb Phrases." In Dalton-Puffer, Dieter Kastovsky, Nikolaus Ritt and Herbert Schendl(eds.), *Syntax, Style and Grammatical Norms: English from 1500–2000*, 11–31. Frunkfurt am Main: Peter Lang.
2006	「近代英語における動作主接尾辞 -er の様態」米倉綽(編)『英語の語形成―通時的・共時的研究の現状と課題―』350–367. 英潮社.
2007	"Idiomatic Properties of the *As/So Far As* and *As/So long As* Constructions." In Mayumi Sawada, Larry Walker and Shizuya Tara(eds.), *Language and Beyond: A Festschrift for Hiroshi Yonekura on the Occasion of His 65th Birthday*, 111–125. Tokyo: Eichosha.

2007 「Sherlock Holmes に見られる文法化現象」『語研ジャーナル』第 6 号、61–66.
2008 "On Rivalry in the History of English." In Marianne Thormählen(ed.), *English Now: Selected Papers from the 20th IAUPE Conference in Lund 2007*, 226–247. Lund: Lund Studies in English.
2008 "Rivalry among the Verbs of Wanting." In Richard Dury, Maurizio Gotti and Marina Dossena(eds.), *English Historical Linguistics 2006 Vol. II: Lexical and Semantic Change*, 117–138. Amsterdam and Philadelphia: John Benjamins.
2008 「コーパスに基づくフランス語動詞の文法化研究」『平成 17 年度―平成 19 年度科学研究費補助金(基盤研究(C)一般)研究成果報告書』1–48.(共著)
Forthcoming. "The History of English Historical Linguistics: Asia." In Laurel J. Brinton and Alexander Bergs(eds.), *The Handbook of English Historical Linguistics*. Berlin and New York: Mouton de Gruyter.
Forthcoming. 「文法化と主観性」澤田治美(編)『ひつじ意味論講座　第 5 巻　主観性と主体性』ひつじ書房.

[学会発表]

1963 "Compound Verbs in American English." 青山学院大学英文学会.
1964 "On the Linguistic Theory of Andre Martinet." 青山学院大学英文学会.
1965 「米語 Syntax の一考察」青山学院大学英文学会.
1966 「シェイクスピアの統語論」青山学院大学英文学会.
1967 「英語における意味の問題」青山学院大学英文学会.
1972 「OE におけるいわゆる完了について」日本英文学会第 44 回大会.
1973 「'After' から 'For' への交替」中世英文学談話会第 11 回大会.
1985 "Collocational Restrictions of Deverbal Nouns." Paper Presented at the Survey of English Usage.(University College London).
1985 "Idioms and Rules." Paper Presented at the 12th Conference of the Linguistic Association of Canada and the United States. Saskatchewan.
1986 "A View of Idiom Formation." Paper Presented at the 13th Conference of the Linguistic Association of Canada and the United States. Arlington.
1986 "Passivisability and Idiomaticity." 日本英語学会第 4 回大会.
1987 "Idiomaticity and Passivisation." Paper Presented at the 14th Conference of the Linguistic Association of Canada and the United States. Toronto.
1987 "Collocational Restrictions of Deverbal Nouns." Paper Presented at the XIVth International Congress of Linguists. East Germany.
1988 "Countability and Idiomaticity in Deverbal Nouns." Paper Presented at the 15th

1988 "Idioms in Grammar & Pragmatics." Paper Presented at the Kyoto Applied Linguistics Conference 1988.

1989 "How are Past Participles to be Treated Theoretically and/or Pedagogically?" Paper Presented at the 16th Conference of the Linguistic Association of Canada and the United States. Kingston.

1989 "On Deverbal Nouns in Discourse." 日本英語学会第7回大会.

1990 "Nominalization as a Device for Impersonification in Written Discourse." Paper Presented at the 17th International Systemic Conference. Scotland.

1990 "Deverbal Nouns in Grammar and Discourse." Paper Presented at the 17th Conference of the Linguistic Association of Canada and the United States. California.

1990 「従属節における語順の問題」日本中世英語英文学会第6回大会.

1991 "Inversion in Fifteenth Century English Prose." Paper Presented at the 18th International Systemic Conference. International Christian University (Tokyo).

1991 "Prototypicality and Idiomaticity." Paper Presented at the 18th Conference of the Linguistic Association of Canada and the United States. Michigan.

1991 「Idiomatization その共時性と通時性をめぐって」日本英語学会第9回大会.

1992 "'P1 + N + P2' Phrases in Discourse." Paper Presented at the 19th Conference of the Linguistic Association of Canada and the United States. Montreal.

1992 "Idiomatization." Paper Presented at the XVth International Congress of Linguists. Quebec.

1993 「イディオムの形成と発達」日本英文学会第65回大会.

1994 "Grammaticalization and Idiomatization." Paper Presented at the 21st Conference of the Linguistic Association of Canada and the United States. Vancouver.

1994 「English Number をめぐって」日本英語学会第12回大会.

1995 "Functional Change in P + NP + Phrases." Paper Presented at the 22nd Conference of the Linguistic Association of Canada and the United States. Texas.

1996 "Some Unexplored Areas of Idiomaticity." Paper Presented at the Colloquium (University of British Columbia).

1996 "Some Idiomatic Aspects of 18th century English." Paper Presented at the 23rd

Conference of the Linguistic Association of Canada and the United States. Utah.
1996 「V＋NP＋Pイディオムの受動化」英語語法文法学会第4回大会.
1997 "The Grammaticalization of the Verb 'Pray'." Paper Presented at the XIIIth International Conference on Historical Linguistics. Dusseldorf.
1998 「後期近代英語に見られるイディオム化」近代英語協会第15回大会.
1998 "The Idiomatization and Grammaticalization of Complex Prepositions." Paper Presented at the 25th Conference of the Linguistic Association of Canada and the United States. Fullerton.
1999 "Deverbal Nouns with Postmodifying Prepositional Phrases." Paper Presented at the 26th Conference of the Linguistic Association of Canada and the United States. California.
1999 "How Far Has 'Far From' Become Grammaticalized?" Paper Presented at the XIVth International Conference on Historical Linguistics. Vancouver.
2000 「文法化（Grammaticalization）をめぐって」日本英文学会第72回大会.
2000 "Two Types of Passivization of 'V＋NP＋P' Constructions in Relation to Idiomatization." Paper Presented at the XIth International Conference on English Historical Linguistics. Santiago de Compostela.
2001 "Idiomatic and Non-Idiomatic Properties of Reflexive Verbs in Late Modern English." Paper Presented at the First International Conference on Late Modern English. Edinburgh.
2002 「Composite Predicates in Early Modern English」近代英語協会第19回大会.
2002 "On the Formation of *Give* Idioms." Paper Presented at the XIIth International Conference on English Historical Linguistics. Glasgow.
2003 "Idiomatic Properties of the 'As/So Far As' and 'As/So Long As' Constructions." Paper Presented at the XVIth International Conference on Historical Linguistics. Copenhagen.
2004 "On the Decline of 'After' and 'Forth' in Verb Phrases." Paper Presented at the XIIIth International Conference on English Historical Linguistics. Vienna.
2004 「複合前置詞について」英語語法文法学会第12回大会.
2004 「文法化と意味変化」日本英語学会第22回大会.
2005 「近代英語における動作主接尾辞 -er の様態」日本英文学会第77回大会.
2005 "Comparative Studies in Grammaticalization." Paper Presented at the New Reflections on Grammaticalization Conference 3. Santiago de Compostela.
2006 "Rivalry among the Verbs of Wanting." Paper Presented at the XIVth International Conference on English Historical Linguistics.

2006　「英語史における競合について」日本英語学会第 24 回大会.
2007　"On Rivalry in the History of English." Paper Presented at the IAUPE Conference. Lund.
2008　"On the Idiomatization of 'V + NP + P' Constructions in English." Paper Presented at the XVth International Conference on English Historical Linguistics. München.
2009　「'Give + O + to' 構文のイディオム化」日本英文学会第 81 回大会.
2009　"Rivalry among the *Give* Constructions." Paper Presented at SHEL 6 (*Studies in the History of the English Language*). Banff.
2009　"On the Idiomatization and Constructionalization of 'V + N + P' Phrases." 日本英文学会中部支部第 61 回大会.

[書評]

1990　Earl R. Mac Cormic, *A Cognitive Theory of Metaphor*. (Cambridge, Massachusetts: The MIT Press, 1985). *Studies in English Literature* 31, 196–202.
2000　斉藤兆史『英語の作法』(東京大学出版、2000)『英語教育』第 49 巻 4 号、86–87. 大修館.
2005　Olga Fischer, Muriel Norde and Harry Perridon (eds.). *Up and Down the Cline: The Nature of Grammaticalization*, (Amsterdam and Philadelphia: John Benjamins, 2002).『近代英語研究』第 22 号、141–151.
2007　山岡實『分詞句の談話分析—意識の表現技法としての考察』(英宝社、2005)『英語語法文法研究』第 14 号、133–144.
2009　Laurel J. Brinton and Elizabeth C. Traugott. *Lexicalization and Language Change*, (Cambridge: Cambridge University Press, 2005). *Studies in English Literature* 50, 226–234.
2009　Teresa Moralego Gárate. *Composite Predicates in Middle English*. (München: Licom GmbH, 2003). *Studies in Medieval English Language and Literature* 24, 93–99.

[翻訳]

1973　F. P. ディニーン『一般言語学』(共訳) 大修館. (Francis P. Dinneen. *An Introduction to General Linguistics* (1967))
1979　M. ポワリエ『エリザベス朝英語概説』(共訳) 篠崎書林. (Michel Poirier. *Précis d'anglais élisabéthain* (1966))
1992　W. H. ハートル『数詞と内部空間』勁草書房. (Walter H. Hirtle. *Number and*

Inner Space: A Study of Grammatical Number in English(1971))

[辞書分担執筆]
1990 『ロイヤル英和辞典』(宮部菊男編)旺文社.
1993 『BBI英語連語活用辞典』(寺澤芳雄監修)丸善.
1994 『ドイツ言語学辞典』(川島淳夫編)紀伊国屋書店.
1995 『英語学人名辞典』(佐々木達・木原研三編)研究社.
1998 『講談社キャンパス英和辞典』(松浪有編)講談社.
2002 『英語学要語辞典』(寺澤芳雄編)研究社.

執筆者一覧(姓アルファベット順)

千葉　修司(ちば　しゅうじ)津田塾大学教授
"On Some Aspects of Multiple *Wh* Questions"(*Studies in English Linguistics* 5, 1977)、 *Present Subjunctives in Present-Day English*(Shinozaki Shorin, 1987)、「日英語における文副詞の認可条件」(『津田塾大学紀要』36 号、2003)

福元　広二(ふくもと　ひろじ)鳥取大学准教授
"I say as a Pragmatic Marker in Shakespeare"(『近代英語研究』20 号、2004)、「初期近代英語コーパスと文法化」(『英語コーパス研究』13 号、2006)、「英語史における文法化―歴史語用論の観点から―」(『語用論研究』8 号、2007)

羽田　陽子(はねだ　ようこ)法政大学名誉教授
「My Fair Lady に現れるコックニー方言」(『英文學誌』49 号、2007)、「(講演)英語史の教えてくれるもの」(『英文學誌』49 号、2007)

橋本　功(はしもと　いさお)関西外国語大学教授
"Hebraisms in English Bibles"(*Studies in English Medieval Language and Literature*, Vol. 22, Peter Lang, 2008)、「聖書のメタファ分析」(共著、『人文学部論集』信州大学 40 号、2006)、『英語史入門』(慶應義塾大学出版会、2005)

林　龍次郎(はやし　りゅうじろう)聖心女子大学教授
『オーレックス英和辞典』(共編、旺文社、2008)、「英語における前置付加部を認可する条件」(今西典子他編『言語研究の宇宙―長谷川欣佑先生古稀記念論文集』、開拓社、2005)、「代名詞の格と二つの文法」(『英語青年』152 巻 8 号、2006)

東泉　裕子(ひがしいずみ　ゆうこ)青山学院大学他非常勤講師
From a Subordinate Clause to an Independent Clause(ひつじ書房、2006)、『クラウン総合英語』(霜崎實編　著、三省堂、2008)

平賀　正子(ひらが　まさこ)立教大学教授
Cultural, Psychological and Typological Issues in Cognitive Linguistics(co-ed., John

Benjamins, 1999)、*Metaphor and Iconicity: A Cognitive Approach to Analyzing Texts* (Palgrave Macmillan, 2005)、『異文化とコミュニケーション』(共編、ひつじ書房、2005)

堀　正広(ほり　まさひろ)熊本学園大学教授
Investigating Dickens' Style: A Collocational Analysis(Palgrave Macmillan, 2004)、『英語コロケーション研究入門』(研究社、2009)、*Stylistic Studies of Literature*(co-ed., Peter Lang, 2009)、『ライティングのための英文法ハンドブック』(共著、研究社、2008)

笠貫　葉子(かさぬき　ようこ)日本大学専任講師
『オーレックス英和辞典』(共著(「中心義」専門執筆)、旺文社、2008)、「基礎化粧品広告におけるメタファーの特徴と解釈」(『日本語用論学会大会研究発表論文集』1号、日本語用論学会、2006)

川端　朋広(かわばた　ともひろ)愛知大学短期大学部准教授
「英語における動詞派生接続詞の発達と文法化：Provided/providing の接続詞用法」(秋元実治編、『文法化—研究と課題』、英潮社、2001)、「副詞句(just)in case の発達—文法化の観点から—」(『近代英語研究』22号、近代英語協会、2006)

川口　悦(かわぐち　えつ)青山学院大学准教授
"Information Status of Preposed and Postposed Constituents of English Inversion"(『英語表現研究』17号、2000)、「書き言葉における this, that の用法に関する一考察」(『英語表現研究』21号、2004)

片見　彰夫(かたみ　あきお)埼玉学園大学准教授
『中期英語における自然・感覚・文化』(共著、吉村耕治編、大阪教育図書、2010)、"Growth of Emotional Implications of the Progressive Form of the Novels in Britain"(*Studies in Modern English,* 英潮社、2003)

菊池　繁夫(きくち　しげお)大阪国際大学教授
"Essays on English Literary Discourse"(*The Philologia Association*(University of Belgrade), 2007)、"Lose Heart, Gain Heaven"(*Neuphilologische Mitteilungen* CII/4, 2001)、"When you look away"(*Journal of the Short Story in English: Les Cahiers de la Nouvelle* 49(Hemingway special issue), Universite d'Angers, 2007)

執筆者一覧

吉良　文孝(きら　ふみたか)日本大学教授
「2つの「可能性」とモダリティ」(『英語語法文法研究』5号、1998)、「主観的/客観的モダリティと「否定」、「疑問化」、「条件化」」(『英語青年』151巻4号、2005)、「知覚動詞構文のアスペクト」(『英語語法文法研究』13号、2006)

児馬　修(こま　おさむ)慶應義塾大学教授
『歴史的にさぐる現代の英文法』(共編著、大修館書店、1990)、『ファンダメンタル英語史』(ひつじ書房、1996)

町田　章(まちだ　あきら)長野県短期大学准教授
「イディオム表現の生産性」(JELS 20, 2003)、「日本語被害受身文の間接性と概念化」(『語用論研究』7号、2005)、"Reference Point Structure in Japanese Adversative Passives"(*Osaka University Papers in English Linguistics* 12, 2008)

前田　満(まえだ　みつる)愛知学院大学准教授
"Linking Oblique Arguments: A Case Study"(*English Linguistics* 11, 1994)、「譲歩のmayの発達と談話方策」(『近代英語研究』19号、2005)、『語用論』(共著、英潮社、2007)

松山　哲也(まつやま　てつや)鹿児島県立短期大学准教授
『補文構造』(共著、研究社、2001)、"The *N after N* Construction: A Constructional Idiom"(*English Linguistics* 21, 2004)

Eric McCready, Associate Professor at Aoyama Gakuin University
The Dynamics of Particles(Dissertation, University of Texas at Austin, 2005)、"What Man Does"(*Linguistics and Philosophy* 31(6), 2008))

三木　泰弘(みき　やすひろ)青山学院大学非常勤講師
「*Beowulf*における複合語—グレンデルとグレンデルの母親の描写を中心に」(『論集』27号、2003)、「*Beowulf*における複合語 Hordweard」(『英文学思潮』77巻、2004)

中本　恭平(なかもと　きょうへい)共立女子大学教授
"From Which Perspective Does the Definer Define the Definiendum"(*International Journal of Lexicography* 11, 3, 1999)、「和英辞典と『日本化された英語』」(作品として

の辞書研究会編『英語辞書の世界』作品としての辞書研究会、2004)、「関係詞節の論理的機能」(『英語表現研究』第 24 号、日本英語表現学会、2007)

中澤　和夫(なかざわ　かずお)青山学院大学教授
「最上級に導かれる関係節」(『英語語法文法研究』13 号、2006)、"The Genesis of English Head-Internal Relative Clauses"(*EL* 23, 2, 2006)、「関係節と同格節」(『英語語法文法研究』14 号、2007)、「構文拡張の要件」(『英語青年』152 巻 12 号、2007)

根本　貴行(ねもと　たかゆき)駒沢女子大学准教授
"Feature Movement of Reflexives in English"(『紀要』40 号、青山学院大学、1999)、『フェイバリット英和辞典』3 版(共著、東京書籍、2005)、「擬似空所化の残留要素」(日英言語文化研究会編『日英の言語・文化・教育』、三修社、2008)

小川　浩(おがわ　ひろし)昭和女子大学特任教授
Old English Modal Verbs(Rosenkilde and Bagger, 1989)、*Studies in the History of Old English Prose*(南雲堂、2000)、"Hagiography in Homily"(*The Review of English Studies*, Advance Access published on August 5, 2009)

大室　剛志(おおむろ　たけし)名古屋大学教授
"'Nominal' *if*-clauses in English"(*EL* 2, 1985)、"Semantic Extension"(Masatomo Ukaji et al.(eds.), *Studies in English Linguistics*, Taishukan, 1997)、"A Dynamic Approach to the *One's Way*-Construction in English"(Shuji Chiba et al.(eds.), *Empirical and Theoretical Investigations into Language*, Kaitakusha, 2003)

Peter Robinson, Professor of Linguistics and SLA, Aoyama Gakuin University
Cognition and Second Language Instruction(Cambridge University Press, 2001)、*Individual Differences and Instructed Language Learning*(John Benjamins, 2002)、*Handbook of Cognitive Linguistics and Second Language Acquisition*(co-ed., Routledge, 2008), *Second Language Task Complexity*(John Benjamins, 2010).

阪口　美津子(さかぐち　みつこ)青山学院大学、津田塾大学非常勤講師
"Inversions in Subordinate Clauses"(『津田塾大学言語文化研究所報』14 号、1999)、"A Pragmatical Analysis of *that* Deletion"(『津田塾大学言語文化研究所報』16 号、2001)

澤田　治美(さわだ　はるみ)関西外国語大学教授
『視点と主観性』(ひつじ書房、1993)、『モダリティ』(開拓社、2006)、(訳書)『認知意味論の展開』(E. E. スウィーツァー著、研究社、2000)

椎名　美智(しいな　みち)法政大学教授
「歴史語用論の新展開：方法と課題」(『月刊言語』2009 年 2 月号、大修館)、"How Playwrights Construct their Dramatic World"(C. R. Caldas-Coulthard et al.(eds.)、*The Writer's Craft, the Culture's Technology*, Rodopi, 2005)、「歴史語用論における文法化と語用化」(秋元実治・保坂道雄編、『歴史言語学の新たな展望』、英潮社、2005)

Donald L. Smith, Professor at Aoyama Gakuin University(ret.)、Instructor of Japanese and ESL, Gainesville State College
"Mirror Images in Japanese and English"(*Language* 54, 1, 1978)、"English as a Shadow Lexifier of Japanese"(co-ed., *Language and Comprehension*, くろしお出版、2004)

住吉　誠(すみよし　まこと)摂南大学講師
"A Comparative Study of Pattern Descriptions of That-taking verbs between English-Japanese Learners' Dictionaries and Monolingual Learners' Dictionaries"(*Proceedings of Asialex 2009*, 2009)、「動詞 take と遡及動名詞構文」(『英語語法文法研究』16 号、2009 年)、「「理由」を表す on account of」(『英語語法文法研究』12 号、2005)

高見　健一(たかみ　けんいち)学習院大学教授
Preposition Stranding(Mouton de Gruyter, 1992)、*Functional Constraints in Grammar* (co-author, John Benjamins, 2004)、『日本語機能的構文研究』(共著、大修館書店、2006)

武内　信一(たけうち　しんいち)青山学院大学教授
『英語文化史を知るための 15 章』(研究社、2009)、(翻訳)『天使のような修道士たち』(新評論、2001)、『異教的中世』(新評論、2002)

寺澤　盾(てらさわ　じゅん)東京大学准教授
Nominal Compounds in Old English: A Metrical Approach(Rosenkilde and Bagger, 1994)、『英語の意味』(共著、大修館書店、1996)、『英語の歴史―過去から未来への物語』(中央公論新社、2008)

外池　滋生（とのいけ　しげお）青山学院大学教授
"Comparative Syntax of English and Japanese"(*Current English Linguistics in Japan*, Mouton de Gruyter, 1991)、*Essentials of Modern English Grammar*（共著、研究社、1995）、"Japanese and the Symmetry of Syntax"(*EL 24, 2007*)

遠峯　伸一郎（とおみね　しんいちろう）松蔭大学講師
"A Note on Negative Concord in Orosius"(Shuji Chiba et al.(eds.), *Empirical and Theoretical Investigations into Language*, 開拓社、2003)

塚田　雅也（つかだ　まさや）青山学院大学・國學院大学非常勤講師
「空範疇原理に関する諸問題」(『青山学院大学文学部紀要』45号、2004)、「統語理論と記述的規則」(『英文学思潮』79巻、2006)、『新版入門ミニマリスト統語論』(共訳、アンドリュー・ラドフォード著、外池滋生監訳、研究社、2006)

八木　克正（やぎ　かつまさ）関西学院大学教授
『英語の文法と語法』(研究社出版、1999)、『英和辞典の研究』(開拓社、2006)、『ユースプログレッシブ英和辞典』(編集主幹、小学館、2004)

山本　史歩子（やまもと　しほこ）青山学院大学准教授
「16世紀から19世紀におけるHoweverの発達」(『近代英語研究』18号、2002)、「複合動詞 PUT, SET, LAY の意味的特性と生産性について」(『英語語法文法研究』10号、2003)、「アスペクト機能を果たす句動詞の擬似助動詞化に関する歴史的考察」(秋元実治・保坂道雄編『文法化』、英潮社、2005)

山﨑　聡（やまざき　さとし）千葉商科大学教授
"Negative polarity contexts and phraseologies of *bear, endure* and *stand*"(*JACET Bulletin*『大学英語教育学会紀要』31号、2000)、「there is no Ving 構文の慣用性とその発達について」(『英語コーパス研究』14号、2007)

横谷　輝男（よこたに　てるお）青山学院大学准教授
「フット境界を越えるアクセント核移動」(『音声研究』1巻1号、1997)、「英語の母音間 [s]- 無声閉鎖音連鎖における [s] の coda 性について」(『英文学思潮』80巻、2007)

吉波　弘（よしば　ひろし）青山学院大学教授
Language and Comprehension(共編、くろしお出版、2004)、「日英語の音節機能と普

遍性」(共編、『英語学の諸相』、英潮社、1998)、「日本語における母音素性の有標性とアクセントシフト」(『音韻研究』8号、2005)

米倉　綽(よねくら　ひろし)広島女学院大学教授
The Language of the Wycliffite Bible(Aratake Shuppan, 1985)、『英語の語形成』(編著、英潮社、2006)、"On the Definition of the So-called Zero-derivation in English" (*Recent Trends in Medieval English Lanugage and Literature in Honour of Young-Bae Park*, Seoul: Thaehaksa, 2005)

米山　明日香(よねやま　あすか)早稲田大学非常勤講師
『アンカー コズミカ 英和辞典』(発音担当責任者、学習研究社、2007)、『風土記イギリス自然と文化の諸相』(共著、定松正・蛭川久康編、新人物往来社、2009)、"Teaching of English Pronunciation to Interpreters"(『英語音声学』13号、2009)

ひつじ研究叢書〈言語編〉第83巻

英語研究の次世代に向けて－秋元実治教授定年退職記念論文集
Current Studies for the Next Generation of English Linguistics and Philology:
A Festschrift for Minoji Akimoto on the Occasion of His Retirement from
Aoyama Gakuin University

発行	2010年5月9日 初版1刷
定価	15000円＋税
編者	©吉波弘・中澤和夫・武内信一・外池滋生・ 川端朋広・野村忠央・山本史歩子
発行者	松本 功
本文フォーマット	向井裕一 (glyph)
印刷所	三美印刷株式会社
製本所	田中製本印刷株式会社
発行所	株式会社 ひつじ書房 〒112-0011 東京都文京区千石 2-1-2 大和ビル 2F Tel.03-5319-4916 Fax.03-5319-4917 郵便振替 00120-8-142852 toiawase@hituzi.co.jp　http://www.hituzi.co.jp

ISBN978-4-89476-478-1

造本には充分注意しておりますが、落丁・乱丁などがございましたら、
小社かお買上げ書店にておとりかえいたします。ご意見、ご感想など、
小社までお寄せ下されば幸いです。